KB275258

웰페어노믹스
지속가능한 자본주의와 복지국가의 길

웰페어노믹스
지속가능한 자본주의와 복지국가의 길

2013년 9월 20일 초판 1쇄 발행
2016년 9월 29일 초판 2쇄 발행

지은이 | 서상목
펴낸이 | 이찬규
교정교열 | 정난진
펴낸곳 | 북코리아
등록번호 | 제03-01240호
주소 | 13209 경기도 성남시 중원구 사기막골로 45번길 14
        우림2차 A동 1007호
전화 | 02-704-7840
팩스 | 02-704-7848
이메일 | sunhaksa@korea.com
홈페이지 | www.북코리아.kr
ISBN | 978-89-6324-331-3(03320)

값 18,000원

웰페어노믹스

Welfarenomics

서상목 지음

지속가능한 자본주의와 복지국가의 길

북코리아

새로운 패러다임을 찾아서

최근 한국 자본주의가 심상치 않은 조짐을 보이고 있다. 우선 경제성장률이 급속히 둔화되고 있다. 1960년대 초에 시작된 연평균 10% 대의 고도 성장세는 1980년대 중반까지 지속되다가, 그 후 점차 하락하여 노태우 정권기간에는 8.7%, 김영삼 정권기간에는 7.4%, 그리고 김대중 정권기간에는 5.0%로 낮아졌다. 이러한 경제성장세의 하락 추세는 노무현 정권기간 4.3%, 이명박 정권기간 2.9%로 더욱 낮아졌고, 2011년 2/4분기부터는 성장률이 아예 1.0% 미만에 머물고 있다. 이렇게 경제성장 속도가 둔화되다 보니 일자리가 충분히 만들어질 수 없고, 정부 세수도 전년 대비 큰 폭의 감소세를 보이고 있는 것이 작금의 경제상황이다.

이른바 '한강의 신화'는 고도성장과 더불어 비교적 양호한 소득분배 상태를 유지한 것으로 요약될 수 있으나, 최근의 상황은 경제성장세의 둔화와 함께 소득분배 역시 악화되어 양극화 현상이 심화되고 있다는 데 문제의 심각성이 있다. 특히, 1997년 외환위기 이후 비정규직 근로자가 급증하는 등 노동시장에서의 양극화 현상이 두드러지고 있고, 2004년 이후에는 건설경기마저 침체되어 소득분배 수준을 나타내는 모든 지표가 악화

일로에 있다. 이러한 상황에서 사회적 스트레스 수준 역시 높아지고 있다. 국민의 대다수는 분배가 악화되고 있고, 한국사회가 공정하지 않다고 인식하고 있다. 국민의 행복 체감도는 OECD 국가 중 최저수준을, 자살률은 세계 최고 수준에 이르고 있는 것이 현재 한국사회의 실상이다.

한국 자본주의 진화의 특징은 국가전략의 우선순위를 경제발전에 두고 국가의 경제력이 허용하는 범위 내에서 사회복지발전이 지속적으로 이루어진 데 있다. 그러나 2010년 지방자치단체장 선거를 기점으로 선거에서 복지정책이 차지하는 비중이 높아지고 있고, 그 내용도 무상급식, 무상보육 등 대중 인기 영합적 성격의 사업들이 대종을 이루고 있다. 경제성장률의 급속한 둔화로 세수 감소가 지속되고 있는 상황에서 각종 복지공약의 이행은 각급 정부 재정을 더욱 어렵게 하는 요인으로 작용할 것이다. 경제사정이 어렵다고 해서 정부와 정치권이 복지공약의 불이행 또는 연기를 선언한다면, 이로 인해 국민은 크게 실망하고 정부에 대한 불신을 초래할 수 있기 때문에 현재 이러지도 저러지도 못하고 있는 형국이라고 할 수 있다.

'한강의 기적'은 자유주의와 국가주의의 융합을 통해 이루어졌다. 우선 경제정책의 인센티브 구조를 종래의 수입 대체산업 육성에서 수출활동을 촉진하는 방향으로 180도 전환시켰고, 이 과정에서 환율과 금리가 대폭 현실화되었다. 수출산업의 육성과 이에 필요한 국가적 자원을 총동원하기 위해 경제개발계획을 수립하였고, 이를 강력하게 집행하기 위해 경제기획원과 국세청을 신설함은 물론, 주요 은행을 국유화하였다. 또한 노사분규 같은 사회적 갈등이 발생하는 경우 정부가 직접 개입하여 산업평화와 사회 안정을 유지하기도 하였다. 수출산업의 급성장은 고도성장을, 그리고 고용기회의 확대는 성장과실의 배분을 통해 분배구조의 개선을 가져온 것이 '한강의 기적'의 요체이고, 이를 이룬 비법을 '박정희 패러다임'이라고 국제사회는 부르고 있다. 박정희 패러다임은 그 후 중국으로 수출되었고, 그 결과 중국은 고도성장을 통해 세계 제2의 경제대국으로 부상하게 되었다.

1987년 이후 정치민주화가 급속히 진전되면서 박정희 패러다임은 붕괴되기 시작하였다. 우선 권위주의적 정치체제가 무너지면서 정부 개입에 의한 산업평화는 유지되기 어렵게 되었고, 강력한 노동조합의 등장과 이에 따른 잦은 노사분규는 한국경제의 국제경쟁력을 약화시키는 원인으로 작용하였다. 국가경쟁력의 약화는 결국 1997년 외환위기로 이어졌고, 이를 수습하는 과정에서 한국은 IMF가 긴급지원 조건으로 내세운 금융개혁과 재벌개혁을 강도 높게 추진하여 조기에 위기로부터 벗어날 수 있었다. 이로 인해 관치금융 관행이 크게 개선되었고, 대기업의 재무구조가 개선되었다.

그러나 경제 각 부문에서 신자유주의적 정책기조가 새롭게 구축되면서 정부의 역할은 점차 축소되었다. 정부 기능의 약화와 노조 및 사회적 이익집단의 영향력 확대는 노동시장의 양극화와 임금구조의 악화로 이어지고, 기업과 금융기관의 수익성 위주의 경영관행은 설비투자의 부진과 저성장으로 연결되고 있다. 이에 더해, 건설경기의 침체는 내수부진과 양극화를 더욱 부추기는 요인으로 작용하고 있다. 그 결과 한국 자본주의는 저성장과 양극화의 악순환에서 벗어나지 못하고 있다.

한국이 1960년대 초 저성장과 빈곤의 악순환에서 벗어나기 위해 자유주의적 경제정책과 국가주의적 사회정책을 융합한 박정희 패러다임을 활용한 것과 같이, 현재의 저성장과 양극화의 악순환 역시 새로운 자본주의의 패러다임을 만들고 이를 국가정책에 반영시키지 않으면 벗어나기가 어렵다는 것이 필자의 판단이다. 신자유주의적 경제정책만으로는 양극화 문제를 해결할 수 없고, 양극화 해소를 위한 복지지출의 확대는 국가재정의 악화와 국가경쟁력의 약화를 초래할 것이기 때문에 새로운 해법이 필요하다.

"새 술은 새 부대에 담아야 한다."는 말이 있다. 새 포도주를 헌 부대에 담으면 발효과정에서 부대가 찢어질 수 있기 때문이다. 필자는 1989년 말 『한국 자본주의의 위기: 어떻게 극복할 것인가』를 출간한 바 있다. 그 책에서 필자는 정치민주화로 한강의 기적을 이룬 박정희 패러다임의 유지가 불가능해진 상황에서 한국 자본주의의 위기가 발생하고 있다고 진단하면서, 민주화 시대에 걸맞은 새로운 자본주의 패러다임으로 정의로운 복지사회의 청사진 마련, 튼튼한 성장 동력의 구축, 그리고 경제운영방식의 대전환 등을 주장한 바 있다.

그러나 이러한 건의는 실천되지 못했고, 결국 한국 자본주의는 저성장과 양극화의 악순환이라는 함정에 빠지게 되었다. 1980년대 후반까지 지속된 연평균 10% 수준의 경제성장률은 계속 하락하여 최근에는 1%대에 머물러 있고, 노동시장의 양극화와 소득 불균형 상태는 계속 심화되고 있다.

그로부터 24년이 지난 지금, 필자는 복지와 경제의 융합인 '웰페어노믹스'를 한국 자본주의의 새로운 패러다임으로 제시하고자 한다. 외환위기 수습과정에서 신자유주의적 정책이 추진되었으나 양극화가 심화되는 결과를 가져왔고, 서구식 복지국가 모델 역시 세계화가 급진전되고 대내외 경제상황이 악화되는 상황에서는 실현 불가능한 정책목표이기 때문에 신자유주의 경제정책과 서구식 복지국가 모델을 복지와 경제를 융합하는 방향으로 수정해서 이를 한국 자본주의의 새로운 패러다임으로 만들어보자는 것이 이 책의 기본요지이다.

웰페어노믹스는 다음의 세 가지 측면에서 기존의 신자유주의 자본주의 모델을 수정하여 '복지적 경제'의 방식으로 함께 성장하는 자본주의를 만들어가는 것이다.

첫째, 정부의 역할을 한국 고유의 정부주도 시장경제에 자유시장경제의 요소를 가미한 혼합형 시장경제를 지향하면서, 현안이 되고 있는 고용 창출과 지속 가능한 복지정책 수립 부문에서 정부의 국가전략 수립 및 집행 기능을 대폭 강화하는 것이다. 이는 내수 부문의 활성화를 가로막는 각종 규제를 과감히 철폐하고, 성장잠재력 제고에 필요한 사회간접자본 부문에 대한 정부 차원의 투자를 가일층 활성화하는 것을 의미한다.

둘째, 경제에서 기업의 역할이 증대되는 시대를 맞아 기업이 경제적 가치와 더불어 사회적 가치 창출에도 앞장서는 새로운 경영 전통을 만들어가자는 것이다. 이는 대기업들이 스스로 기업의 사회적 책임(CSR: Corporate Social Responsibility) 활동 차원을 넘어 사회적 가치를 제고할 수 있는 분야에서 새로운 기업 활동을 만들어내는 공유가치창출(CSV: Creating Shared Value) 경영 관행을 정착시키고, 동시에 정부의 규제 중심적 기업정책을 시장친화적인 방향으로 전환하는 것을 의미한다.

셋째, 시민사회와 사회적 경제의 활성화를 통해 공생발전의 생태계를 구축할 것을 강조하고자 한다. 이는 제3섹터에 대한 정부의 직접적 지원 형태를 간접적 지원형태로 전환하고, 더욱 체계적인 간접 지원조직을 구축하는 것을 의미한다.

또한 웰페어노믹스는 다음의 세 가지 측면에서 기존의 서구식 복지국가 모델을 수정함으로써 '경제적 복지'의 방식으로 지속 가능한 복지국가를 만들어가는 것을 의미한다.

첫째, 일자리가 최상의 복지라는 인식을 바탕으로 일자리 복지기반을 더욱 확고히 구축할 것을 강조한다. 이는 복지행정과 고용행정을 통합하여 운영하고, 전 국민에게 맞춤형 복지-고용 서비스를 제공할 수 있는 전국단위의 전달체계를 구축하는 것을 의미한다.

둘째, 사회혁신이야말로 사회복지발전의 원동력이 될 수 있다는 인식을 바탕으로 혁신복지 생태계를 만들어갈 것을 제안한다. 이는 사회복지활동을 금융의 원리로 지원하는 사회금융(Social Finance)시장의 육성과 사회복지사업의 사회적 성과를 강조하는 사회성과채권(SIB: Social Impact Bond) 제도의 도입을 의미한다.

셋째, 다양한 경영기법을 사회복지 부문에 적용하여 복지경영의 전통을 확고히 수립할 것을 강조한다. 이는 사회복지 분야에서 사회적 성과 측정을 새로운 평가기준으로 설정하고, 기존의 공급자 중심의 서비스 전달체계를 과감히 수요자 중심으로 전환하는 것을 의미한다.

이 책은 모두 여섯 부문으로 구성되어 있다. 제1부에서는 낮아지는 경제성장률, 심화되는 양극화, 그리고 높아지는 사회적 스트레스라는 삼각파를 맞은 한국 자본주의의 모습을 그려보았다. 그리고 제2부에서는 서구 자본주의와 복지국가의 진화과정을 설명하고 이에 따른 역사적 교훈을 되새기고 있고, 제3부에서는 한국 자본주의 진화과정과 사회복지의 발전을 분석하면서 이의 특징과 교훈을 살펴보고 있다.

제4부는 복지와 경제의 융합 차원에서 웰페어노믹스의 기본구조와 정신을 정리하면서, 이를 뒷받침해줄 수 있는 이론과 외국의 경험을 소개하고 있다. 제5부는 복지적 경제의 세 가지 축인 정부의 국가전략 수립 및 집행 기능 강화, 기업의 사회적 가치 제고, 그리고 공생발전의 생태계 조성에 대한 이론적 배경과 실증적 경험을 소개하고, 이의 실현을 위한 구체

적 정책대안을 제시하고 있다. 끝으로, 제6부에서는 경제적 복지 구현의 세 가지 축인 일자리복지 기반 구축, 혁신복지의 기반 조성, 그리고 복지경영 전통 확립을 위한 사례분석과 아울러 정책대안을 모색하고 있다.

저성장과 양극화의 악순환이라는 새로운 도전에 직면한 한국 자본주의의 새로운 패러다임을 모색하는 작업은 매우 어렵고 복잡한 과정이기 때문에 이 책에서 제시한 웰페어노믹스라는 개념과 정책대안만으로 모든 문제들이 해결될 수는 없을 것이다. 또한 필자의 능력 한계로 인해 복지와 경제의 융합인 웰페어노믹스에 대한 분석 역시 충분치 못하다는 생각을 갖지 않을 수 없다. 그러나 누군가는 새로운 시도를 해야 한다는 생각에서 이 책을 출간하게 되었다. 독자들의 충고와 질책은 물론 한국 자본주의의 새로운 패러다임을 만들어가는 과업에 많은 분들이 동참해주실 것을 기대한다.

2013년 9월
저자 서상목

CONTENTS

제 **1** 부

삼각파를 맞은 한국 자본주의

삼각파란

태풍의 중심 부근에서 다른 방향으로부터 파도가 모여들어 삼각모양의 물결을 일으키는 현상을 의미하는데, 이곳을 항해하는 선박은 조종이 어려워 종종 사고의 위험에 처하게 된다. 한국 자본주의는 지금 저성장·양극화로 인해 삼각파를 맞은 선박과 같은 처지에 놓여 있다.

'한강의 기적'은 1960년대 초부터 수출산업의 집중적 육성을 통해 당면 현안이었던 저성장과 빈곤의 악순환 문제를 일거에 해결함으로써 가능케 되었다. 그러나 한국 수출산업의 구조가 1960년대 경공업 중심에서 1970년대부터 중화학공업 중심으로 전환되기 시작하였고, 1990년대 중반부터는 세계적 IT혁명의 물결을 타고 첨단기술 산업 중심으로 고도화되면서 수출산업의 고용 창출 능력은 크게 낮아지고 있다. 또한 세계화 추세로 인해 주요 수출기업들이 저임금 또는 마케팅 편의성 등을 고려하여 해외 생산을 확대해감으로써 '고용 없는 성장'이 현실화되고 있다.

1997년 말 발생한 외환위기 수습과정에서 추진된 강도 높은 금융 및 기업 구조조정 정책들은 한국의 대기업과 금융기관의 경영행태를 종래의 확장 위주에서 철저한 수익성 위주로 바꾸어놓았고, 이 역시 한국 경제의 성장률이 낮아지고 있는 또 하나의 원인이 되고 있다. 이에 더해 민주화 이후 진행된 노동운동의 활성화와 이로 인한 노동시장의 경직성 증대는 많은 기업들로 하여금 신규 인력의 채용을 꺼리면서 꼭 필요한 경우 정규직보다는 가급적 비정규직 근로자를 활용하는 새로운 관행을 만들어가고 있다.

외환위기와 세계금융위기는 한국 원화의 평가절하와 일본 엔화의 평가절상을 가져와 수출 부문에는 큰 활력소가 되었으나, 내수 부문에는 불확실성 증대로 민간소비지출의 증가속도가 둔화되는 등 악재로 작용하고 있다. 결과적으로, 수출 부문과 내수 부문의 성장격차, 그리고 노동시장에서의 임금격차는 외환위기 이후 한국에서 양극화가 심화되는 근본적 원인으로 작용하고 있다.

이에 더해, 단기간에 이루어진 압축 성장은 한국인을 지나치게 물질주의적으로 바꾸어놓았고, 이는 경제적 풍요에도 불구하고 사회적 스트레스가 높아지는 결과를 초래하고 있다. 한국인의 낮은 행복감과 출산의욕, 그리고 높은 자살률 등은 저성장과 양극화와 더불어 삼각파를 맞은 한국 자본주의가 당면한 새로운 도전과제이다.

삼각파를 맞은 선박의 운항이 어려운 것은 파도가 여러 방향에서 몰려와 항해 목표를 설정하기 어렵기 때문인데, 저성장과 양극화 그리고 사회적 스트레스까지 동시에 대처해야 하는 한국 자본주의의 현 상황이 바로 이에 해당하는 것이라고 할 수 있다.

01장

낮아지는 성장잠재력

'한강의 기적'이 멈추었다

현 시점에서 한국경제의 최대 고민은 1990년대 중반 이후 경제성장률이 급격히 낮아지고 있고, 경제성장의 고용창출 효과 역시 별로 신통치 않다는 사실이다. 2013년 4월에 출간된 매킨지 한국보고서는 "한강의 기적이 멈추었다."라고 선언하면서 현재의 한국경제 상황을 서서히 뜨거워지는 냄비 속의 개구리에 비유하고 있다. 한국은 오일쇼크, 외환위기 등 어려움이 갑작스럽게 발생하면 정부와 경제주체들이 단결하여 이를 슬기롭게 극복해내지만, 현재와 같이 여러 측면에서의 어려움이 서서히 진행되면 위기감을 느끼지 못해 냄비 속의 개구리와 같이 제대로 된 대응을 하지 못함으로써 파멸의 길로 간다는 지적이다.

'한강의 기적' 비법은 수출산업의 급성장을 통한 고도성장이었다. 경제개발계획이 본격적으로 추진된 1963년부터 1979년 기간 중 연평균 40% 수준의 높은 수출신장세에 힘입어 박정희 정권에서의 경제성장률은 연평균 10.3%에 이르렀다. 이러한 높은 성장세는 안정화 정책이 추진된 전두환 정권에서도 그대로 유지되어 1981~87년 기간 중 경제성장률 역시 10.0%에 달했다. 그러나 그 후 경제성장률은 서서히 감소하기 시작하여 1988~92년 노태우 정권에서의 경제성장률은 연평균 8.7%였고, 1993~97년 김영삼 정권에서의 경제성장률은 연평균 7.4%인 것으로 나타났다.

경제성장률은 그 후에도 지속적으로 하락하여 1998~2002년 김대중 정권에서의 경제성장률은 5.0%(외환위기로 5.7%의 마이너스 성장을 기록한 1998년을 제외한 연평균 성장률은 7.7%임), 2003~2007년 노무현 정권에서의 경제성장률은 연평균 4.3%, 그리고 2008~2012년 이명박 정권에서의 경제성장률은 연평균 2.9%(세계금융위기의 여파가 나타난 2009년을 제외한 연평균 성장률은 3.6%임)로 점점 더 낮은 수준을 보이고 있다. 특히, 최근 2011년 2/4분기부터 2013년 1/4분기까지 기간에는 성장률이 아예 1.0% 미만에서 맴돌고 있다. 특기할 사항은 정권의 정치적 성향과 관계없이 경제성장률은

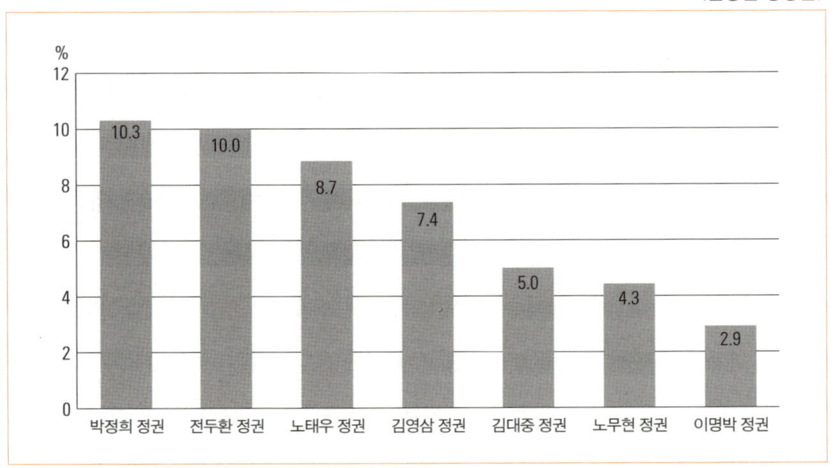

〈역대 정권에서의 경제성장률〉

(연평균 성장률)

지속적으로 낮아지고 있고, 낮아지는 속도 역시 더욱 빨라지고 있다는 사실이다.

경제성장률이 낮아지고 있는 이유는 여러 가지가 있겠으나, 우선 그동안 한국 경제성장의 견인차 역할을 해오던 수출 부문의 신장속도가 둔화되고 있다는 사실을 지적할 수 있다. 예를 들어, 수출 부문의 실질성장률은 1960년대 연평균 32.3%, 1970년대에는 24.4%의 높은 수준을 유지했으나, 그 후에는 지속적으로 낮아져 1980년대 11.6%, 1990년대 13.7%, 그리고 2000~2012년 기간 중에는 9.7% 수준을 유지하고 있다. 이는 수출 부문의 규모가 급격히 증가하면서 성장률이 하락할 수밖에 없는 사실과 더불어 민주화 이후 임금 수준의 상승으로 인한 수출산업의 국제경쟁력 약화에도 기인하는 것으로 판단된다.

선택과 집중이 이루어지지 않고 있다

한강의 기적은 한국 정부가 경제정책 방향을 설정하고 집행하면서 '선택과 집중'을 잘한 결과이며, 한강의 기적이 멈춰버린 데에는 민주화 이후 선택과 집중에서 실패했기 때문이다.

1960년대 초 박정희 정권은 경제정책을 높은 수입 장벽을 통해 내수산업을 보호하는 '대내지향적' 방향에서 국제시장에서 경쟁해야 하는 수출산업을 육성하는 '대외지향적' 방향으로 전환하였다. 이를 뒷받침하기 위해 1964년 원화를 100% 평가절하했고, 이중환율제를 철폐하고 단일변동환율제를 도입하였다. 또한 1965년에는 은행정기예금금리를 연 15%에서 26.4%로 대폭 인상하는 금리현실화 조치도 단행하였다. 경제

인센티브 구조를 시장친화적이면서 수출활동을 촉진하고 국내저축을 장려하는 방향으로 대전환하였다.

이에 더해, 박정희 정권은 정부의 행정력을 수출산업을 육성하는 일에 집중시켰다. 이를 제도적으로 뒷받침하기 위해 경제개발 5개년계획을 수립하였고, 이의 집행을 총괄할 경제기획원을 경제부총리로 하여금 총괄케 하였다. 투자에 필요한 세수 확보를 위해 국세청을 신설·운영하였고, 대통령이 수출진흥확대회의를 직접 주재하여 기업인들의 수출활동을 독려하였다.

그 결과, 한국의 수출은 연평균 40% 수준의 신장세를 유지하였고, 1960년대까지도 한국사회에 팽배했던 "한국기업은 수출시장에서 경쟁해 이길 수 없다."는 부정적 시각은 완전히 사라지게 되었다. 이러한 놀라운 성과는 기업인들은 물론 일반 국민으로 하여금 '하면 된다'는 자신감을 갖게 함으로써 한강의 기적을 일군 원동력이 되었다. 1960년대 박정희 정권이 취한 일련의 조치들은 한강의 기적을 이루는 기반이 되었고, 합리적 경제논리와 강력한 행정력의 절묘한 조화는 '박정희 패러다임'이라는 개발경제 분야의 새로운 지침이 되어 지금도 중국 등 개발도상국들에게 롤-모델로 활용되고 있다. 1960년대 경제 분야에서 한국의 경험은 세계적으로도 선택과 집중의 대표적 사례라고 하지 않을 수 없다.

1960년대 시작된 선택과 집중의 전통은 1970년대에는 중화학공업의 집중적 육성으로 이어졌고, 이는 한국산업의 고도화가 급속히 이루어지는 계기가 되었다. 1973년 박정희 정부는 철강, 화학, 비철금속, 기계, 조선, 전자의 6개 전략산업을 선정하였고, 이의 추진을 위한 범정부 차원의 중화학공업추진위원회를 구성·운영하였다. 또한, 국민투자기금법을 제정하여 저금리로 이들 전략산업에 투자를 지원하는 제도적 장치도 마련하였다.

1970년대 중화학공업 육성은 당시에도 다소 무리라는 비판적 의견이 있었지만, 결과적으로 대성공이라고 하지 않을 수 없다. 중화학공업이 내수산업이 아니라 수출산업으로 육성되었기 때문에 낮은 생산성으로 인한 낮은 가동률의 악순환을 피할 수 있었음은 물론, 당시 경공업제품에 대한 선진국들의 수입규제가 본격화되는 상황에서도 중화학제품의 수출은 한국산업구조의 고도화는 물론 수출을 통한 새로운 경제성장의 원동력이 되었다. 1970~80년 기간 중 제조업생산에서 중화학공업의 비중은 37.8%에서 52.6%로 증가했고, 수출 비중 역시 12.8%에서 41.5%로 급증했다.

1980년대 전두환 정권이 추진한 물가안정화 정책 역시 선택과 집중의 유산을 이어받은 것이라고 할 수 있다. 오랜 기간의 초고속 성장으로 수급불균형과 물가압력이 가중되는 상황에 대처하기 위해 전두환 정부는 출범 초부터 강력한 물가안정화 정책을 추진하였다. 정부 예산과 공무원 임금을 우선적으로 동결함으로써 안정화 정책의 기선을 잡은 정부는 각종 대중매체를 총동원하여 안정화 정책의 필요성과 이의 일환으로 임금 안정의 중요성을 역설하였고, 임금 동결에 대한 노조와 근로자들의 반발에도 불구하고 정부는 안정화 시책들을 과감히 시행하였다.

그 결과 역시 획기적이었다. 물가는 1970년대의 15% 수준에서 2~3% 수준으로 안정되었고, 경제성장률도 1983년부터 8% 대를 유지하였으며, 1987년에는 100억 달러의 무역흑자도 기록하였다. 이른바 성장, 물가, 국제수지라는 세 마리의 토끼를 동시에 잡게 되었다.

그러나 1987년 이후 민주화가 급속히 진행되면서 한국 정부의 선택과 집중의 전통은 크게 흔들리기 시작했다. 노태우 정권은 극심한 노사분규로 제대로 된 선택과 집중 전략을 시도도 해보지 못한 경우라고 할 수 있다. 6·29 민주화선언 이후 한 달도 안 되어 봇물처럼 터진 노사분규는 과격한 방향으로 흘러 경영자를 구타하고 생산시설을 파괴하는 수준으로까지 확대되었다. 그럼에도 정부는 불법적 분규 진압을 위한 공권력의 개입을 자제하였고, 이러한 상황에서 기업들은 노사문제 해결을 위해 노조와 근로자들의 요구를 대부분 수용할 수밖에 없었다.

그 결과 임금은 생산성 증가를 크게 상회하는 수준으로 오르게 되었고, 기업들의 국제경쟁력은 크게 저하되었다. 1990년 보수3당의 통합이 이루어지면서 불법적인 파업에 대해 공권력이 개입하는 사례가 증가하였고, 노사분규도 점차 진정세를 보임은 물론 임금상승률도 안정되기 시작하였다.

1993년 초 출범한 김영삼 정권은 서로 지향점이 다른 '경제활성화 100일 계획'과 금융실명제를 동시에 추진함으로써 경제정책의 방향에 대한 혼선이 야기되었다. 이를 시정하기 위해 '국제화'가 새로운 국정운용 목표로 제시되었고 이는 다시 '세계화'로 발전되었으나, 구체성이 결여된 구호성 목표는 선택과 집중의 전략을 추진하기에는 역부족이었다. 특히, 지나치게 여론을 의식한 잦은 개각 조치는 정부 정책의 일관성을 유지하는 데 큰 걸림돌로 작용하였다. 결국, 노태우 정권에서의 혼란과 김영삼 정권에서의 정책 추진의 일관성 결여는 한국경제가 1997년 말 태국에서 시작된 아시아 외환위기의 쓰나미를 피할 수 없을 정도의 상황으로 추락하게 했다.

외환위기 와중에서 출범한 김대중 정권은 경제정책의 수립권한이 IMF로 넘어간 상태에서 IMF가 제시한 금융개혁, 재벌개혁 등 신자유주의적 경제개혁 조치들을 거의 그대로 수용하여 이를 나름대로 착실히 집행하였다. 그 결과 1년 만에 외환위기의 혼란상태에서 벗어나는 성과를 거두었으나, 저성장과 양극화라는 새로운 난제가 잉태되는 계기가 되었다. 획기적 구조조정의 대상이 되었던 대기업들과 금융기관들의 경영행태가 성장 위주에서 안정 위주로 급선회됨에 따라 대기업들은 수익성 제고를 위해 임금수준이 낮은 해외로 투자를 다양화하기 시작했고, 경직적 노동시장에 대한 대응책으로 신규 고용을 최소화하였으며, 가급적 비정규직을 최대한 활용하는 새로운 경영관행이 시작되었다.

금융기관 역시 국제결제은행(BIS: Bank for International Settlement)의 자기자본비율[1]을 지키기 위해 투자에서 위험부담을 최소화하는 보수적 관행이 뿌리를 내리고 있다. 미국 등 금융선진국에서는 투자은행, 벤처캐피털 그리고 심지어는 헤지펀드 등 진취적 성향의 새로운 금융기관들이 급성장하여 창조적이고 위험부담이 큰 투자활동을 뒷받침해주고 있으나, 이런 금융기관들의 활동이 미약한 한국에서 기존 금융기관 운영의 보수화는 경제활력을 저하시키고 고도성장을 어렵게 하는 또 하나의 요인으로 작용하고 있다.

참여와 분배를 강조한 노무현 정권은 부동산 투기를 막겠다는 의도로 종합부동산세를 신설하고 아파트 분양가 규제를 부활하는 등의 규제조치를 취함으로써 2004년 이후 현재까지 지속되고 있는 부동산시장의 침체와 이로 인한 건설경기 부진의 불씨를 만들었다. 또한 유럽 복지선진국을 따라잡겠다는 목적으로 '비전 2030'을 구상하였으나, 당시 여소야대의 국회 상황에서는 복지에 대한 정부의 구상을 실현시키기에는 역부족이었다.

특히, 건설경기의 하락이 내수침체를 선도함으로써 오히려 수출 부문과 내수 부문 간의 양극화가 심화됨으로써 분배를 강조하였던 노무현

---

1) 위험자산 대비 자기자본 비율로 나타나며, 8% 이상을 유지하도록 규제

정권의 정책목표는 실제로 달성되지 못하는 결과를 초래하였다. 이는 성장을 무시한 분배정책은 성장률 저하로 인해 분배가 오히려 악화되는 결과를 초래할 수 있다는 교훈을 남기는 계기가 되었다.

노무현 정권과는 정반대로 이명박 정권은 기업친화적 정책의 추진을 통해 경제성장을 강조하면서 출범하였다. 이를 위해 법인세와 소득세 인하를 추진하였으나, 양극화의 심화로 인한 복지수요의 팽창과 감세에 대한 비판적 여론이 높아지자 추가적 감세조치들을 포기함은 물론 국정목표 자체를 '친기업'에서 '친서민' 그리고 '공정사회'로 바꾸어버렸다. '녹색성장' 등의 새로운 국정목표도 제시하였으나, 세계금융위기의 발발과 부동산시장 침체의 가속화로 인해 임기 중 경제성장률이 분배를 강조한 노무현 정권보다도 낮은 결과를 초래하였다.

비록 1997년 민주화 이후 대체로 선택과 집중의 전략을 제대로 구사하지 못했으나, 외환위기과정에서의 구조조정 정책과 1990년대 중반 이후 추진된 정보화 정책은 예외라고 할 수 있다. 전자는 모든 경제주체들이 위기를 인식한 상태에서 IMF에 의해 강요된 정책을 추진한 것이나, 후자는 매우 정상적인 상태에서 여러 정권에 의해 오랜 기간 추진되었다는 점에서 민주화 시대 이후 선택과 집중 전략 추진의 대표적 성공사례라고 할 수 있을 것이다.

한국 정부의 정보화 정책은 1990년대 중반 김영삼 정부에서 시작되었다. 1994년 체신부와 다른 부처에 흩어져 있었던 정보화 관련 업무를 통합하여 이를 전담할 정보통신부를 발족시켰고, 1995년에는 정보화촉진기본법을 제정하여 정보화 지원시책들의 법적 근거를 마련하였으며, 1996년에는 정보화추진위원회를 출범시켜 정보화에 관한 기본전략을 수립하였다. 정보화 촉진을 국가운영의 최우선 순위로 삼는 전통은 김대중 정부와 그 이후의 정부에도 그대로 이어져 현재 한국의 정보화 수준은 세계 최고 수준에 이르고 있다.

예를 들어, 2006년 현재 디지털 기회지수는 한국이 세계 1위이고, 인터넷 이용률은 세계 2위, 그리고 국가정보화 지수는 세계 3위에 이르고 있다. 정보통신부는 1960년대 경제기획원과 같은 기능을 수행하였고, 정보화기본계획 역시 경제개발 5개년계획과 마찬가지로 거의 모든 목표치를 초과달성하였다.

제2의 성장엔진이 가동되지 않고 있다

수출 부문의 증가속도 둔화가 상당 부분 불가피한 현상이라고 한다면, 내수 부문이라도 수출 부문과 더불어 경제성장을 이끄는 제2의 엔진 역할을 담당해야 하는데 그렇지 못한 것 역시 경제성장률이 급속히 둔화되고 있는 중요한 원인이 되고 있다. 내수 부문의 성장 속도가 느린 이유를 수요와 공급의 양 측면에서 살펴볼 수 있을 것이다. 우선 수요 측면에서 보면, 1997년 외환위기와 2008년 세계금융위기의 발발은 경제의 미래에 대한 불확실성을 증가시켜 민간소비지출의 억제요인으로 작용하고 있다. 예를 들어, 1990년대 중반까지 연평균 8% 수준의 증가세를 보인 민간소비지출이 외환위기 이후 계속 감소하여 2003년 이후 연평균 2.7% 수준의 낮은 증가세에 머물고 있다.

또한, 외환위기 과정에서 강도 높게 추진된 금융 및 재벌개혁의 결과 나타난 기업과 금융기관의 보수적 경영행태 역시 투자증가를 억제하는 요인으로 작용하고 있다. 예를 들어, 1970년대 연평균 25% 수준을 유지했던 설비투자 증가율은 1980년대 이후 12% 대로 크게 하락하였고 2004~2012년 기간 중에는 연평균 4.2%의 낮은 수준에 머물러 있다.

이에 더해, 2003년 종합부동산세의 도입 등으로 부동산에 대한 과세가 강화되고 2007년에는 총부채상환비율(DTI: Debt To Income ratio), 주택담보대출비율(LTV: Loan To Value ratio) 등 주택담보대출에 대한 금융규제정책 등이 새로 도입되면서 부동산시장은 극도의 침체상태를 보이게 되었으며, 이는 건설경기의 부진과 건설회사의 대량부도 사태로 이어지고 있다. 예를 들어, 1990년대 중반까지 연평균 10% 대의 증가세를 유지했던 건설투자는 외환위기 이후 7% 수준으로 하락하였고, 부동산에 대한 정부의 세제 및 금융제재 조치가 강화된 2004년 이후에는 아예 감소세로 전환되었다. 특히, 최근 2010~2012년 기간 중에는 연평균 3.5%의 마이너스 성장을 기록하고 있다.

내수 부문의 낮은 생산성 증가 역시 지속적 성장의 장애요인으로 작용하고 있다. 특히, 내수 부문의 대종을 이루고 있는 서비스 부문의 생산성은 국내 제조업에 비해서는 물론 다른 선진국들의 서비스 무문에 비해서도 매우 낮은 것으로 나타나고 있다. GDP의 60% 그리고 고용의 70%를 차지하고 있는 서비스 부문의 생산성은 1995~2009년 기간 중 연평균 1.3% 증가에 그쳤고, 신장률 역시 이 기간 경제성장률과 같은 수준인 4%에 머물고 있다.

서비스 산업이 교육, 보건의료, 건설 등 상대적으로 생산성이 높은 부문을 포함한다는 점을 감안할 때, 유통, 부동산, 요식업, 개인서비스 등 상대적으로 열악한 부문의 생산성은 미국이나 유럽연합(EU) 등 선진국의 평균 수준에 절반도 되지 않는 것으로 경제협력개발기구(OECD)는 추정하고 있다. 결국, 서비스 부문의 낮은 생산성은 한국경제의 성장잠재력 저하는 물론 양극화 심화의 핵심적 원인으로 작용하고 있다.

<한국 제조업과 서비스업 비교>

(1995~2009, 연평균 증가율, %)

	성장률	생산성 증가	고용변화
제조업	6.6	8.2	- 1.6
서비스업	4.0	1.3	2.7

자료: OECD 2012년 한국보고서

저출산과 고령화 추세로 성장잠재력이 낮아지고 있다

한국경제의 성장잠재력이 낮아지고 있고 앞으로의 전망마저 어둡게 하는 요인은 출산율의 감소와 인구의 고령화 추세이다. 1960년 6명, 1970년 4명에 달했던 한국의 출산율[2]은 그 후 지속적으로 감소하여 급기야 1983년 인구대체 수준인 2.1명에 도달하였고, 2000년 이후에는 1.2명 수준에 머물고 있다. 이는 OECD 국가 중에서 가장 낮은 수준으로, 이러한 추세가 지속되면 한국경제의 잠재성장률은 크게 낮아질 전망이다. 예를 들어, 한국의 잠재성장률은 2006~2010년 기간 중 5.8%에서 2040년에는 1.6%, 그리고 2060년에는 1.0%로 낮아진다는 것이 한국개발연구원(KDI)의 추계이다.

경제성장에 큰 영향을 주는 생산가능인구(15~64세)는 1960년 1,370만 명에서 지속적으로 증가하여 2016년 3,704만 명으로 정점에 도

---

2)   한 여성이 가임기(15~49세) 동안 낳게 될 평균자녀수

달한 후 계속 감소하여 2060년 2,187만 명에 이를 것으로 전망되고 있다. 또한, 베이비붐 세대(1955~74년생)가 본격적으로 노년층에 진입하는 2020년부터 2049년까지는 노령인구 증가세가 클 것으로 전망되기 때문에 성장잠재력은 더욱 낮아지고 연금, 의료비 지출 등 사회복지 지출은 급속히 증가될 전망이다.

1960년대 이후 한국경제의 고도성장은 생산가능인구의 가파른 증가가 있었기에 가능했다고 할 수 있다. 그러나 저출산으로 인한 생산가능인구 증가 속도의 감소는 한국에서 고도성장을 어렵게 하는 결정적 요인으로 작용하고 있다. 1980년대 후반 이후 성장세의 점진적 둔화 역시 생산가능인구 증가의 감소세에 기인하는바 크다고 할 수 있다. 그러나 2000년 이후 경제성장률이 잠재성장률 5~6%를 크게 밑도는 것은 저출산으로 인한 생산요소의 증가속도 둔화 등 공급요인보다는 내수침체 등 수요요인의 작용이 컸다고 보아야 할 것이다.

<연령집단별 인구 추이 및 전망>

(1960~2050)

자료: 한국보건사회연구원

02장

심화되는 양극화

한국은 이제 분배가 양호한 나라가 아니다

한국은 고도성장과 더불어 상대적으로 소득분배 구조도 양호한 나라로 알려져 왔다. 해방 이후 추진된 토지개혁은 대부분 개발도상국에서 분배구조를 악화시키는 핵심 요인인 농지 소유의 불균등 문제를 해결해주었다. 또한 1960년대 초 이후 추진된 수출산업 육성정책은 당시 한국이 비교우위를 갖고 있었던 섬유, 가발 등 노동집약적 산업의 급성장을 초래하였고, 이는 고용확대와 임금상승을 통해 경제성장의 혜택이 아래로 확산되는 이른바 '트리클-다운(trickle-down)' 효과를 가져왔다. 그 결과 한국은 고도성장에도 불구하고 1960년대에는 소득분배가 오히려 개선된 것으로 나타났다. 이는 경제발전 초기에는 소득분배가 악화된다는 개발경제학의 쿠즈넷(Kuznets) 가설[3]의 예측과는 정반대의 결과이기도 하다.

---

3) 1971년 노벨 경제학상을 수상한 사이먼 쿠즈넷(Simon Kuznets) 교수는 남미 국가들의 경험을 바탕으로 경제개발 초기에는 소득분배가 악화되는 것이 불가피하다는 이론을 제기하였으나, 이는 한국의 1960년대 경험을 통해 반드시 맞지 않음이 입증되었다.

그러나 이와 같이 고도성장과 분배개선이 동시에 이루어지는 상황은 오래 지속되지 않았다. 1970년대 중화학공업의 육성으로 임금격차가 확대되었기 때문이다. 그러나 1980년대 초 추진된 안정화 정책의 영향으로 분배는 다시 개선되었다. 그 후 한국에서의 소득분배 상황은 1997년 외환위기 이전까지 대체로 현상유지를 했으나, 외환위기 수습과정에서 신자유주의적 개혁조치의 추진과 더불어 노동시장에서의 양극화가 심화되면서 분배구조가 다시 악화되고 있다.

예를 들어, 소득불균등도를 나타내는 지니계수(Gini coefficient)[4]는 1990년대 중반까지 0.250 수준으로 국제적으로 비교적 양호한 상태를 보여주었으나, 외환위기 직후인 1999년에는 0.298로 증가하였고, 세계 금융위기 직후인 2009년에는 0.320로 다시 증가하였다가 2012년 현재 0.310 수준인 것으로 통계청은 추정하고 있다.

이러한 한국의 소득분배 수준은 2008년 현재 30개 OECD 회원국 중 17위로 중간 수준에 불과한 것으로 조사되고 있다. 소득분배 측면에서 1위는 덴마크, 2위는 스웨덴으로 북유럽의 복지선진국들이 최상위권을 형성하고 있는 반면, 일본 20위, 영국 23위, 미국 27위, 멕시코 30위로 복지지출 규모가 상대적으로 작은 OECD 국가들은 한국보다 나쁜 분배구조를 갖고 있다. 그러나 문제는 한국에서 분배구조 악화의 속도가 OECD 국가 중 가장 빠르다는 사실이다. 이는 한국에서 양극화의 속도가 매우 빠르다는 것을 의미하기 때문에 적절한 정책적 대응이 절실히 필요하다고 할 수 있다.

---

4) 지니계수는 모든 구성원의 소득이 같은 경우에는 0, 한 구성원이 모든 소득을 독식한 경우에는 1로, 수치가 높을수록 분배구조가 나쁘다는 사실을 나타낸다.

〈소득분배 추이〉

(1990~2010, 2인 이상 도시가구)

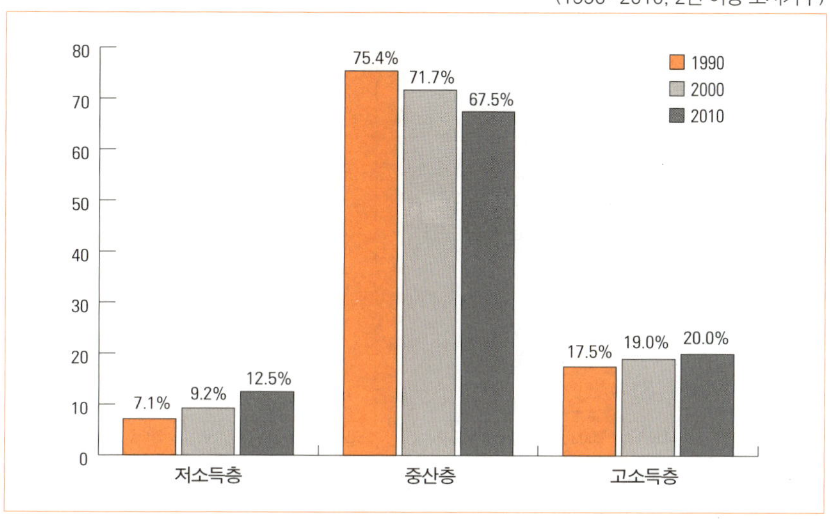

자료: 통계청, 보건복지부 2013년 업무계획

또한, 한국의 상대적 빈곤율[5]은 30개 OECD 회원국 중 25위로 최하위권인 것으로 나타났다. 한국에서 2008년 현재 중간소득 대비 40% 미만인 가구의 비율은 10%, 그리고 60% 미만인 가구의 비율은 21%에 달하는 것으로 OECD는 추정하고 있다. 이와 같이 한국에서 상대적 빈곤율이 높은 이유는 65세 노인가구의 빈곤율이 무려 45%에 이르고 있기 때문이다. 이는 기존의 국민연금이 보험금을 일정 기간 이상 납부한 경우에만 연금을 지급하는 '적립방식'으로 설계되어 있기 때문에 연금혜택을 받지 못하는 노인층이 다수를 차지하고 있다는 사실에 기인하는바 크다. 또한, 빈곤가구를 위한 기초생활보장사업의 추진에 있어 부양의무자 조항의 경직적 운영 역시 부양의무자가 있으나 실제로 별 도움을 받지 못하는 노인

---

5) 　　중간소득(median income) 대비 40%, 50% 또는 60% 미만인 가구의 비율

〈지니계수 및 상대적 빈곤율 추이〉

(1990~2010)

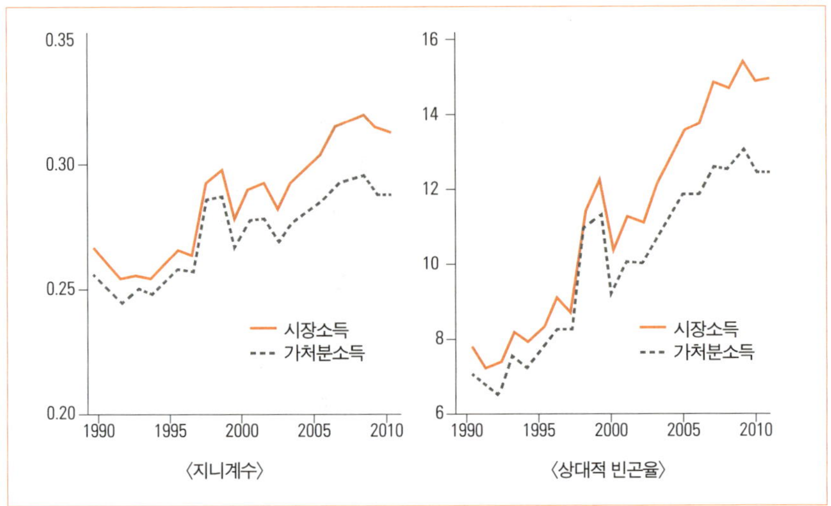

자료: 통계청, OECD 2012년 한국보고서

가구를 빈곤층으로 만드는 원인이 되고 있다.

한국에서 상대적 빈곤율이 높은 또 하나의 요인은 빈곤의 원인에 대한 한국인의 인식에도 기인한다. 세계가치관조사(World Value Survey)에 의하면 한국인은 빈곤의 원인이 사회보다는 개인에게 있다고 생각하는 응답자 비율이 거의 50%에 달할 정도로 높게 나타났다. 이는 유럽의 복지선진국과 비교해볼 때 빈곤문제 해결에 정부가 적극적으로 나서야 한다는 인식이 상대적으로 약하다는 사실을 나타낸다고 할 수 있다.

한국의 상대적 빈곤율(중위소득 50% 미만)은 1990년대 초반 7% 수준에서 외환위기 직후인 1999년에는 11.4%로 급증했으며, 세계금융위기 직후인 2009년에는 다시 13.1%로 상승했고, 2012년 현재 12.1% 수준인 것으로 통계청은 추정하고 있다. 이러한 통계자료를 통해 우리는 소득불균등도와 상대적 빈곤율 모두 불경기에 상승하고 있음을 잘 알 수 있다.

내수 부문의 위축이 양극화의 근본 원인이다

1997년 이후 한국에서 양극화가 심화된 첫 번째 원인은 수출 부문과 내수 부문의 성장속도 격차에 기인한다고 할 수 있다. 1997년 말 외환위기와 2008년 세계금융위기를 겪으면서 수출 부문은 한국 원화의 약세와 일본 엔화의 강세에 힘입어 꾸준한 신장세를 유지하였으나, 내수 부문은 소비와 투자심리의 위축, 그리고 건설경기의 침체로 인해 부진상태에서 벗어나지 못하고 있다.

반면 수출 부문은 우호적 환율상황에 힘입어 외환위기가 진행되던 1997년과 1998년에도 각각 19.8%, 12.9%의 실질성장률을 기록함으로써 위기로부터 벗어나는 과정에서 견인차 역할을 충실히 수행하였다. 100엔 대비 원화의 환율은 외환위기 이전에는 730원 수준을 유지하였으나, 외환위기 과정에서 원화의 평가절하로 1988년부터는 1,150원 수준으로 급상승하였다. 세계금융위기 과정에서도 100엔 대비 원화의 환율은 다시 상승하여 2009년 1,363원, 그리고 2012년 9월에는 1,446원을 나타내고 있다.

결국 한국 원화는 일본 엔화에 비해 외환위기 과정에서 약 58%나 평가절하 되었고, 세계금융위기 과정에서는 다시 26% 평가절하 되었다. 이러한 상황에서 수출 부문이 호조를 보인 것은 너무나 당연한 결과라고 할 수 있을 것이다. 이는 최근 아베노믹스(Abenomics)[6]의 추진으로 일본 엔화의

---

6) 일본의 아베 내각이 추진하고 있는 통화량 확대를 통한 경기부양정책을 의미한다.

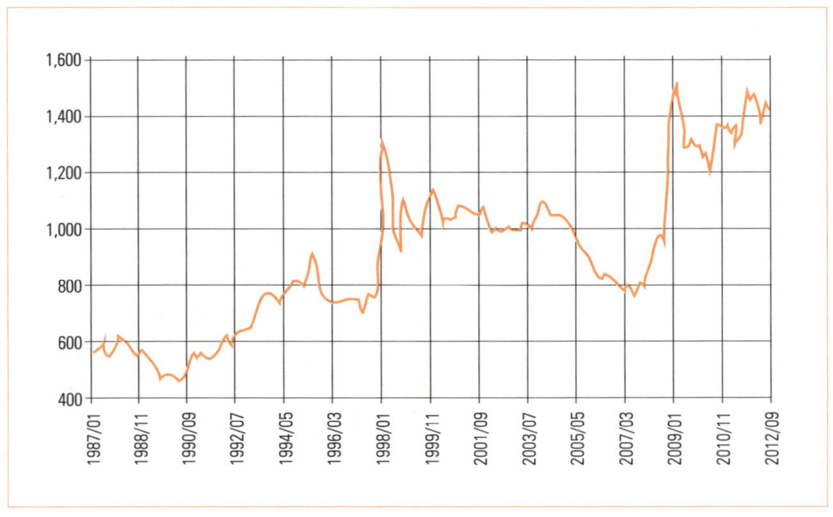

자료: 한국은행

평가절하가 한국 수출에 미치는 영향 역시 클 것이라는 전망을 하는 근거가 되기도 한다.

한국에서 수출 부문은 대기업이 주도하지만 고용창출 효과가 낮은 반면, 상대적으로 고용창출 효과가 큰 내수 부문은 중소기업이 대종을 이루고 있다. 따라서 수출 부문과 내수 부문의 성장률 격차는 산업 부문 간은 물론 고용시장 및 금융시장에서의 양극화를 심화시키는 원인으로 작용하고 있다.

한국의 수출은 중화학 부문, 특히 IT 부문에 집중되어 있기 때문에 1997년 외환위기 이후 중화학 부문은 연평균 성장 7~8% 수준의 호황을 누리고 있으나, 경공업 부문은 거의 정체상태를 보이고 있다. 예를 들어, IT산업은 1990년대 중반 이후 연평균 두 자리의 높은 신장세를 유지하여 한국 경제성장의 견인차 역할을 담당하고 있지만 비IT산업의 성장률은 연평균 2% 수준에 그치고 있다. 또한, 수출 부문과 내수 부문의 격차 확대는 제조업과 서비스업의 양극화로 이어지고 있고, 산업 간 양극화는 기업 간 양극화로 발전되고 있다.

대기업과 중소기업 간 성장성 및 수익성 측면에서도 격차가 확대되고 있으며, 이는 대기업과 중소기업 간 자금여건 및 투자수준의 격차 확대로 이어지고 있다. 예를 들어, 2007~2010년 기간 중 연평균 매출액 증가율은 대기업이 12.1%인 데 반해 중소기업은 10.3%인 것으로 한국은행은 추정하고 있다. 또한 매출액 대비 순이익률 역시 대기업이 4.6%로 중소기업의 2.5%보다 훨씬 높은 것으로 나타났다. 그 결과 중소기업의 부채비율과 차입금의존도 역시 대기업보다 훨씬 높은 것으로 나타나고 있다.

고용 없는 성장이 지속되고 있다

내수 부문의 부진, 건설업과 서비스업의 침체, 그리고 중소기업의 상대적 약세 등은 1997년 이후 일자리 부족현상이 심화되는 결과를 초래하고 있다. 한국경제의 고용창출능력은 외환위기 이후 현저히 저하되었다. 1997년 이전에는 연평균 40~50만 개의 일자리가 만들어졌으나, 2000년대 중반에는 30만 개로 줄어들었고, 2009년에는 세계금융위기의 여파로 7만 개로 감소하였다. 그 후 점차 개선되어 2012년에는 44만 개의 일자리가 증가하였으나 아직도 미흡한 상태이다.

경제성장의 고용창출능력을 나타내는 고용탄력성 역시 매우 낮아 2000~2008년 기간 중 한국은 0.312로 30개 OECD 국가 중 23위에 그치고 있다. 15~64세 인구 중 취업자 비율인 고용률은 2010년 현재 한국

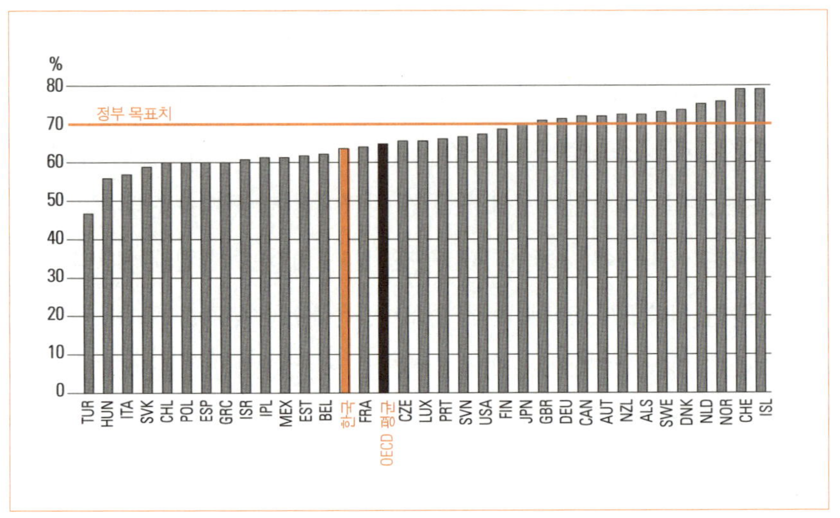

자료: OECD 2012년 한국보고서

이 63.3%로, 이 역시 OECD 평균 64.6%보다 낮은 수준이다. 한국의 고용률이 낮은 것은 여성의 고용률이 낮기 때문이다. 예를 들어, 2010년 현재 한국 남성의 고용률은 73.9%로 OECD 평균 72.7%보다 오히려 약간 높은 수준이나, 한국 여성의 고용률은 52.6%로 OECD 평균 56.7%보다 낮은 것으로 나타났다. 이는 한국에서의 고용률 상승은 여성취업자의 증가와 직결되어 있음을 잘 보여주고 있다.

한국의 고용률은 1990년대 중반 이후 거의 정체상태를 보이고 있는 반면, 네덜란드, 핀란드, 독일 등 OECD 국가들은 다양한 정책의 추진결과 지난 10여 년간 고용률이 4% 이상 증가하였다. 이는 이들 국가들에 비해 한국에서의 일자리지원사업의 효과가 상대적으로 저조했음을 의미하기도 한다.

한국에서 고용률이 낮은 또 하나의 이유는 한국경제의 수출의존도가

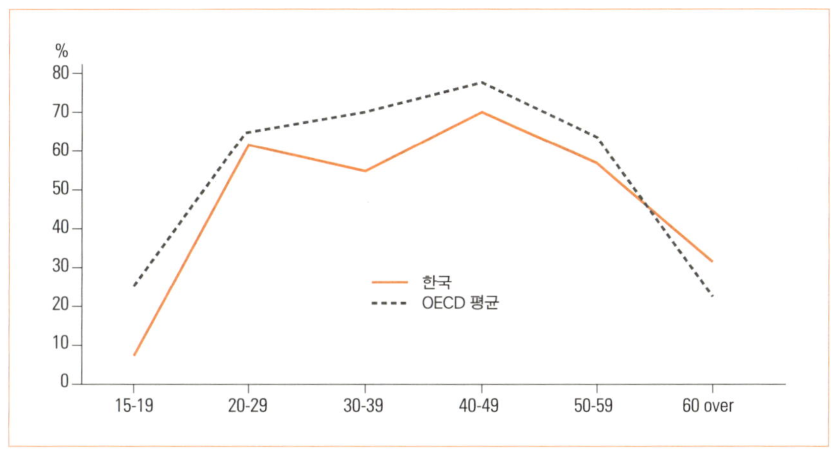

자료: OECD 2012년 한국보고서

매우 높고, 수출산업의 취업유발효과가 낮기 때문이다. 산업별 취업계수를 살펴보면 한국 제조업의 취업계수[7]는 우리보다 소득수준이 높은 미국, 일본보다도 낮은 반면, 서비스업의 취업계수는 미국, 일본보다 오히려 높다. 이는 한국의 제조업이 수출산업을 중심으로 구성되어 기술집약도가 미국, 일본보다도 오히려 높은 반면, 서비스업은 아직 근대화가 이루어지지 않아 생산성이 미국, 일본보다 상대적으로 낮기 때문이다.

〈고용률 비교〉

(2010, %)

	전체	남자	여자
한국	63.3	73.9	52.6
OECD 평균	64.6	72.7	56.7

자료: 통계청, OECD 2012년 한국보고서

---

7)   10억 원의 생산에 직접 필요한 취업자 수

결과적으로 한국에서의 양극화 정도는 미국, 일본보다 상대적으로 높은 수준을 보이고 있다. 이에 더해, 한국 수출산업의 취업계수는 계속 낮아지고 있기 때문에 양극화 현상은 앞으로 더욱 심화될 가능성이 높다. 예를 들어, 한국 수출 부문에서 10억 원당 고용창출효과는 2000년 15.3명에서 2006년 9.9명으로 급속히 감소하였다.

노동시장의 경직성 역시 양극화의 원인이다

양극화 현상은 노동시장에서 가장 두드러지게 나타나고 있다. 1997년 이후 비정규직의 증가는 노동시장 양극화의 주요 요인이 되고 있다. 민주화와 외환위기를 겪으면서 많은 기업들은 인사관리 측면에서 기업운영에 경직성을 더해주는 정규직 근로자의 신규채용을 가급적 억제하는 대신 정리해고가 편한 비정규직 인력을 최대한 활용하는 새로운 인력관리 행태를 보이고 있다. 임시직 근로자는 1995년 360만 명에서 1997년에는 424만 명, 그리고 2007년에는 517만 명으로 지속적으로 증가하여 임금근로자의 1/3을 차지하고 있다.

비정규직 근로자의 연령별 구성을 살펴보면 10대와 60대에서 60~70% 수준, 50대 역시 40% 대의 높은 비율을 보이는데, 이는 비정규직이 연소자, 고령자 등 구직이 어려운 계층에게 일자리를 제공하는 순기능도 수행하고 있음을 보여주고 있다. 교육 정도별 분포를 보면 중졸이 57%로 대졸 25%보다 상대적으로 높은데, 이는 비정규직을 상대로 취업능력개발의 필요성이 있음을 시사한다. 또한, 산업별로는 서비스업이 40%로 매우 높다는 점으로 미루어 서비스산업의 선진화가 시급함을

〈비정규직 근로자 비율의 국제 비교〉

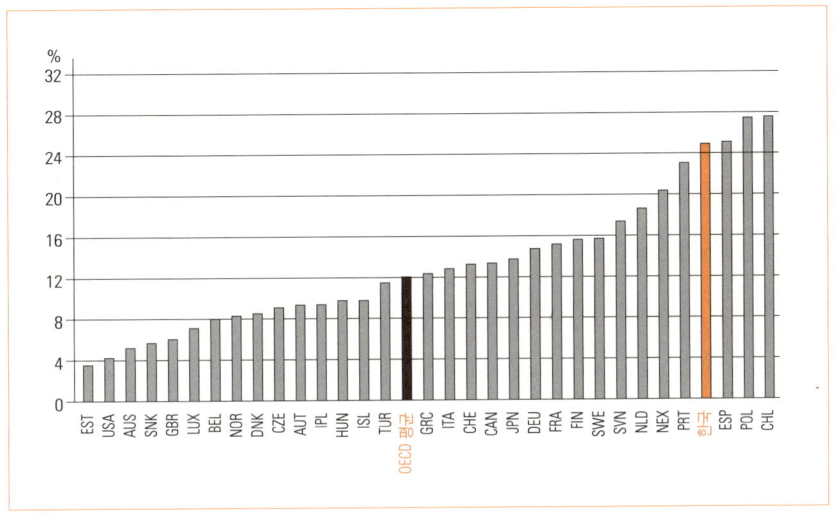

자료: OECD 2012년 한국보고서

다시 한 번 보여주고 있다. 기업규모별 분포 역시 5인 미만 영세사업장은 50%를 넘으나 300인 이상 대기업은 20%로 낮다는 사실로 미루어 영세기업들이 생존수단의 일환으로 비정규직을 활용하고 있음을 알 수 있다.

비정규직 근로자가 증가하는 원인은 근본적으로 국제환경 변화에 따른 고용유연화 전략의 일환이라고 할 수 있다. 기업 간 경쟁을 치열하게 하는 세계화는 물론 외환위기, 국제금융위기 등 국제환경의 악화와 불확실성 증가에 대비하기 위해 기업들은 노동유연성 확보를 중요한 생존수단으로 인식하게 되었다. 또한, 정규직 노동시장이 매우 경직된 한국의 현실에서 기업들은 노조의 저항으로부터 자유로우며 비용이 저렴한 비정규직을 활용하게 되었다.

예를 들어, 한국노동연구원 조사[8]에 의하면 비정규직을 활용하는 주된 이유로 노조가 상대적으로 강한 대기업은 고용조정의 용이, 그리고 경

---

8)　한국노동연구원(2002), 「사업체패널조사」

쟁력이 상대적으로 취약한 중소기업은 인건비의 절감을 지적하고 있다. 이는 대기업은 강성 노조로 인한 노동시장의 경직성을 우회하는 수단으로, 그리고 중소기업은 취약한 경쟁력을 보완하는 경비절감방안으로 비정규직을 활용하고 있음을 의미한다. 공공 부문의 경우 외환위기 이후 추진된 정부 차원의 인력감축 위주의 경직적 구조조정 시책들이 이들 공공기관으로 하여금 정규직을 감원하여 비정규직으로 전환하는 경영행태를 유발하였다.

비정규직의 증가가 노동시장의 유연성 제고라는 긍정적 측면이 있음에도 노동시장의 양극화로 인한 임금격차의 확대와 복지사각지대의 확대라는 부정적 결과를 초래하고 있다. 예를 들어, 2010년 현재 정규직 근로자의 월평균 급여는 229만 원인 데 비해, 비정규직의 급여는 이의 53%에 불과한 122만 원이었다. 또한 건강보험과 국민연금 가입비율이 정규직의 경우 97%에 이르는 데 반해 비정규직은 48% 수준에 그치고 있다. 비정규직은 급여수준 측면에서 정규직과 큰 차이가 있음은 물론 사회보험 혜택도 제대로 못 받는 경우가 많기 때문에 비정규직 근로자 비중의 증가는 임금격차와 소득불균등은 물론 사회복지 사각지대의 확대를 초래하게 된다.

한국에서 비정규직의 또 하나의 문제점은 다른 OECD 국가들에 비해 비정규직에서 정규직으로 이동이 상대적으로 제한적이라는 사실이다. 한국에서 정규직 근로자는 1년 후 80% 이상이 정규직을 유지하나, 비정규직 근로자가 정규직으로 이동하는 비율은 15%에 그치고 있다. 그러나 덴마크, 아일랜드 등에서는 비정규직의 42% 정도가 1년 후 정규직으로 옮기며, OECD 국가 전체로도 약 30% 정도가 매년 비정규직에서 정규직으로 이동하는 것으로 나타나고 있다.[9]

---

9)   OECD(2006), 「Jobs Strategy」

한국에서 비정규직의 정규직화가 어려운 근본적 이유가 비정규직 근로자 채용의 목적이 대기업은 노동시장의 유연성 제고, 중소기업은 인건비 절감이기 때문에 기업경영 여건이 근본적으로 바뀌지 않는 한 기업 스스로 비정규직을 정규직으로 전환할 유인이 별로 없기 때문이다.

임금격차 역시 확대되고 있다

수출과 내수의 양극화와 노동시장의 양극화는 임금격차의 확대로 이어지고 있다. OECD 국가들과 비교해볼 때 한국에서의 임금격차는 상대적으로 심하며, 이러한 상황은 지난 10년간 계속 악화되고 있는 것으로 나타났다. 예를 들어, 최하위 10%의 임금 대비 최상위 10%의 임금 비율은 2010년 현재 한국이 4.69로 OECD 국가 평균 3.34보다 높으며, 북유럽의 노르웨이(2.29), 덴마크(2.73)보다는 물론 이웃 일본(2.99)보다도 훨씬 높은 것으로 나타났다. 또한, 임금격차지수는 한국의 경우 1999~2009년 기간 중 3.83에서 4.69로 악화되었다. 같은 기간 OECD 국가 평균 역시 3.01에서 3.34로 높아졌으나, 증가 속도는 한국보다 낮았다.

한국의 임금격차지수는 OECD 국가 중 최하위를 보인 미국과 거의

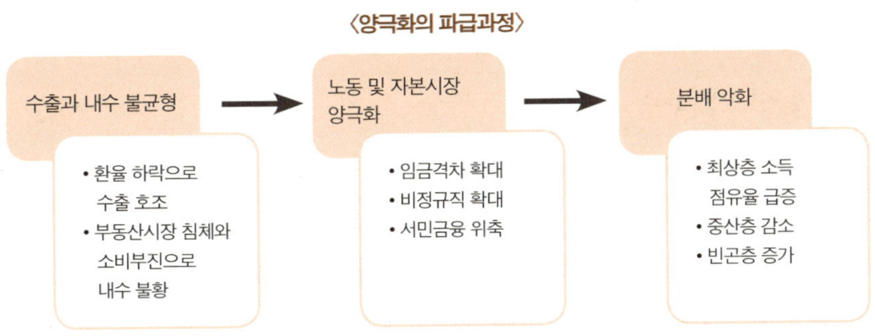

같은 수준이다. 남녀 간 임금격차 역시 한국이 OECD 국가 중 가장 심한 것으로 나타났고, 저임금 근로자의 비율 역시 OECD 국가 중 최하위 수준인 것으로 조사되었다. 이는 임금격차의 확대가 외환위기 이후 한국에서 소득분배 구조가 악화되는 주된 요인으로 작용하고 있음을 보여주는 것이라고 할 수 있다. 따라서 양극화 문제의 해소를 위해서는 저임금 근로자의 생산성을 높이는 정책이 우선적으로 추진되어야 할 것이다. 또한, 저임금 근로자의 대다수가 여성이라는 사실 역시 저임금 해소 대책을 설계함에 있어 고려되어야 할 사항이다.

중산층의 살림이 어려워지고 있다

외환위기 이후 우려되는 또 하나의 추세는 건전한 사회 형성의 필수적 요건이라고 할 수 있는 중산층의 살림이 점점 어려워져 상당수의 가구가 중산층에서 저소득층으로 전락하고 있다는 사실이다. 통계청 가계조사 결과에 의하면 중위소득 50~150%에 속하는 중산층 가구 비율은 1992년 75.4%에서 외환위기를 겪으면서 1999년 67.0%로 급감하였다. 그 후 다소 회복되었다가 2004년 이후 다시 감소세로 전환되었으며, 세계 금융위기 직후인 2009년 62.6%로 최저점을 기록한 후 2012년 65.5%로 다소 회복된 것으로 나타났다. 특히, 중산층에서 이탈한 가구의 약 70% 정도가 고소득층이 아니라 저소득층으로 전락했다는 사실은 1990년대 중반 이후 한국에서 소득분배 상황이 악화되고 있다는 또 하나의 증거가 되고 있다.

중산층의 규모만 줄어드는 것이 아니라 이들의 살림이 점점 어려워

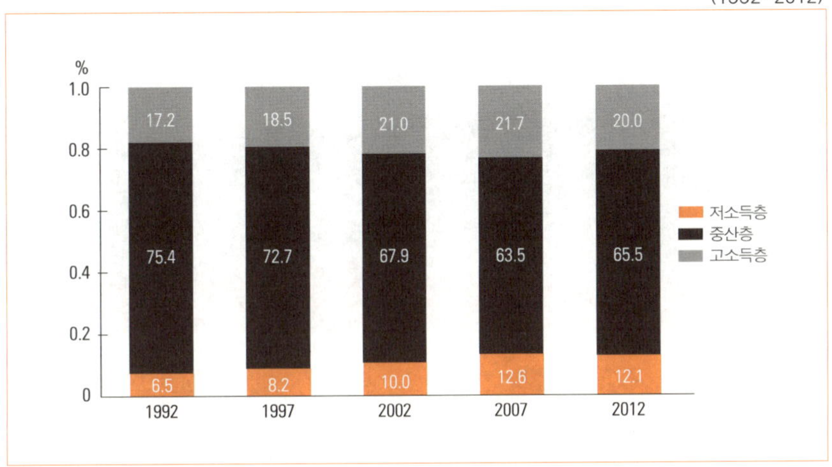

자료: 통계청

지고 있는 것이 문제다. 그 이유는 여러 가지가 있으나, 이 중 가장 근본적인 것은 외환위기 이후 낮은 생산성으로 인해 중소기업 부문과 서비스 부문의 실질임금 상승률이 크게 둔화되었다는 사실에 기인한다. 예를 들어, 2010년 현재 서비스산업의 임금수준은 제조업의 55%에 불과하고, 중소기업의 임금 역시 대기업의 62%에 머물고 있다.

또한, 가계소득의 연평균 증가율이 1991~2000년 12%에서 2001~2010년 6%로 크게 감소하였다. 중산층 가구 소득증가율의 둔화는 가계저축의 감소로 이어지고 있다. 1990년대 초까지 18% 수준을 유지한 가계 부문의 저축률은 2000년대에 들어 급격히 감소하여 현재 4~5%에 머물고 있는 반면, 기업 부문의 저축률은 같은 기간 12%에서 18% 수준으로 오히려 증가하였다.

한국의 중산층 가구는 소득에 비해 상대적으로 높은 주거비용과 과

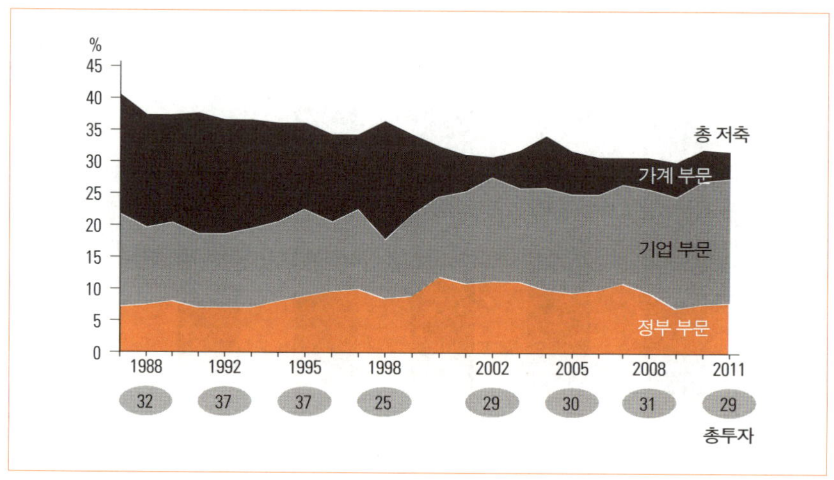

자료: 한국은행, 매킨지 2012년 한국보고서

중한 사교육비로 인해 저축하기 어려운 상황에 처해 있다. 한국에서 주택 가격은 연소득의 7.7배 수준으로 이는 미국의 3.5배, 영국의 6.1배보다 훨씬 높다. 또한, 한국은 자가 소유 비율이 상대적으로 높기 때문에 부동산은 가구 자산의 74%, 주택담보대출은 가구 채무의 53%, 주택대출의 원리금 상환액은 가구 평균소득의 25%를 차지하고 있다. 이에 더해, 최근 주택가격이 하락하는 상황에서 금융권의 경직적인 주택담보대출비율(LTV) 정책의 운용은 많은 중산층 가구에게 추가적 원금상환 부담을 안겨 주고 있다.

세계에서 유례가 없을 정도로 높은 교육열로 인한 사교육비 부담 역시 중산층 가구의 살림을 어렵게 하고, 더 나아가 출산율을 저하시키는 원인으로 작용하고 있다. 2012년 현재 자녀 1인당 월평균 사교육비는 23만 6천 원으로 추계되고 있고, 대학생의 경우 등록금을 포함한 연간 교육비는 1천 2만 원 수준으로 추정되고 있다. 한국에서는 교육이 사회적 신분상승의 열쇠라는 인식이 팽배하기 때문에 대다수의 중산층 부모들은 자녀들의 교육을 위해 소비를 줄이고, 노후 준비를 못하는 등 기꺼이 자신을 희생할 각오를 하고 있다. 그 결과 한국 중산층 가구의 24.5%가 적자 살림을 하고 있으며, 주택융자의 원금상환액을 지출에 포함시키면 적자 살림을 하는 가구의 비율은 54.8%로 증가한다는 것이 매킨지 한국보고서의 분석이다.

03장

높아지는 사회적 스트레스

분노의 표출은 세계적 현상이다

『분노의 포도(The Grapes of Wrath)』는 소설가이자 언론인이었던 존 스타인벡(John Steinbeck)이 1930년대 미국의 대공황을 배경으로 가난한 소작인 조드(Joad) 일가의 이야기를 소설화한 작품이다. 당시 미국의 비참한 경제 상황과 노동자에 대한 착취를 실감나게 다루어 발표 당시에는 금서로 지정될 만큼 거센 반발이 있었지만, 작가에게는 퓰리처상과 노벨 문학상을 안겨준 불후의 명작으로 문학사에 기록되고 있다.

'분노의 포도'는 원래 성경 요한계시록에서 억압에 대한 신의 최후의 심판을 묘사한 것인데, 대공황 당시 식량 부족으로 인해 많은 서민이 굶주림에 허덕이는 상황에서도 농산물 가격을 높게 유지하려고 생산된 농산물을 의도적으로 버리는 자본가 계급의 탐욕을 적나라하게 보여주기 위해 소설의 저자가 제목으로 선택하였다고 한다. 존 스타인벡은 회고록에서 "대공황과 그 결과에 대해 책임을 져야 하는 '탐욕스러운 놈들(greedy bastards)'에게 '수치심의 꼬리표(tag of shame)'를 달아주고 싶었다."고 기록하고 있다.

경제대공황은 자본주의 진화과정에서 큰 변화를 초래하였다. 노동삼권의 보장으로 노동자와 자본가 계급 간 힘의 균형이 이루어지게 되었고, 연금 등 각종 사회보장제도의 확립으로 노령, 질병, 실업 등 사회적 위험으로부터 보호장치가 마련되었으며, 케인스 경제학에 입각한 정부 재정 및 통화정책의 개입으로 경기변동의 폭이 크게 축소되었다. 이 과정에서 경제와 사회복지 분야에서 정부의 역할은 크게 증대되었으며, 재정을 통한 소득재분배 기능 역시 제고되었다.

국제적으로는 국제통화제도의 안정을 위한 브레턴우즈(Bretton Woods) 체제가 확립되고 자유무역을 보장하는 가트(GATT) 협정이 이루어지면서 제2차 세계대전 이후 세계경제는 안정된 발전 궤도로 진입하게 되었다. 수정자본주의와 자유민주주의의 결합이 장기간의 경제적 번영과 정치적 안정을 이루는 기반이 되었다. 그러나 1970년대 두 차례의 석유파동을 겪으면서 선진국 경제는 활력을 잃게 되었고, 이에 더해 인구의 고령화가 급속히 진전되면서 선진국의 사회보장제도는 새로운 위기를 겪게 된다. 이에 대한 해결책으로 정부 개입을 축소하고 시장 기능을 재활성화하는 것을 주요 내용으로 하는 이른바 '신자유주의(neo-liberalism)'가 미국과 영국을 중심으로 급부상하게 되었다.

신자유주의는 금융시장에서 규제 철폐로 이어졌으며, 이는 IT기술 혁신과 더불어 세계 금융거래의 활성화와 금융시장의 급성장을 초래하였다. 금융 부문에서의 규제 부재와 자본가의 탐욕이 1930년대 경제대공황을 야기한 것과 같이, 1980년대 이후 활발히 진행된 금융규제 철폐와 금융자본가·경영인들의 탐욕은 2008년 세계금융위기를 초래하였다. 그 결과, 『분노의 포도』에서 묘사된 불만의 표출현상이 전 세계적으로 재현

되고 있는 것이 작금의 상황이라고 할 수 있다.

세계금융위기 이후 가장 대표적인 '분노 표출' 활동은 '월가 점령 운동(Occupy Wall Street Movement)'이다. 2011년 5월 스페인 마드리드에서 시작되어 미국과 전 세계로 확산된 '월가 점령 운동'은 2011년 10월 현재 세계 82개국, 95개 이상의 도시에서 진행되었다. "우리는 99%이다(We are the 99%)"라는 슬로건을 내세운 이 운동은 세계의 부(富)가 상위 1%에 집중되어 있다는 사실을 집중적으로 부각시키면서 이들에 대한 비판과 더불어 사회적 통제를 강조하고 있다.

이들이 즐겨 사용하는 통계수치는 미국 의회예산청이 발표한 보고서다. 이에 의하면, 미국에서 1979년부터 2007년 기간 중 상위 1%의 소득은 275%나 증가하였으나, 중간 소득층 60%의 소득은 40% 증가하는 데 그쳤다. 특히, 2007년의 경우 상위 1%가 금융자산의 42.7%를 소유하는 것으로 나타나 큰 충격을 주고 있다. 세계금융위기로 인한 충격 역시 상위 1%보다는 중간계층에 상대적으로 큰 것으로 나타났다. 이른바 부익부(富益富) 빈익빈(貧益貧) 현상이 심화되고 있다.

1998년 이후 '월가 점령 운동'은 세계금융위기 과정에서 분배문제에 대한 일반 시민의 분노를 표출시키는 데는 성공하였으나, 대안 제시 측면에서는 뚜렷한 성과를 거두지 못하고 그 열기가 점차 식어가고 있다. 그 이유는 우선 이러한 운동이 장기간 지속되기 위해 필요한 조직력과 결속력을 갖추고 있지 못하기 때문이다. 또한 분배불균형에 대한 문제의 제기는 있었으나, 이에 대한 일관된 해결방안을 제시하지 못한 것 역시 이 운동의 정치적 효과를 크게 떨어뜨리는 원인이 되고 있다.

비록 '월가 점령 운동'이 기존의 자본주의체제를 뒤엎거나 단기적으로 대대적 수정을 가하는 결과를 가져오지는 못했지만, 2008년 세계금융위기는 1980년대 이후 서구사회의 새로운 지향점이 되어온 신자유주의적 자본주의체제에 대한 수정이 불가피하다는 공감대를 형성하고 있다. 예를 들어, 2012년 1월 말 스위스에서 개최된 세계경제포럼의 주제는 "대 변혁: 새로운 모형의 모색(The Great Transformation: Shaping New Models)"이었으며, 이 자리에서 세계금융위기를 초래한 기존의 경제체제의 수정 필요성에 대한 진지한 토론이 전개되었다.

그러나 이 포럼에서도 새로운 방향에 대한 합의는 이루어지지 않았다. 진보성향의 인사들은 기업의 부도덕성을 지적하면서 분배구조와 실업문제의 악화는 현행 자본주의 체제의 실패를 의미하기 때문에 자본주의 탐욕을 저지하고 실업문제 해결을 위한 새로운 체제의 모색을 강조하였다.

반면, 보수성향의 재계 인사들은 분배구조의 악화는 기술혁신과 세계화 등 근본적 요소에 그 원인이 있기 때문에 기업의 부도덕성을 강조하는 것은 적절치 않다는 점을 강조하면서, 분배구조의 개선을 위해서는 공정성을 보장하기 위한 법·제도의 개선과 동시에 교육에 대한 투자 확대와 혁신과 창의력 향상을 통한 일자리 확대에 역점을 두어야 한다고 주장하고 있다.

한국에서도 '분노의 시대'가 진행되고 있다

한국에서 상위 1%가 총개인소득에서 차지하는 비중은 1998년 6.97%에서 2010년에는 11.50%로 크게 증가한 것으로 김낙연[10]은 추계하고 있다. 이러한 수치는 미국(17.67%)과 영국(13.88%)보다는 낮으나 일본

---

10) 중앙일보, "대한민국 1%도 0.1%에 상대적 박탈감", 2012.5.4

〈상위 소득층의 소득점유율 추이〉

(1998~2010, %)

	1998	2010
상위 1%	6.97	11.50
상위 0.1%	1.19	4.08
상위 0.01%	0.57	1.61

자료: 중앙일보, "대한민국 1%도 0.1%에 상대적 박탈감", 2012.5.4

(9.2%)과 프랑스(8.94%)보다는 높은 수준이다. 미국과 영국은 1980년대 초반부터 상위 1%의 소득 비중이 증가하기 시작했으나, 한국에서는 외환위기 이후 나타난 현상으로 분석되고 있다. 반면, 일본과 유럽국가에서는 지난 30년간 큰 변화가 없었던 것으로 나타났다. 신자유주의적 경제정책과 금융시장의 세계화가 상위 1% 소득 비중을 높이는 결과를 가져온 것으로 보인다. 김낙연 연구결과의 또 하나의 특징은 부자일수록 더 빨리, 더 큰 부자가 됐다는 사실이다. 예를 들어, 같은 기간 상위 0.1%의 소득 비중은 1.79%에서 4.08%로, 상위 0.01%의 소득 비중은 0.57%에서 1.61%로 더 빠르게 증가하였다.

한국에서도 "서울 점령(Occupy Seoul)"이라는 구호로 2011년 10월 몇 차례의 시위가 있었으며, 한미 FTA 반대와 반값등록금 추진 등이 이들이 내세운 정책대안의 주요 내용이었다. 그러나 한국에서 이러한 시위가 일반인으로부터 큰 호응을 얻지 못했는데, 그 이유는 세계금융위기의 부작용이 한국에서는 상대적으로 약했기 때문이다. 1997년 외환위기 당시에는 국가적 부도사태에 직면하여 정치경제적 충격이 매우 컸지만, 2008년 세계금융위기의 충격은 상대적으로 금융개방의 정도가 낮은 한국을 대체로 비켜갔다. 또한, 미국의 경우 분노 표출의 대상을 금융위기의 원인을 제공한 월가의 금융자본가에 한정시킴으로써 일반인의 공감을 얻는 데 어느 정도 성공하였으나, 한국에서는 진보정권에서 추진되기 시작하여 보수정권에서 마무리되고 있는 한미 FTA의 추진 반대를 시위의 핵심의제로 삼았기 때문에 일반 국민의 공감대를 얻기 어려웠다.

비록 '서울 점령' 시위가 큰 성과를 거두지 못했지만, 최근 심화되고 있는 양극화 현상에 대한 일반인의 불만은 미국보다 한국에서 그 정도가 훨씬 심각하다. 매일경제신문은 "대한민국은 지금 분노의 시대"라는 특집 기사[11]에서 한국사회에서 분노의 수준에 대해 다음과 같이 언급하고 있다.

"한국인이 분노하고 있다. 빈곤층이나 일부 사회 불만 세력에 국한된 얘기가 아니다. 부유층이나 기득권층도 그들대로 분노를 표출한다. 젊은 층이건 중년층이건 혹은 노년층이건 세대 간 차이도 없다. 한국인에게 일반적인 정서가 돼버렸다. 분노라는 파괴적 에너지가 확산되면서 경제성장으로 지탱해왔던 한국 자본주의는 뿌리부터 흔들리고 있다."

매일경제신문이 보수성향의 경제신문이라는 점을 감안할 때, 위와 같은 표현과 특집의 내용은 매우 충격적이다. 일반인의 분노가 폭발하고 있다는 증거로 매일경제신문은 1997년과 2011년에 실시한 국민의식 설문조사의 결과를 제시하고 있다. 우선, 한국인이 생각하는 국가의 최우선 목표가 '경제강국'에서 '삶의 질 개선'으로 바뀌었다. 예를 들어, 1997년에는 '경제강국 진입'이 46%로 1위를 기록하였고, 그 뒤로 민주화 성숙 25%, 통일한국 기반 조성 16%, 그리고 삶의 질 개선 13%인 것으로 나타났다. 그러나 2011년에는 삶의 질 개선이 56%로 1위를 기록하였고,

11)　매일경제신문, "대한민국은 지금 분노의 시대", 2011.9.22

경제강국 진입은 22%, 민주화 성숙 17%, 그리고 통일한국 기반 조성 5%로 조사되었다. 1997년에는 한국인이 나라가 잘살게 되면 개인도 함께 풍요로워질 수 있다고 생각했지만, 2011년에는 국가 차원의 경제발전보다는 개인 차원의 삶의 질 개선에 최우선 순위를 두고 있다.

한국인이 국가 차원의 경제성장에 냉담해진 이유로 매일경제신문은 "갈수록 팍팍해지는 살림살이"를 지적하고 있다. "현재 걱정하고 있는 첫 번째 고민이 무엇인가?"라는 질문에 응답자의 24.9%가 생활비, 24.6%가 주거비, 22.3%가 노후대책 등 경제적 요인을 지적하였다. 반면, 걱정거리로 비경제적 요인을 지적한 경우는 진로 10.5%, 목표 없는 삶 9.1%, 사회적 지위 3.7%, 전쟁과 재난 2.4%, 윤리 및 신앙 1.6%로 상대적으로 낮은 것으로 나타났다. 이 기간 중 한국의 GDP는 1997년 506조 원에서 2011년 1,237조 원으로 두 배 이상 늘어났지만, 한국인의 의식주 걱정은 오히려 높아지는 모순을 보이고 있다.

한국인은 행복하지 않다

한국인의 분노 표출 현상은 한국인의 행복감이 저하되고 있다는 사실에서도 그대로 포착되고 있다. 조선일보와 한국갤럽이 조사한 한국인의 행복지수[12]는 2000년대에 접어들면서 급속히 낮아지고 있는 것으로 나타났다. 예를 들어, "당신은 행복하십니까?"라는 질문에 긍정적으로 대답한 응답자의 비율이 1992년에는 77.9%였으나, 2000년 이후 계속 감소하여 2010년에는 70.3%인 것으로 조사되었다.

---

12) 조선일보, 신년특집 "2011, 한국인이여 행복하라", 2012.1.1

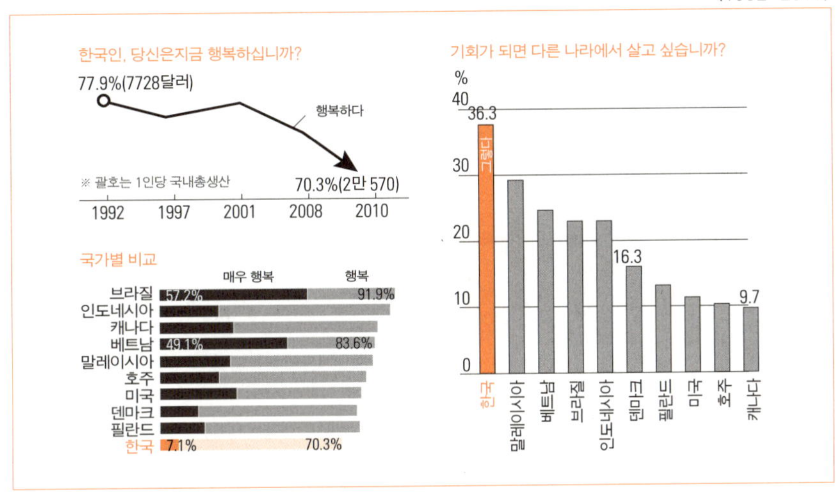

자료: 조선일보, 신년특집 "당신은 행복하십니까?", 2012.1.1

같은 기간 중 1인당 국민소득은 7천 7백 달러에서 2만 천 달러로 거의 세 배가 증가했음에도 행복하다고 느끼는 응답자의 비율은 오히려 감소하였다. 또한, "아주 행복하다"고 응답한 비율은 불과 7.1%로 조사대상 10개국 중 가장 낮았으며, "행복하다"고 응답한 비율 역시 70.3%로 상대적으로 낮았다. 이에 더해, "기회가 되면 다른 나라에서 살고 싶습니까?"라는 질문에 긍정적으로 대답한 비율은 37.5%로 조사대상 10개국 중 가장 높았다.

경제적 번영에도 불구하고 한국인이 행복하지 않다고 느끼는 첫 번째 이유는 인생의 가치를 경제적 요인에 두는 경향이 높기 때문이다. 예를 들어, 세계 가치관 조사(World Value Survey)에 의하면 한국인의 75%가 경제안정을 가장 중요한 존재적 가치로 인식하고 있다. 이는 프랑스(25.7%), 영국(29.8%), 스웨덴(38.6%) 등 유럽 국가는 물론 물질주의가 상대

국가	경제안정	보다 인간적인 사회	돈보다 아이디어	범죄 추방
평균	54.4	16.4	8.3	21.0
프랑스	25.7	36.2	14.7	23.3
영국	29.8	16.7	10.4	43.1
미국	53.2	15.4	13.3	18.1
스웨덴	38.8	27.2	10.1	24.0
한국	75.0	16.8	4.6	3.5
브리질	32.6	15.1	8.6	43.7
러시아	65.2	4.1	8.2	22.5
인도네시아	84.8	9.1	3.4	2.7

자료: World Values Survey, 2005~2008

적으로 강한 미국(53.2%)보다 훨씬 높은 수치이다.

이러한 사실은 스스로를 물질주의자로 인식하는 응답자의 비율이 한국이 54%로 프랑스(25.4%), 영국(9.9%), 스웨덴(5.5%) 그리고 미국(21.5%)보다 훨씬 높다는 것으로도 다시 확인되고 있다. 조선일보와 갤럽 조사 역시 비슷한 결과를 보여주고 있다. "돈은 행복과 무관하다고 생각하십니까?"라는 질문에 긍정적으로 대답한 비율은 7.2%로 나타났는데, 이는 덴마크(47.0%), 핀란드(29,0%), 미국(18.2%)은 물론 조사대상 10개국 중 가장 낮은 수치이다.

이와 같이 삶의 가치를 경제적 번영에 두고 있기 때문에 한국의 경제발전은 전 세계인의 부러움을 사고 있음에도 한국인이 느끼는 행복감은 오히려 낮아지는 모순이 발생하고 있다. 이러한 사회현상에 대한 해답은 행복에 관한 실증적 연구에서도 찾을 수 있다. 삶의 가치를 발견하는 것은 행복과 직결된다는 것이 실증적 연구결과이다. 예를 들어, 리처드 레어드[13]는 "삶의 의미 등 내면적 가치를 존중하는 사람이 외형적이며 일시적 만족을 추구하는 사람보다 훨씬 더 행복을 느낀다."고 주장한다.

결국 인간은 자신이 보람된 일을 하고 있다고 생각할 때 행복을 느끼는데, 돈과 사회적 지위 등 외면적 성공의 척도보다는 사랑 나눔, 사회적 공헌 등의 내면적 만족을 높여주는 활동을 통해 진정한 삶의 보람을 느낀다는 것이 최근 행복에 관한 많은 실증적 연구의 공통된 결과이다.

한국인이 경제발전에도 불구하고 행복하지 않은 또 하나의 이유는 대다수의 한국인들은 한국사회를 빈부격차가 매우 심하고 누구에게나 공정한 기회가 주어지는 사회가 아니라고 생각하기 때문이다. 예를 들어, 한국리서치의 「한국인의 복지의식에 관한 조사」에 의하면 응답자의 94.7%가 "한국에서 빈부격차가 점점 더 커지고 있다"라는 설문에 "동의한다"고 응답하였고, "한국에서 한 번 낙오되면 다시 일어서기 힘들다"라는 설문에는 74.7%가 동의하고 있는 것으로 나타났다. 반면, "한국은 누구에게나 기회가 주어지는 사회이다"라는 설문에는 70.7%가 동의하지 않았고, "한국에서 노력만 하면 공정한 보상을 받을 수 있다"라는 설문에는 72.3%가 동의하지 않았다.

결국 한국인의 대다수는 한국의 빈부격차 상태를 매우 부정적으로 인식하고 있으며, 한국이 모든 사람에게 기회가 주어지는 공정한 사회가 아니라고 느끼고 있다. 그렇기 때문에 개인적으로 보면 국민소득이 향상되고 삶의 질이 개선되고 있지만, 자신보다 더 잘사는 이웃에 대해 불만을 갖고 있음은 물론, 사회에서의 경쟁과정이 공정하지 못하다고 인식하고 있다. 그래서 경제발전에도 불구하고 한국인의 행복지수는 오히려 낮아지

---

13)   Richard Layard, 『Happiness: Lessons from a New Science』, Penguin, 2006

〈양극화에 대한 인식〉

(단위: %)

질문	동의한다	동의하지 않는다	계
빈부격차는 점점 더 커지고 있다	94.7	5.3	100.0
빈부격차는 선진국에 비해 더 크다	85.7	14.3	100.0
한 번 낙오되면 다시 일어서기 힘들다	74.7	25.3	100.0
누구에게나 기회가 주어지는 사회다	29.3	70.7	100.0
노력만 하면 공정한 보상을 받을 수 있다	27.7	72.3	100.0

자료: 한국리서치, 2010.12

는 역설적 현상이 일어나고 있다.

한국인의 행복감이 지나치게 물질적 요인에 의해 크게 영향을 받는다는 사실은 최근 현대경제연구원의 조사[14]에서도 두드러지게 나타나고 있다. 우선, 세계금융위기는 응답자의 행복감을 전체적으로 낮아지게 하는 요인으로 작용하였으며, 대체로 소득 수준이 낮은 직업 및 직종 그리고 저학력 근로자의 행복감이 상대적으로 낮게 나타났다. 예를 들어, 월소득 100만 원 미만, 자산 1억 원 미만, 그리고 중졸 이하 계층의 행복감이 상대적으로 낮은 것으로 미루어 경제적 요인이 행복의 매우 중요한 요건이 되고 있음을 알 수 있다.

행복감의 연령별 분포는 노후생계보장체계가 잘 정비된 선진국의 경우 40대 후반부터는 행복감이 지속적으로 높아지는 데 반해 한국에서는 노후생계보장체계의 미비로 인해 연령이 높아질수록 행복감이 낮아지고 자살률 역시 높아지고 있다. 이는 한국사회에서 경제적 요인이 행복감에 가장 큰 영향을 미치는 요인임을 입증한다고 할 수 있다. 예를 들어, 경제

---

14) 　유병규 · 김동열 · 조호정(2012), "성장률 급락과 국민행복", 현대경제연구원, 2012.10

적 요인이 행복감에 미치는 영향이 '크다'고 응답한 비율은 62.3%에 달하는 반면, '적다'고 응답한 비율은 7.9%에 그쳤다.

한국의 자살률은 세계 최고 수준이다

한국인의 낮은 행복지수는 높은 자살률과 낮은 출산율로 연결되고 있다. 한국의 자살률은 1990년대 이후 매년 지속적으로 증가하여 지금은 세계 1위를 기록하고 있다. 예를 들어, 자살인구 수는 1992년에 3,533명이었으나, 1998년 8,569명으로, 그리고 2009년 15,413명으로 급증하였다. 한국인 사망 원인 중 자살의 순위는 1992년 10위에서 1998년 7위, 그리고 2009년 4위로 계속 상승하고 있다.

특히, 2009년 현재 자살은 10~30대 사망 원인의 1위, 40~50대 사망 원인의 2위로 기록되고 있다. 그 결과 한국의 자살사망률은 2009년 현재 10만 명당 31명으로, OECD 국가 중 상대적으로 자살률이 낮은 그리스(2.6명)와 이탈리아(4.9명)는 물론, 자살률 2위인 헝가리(19.6명), 3위인 일본(19.4명)보다 월등히 높은 수준을 보이고 있다.

자살률의 성별 분포는 남자의 자살률이 여자보다 평균 1.8배 높으나, 증가속도는 여자가 오히려 높고, OECD 평균과의 격차도 남자보다 여자가 상대적으로 큰 것으로 나타나고 있다. 이는 낮은 출산율, 높은 이혼율, 그리고 높은 실업률과 상관관계가 높은 여성의 자살문제가 새로운 사회적 문제로 부각되고 있음을 보여준다고 할 수 있다.

자살률의 연령별 분포는 매우 충격적이다. 2011년 현재 인구 10만 명당 자살률은 20대 24.3명에서 연령이 높을수록 계속 증가하여 60대에

〈연령별 자살률〉

(인구10만 명당, 2011)

	15~24세	25~44세	45~64세	65세 이상
전체	13.0	31.0	40.3	79.7
남자	14.9	39.5	60.1	128.6
여자	11.0	22.2	20.4	46.1

자료: 통계청

는 50.1명, 70대에는 84.4명, 그리고 80세 이상은 116.9명으로 급등하고 있다. 여기에서 중요한 사실은 1995년 이후 자살률 증가의 가장 중요한 원인이 노인(특히 75세 이상) 자살률의 급등이라는 점이다. 예를 들어, 75세 이상 남자와 여자의 자살률은 1990년대 초에는 각각 20명과 10명 수준이었으나, 그 후 8~9배로 급속히 증가하여 2011년에는 180명과 80명 수준에 이르고 있다.

자살률의 지역별 차이를 살펴보면 대체로 도시보다 농촌지역에서의 자살률이 높은 것으로 나타나고 있다. 예를 들어, 2011년의 경우 서울시와 울산시는 인구 10만 명당 자살률이 각각 26.90과 26.50으로 상대적으로 낮은 반면, 충청남도와 강원도는 각각 44.9와 45.20으로 매우 높은 것으로 나타났다. 이는 농촌지역의 노인인구 비중이 높고, 주요 자살수단인 농약 사용이 도시보다 농촌에서 상대적으로 용이하다는 사실에 기인하는 것으로 보인다.

노인빈곤 문제는 이제 심각한 상황에 이르렀다

한국에서 자살률이 급등하고 있는 이유는 여러 가지 있겠으나, 그중 가장 중요한 것은 노인인구 비율이 높아지면서 노인 빈곤층이 급격히 증가하고 있다는 사실에 기인한다. OECD는 한국에서 65세 이상 노인의 빈곤율을 OECD 국가 중 가장 높은 45%로 추계하고 있다. 이와 같이 다른 OECD 국가에 비해 한국의 노인 빈곤율이 높은 것은 노인에 대한 소득보장체계가 매우 미흡하기 때문이다. 복지선진국에서는 그 유례가 없는 부양의무자 기준의 적용으로 인해 많은 빈곤노인들이 기초생활보호 등 공공부조사업 대상에서 제외되는 상황에서 기초노령연금의 지급수준 역시 매우 낮기 때문에 노인빈곤문제는 한국에서 가장 대표적인 복지사각지대가 되고 있다.

노인의 자살은 대체로 경제적 이유와 건강상 문제에 기인하는 경우

<연령별 상대빈곤율 비교>

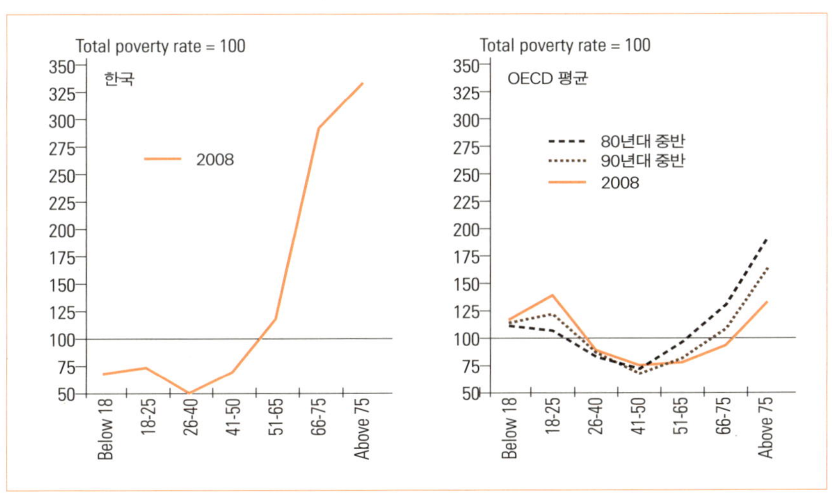

자료: OECD 2012년 한국보고서

가 많으나, 젊은 계층의 자살은 경제적 이유를 포함한 복합적 요인이 작용하는 것으로 분석되고 있다. 청소년의 경우는 학업에 대한 압박과 따돌림 등 대인관계 문제, 중년 여성의 경우는 이혼 또는 남편의 실직 등 가정적 여건, 그리고 중년 남성의 경우는 사회생활에서의 실패 등이 중요한 자살 원인인 것으로 조사되고 있다.

또한, 한국인의 가치관 혼란 역시 최근 자살률 증가의 큰 원인이라고 할 수 있다. 한국 전통의 유교적 가치관은 일제 강점기와 해방 이후 서구 자본주의 모델의 정립으로 무너지기 시작한 반면, 서구 자본주의 가치관의 근간이 되는 기독교 정신은 아직 한국사회에 정착되지 못하고 있다. 이러한 상황에서 한국인들은 물질주의에 지나칠 정도로 높은 집착을 갖게 되었고, 이는 많은 이들로 하여금 경제적 또는 사회적 실패를 정신적으로 감당하지 못하고 스스로 생명을 끊는 극한적 선택을 하게 만든다.

한국인은 경제적 이유로 아이 낳기를 꺼린다

OECD 국가 중 가장 높은 자살률에 이어 한국의 출산율 역시 세계 최저 수준을 나타내고 있다. 1960년대 초부터 정부주도로 대대적인 가족계획을 추진한 결과, 한국의 합계출산율은 1970년 4.53에서 급격히 감소하기 시작하여 1980년 2.82, 1990년 1.57, 그리고 2000년 1.47로 감소하였으며, 2002년 이후에는 1.15 수준을 유지하고 있다. 이러한 한국의 합계출산율은 OECD 국가 중 출산율이 상대적으로 높은 프랑스(2.0), 영국(1.96), 스웨덴(1.91)보다 훨씬 낮은 수준임은 물론, 상대적으로 출산율이 낮은 일본(1.37), 독일(1.38)보다 낮다.

〈합계출산률 추이〉

(1970~2010)

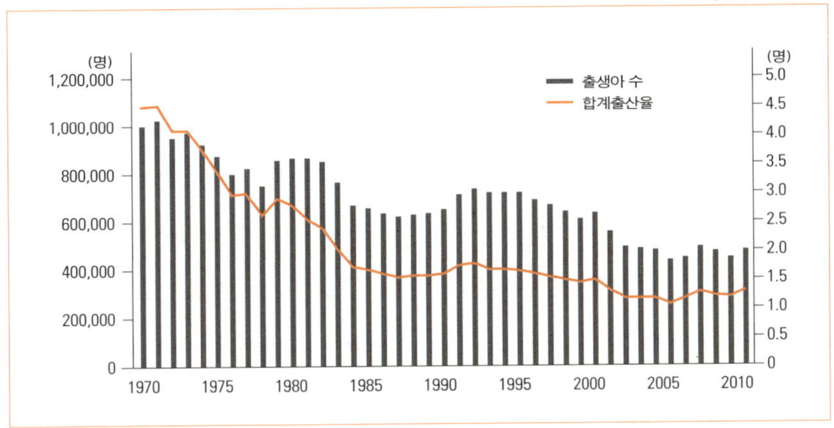

자료: 통계청

이와 같이 한국에서 출산율이 낮아진 이유는 결혼연령이 지속적으로 높아지고 기혼가구의 출산의지가 낮아지고 있기 때문이다. 예를 들어, 초혼 연령은 1990년에는 남성이 27.8세, 여성이 24.8세였으나, 2009년에는 남성이 31.6세, 여성이 28.7세로 높아졌다. 또한, "반드시 자녀를 갖고 싶다"고 응답한 20~30대 젊은 층의 비율 역시 2005년 남성 54.4%, 여성 42.1%에서 2009년에는 남성 24.3%, 여성 24.0로 크게 감소하고 있는 것으로 나타났다. 보건사회연구원 조사에 의하면 2009년 현재 1자녀 이하를 둔 기혼여성(20~39세)의 출산 중단 이유로 응답자의 26.7%가 "자녀교육비 부담"을 지적하였고, 그 다음은 "소득/고용 불안정"이 18.6%로 높았으며, "자녀 양육비 부담"을 이유로 드는 응답자도 16.6%나 되었다.

결국, 경제적 이유로 출산을 중단했다는 것이 응답자의 61.9%에 이르렀고, 이는 2005년의 46.4%보다 크게 증가한 수준이다. 반면, 출산 중단 이유로 "가치관 변화"를 지적하는 응답자는 같은 기간에 19.7%에서

15.0%로, "불임 등 기타"를 지적하는 응답자 비율은 24.8%에서 16.9%로 감소하였다.

이 기간 중 경제성장으로 국민소득은 분명히 증가하였지만, 기혼 여성들이 피부로 느끼는 교육비 등 자녀 양육비의 부담은 오히려 높아졌다. 한국인의 가치관이 경제안정에 편향되어 있고, 교육이 경제적 부를 축적하고 사회적 신분상승을 높이는 지름길로 인식되는 상황에서 사교육비 등 자녀 양육비 부담의 증가는 많은 기혼여성으로 하여금 출산을 꺼리게 하는 이유가 되고 있다. 결론적으로, 우리 사회의 물질주의적 사고가 저출산의 가장 근본적 원인이 되고 있다.

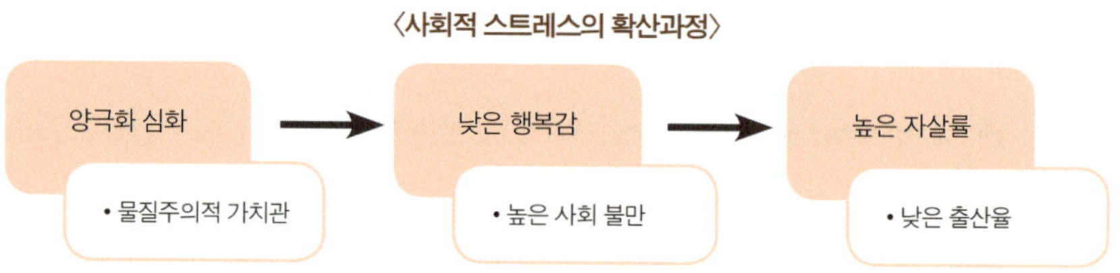

서구 자본주의의 진화과정에서 경제와 사회복지의 발전

삼각파를 맞은 한국 자본주의가 갈 길에 대한 해법을 찾는 것은 결코 쉬운 일이 아니다. 저성장이 걱정되어 정책의 초점을 경제활성화에 맞추면 양극화나 사회적 스트레스 해결이 어려워질 수 있는 반면, 양극화를 걱정하여 사회복지사업을 확대하면 경제성장잠재력이 낮아져 장기적으로 복지 증진도 어려울 수 있기 때문이다.

문제가 어려울수록 근본적 차원에서 접근해야 한다는 것이 정책수립의 기본원칙이다. 따라서 한국 자본주의가 처한 난제 역시 자본주의의 역사를 되돌아봄으로써 해답의 실마리를 찾을 수 있을 것이다. 특히, 저성장과 양극화의 딜레마는 1990년대 이후 세계화와 IT기술혁명이 급속히 진전되면서 많은 선진국들이 공통적으로 당면하고 있는 현안이라고 할 수 있다. 따라서 제2부에서는 서구 자본주의의 진화과정을 살펴보고 이의 역사적 교훈을 되새겨보고자 한다.

18세기 후반부터 영국에서 시작된 산업혁명과 이를 뒷받침해준 자유주의 경제사상은 인류 역사상 처음으로 고도성장을 가능케 함으로써 빈곤문제를 해결했을 뿐만 아니라 세계화를 통해 산업혁명의 물결이 유럽 전역과 미국으로 확산되는 결과를 가져왔다. 이 과정에서 도시 빈곤 문제의 해결을 위해 민간 차원의 사회복지사업이 영국과 미국을 중심으로 시작되었고, 정부 차원의 사회보험제도 역시 독일에서 시작되어 영국을 거쳐 전 유럽으로 확산되었다.

1929년 발생한 경제대공황은 케인스 경제학을 잉태시켰고, 이는 선진국에서 정부 기능의 확대와 더불어 정부 재정의 팽창을 초래하게 되었다. 제2차 세계대전 이후 전개된 경제적 호황은 선진국들이 복지국가 건설을 위해 서로 경쟁하는 상황을 가능케 하였다. 그러나 1970년대 이후 세계경제 상황이 악화되고 인구의 고령화가 급속히 진행되면서 복지국가 모델에 대한 대대적 개편작업이 진행되었고, 신자유주의 경제철학이 이를 이론적으로 지원해주었다.

　최근 금융시장 세계화의 부작용으로 발생한 세계금융위기는 신자유주의적 경제정책에 대한 의구심을 갖게 하는 계기가 되었으며, 지금은 '자본주의 4.0'에 대한 새로운 패러다임의 모색이 필요한 시점으로 인식되고 있다. 우리는 18세기 이후 진행된 자본주의 진화과정을 통해 자본주의는 주기적으로 위기에 봉착하지만, 그때마다 새로운 패러다임 모색에 성공하여 보다 나은 단계로 승화·발전되어왔음을 잘 알 수 있다. 또한 경제와 복지는 상충되는 개념이 아니라 서로 상대방의 존재를 필요로 하는 상호보완적 개념이라는 점도 새롭게 인식할 수 있다.

서구 자본주의의 기원과 산업혁명

서구 자본주의의 기원

　돈이 누군가에 의해 더 높은 수익을 위해 생산에 투자될 때는 '자본(capital)'이라고 불리고, 이러한 행동이 사회 전체의 기본적 패러다임으로 정착된 경우를 '자본주의(capitalism)'라고 한다. '자본'이라는 단어는 1630년경부터 사용되었고, '자본주의'라는 단어는 1850년경에 사회주의의 상대적인 개념으로 사용되기 시작되었다. 자본주의 이전의 인류는 생산된 거의 모든 것을 소비하였으나, 축적된 자본을 생산적 투자에 활용하는 자본주의 이후에는 경제가 확대재생산의 선순환 과정으로 탈바꿈하였다. 결국 자본주의는 사유재산을 인정하고 기업가의 창의력이 존중되며 기술혁신이 지속적으로 이루어지는 시장경제체제를 의미하고, 자본가(capitalist)는 미래의 부와 재산을 위해 위험을 감수하는 사람이다.

　인류 역사의 흐름을 바꾸어놓은 자본주의가 언제부터 시작되었는가에 대해서는 전문가들의 많은 연구와 논란의 대상이 되고 있다. 역사가들은 자본주의의 기원을 14세기 유럽에서 발생한 봉건주의의 위기상황에서 찾고 있다. 대기근으로 농업생산량이 급감하고 흑사병으로 노동력이 감소하면서 유럽의 영주들은 영토 확장을 위한 전쟁에 몰두하였고, 전쟁경비를 마련하기 위해 자신의 영지에서 농사를 짓는 농노(農奴)들에게 더 많은 공물(貢物)을 요구하게 되었다. 그러나 영국에서는 많은 농노들이 이에 저항하였고, 이들 중 상당수는 도시로 이주하거나 타협적 영주들과 소작농 계약을 하게 된다. 결국 소작농제도의 도입은 농업 생산과정에서 기술혁신을 통한 생산성 제고의 촉매제 역할을 하였고, 농업 부문에서 잉여자본이 축적되는 결과를 초래하였다.

이에 더해, 15세기에 들어서면서 영국은 모직물에 대한 수출수요의 증대에 대처하고자 공유지를 사유지화하여 이를 목장으로 활용하는 '엔클로저(enclosure)' 운동을 전개하였고, 이는 더 많은 농민들로 하여금 농촌을 떠나 도시로 이주하여 공장에서 근로노동자가 되게 하였다. 칼 마르크스(Karl Marx)[1]는 이를 자본주의로의 전단계(pre-history of capitalism)로 인식하고 있다. 자본주의의 이론적 기반을 만든 애덤 스미스(Adam Smith)[2]는 시장에서의 자유로운 교환과 거래를 강조하면서, "이러한 시장경제가 분업을 가능하게 하였고, 분업을 통한 생산성 향상은 자본축적의 토대가 되었다."고 주장한다. 결국, 자본주의의 기반은 영국에서 16세기 후반부터 2세기에 걸쳐 점진적으로 조성되었다는 것이 대다수 전문가들의 견해이다.

16세기부터 18세기까지 유럽을 지배한 중상주의(mercantilism) 역시 교역을 통한 자본축적의 기초가 되었다. 신대륙의 발견 등 활발한 해외원정 사업을 펼친 스페인과 포르투갈은 식민지 확보와 대외 교역활동으로 자본이 축적되긴 하였으나, 축적된 자본이 재생산을 위한 투자활동에 사용되

---

1)   Karl Max(1867), 『Capital: A Critique of Political Economy』

2)   Adam Smith(1776), 『An Inquiry into the Nature and Causes of the Wealth of Nations』

지 않고 당시 왕과 귀족계급의 세력 확대와 사치적 욕구 충족에 활용됨으로써 현대적 의미의 자본주의의 발전에는 크게 기여하지 못했다.

스페인과 포르투갈 이후 세계교역무대에 진입한 네덜란드는 근면성과 창의력을 충분히 발휘하여 암스테르담을 당시 세계교역의 중심지로 발전시켰고, 세계 최초로 주식거래소를 설립하는 등 금융 부문에서도 눈부신 발전을 이룩하였다. 그 결과 네덜란드는 세계 최초의 상업자본주의(merchant capitalism) 국가로 발전하였으나, '튤립마니아(tulip mania)'로 불리는 '거품경기와 불황'이라는 자본주의의 폐해도 세계 최초로 경험하였다.

18세기 중엽부터 영국에서 중상주의가 점차 쇠퇴하면서 중상주의 과정에서 축적된 부(富)가 산업생산 과정에 투입되기 시작하였고, 시장에서의 자유로운 거래와 생산과정에서 분업체계의 확립은 자본주의가 본격적으로 발전하는 계기가 되었다. 자본주의 역사에서 1776년은 특별한 의미를 지닌다. 자유시장(laissez-faire) 자본주의의 이론적 기반이 된 애덤 스미스의 『국부론』이 그해 3월 출간되었고, 같은 해 7월에는 세계 최대의 자본주의 국가로 부상하게 되는 미국이 독립하였으며, 산업혁명의 기폭제 역할을 한 증기기관(steam engine)이 제임스 와트(James Watt)에 의해 상업화된 것도 바로 1776년이었다.

자본주의 발상지가 된 영국

그러면 유럽 여러 국가 중 왜 하필 영국에서 산업혁명이 일어나고 자본주의가 꽃을 피우게 되었을까? 이에 대해서는 많은 연구가 진행되었으며, 그 결론은 대략 다음과 같다. 그 첫 번째 이유로 17세기 영국은 정치적으로 분열되어 잦은 반란과 내전이 발생하면서 왕권이 약화되고 권력분산이 이루어진 반면, 경제적으로는 통합되어 국가적으로 하나의 시장이 형성되었다는 것이다. 그 결과, 혁신가들과 상인들은 상거래에 대한 국가의 낡은 규제로부터 상대적으로 자유로울 수 있었다.

특히, 의회가 앞장서 제임스(James) 2세를 퇴위시키고 네덜란드의 오렌지공 윌리엄(William)이 즉위하게 되는 1688년의 명예혁명(Glorious Revolution)과 시민의 기본권을 세계 최초로 보장하는 1689년의 권리장전(Bill of Rights)은 영국에서 민주주의가 정착되는 이정표가 되었을 뿐만 아니라 자유주의적 자본주의의 기반인 시장경제를 활성화시키고 기업가의 창의력을 고취시키는 활력소 역할을 하게 된다. 결국, 앞선 민주주의 전통이 영국에서 자본주의를 발전시킨 첫 번째 요인이 되었다.

영국에서 자본주의가 세계 최초로 뿌리를 내리게 된 두 번째 이유는 막스 베버(Max Weber)[3]가 지적한 근검과 절약을 강조하는 신교적 윤리(Protestant ethic)에서 찾을 수 있다. 애덤 스미스는 시장경제가 인간의 자연스러운 협상능력과 지속적 자기개선 본능으로 인해 효율적으로 운영된다고 생각하였으나, 막스 베버는 이러한 가정에 도전하면서 16세기 신교개혁운동의 윤리성이 자본주의의 지속적 발전을 가능하게 했다고 주장하였다. 막스 베버는 스페인, 이탈리아 등 구교가 지배하는 국가들보다 영국, 독일 등 신교가 성행하는 국가에서 자본주의의 발전이 더 활발하게 전개되었다는 사실을 지적하면서, "청교도(Puritan)가 도덕성(morality)과 합리성(rationality)을 '일의 세계(world of work)'에 접목시켰기 때문에 서구에서 자본주의가 발전할 수 있었다."고 주장하였다.

영국 교회가 1536년 헨리(Henry) 8세의 이혼문제로 로마 교황청과 분

---

3)   Max Weber(1904), 『The Protestant Ethic and the Spirit of Capitalism』

리된 후 영국은 구교보다는 신교의 영향 하에 있었다고 할 수 있으며, 그 결과 '근면과 절약을 하나님의 부르심(calling)의 일환'으로 생각하는 종교개혁가 루터(Luther)와 칼뱅(Calvin)의 영향력이 영국 자본주의 발전에 큰 역할을 담당했다고 할 수 있다. 그러나 종교를 자본주의의 발전과 직결시키는 것은 무리가 있을 수 있다.

예를 들어, 20세기에 들어서면서 기독교의 전통이 취약한 일본이 자본주의 발전의 새로운 롤-모델로 등장하였고, 최근에는 표면적으로는 공산주의를 표방하는 중국에서도 자본주의가 번창하고 있기 때문이다. 그러나 종교적 이유와 관계없이, 근검과 절약이 자본주의 발전에 크게 기여한다는 사실은 부인할 수 없으며, 영국인들의 절제능력과 근면성이 영국에서 자본주의의 발전하는 데 밑거름이 된 것은 사실이다.

애덤 스미스로 대표되는 자유주의 경제사상 역시 영국에서 자본주의가 꽃을 피우게 된 또 하나의 요인이라 할 수 있다. 인간은 누구나 자신의 이익을 추구하는 책임이 있다는 것을 전제로, 애덤 스미스는 시장의 '보이지 않는 손'이 잘 작동되기 위해서는 경제가 각종 규제로부터 자유로워야 한다고 굳게 믿었다. 애덤 스미스의 자유주의 경제사상은 영국의 상류사회로 급속히 확산되었고, 영국의 모든 사회조직들은 자본주의의 작동원리에 순응하게 되었다.

그 결과, 런던은 유럽 최대의 도시이자 경제의 중심으로 부상하였다. 시장경제가 외부의 규제나 간섭 없이 자율적으로 조정될 수 있다는 애덤 스미스의 고전적 자유주의 경제(classical laissez-faire economics) 전통은 그 후 토머스 맬서스(Thomas Malthus), 데이비드 리카도(David Ricardo), 제임스 밀(James Mill), 존 스튜어트 밀(John Stuart Mill) 등의 영국 경제학자들에 의해 전승되었다. 이와 같이 걸출한 자유주의 사상가들이 지속적으로 등장했다는 사실 역시 영국에서 자본주의가 뿌리를 내리는 과정에서 확고한 정신적 토대가 된 것이 사실이다.

서구 자본주의 진화의 네 단계

자본주의는 18세기 후반 영국에서 시작되어 대내외 여건의 변화와 자체의 취약점으로 인해 주기적으로 위기에 직면하기도 하였으나, 그때마다 스스로의 변신 노력을 통해 더 나은 형태로 진화해왔다. 경제평론가 칼레츠키(Kaletsky)[4]는 그의 저서 『자본주의 4.0』에서 서구 자본주의의 진화과정을 크게 네 단계로 분류하면서, 컴퓨터 프로그램의 진화과정을 상징하는 아라비아 숫자로 각 단계를 설명하고 있다.

18세기 후반에 시작된 서구 자본주의 1.0은 산업혁명과 함께 발전하였으며, 애덤 스미스가 이론적 기반을 마련하였다. 그러나 자본주의 1.0은 산업화와 도시화에 따른 각종 사회문제를 야기하였고, 1930년대 대공황을 겪으면서 대대적 수정이 불가피하게 된다. 자본주의 2.0은 미국 루스벨트 행정부의 뉴딜정책으로 시작되었으며, 존 케인스(John Keynes)가 이론적 기반을 마련하였고, '베버리지 보고서(Beverage Report)'는 서구 복지국가의 청사진 역할을 담당하였다. 그러나 1970년대에 진입하면서 과다한 복지재정지출의 효율성에 대한 회의론이 미국과 서구 국가에서 제기되었고, 결국 1970년대에 절정을 이룬 복지국가모델은 1980년을 전후하여 대대적인 수정의 길을 걷게 된다.

1980년대 초에 시작된 서구 자본주의 3.0은 미국과 유럽 각국에서

---

4)   Anatole Kaletsky(2010), 『Capitalism 4.0: The Birth of New Economy』, Bloomsbury Publishing

기존 복지프로그램에 대한 개혁을 불가피하게 하였고, 과감한 규제완화는 금융시장의 세계화를 초래하였다. 그러나 금융시장의 팽창과 위험성 증가는 2008년 9월 투자은행 리만 브라더스(Lehman Brothers)의 도산을 계기로 세계금융시장을 새로운 위기로 몰고 갔다. 1930년대 대공황 당시와는 달리, 주요 국가들 간의 긴밀한 정책협조로 세계경제가 상대적으로 빠르게 위기국면에서 벗어났으나, 서구 자본주의는 지금 4.0 시대로의 새로운 진화과정에 돌입하고 있다는 것이 칼레츠키의 주장이다.

자본주의 4.0 시대의 과제는 신자유주의의 강점은 살리면서 양극화와 분배구조 악화라는 폐해를 보완하는 것에서 시작하여야 한다. 이를 위해서는 이념적 접근보다는 실용적 접근이 필요하고, 정부의 기능 강화와 기업의 역할 재정립이 수반되어야 할 것이다.

〈서구 자본주의의 진화 단계〉

진화 단계	기 간	기본 사상	주요 성과	문제점
1.0 고전적 자유주의	18세기 후반~ 1920년대 말	Adam Smith 『국부론』(1776)	산업혁명과 세계화	도시빈곤문제와 대공황
2.0 복지국가	1930년대~ 1970년대 말	John Keynes 『일반이론』(1936)	불황 극복과 복지국가건설	근로의욕 감퇴와 국가경쟁력 약화
3.0 신자유주의	1980~2008년	Hayek 『노예의 길』(1943), Friedman 『자본주의와 자유』(1962)	IT혁명과 금융시장의 세계화	금융위기
4.0 공유가치 창출, 혁신, 성장, 실용주의	2009년 이후	Porter 『공유가치창출』(2011), Kaletsky 『자본주의 4.0』(2011)	자본주의 보강: 경제실용주의, 정치보수주의, 금융감독 강화	미국과 중국의 대립과 갈등(?)

자본주의가 진화하고 경제성장이 이루어지면서 국민의 복지수준도 점차 개선되었을 뿐만 아니라 사회복지에 대한 정부 차원의 관심 역시 높아지기 시작하였다. 자본주의 발전과정에서 선도자 역할을 한 영국의 경우 1600년경부터 구빈법(救貧法)이 만들어져 정부 차원에서 빈민 구제사업을 추진하였으나, 그 내용을 살펴보면 현대적 의미의 복지정책이 아니라 빈민의 발생으로 인한 사회적 문제를 최소화하기 위한 억제정책이 주를 이루었다. 따라서 1880년경까지 지속된 사회복지 1.0 시대는 구빈법이 대표적 정책수단으로 빈민들에 대해 주거 제한, 강제노동 등의 반(反)자유주의적 조치들이 남발하였고, 맬서스(Malthus)의 인구론에 의한 최소 수준의 빈곤대책이 존재하였다.

그러나 19세기 후반 들어 근로자들에게 투표권이 주어지고 불황으로 인한 대량실업이 발생하면서 민간 차원의 사회복지사업이 활발히 전개되었고, 사회보험제도가 도입되면서 현대적 의미의 복지국가 기반이 만들어지는 사회복지 2.0 시대가 시작되었다. 특히, 1929년에 시작된 대공황은 미국은 물론 영국 등 유럽 국가들이 복지국가의 기반을 더욱 공고히 하는 계기가 되었다. 이념적으로는 19세기 말과 20세기 초 영국사회를 지배한 보수성향의 신자유주의(New Liberalism)와 진보성향의 페이비언 사회주의(Fabian Socialism) 역시 복지국가의 초석을 이루는 역할을 담당했다.

제2차 세계대전 이후 국제정치가 안정되고 세계경제 역시 장기간 고도성장을 구가하면서 서구 복지국가 모델은 새로운 도약기인 사회복지 3.0 시대를 맞이하게 된다. 베버리지 보고서는 영국은 물론 유럽 전역에서 복지국가 건설의 기본설계도 역할을 담당했고, 사회정책학자 티트머스(Titmuss)[5]의 복지국가 옹호론은 이의 이론적 근거를 제공하였다. '요람에서

---

5)　Richard Titmuss(1958), 『Essays on the Welfare State』

〈사회복지 진화의 네 단계〉

발전 단계	기간	기본 사상	주요 성과	문제점
1.0 복지국가 이전기	1880년 이전	Malthus 인구론 Bentham 공리주의	구빈법(Poor Law)	반자유주의적, 소극적 대책
2.0 복지국가 태동기	1880~1945년	신자유주의 페이비언 사회주의	인보관운동 사회보험제도	대공황과 대량빈곤 발생
3.0 복지국가 성장기	1945~1980년	Beveridge 보고서 Titmuss 복지국가론	'요람에서 무덤까지' 복지 제공	복지재정의 팽창과 비효율성
4.0 복지국가 재설계	1980년 이후	신자유주의 정책 Giddens 제3의 길	복지의 시장화, 합리화 및 최신화	지속되는 유럽경제 위기(?)

무덤까지' 최소한의 소득과 사회서비스가 보장되는 복지국가 모델이 유럽 전역에서 확립되었다.

그러나 1970년대 두 차례의 석유파동으로 세계경제가 저성장과 고물가의 이중고와 더불어 인구고령화로 복지지출이 눈덩이처럼 확대되는 상황이 전개되면서 복지국가의 위기론이 제기되었다. 영국과 미국에서 시작된 신자유주의적 경제정책은 사회복지정책의 축소 또는 합리화를 불가피하게 함으로써 복지국가에 대한 재설계가 이루어지는 사회복지 4.0 시대가 열리게 된다. 정권의 정치적 성향과 관계없이 미국 및 유럽의 선진국들은 복지의 시장화, 합리화 그리고 최신화를 통해 복지국가의 효율성 제고를 위해 많은 노력을 경주하고 있다.

최근 세계금융위기로 유럽경제의 어려움이 장기화되면서 복지국가에 대한 재설계 작업은 앞으로 상당 기간 진행될 것으로 전망된다. 영국의 경우 진보성향의 블레어 정부에 이어 2010년 집권한 보수성향의 캐머런(Cameron) 정부도 공공 부문의 혁신과 시민사회의 활성화를 통해 복지 부문에서 정부 역할을 재정립하려는 노력에 박차를 가하고 있다.

자본주의에 날개를 달아준 산업혁명

자본주의 발전에 가장 결정적 역할을 한 것은 산업혁명이다. 기술혁신으로 인한 생산성 향상은 자본주의가 쇠퇴를 촉진시킨 봉건주의는 물론, 자본주의 이후의 대안으로 제시된 공산주의보다 상대적으로 높은 경제성장이라는 업적을 이루게 하였다. 고도성장은 자본가와 노동자 모두에게 플러스-섬(plus-sum)의 결과를 가져다주었으며, 이러한 성과는 자본주의 진화과정에서 발생한 각종 문제들을 자본주의가 시스템 내에서 해결할 수 있는 원동력이 되었다.

예를 들어, 산업혁명 이전의 천 년 동안 유럽경제의 1인당 소득은 연평균 0.11% 증가에 불과하였다. 이렇게 낮은 성장률로 1인당 소득이 배가되려면 630년이 걸린다. 결국, 산업혁명 이전의 유럽경제는 거의 정체상태를 유지하였다고 할 수 있다. 농업생산은 기후변화에 큰 영향을 받기 때문에 풍년이 들면 서민들도 그럭저럭 먹고 살 수 있었지만, 기상 악화 등으로 흉년이 들면 많은 사람들이 기아선상에서 허덕였던 것이 산업혁명 이전의 경제 실상이었다고 할 수 있다.

그러나 산업혁명은 유럽경제의 모습을 완전히 바꾸어놓았다. 예를 들어, 1820년에서 1990년까지 170년 동안 1인당 소득은 영국이 10배, 독일은 15배, 미국은 18배, 그리고 일본은 25배나 증가한 것으로 추계[6]되고 있다. 결국, 산업혁명 이후의 자본주의는 인류에게 경제성장이라는 참으로 놀라운 선물을 안겨주었다.

산업혁명이 영국에서 가장 먼저 발생하게 된 가장 중요한 이유는 기

---

6)   William Baumol, Sue Blackman and Edward Wolff(1989), 『Productivity and American Leadership: The Long View』, MIT Press

술혁신의 산업화를 촉진시킬 수 있는 자유시장경제를 핵심으로 하는 자본주의체제의 기반이 16세기 이후 영국에서 꾸준히 구축되어왔기 때문이다. 기술혁신은 고대 중국, 이집트, 중동의 이슬람국가에서도 일어났으나, 이를 산업화하는 경제시스템이 구축되어 있지 못했기 때문에 기술혁신이 현대적 의미의 산업혁명으로 연결되지 못했다.

그러나 영국에서는 14세기부터 소작농제도의 도입으로 농업생산성이 향상되었고, '엔클로저' 운동은 많은 노동력이 도시지역의 공장에서 활용될 수 있는 경제적 여건을 마련해주었다. 그리고 자유주의 경제사상의 확산은 영국 상류층의 대다수가 영리목적의 상업활동에 거리낌 없이 참가하게 하는 분위기를 만들어주었다. 이에 더해, 정부의 규제를 최소화하는 자유주의적 경제정책은 기술혁신으로 가능해진 새로운 기술을 상업화시키는 촉매 역할을 담당하였다. 또한, 막스 베버가 지적한 근면과 절약을 강조하는 영국인의 노동윤리 역시 근로자의 생산성을 높이는 데 크게 기여하였다.

이에 한 가지를 더한다면, 당시 상대적으로 높은 영국의 임금수준은 기술혁신을 통해 노동력을 기계로 대체시키는 동기를 부여해주었고, 상대적으로 낮은 에너지 가격 역시 기술혁신의 결과인 기계의 생산단가를 낮추어 기술혁신의 경제적 수익률을 높였다.[7] 결과적으로, 영국의 자유주의적 자본주의 환경은 기술혁신의 산업화를 촉진시켜 산업혁명의 신화를 만들었고, 산업혁명으로 인한 높은 경제성장은 영국의 자본주의체제를 더욱 견고하게 했을 뿐만 아니라 기술혁신과 고도성장의 선(善)순환을 가능하게 하였다.

---

7)   Robert Allen(2009), 『The British Industrial Revolution in Global Perspective』, Cambridge University Press

기술혁신과 관련하여 1차 산업혁명과정에서 대표적 견인차 역할을 담당한 증기기관의 제조와 이의 상업화 시도는 1698년 토머스 세이버리(Thomas Savery)에 의해 처음으로 이루어졌다. 그가 만든 1마력 수준의 증기기관은 개간사업과 탄광 등에서 사용되었으나, 성능이 약하고 과열 문제 등으로 성공적이지 못했다. 그 후 1712년에 토머스 뉴코멘(Thomas Newcomen)이 최초로 안전한 5마력 수준의 증기기관을 만들었고, 세이버리와 공동으로 특허권을 획득하여 산업현장에서 사용되었다. 뉴코멘의 증기기관은 영국은 물론 독일, 헝가리, 오스트리아, 스웨덴 등 유럽 전역에서 사용되었다.

그러나 증기기관이 본격적으로 생산되고 산업현장으로 확산된 것은 제임스 와트(James Watt)가 매튜 볼튼(Matthew Bolton)과 공동으로 회사(Boulton & Watt Company)를 설립하고 생산성을 5배 이상 향상시킨 1776년이 되어서였다. 증기기관에 대한 와트의 특허기간이 끝난 19세기 초 이후 증기기관은 많은 사람들에 의해 기술적으로 향상됨에 따라 산업생산 분야는 물론 철도 및 선박 등 수송 분야에서 새로운 혁신을 주도하는 원동력이 되었다.

증기기관의 개발 및 산업화 과정을 통해 우리는 다음과 같은 1차 산업혁명의 특징을 발견할 수 있다. 우선, 기술혁신이 상대적으로 오랜 기간에 걸쳐 점진적으로 이루어졌다는 점이다. 증기기관의 경우 생산기술이 만족할 만한 수준에 이르는 데 거의 1세기나 걸렸다. 또한, 기술혁신의 주체가 위대한 한 사람의 천재에 의해서가 아니라 다수의 평범한 발명가들이었다는 사실이다.

예를 들어, 세이버리는 군 기술자 출신이었고, 뉴코멘은 평범한 철물상이었으며, 와트 역시 단순한 기계공에 불과하였다. 증기기관 이외 분야에서의 기술혁신 역시 당대 최고의 과학자들이 아니라 발명에 관심이 많은 기술자들에 의해 이루어졌다. 이는 당시 영국사회의 전반적 분위기가 새로운 기술을 만들고 이를 상업화하려는 발명가들에게 우호적이었다는 것을 의미한다. 증기기관의 제조기술을 보유한 와트가 이의 상업화에 성공한 것은 사업가 출신인 볼튼과 합작을 하였기 때문이었다. 결국, 새로운 기술과 자본의 결합이 영국에서 산업혁명의 역사를 만들어냈다.

산업혁명은 영국경제의 성장을 가속화시킴은 물론, 영국을 세계정치 및 경제의 중심국가로 부상시켰다. 이른바 대영제국(British Empire)의 시대가 열린 것이다. 영국경제의 연평균 성장률은 1700~1780년 기간에는 0.7%였으나, 산업혁명이 시작된 1780~1801년 기간에는 1.8%로 증가하였고, 산업혁명이 본격화된 1801~1831년 기간에는 2.7%로 급증하였다.[8] 1851년 영국 런던의 하이드 파크(Hyde Park)에서 열린 최초의 세계박람회는 대영제국으로 부상한 영국의 경제력을 전 세계에 알리는 계기가 되었다. 이른바 '위대한 박람회(Great Exhibition)'는 141일간 개최되었고, 전 세계에서 온 관람객의 수는 6백만 명에 달했으며, 만 4천 개의 기업들이 박람회에 참가했다고 한다.

1850년경에 영국은 세계 최초로 근대적 자본주의사회로서의 기반을 구축하였고, 이 과정에서 대규모의 반란 또는 혁명 등 사회적 혼란이 없었다는 것은 실로 대단한 성과였다고 할 수 있다. 정치적으로는 1688년의 명예혁명과 1689년의 권리장전이 밑바탕이 되었고, 사상적으로는 1776년에 출간된 애덤 스미스의 『국부론』이 밑거름이 되었으며, 경제적으로는 18세기 후반과 19세기 초반에 섬유, 금속, 광산, 기계, 화학공업,

---

8) Peter Botticelli(1997), "British Capitalism and the Three Industrial Revolutions", in 『Creating Modern Capitalism: How Entrepreneurs, Companies, and Countries Triumphed in Three Industrial Revolutions』, ed. by Thomas McCraw, Harvard University Press

운송 등의 분야에서 활발하게 진행된 기술혁신을 통한 산업혁명이 영국 자본주의 발전의 동력이 되었다. 그 결과 19세기 초반에는 런던이 유럽의 무역 및 금융의 중심으로 부상하였고, 자유주의 경제사상은 무역 부문까지 확대되어 영국은 자유무역의 선봉에 서게 되었다.

이 과정에서 미국과 전 세계로 펼쳐진 영국의 식민지는 영국 교역의 증대와 경제성장의 견인차 역할을 담당하였다. 예를 들어, 미국은 독립운동 기간에도 공산품 수입의 90%를 영국에 의존하였고, 영국의 대미수출은 1699~1774년 기간 중 775%나 증가하였다.[9] 면직물 제품이 영국 수출의 과반을 차지하게 됨으로써 19세기 초반 면직물 산업은 영국의 최대 산업으로 부상하였다.

그러나 19세기 후반에 진입하면서 면직물 산업은 물론 다수의 제조업 분야에서 영국은 비교우위를 점차 상실하기 시작하였고, 국제무역에서 미국과 독일이 영국의 새로운 경쟁자로 부상하게 되었다. 영국 제조업의 국제경쟁력 상실은 대내적으로 실업의 증가와 도시빈민 문제로 연결되었고, 이들 문제의 해결을 위한 복지정책의 필요성 역시 새롭게 부상하게 되었다. 아울러, 1900년 노동당 창당을 계기로 노동조합과 노동계급의 정치적 영향력 또한 급격히 상승하였다.

제2차 산업혁명과 미국 자본주의의 부상

1차 산업혁명의 가장 중요한 특징은 영국에서 시작된 기술혁신과 이의 산업화 현상이 미국은 물론 독일, 벨기에 등 유럽 여러 나라로 확산되

---

9)   Peter Botticelli(1997), 전게서

어갔다는 사실이다. 영국이나 영국인 기술자들로부터 기술을 사거나, 새로운 기회를 얻기 위한 노력의 일환으로 영국의 기업가들이 외국에 투자를 하는 형태로 산업혁명의 세계화가 자연스럽게 이루어졌다.

미국에서의 자본주의는 영국 자본주의의 자유주의적 특성을 한 단계 승화시키는 방향으로 발전되어갔다. 미국은 건국과정과 그 이후의 발전과정 자체가 시장중심적이었으며, 초기 정착단계부터 서부로의 개척 그리고 알래스카와 하와이의 합병단계까지 철저히 하나의 긴 기업가적 모험이었다고 할 수 있다. 1607년 미국 제임스타운(James Town)에 도착한 이주민들은 물론 1630년에 보스턴(Boston)에 정착한 이주민들도 영국 정부가 아니라 민간회사의 후원으로 이민의 길을 선택하였으며, 그 후 진행된 서부개척 역시 이주자들이 자신의 농토와 목장을 확장하는 수단으로 이루어졌다. 그리고 1672년부터 시작된 흑인노예 수입도 영국의 민간회사들에 의해 이루어졌다. 이러한 일련의 활동들은 비록 기술혁신이나 제조활동을 포함하지는 않았지만, 민간기업에 의존하는 자본주의적 성격이 강했다는 사실은 부인할 수 없다.

미국은 건국 초기부터 정부의 적극적 역할을 강조하는 초대 재무부장관 알렉산더 해밀턴(Alexander Hamilton)과 정부 개입보다는 민간의 자유로운 활동을 중시하는 초대 국무장관이며 3대 대통령인 토머스 제퍼슨(Thomas Jefferson) 사이에 격렬한 토론이 있었으며, 이러한 전통은 현재까지도 진행되고 있다고 할 수 있다. 그러나 서구국가들에 비해 미국은 상대적으로 정부 개입보다는 민간의 자유를 강조하는 자유주의적 입장을 견지해왔다고 할 수 있다.

반면, 대외경제정책 부문에서는 당시 세계 최강국이었던 영국이 미국시장에 공산품을 낮은 가격으로 덤핑(dumping)하는 것을 막기 위해 높은 관세를 부과하는 보호주의적 무역정책 기조를 견지하였다. 이에 더해, 주 정부들은 철도 건설, 수로 개발 그리고 금융산업 육성을 위한 각종 지원책을 경쟁적으로 마련하여 추진하였다. 심지어 1880년대 펜실베이니아 대학에서는 자유무역을 신봉하는 경제학 교수는 채용하지 않는 규정까지 만들었다고 한다.[10]

비록 미국이 보호주의적 무역정책을 추진했지만, 국내 경제정책은 친(親)기업적이었다. 남북전쟁 이전에는 은행 설립이 자유로웠고, 환경에 대한 규제도 전혀 없었으며, 노사분규 발생 시 정부는 언제나 기업의 이익을 대변하였다. 또한, 기업 파산의 경우에도 채권자보다는 채무자인 기업에게 법률 적용을 유리하게 했고, 그 결과 기업가들은 위험부담이 높은 부문에 대한 투자도 마다하지 않는 전통이 만들어졌다. 결론적으로, 미국 자본주의는 기업가적 기회에 언제나 긍정적으로 대해주었고, 분배보다는 경제성장에 역점을 두었다고 할 수 있다.

미국 자본주의가 본격적으로 부상한 것은 19세기 후반에 시작되어 20세기 초반까지 지속된 이른바 2차 산업혁명 과정에서 미국이 영국을 제치고 세계 선두주자로 나서게 된 것과 직결된다. 영국이 1차 산업혁명을 주도하여 영국에 의해 세계평화가 유지된다는 의미의 '팍스 브리태니커(Pax Britannica)' 시대를 열었던 것 같이, 미국은 2차 산업혁명 과정에서 선두주자로 부상함으로써 현재까지도 지속되고 있는 '팍스 아메리카나(Pax Americana)' 시대를 열게 되었다. 1차 산업혁명에서는 주로 제철, 증기기관 제조, 섬유산업 등의 분야에서 기술혁신이 일어났으나, 2차 산업혁명 과정에서는 강철, 철도, 전기, 화학제품, 통신기술 등의 분야가 기술혁신을 선도했다.

---

10)   Thomas McCraw(1997), "American Capitalism", in Thomas McCraw, 전게서

2차 산업혁명의 또 하나의 특징은 초기 기술개발은 주로 영국인이 주도하였으나, 상대적으로 규모가 큰 미국시장에서의 상업화는 기업가정신이 투철한 미국인에 의해 이루어졌다는 것이다. 예를 들어, 2차 산업혁명의 대표적 업적이며 20세기 최고의 공학적 업적으로 지적되는 전기는 영국인 과학자 마이클 패러데이(Michael Faraday)의 오랜 기간에 걸친 실험의 결과로 1839년에 처음으로 발견되었으나, 이의 상업화에 성공한 것은 미국인 토머스 에디슨(Thomas Edison)이었다.

인류 역사상 가장 뛰어난 발명가로 알려진 에디슨은 수많은 연구와 실험의 결과로 약 1,200시간 동안 사용할 수 있는 전구를 개발하였고, 1878년에는 이를 생산하는 회사(Edison Electric Light Company)를 설립하였으며, 1880년에는 미국 정부로부터 전구기술에 대한 발명특허도 획득하였다. 또한, 에디슨은 1880년 전기를 생산하고 이의 송전업무를 담당할 회사(Edison Illumination Company)를 설립하였고, 이에 대한 특허권도 획득하였다. 1887년에는 에디슨이 개발한 직류(DC)전기를 소비자에게 송전해주는 에디슨발전소가 미국 전역에 121개나 건설됨으로써 본격적으로 전기의 산업화가 이루어지기 시작하였다. 에디슨은 일생 동안 1,093개의 특허를 획득하였으며, 지금까지도 존재하는 GE(General Electric)를 포함해 모두 14개의 회사를 설립하였다. 발명왕으로 널리 알려진 에디슨은 기업 설립왕이기도 했다.

에디슨과 같은 시대를 살았던 발명가이며 기업가인 미국인 조지 웨스팅하우스(George Westinghouse)와 그레이엄 벨(Graham Bell) 역시 제2차 산업혁명시대를 연 개척자였다. 전기 분야에서 에디슨의 라이벌로 널리 알려진 웨스팅하우스는 교류(AC)전기를 개발하여 에디슨의 직류(DC)전기와 치열한 경쟁관계를 유지하였다. 웨스팅하우스는 1872년에 철도브레이크

시스템을 개발하여 특허를 획득하였고, 이를 생산하는 회사(Westinghouse Air Brake System)를 설립한 바 있다. 이어 웨스팅하우스는 전기송전 분야에 관심을 갖기 시작하였고, 1886년에는 최초의 AC발전소를 건설하면서 이것을 운영하기 위한 회사(Westinghouse Electric Company)를 설립하였다. 결국 웨스팅하우스의 AC발전소는 에디슨의 DC발전소와의 경쟁에서 승리하게 된다.

2차 산업혁명 과정에서 전기 다음으로 중요한 기술혁신은 전화 등 통신기술 분야에서 일어났다. 전화를 누가 처음으로 발명했는가에 대해서는 아직도 이견이 있으나, 전화에 관한 최초의 특허를 획득한 사람은 영국 태생으로 미국 국적을 가진 그레이엄 벨이었다. 어머니와 아내가 청각장애인인 벨은 소리에 관한 실험에 남다른 관심을 갖게 되었고, 그의 끊임없는 노력으로 1876년 최초로 전화 발명특허를 획득하였고, 1877년에는 전화생산을 위한 회사(Bell Telephone Company)를 설립하는 업적을 이루었다. 그 후 미국에서 전화 사용자는 매년 지속적으로 증가하여 1886년에는 15만 명에 이르게 되었다.

1차 산업혁명 당시의 영국과 2차 산업혁명 당시의 미국을 비교해 보면, 여러 분야에서 동시다발적으로 발명가가 등장하였고 발명품에 대한 상업화가 동시에 이루어졌다는 점에서는 매우 유사하다. 그러나 발명가들이 창업한 회사들이 영국에서는 중견기업 수준에 머물렀으나, GE, Westinghouse, Bell Telephone 등 미국 기업들은 세계적 기업으로 성장하여 100여 년이 지난 지금까지도 활발한 사업 활동을 하고 있다.

이는 영국에 비해 미국의 시장규모가 훨씬 컸다는 사실과 더불어, 2차 산업혁명 과정에서 부상한 발명가들의 기업가적 능력이 보다 탁월했다는 점을 지적할 수 있을 것이다. 이와 아울러, 영국의 자유주의적 자본주의가 그대로 이식된 미국에서의 사회분위기가 영국보다도 더 친(親)기업적이었으며, 위험부담을 두려워하지 않는 기업가적 정신이 더 강했다는 사실도 미국 기업들이 세계적 기업으로 성장하여 오랜 기간 발전하게 된 원인이라고 할 수 있다.

남북전쟁 이후 1880년대와 1890년대를 역사가들은 '대호황 시대' 또는 마크 트웨인(Mark Twain)과 찰스 워너(Charles Warner)의 소설 제목을 인용하여 '금박 시대(Gilded Age)'라고 부른다. 이 시기에 미국경제는 매우 높은 성장률을 보였고, 그 결과 미국은 영국을 제치고 세계 최고의 경제대국으로 부상하였다. 예를 들어, 1865~1898년 기간 중 밀 생산은 256%, 석탄 생산은 800% 그리고 철도선로는 567%나 증가하였다. 그 결과, 20세기 초 미국의 1인당 국민소득과 산업생산은 당시 독일과 프랑스의 두 배가 되었고, 영국보다도 50%나 많았다.[11] 산업 부문에서의 급증하는 투자수요를 충족하기 위해 뉴욕의 월가(Wall Street)를 중심으로 한 자본시장 역시 급성장하였다.

지금까지도 미국 부자의 대명사인 석유산업의 존 록펠러(John Rockefeller), 금융업의 앤드루 멜론(Andrew Mellon)과 모건(J. P. Morgan), 철강산업의 앤드루 카네기(Andrew Carnegie), 운송산업의 코넬리우스 밴더빌트(Cornelius Vanderbilt) 등이 사업을 일구고 부를 축적한 시기가 바로 '금박 시대'였다. 이들 부호들은 부의 축적과정을 부정적 시각에서 보는 이들로부터 '노상강도 귀족(Robber Baron)'이라고도 불리었으나, 카네기, 록펠러 등은 축적된 부의 상당 부분을 자선사업을 위해 사회에 헌납함으로써 사회적 신망과 존경을 동시에 받기도 하였다.

금박 시대에 급증하는 인력수요의 상당 부문은 유럽 각국과 중국으로부터 몰려든 이민자들에 의해 충족되었다. 1990년대 중반 미국의 「포

---

11)　　Paul Kennedy(1987), 『The Rise and Fall of the Great Powers』, Vintage Books

춘(Fortune)」이 선정한 500대 기업 중 147개가 1880~1930년 기간에 창립되었다는 사실로 미루어, 19세기 후반부터 20세기 초반에 이르는 기간이 미국 자본주의의 기반을 확고히 하는 계기가 되었음을 잘 알 수 있다.[12]

미국 자본주의가 영국 자본주의를 한 단계 승화시켰다고 평가 받는 이유는 단순히 미국이 영국보다 시장 규모가 상대적으로 컸다는 점 외에도 생산방식과 경영방식에 있어 합리화와 과학화를 통한 대혁신이 미국에서 처음으로 이루어졌기 때문이다. '과학적 경영의 아버지'라고 불리는 프레데릭 테일러(Frederick Taylor)는 원래 엔지니어 출신으로 오랜 기간 공장 근무경험을 토대로 1911년『과학적 경영의 원칙(The Principles of Scientific Management)』을 출간하였다. 이른바 테일러 원칙(Taylor's Principles)은 작업과정을 표준화하고, 이를 작업자들 간 협력체제의 구축을 통해 집행하는 것을 골자로 하고 있다.

테일러 원칙은 강제적으로라도 반드시 지켜져야 하는 것이지만, 생산성 증가로 작업시간이 단축되고 임금이 향상될 수 있기 때문에 작업자들의 격렬한 반발이나 파업은 없을 것이라고 테일러는 주장하였다. 이와 같은 테일러 원칙은 방법론 측면에서 지속적으로 개량되어 작업과정에 적용되었고, 이는 실제로 미국 자본주의가 세계경제를 이끌어갈 수 있는 경영적 관리의 기반이 되었다.

테일러 이후 기업경영에서 새로운 이정표를 만든 기업가는 헨리 포드(Henry Ford)였다. 엔지니어 출신인 포드는 1903년 회사(Ford Motor Company)를 창업하면서 '조립 라인(assembly line)' 기법을 도입하여 대량생산(mass production) 시대를 열었다. 대량생산으로 제품가격을 낮추고 임금은 후하게 주는 것의 상징으로 '포드주의(Fordism)'라는 신조어가 생겨났고, 이는

---

12)　Thomas McCraw(1997), 전게서

미국 자본주의, 더 나아가 20세기 자본주의의 대명사로 인식되었다.

포드에 이어 과학적 경영으로 미국 자동차산업을 한 단계 발전시킨 경영자는 앨프레드 슬론(Alfred Sloan)이다. 포드를 제치고 GM을 세계 최고의 자동차회사로 만든 슬론은 자동차산업 차원을 넘어 20세기 최고의 경영자로 널리 알려졌고, 1934년에는 재단도 설립하여 과학기술 분야에서 많은 사회공헌활동을 전개하기도 했다.

결과적으로, 미국은 19세기 말을 전후하여 명실 공히 세계 최고 수준의 자본주의경제로 발전하였다. 이 과정에서 넓은 영토, 풍부한 천연자원, 그리고 지속적으로 늘어나는 이민인구는 경제성장의 기본 바탕이 되었고, 건국 초기부터 다져진 창의적이며 위험을 두려워하지 않는 기업가정신은 미국 자본주의 발전의 원동력이 되었다.

독일의 정치적 통일과 독일 자본주의의 부상

유럽 국가 중에서 산업혁명의 선두주자는 독일이었다. 그러나 산업혁명 과정이 민간 주도로 장기간에 걸쳐 점진적으로 이루어진 영국과는 달리, 독일에서의 산업혁명은 정부주도로 단기간에 전개되었다. 1871년 '철과 혈의 수상'으로 알려진 비스마르크(Bismarck)의 프러시아가 독일을 통일하면서 독일의 산업화는 빠른 속도로 진행되었다.

통일 이전의 독일은 정치적으로 분열되었고, 경제적으로 영국은 물론 프랑스에 비해서도 낙후되었다. 그럼에도 독일은 1834년 프러시아를 포함한 30여 개 국가들 간 관세동맹을 맺었고, 장인정신을 바탕으로 한 두터운 기술자 계층이 있었으며, 철도에 대한 투자도 꾸준히 해왔다. 또한, 교육에 대한 일반 국민의 열정이 대단했고, 투자은행 기능을 수행하는 유니버설 뱅킹(universal banking)의 전통도 확립되어 있었다. 결국, 19세기 독일 자본주의의 4대 특징이라고 할 수 있는 관세동맹, 장인정신, 철도 그리고 교육제도의 기본 틀이 1871년 정치적 통합 이전에 이미 이루어진 것이다.[13]

이와 같이 경제발전의 초석이 이루어진 상황에서 독일에서의 정치적 통합은 독일경제를 급성장시키는 촉매 역할을 했다. 그 결과 독일산업의 국제경쟁력은 급속히 향상되었고, 독일경제는 고도성장의 길로 접어들었다. 예를 들어, 1870~1913년 기간 중 세계 선철(pig iron) 생산 분야에서 영국의 비중은 50%에서 14%로 감소한 반면, 독일과 미국의 비중은 각각 21%와 40%로 급증하였다.[14] 1913년경 독일은 세계 주요 수출국으로 부상하였고, 특히 기계와 철강 그리고 제약 및 화학제품 분야에서는 세계 최고의 지위에까지 오르게 되었다. 영국과는 달리 주요 공산품과 농산품에 대해 상대적으로 높은 관세를 부과함으로써 산업정책의 추진에 있어 자유무역보다는 보호주의 성향을 보인 것 역시 독일 자본주의의 특징이라고 할 수 있다.

기업정책 분야에서도 독일은 경영이사회와 감독이사회의 2단계 경영시스템을 도입하여 은행을 포함한 주요 주주대표들이 경영진을 선출하고 그들의 성과를 감시하는 제도를 일찍이 구축하였다. 독일의 유니버설 뱅킹 전통은 은행과 기업의 관계를 매우 돈독하게 하였고, 기업의 주요 투자결정 과정에서 은행이 주요한 역할을 담당하는 전통을 만들었다. 그러나 기업 내에서의 의사결정 과정은 대내외 여건 변화에 신속히 대응하기

---

13) Jeffrey Fear(1997), "German Capitalism" in Thomas McCraw, 전게서

14) P. L. Payne(1968), "Iron and Steel Manufactures" in Derek Aldcroft, ed., 『Development of British Industry and Foreign Competition: 1875~1914』, London

위해 분산되어 있었다. 또한, 민주화 이전 독일에서의 노동조합 활동은 정치적으로 억압되었다.

　　제1차 세계대전은 독일 자본주의의 성격을 크게 바꾸는 계기가 되었다. 정부의 권한은 더욱 강화되었고, 정부와 기업의 관계는 매우 긴밀해졌으며, 정부주도의 계획경제 개념마저 확산되었다. 전후 바이마르(Weimar) 공화국의 등장은 독일 자본주의의 성격을 다시 한 번 바꾸는 계기가 되었다. 산업평화의 유지를 위해 기업가들은 노동조합과 사회민주당과의 연대를 구축하였고, 이는 독일이 유럽에서 가장 앞서가는 노사관계와 복지정책의 틀을 유지하게 되는 계기가 되었다. 그러나 연합군으로부터의 과다한 전쟁보상금 요구는 독일경제를 하이퍼인플레이션(hyperinflation) 상태로 몰고 갔고, 이는 독일 국민으로 하여금 히틀러를 선택하게 하는 정치적 토양을 만들어주었다.

　　독일 자본주의의 가장 두드러진 특징은 자유주의적 특성을 지닌 영국과 미국의 자본주의와는 달리, 사회공동의 이익을 위해 사회의 모든 구성원이 서로 협력하는 조합주의(corporatism) 성격을 갖고 있다는 점이다. 단어 'corp'는 라틴어로 'body'를 의미하기 때문에 조합주의에서의 공동체는 생물체로 인식되고 있으며, 노동조합은 물론 동업조합(guild)도 조합주의의 산물이라고 할 수 있다. 1881년 교황 레오 13세가 조합주의에 대한 연구를 의뢰한 이후 가톨릭교회는 조합주의에 대해 많은 관심을 갖게 되었고, 이는 가톨릭교회가 노동조합을 인정하는 계기가 되었다. 독일에서는 개신교회도 조합주의에 큰 관심을 갖고 있으며, 이런 상황에서 노동조합과 길드 전통이 강한 독일 자본주의가 조합주의 성격을 갖게 된 것은 매우 자연스러운 일이다.

산업화의 폐해와 사회복지의 신장

　산업혁명과 자본주의의 결합은 인류에게 경제적으로 엄청난 부의 축적을 가능하게 했다. 이 과정을 주도한 국가는 세계 최고의 패권국가로 부상하였으며, 뒤늦게라도 이에 참여한 국가들은 짧은 기간 내에 경제 선진국, 더 나아가 정치 강대국으로 부상하였다. 그러나 산업화는 인구의 도시 이동을 불가피하게 하였고, 급격한 도시화는 주택, 환경, 부랑인 등 많은 사회적 문제를 야기하게 되었다.

　14세기 중반 흑사병으로 격감했던 영국 인구는 15세기 중반부터 증가세로 바뀌었고, 17세기 초에는 5백만 명 수준에 도달하게 된다. 인구증가로 인한 수요증가와 심각한 기근은 곡물가격의 폭등을 가져왔고, 공업제품에 대한 수요 감소는 실업자의 증가로 연결되었다. 이러한 상황에 대처하기 위한 수단으로 영국 엘리자베스(Elizabeth) 여왕은 1601년 구빈법(Poor Act)을 만들었다.

　최초의 정부 차원의 복지제도인 구빈법은 빈곤을 개선시키려는 노력이라기보다는 빈곤으로 인한 사회불안을 막기 위해 빈민의 노동을 강제하고 이들의 이동을 금지하는 등의 억압적 조치를 취하는 것이었다. 1834년 신(新)구빈법이 제정되면서 전국적으로 균일처우의 원칙이 채택되었고, 중앙집권적 행정체계도 구축되었다. 이러한 억압적 성격에도 불구하고 구빈법은 최초의 복지정책이었다는 측면에서 사회복지정책의 발전과정에서 나름대로 큰 의미를 갖고 있다.

　19세기 말은 사회복지정책사에서 커다란 전환점이 된다. 1870년대에 들어서면서 영국은 독일, 미국 등과의 경쟁에서 밀리게 되었고 이로 인한 대량실업은 기존의 구빈법으로는 해결책을 찾을 수 없는 상황을 유발하였다. 도시 실업이 사회문제로 부각되자 찰스 부스(Charles Booth)와 시봄 라운트리(Seebohm Roundtree)는 각각 런던(London)과 요크(York)에서 노동자들을 대상으로 빈곤조사를 실시하였다.

그 결과는 매우 충격적인 것으로 노동자의 30%가량이 빈곤층에 속했으며, 빈곤의 원인이 과음, 게으름 등 자신의 잘못으로 인한 경우는 13~18%에 불과하였고, 나머지는 저임금, 질병, 실업 등 자신이 통제할 수 없는 경우에 속하는 것으로 나타났다. 결론적으로, 빈곤은 개인의 책임이라기보다는 경제사회적 현상이기 때문에 국가가 빈곤문제에 적극적이며 체계적으로 대처해야 한다는 것이 이들의 주장이었다.

이러한 조사결과가 알려지자, 산업혁명의 최대수혜자 계층인 신흥자본가들과 지각 있는 지식인들에 의한 민간 차원의 사회복지활동이 19세기 후반 영국에서 시작되었다. 신부 출신의 그린(Green) 등은 대도시의 빈민촌에서 대대적인 지역사회복지활동을 전개하면서, 최초의 사회복지관인 토인비홀(Toynbee Hall)을 설립하기도 했다. 당시 런던에만 6백여 개의 자선단체가 존재하였으며, 윌리엄 부스(William Booth)가 지금까지도 이어지는 구세군을 만든 것도 이 시기이다.

사회적으로 고립된 취약한 지역사회의 문제를 해결하기 위해 지식인이 그 지역 현지에 정착하여 함께 살아가면서 지역문제를 해결하는 지역복지운동의 효시인 '인보관 운동(settlement movement)'이 시작되었다. 현대적 의미의 사회복지가 영국에서는 정부보다 민간 부문에서 먼저 시작되었다. 이러한 민간자선운동은 산업혁명과정에서 축적된 부의 일부를 빈곤구제에 사용함으로써 빈곤문제의 해결이 가능하다고 생각하는 당시의 인도주의(humanitarianism) 사조에 기초를 두고 있었다.

19세기 영국 사회복지 분야에서의 중요한 변화는 산업화 과정에서 나타난 열악한 노동자의 근로조건을 개선하려는 일련의 활동이 전개되었다는 사실이다. 사회법의 효시이며 노동조건을 법률로 강제하는 공장법(Factory Act)은 사회개혁운동가 로버트 오웬(Robert Owen)의 적극적인 노력에 힘입어 1847년에 완성되었다.

공장법은 일일 노동시간을 10시간 이내로 규정하였고, 9세 미만 아동의 고용을 금지하는 내용을 담았으며, 사회적 약자를 보호하기 위한 국가의 간섭이 점차 보건위생, 주택 등으로 확대되는 계기가 되었다. 또한 영국 버밍엄(Birmingham)에서는 1885년 실업자 구제를 위한 공공근로사업이 처음으로 시행되었으나 만성적인 실업문제 해결에는 역부족이었다.

사회복지 부문에서의 획기적 사건이라고 할 수 있는 사회보험제도의 도입은 산업혁명의 본산지인 영국에서가 아니라 영국의 산업화를 모방한 독일에서 처음으로 이루어졌다. 독일의 재상 비스마르크는 1883년 질병보험제도, 1884년 산업재해보험, 그리고 1889년에는 노령연금을 도입함으로써 사회복지정책 부문에서 새로운 역사를 쓰는 업적을 이루었다.

독일에서는 1870년대 이후 유럽에서 가장 강력한 사회주의운동이 일어났으며, 이러한 상황에서 사회주의혁명을 방지하려는 것이 비스마르크가 사회보험제도를 도입하게 된 정치사회적 배경이라고 할 수 있다. 이에 더해, 지주귀족 출신인 비스마르크는 사회보험제도의 도입을 통해 노동자들의 충성을 고용주가 아니라 국가로 향하도록 함으로써 당시 날로 세력이 커지고 있는 신흥 부르주아(bourgeoisie) 계급을 정치적으로 견제하는 부수적 효과도 노렸다고 한다.

독일에 이어 1906~1914년 시기에 영국의 자유당 정부 역시 노령연금과 국민보험 제도를 도입하고 최저임금법과 노동쟁의법을 제정하는 등의 사회개혁조치를 단행했다. 1906년 총선에서 보수당을 누르고 집권한 자유당 정부는 정치적 라이벌인 노동당의 성장을 견제하기 위한 수단으로 이와 같은 사회개혁조치를 취했다. 이와 같이 영국과 독일에서 집권세력이 사회보험제도를 도입하고 노동관계법안을 만든 것은 당시 정치적 세력이 급증하는 노동자계층의 환심을 사기 위한 일련의 정치적 조치였다고 해석할 수 있다.

05장

복지국가의 성립과 개편

경제대공황과 패러다임의 변화

1929년에 시작된 경제대공황(Great Depression)은 18세기 말부터 두 차례의 산업혁명 과정을 거치면서 높은 경제성장과 세계화라는 업적을 남긴 자본주의에 대해 심각한 좌절을 느끼게 하는 대사건이었다. 경제대공황의 발발과 이어지는 금본위제의 붕괴, 그리고 주요 선진국 간 관세전쟁 등의 과정을 거치면서 서구 자본주의는 1930년대 이후 대대적인 수정의 길을 걷게 된다.

경제대공황은 1929년 10월 29일 뉴욕 증권시장에서의 주가대폭락(Black Tuesday)에서 시작되어 전 세계로 급속히 확산되었다. 산업생산이 감소하고 실업이 급증했으며, 농산물 가격 하락은 농가소득의 급감을 초래하였다. 예를 들어, 미국의 경우 1929~32년 기간 중 산업생산은 46% 감소했고, 도매물가는 32% 감소한 반면, 실업률은 25%로 급등했다. 또한, 주요국 간 관세전쟁의 악영향으로 무역은 같은 기간 중 70%나 감소했다.

〈1929~31년 기간 중 주요국의 경제지표 증감률〉

(단위: %)

	미국	영국	프랑스	독일
산업생산	-46	-23	-24	-41
도매물가	-32	-33	-34	-29
무역량	-70	-60	-54	-61
실업자	+607	+129	+214	+232

자료: Jerome Blum, Rondo Cameron, Thomas Barnes, 『The European World Since 1815: Triumph and Transition』, LittleBrown, 1970

경제대공황의 원인에 대해서는 학자마다 다소 견해 차이가 있으나, 크게 두 가지 부류로 나누어볼 수 있다. 우선, 대공황 이후 경제학계의 주류 세력으로 부상한 케인스(Keynes) 학파에 의하면 주가폭락 등으로 인한 경제에 대한 신뢰 상실은 소비와 투자의 감소로 이어졌으며, 이러한 상황은 많은 사람들에게 화폐 사용을 꺼리게 함으로써 수요의 감소를 더욱 부추겼다.

반면, 통화론자(monetarist)는 대공황이 처음에는 일반적인 경기부진(recession)에서 시작하였으나, 당시 통화당국이 통화 공급을 오히려 축소시킴으로써 대공황으로 발전시켰다고 주장한다. 전자는 총수요관리를 주요 정책변수로 간주한 반면, 후자는 적정수준의 통화관리를 핵심적 정책수단으로 삼는다는 차이가 있으나, 초기 상황 발생 후 정부의 정책 대응이 잘못되어 상황을 더욱 악화시켰다는 점에서는 이들 모두 공감하고 있다.

대공황이 장기간 지속된 가장 큰 원인은 당시의 금본위제에서는 수요 진작을 위해 통화량의 확대가 불가능했다는 사실에 기인한다. 대공황이 발생하자 미국 중앙은행은 달러화의 유출을 방지하기 위해 고금리정책을 구사했다. 그러나 고금리정책은 외국 자본을 미국으로 유치하는 데는 성공하였으나, 미국 내 소비 및 투자수요를 더욱 위축시켰다. 은행들은 현금을 금으로 교환했고, 이는 중앙은행의 금 보유를 축소시켜 통화량을 더욱 감소시킴으로써 경기침체를 심화시켰다. 대공황 장기화의 또 하나의 원인은 미국이 자국의 산업을 보호하기 위해 수입관세를 크게 높였고, 이는 유럽과의 무역전쟁을 촉발시켜 세계교역이 급감하게 되었다. 결국, 자국의 이익만을 생각하는 보호주의 무역정책이 대공황을 더욱 침체의 늪으로 몰고 갔다.

미국 루스벨트(Roosevelt) 정부의 총수요 진작정책 역시 부분적 성공만을 거둔 것으로 평가되고 있다. 그 이유는 균형예산에 대한 선입견을 버리지 못했기 때문에 대공황에서 벗어날 수 있을 정도의 충분한 재정팽창정책을 전개하지 못했기 때문이다. 미국경제는 1933년 봄부터 서서히 회복하기 시작하였으나, 실업률은 15% 수준에서 크게 개선되지 않았다. 심지어 1937년에는 경기가 다시 하락하는 이른바 '더블―딥(double-dip)' 현상을 보이기도 하였다.

결국, 미국과 주요 선진국들이 대공황으로부터 완전히 벗어난 것은 제2차 세계대전의 발발로 총수요가 급격히 팽창한 1941년 이후의 일이었다. 예를 들어, 미국 국채는 후버 행정부에서 늘어나는 재정지출 증가 수요에 대처하고자 GNP의 20%에서 40%까지 증가하였는데, 루스벨트 행정부는 40% 수준을 지속적으로 유지하다가 전쟁이 발발하자 전비부담을 위해 128%까지 확대하였다. 결국, 뉴딜 정책의 총수요 증가 효과가 1941년까지는 그리 크지 않았다는 것이 다수 전문가들의 견해이다.[15]

---

15)   Robert Goldstone(1968), 『The Great Depression』, Fawcett Publication

　　루스벨트 정부의 뉴딜(New Deal) 정책은 총수요관리 차원의 정책대응이라고 할 수 있다. 케인스 이론에 바탕을 둔 뉴딜 정책은 공공건설사업의 확대, 취약계층을 위한 구호사업 확대 등을 통해 총수요 증가를 도모하였다. 또한, 주식폭락 사태가 주식과 금융시장에 대한 정부의 감시가 허술했기 때문에 발생했다는 인식을 바탕으로, 1933년에는 주식시장의 안정 도모를 위한 '주식법(Securities Act)'과 은행예금자 보호와 은행거래의 안정화를 위한 '은행법(Banking Act 또는 Glass-Steagall Act)'을 제정하였다. 1933년 '주식법'은 주식거래의 등록과 관련된 정보의 공개를 의무화하였고, '은행법'은 은행을 투자은행과 상업은행으로 구분하면서 은행예금자 보호를 위한 중앙정부 차원의 기구를 설치하도록 하였다. 금융시장에 대한 정부 차원의 본격적인 감시와 감독이 처음으로 시작되었다.

　　경제대공황과 뉴딜 정책의 추진은 영국보다도 더 자유방임적이고 친기업적인 미국 자본주의의 성격을 크게 바꾸는 계기가 되었다. 이미 지적한 대로 예금자 보호와 금융시장의 안정적 운영을 위해 정부 차원의 규제와 감시가 시작되었고, 대공황 과정에서 심각한 생활고를 겪었던 노동자들의 권익보호를 위한 각종 조치가 취해졌을 뿐만 아니라 노령연금 등의 사회보험제도도 도입되었다. 우선, 대공황은 보수성향의 후버 대통령이 이끄는 공화당 정권이 붕괴되고 진보성향의 루스벨트 대통령을 중심으로 한 민주당 정부가 집권하는 계기를 마련하였으며, 루스벨트 대통령은 16년간의 집권을 통해 미국 자본주의를 더욱 진보성향으로 바꾸는 데 성공하였다.

　　사회 부문에서 가장 획기적인 뉴딜 정책은 1935년에 제정된 '사회보장법(Social Security Act)'이다. 노령연금과 실업보험 그리고 저소득층과 장애인을 위한 공공부조사업 도입의 근거가 된 '사회보장법'은 미국에서 처음으로 사회보장의 기반을 닦는 계기가 되었다. 뉴딜 정책의 일환으로 도입된 1935년 '국가노사관계법(National Labor Relations Act 또는 Wagner Act)'은 노동자의 단체협약권을 보장하는 것으로 미국에서 노동조합이 급성장하는 계기를 만들어주었다. 또한, 루스벨트 정부는 실업구제사업을 총괄하는 기구(Works Progress Administration)를 설치하여 저숙련 노동자들을 위한 수십만 개의 일자리를 만들었으며, 청소년 관련 사업을 총괄하는 기구(National Youth Administration)도 설립하여 청소년을 위한 일자리 사업을 전개하였다. 이에 더해, 1937년에는 도시지역의 빈민가(slum)문제의 해결을 위한 기구(US Housing Authority)도 설치되었다.

대공황과 뉴딜 정책, 그리고 제2차 세계대전은 미국과 서유럽국가들이 경제를 운용함에 있어 정부의 역할이 증대되는 결과를 초래하였다. 1936년 출간된 존 케인스(John Keynes)의 『일반이론』[16]은 대공황 이후 정부 역할 강화의 이론적 기반을 마련해주었다. 케인스의 총수요관리 이론은 대공황 기간 중 추진된 뉴딜 정책은 물론 그 후 1970년대 미국을 포함한 선진국에서의 정부 경제정책 수립의 기초가 되어왔으며, 이들 사회에서 사회적 자유주의(social liberalism)가 성행하는 계기를 만들어주었다.

베버리지 보고서와 복지국가의 등장

서구 자본주의의 가장 두드러진 특징이라고 할 수 있는 복지국가에 대한 청사진은 자본주의의 종주국이라고 할 수 있는 영국에서 처음으로 제시되었다. 대공황으로 인한 대량실업의 발생과 두 차례의 전쟁 경험은

---

16)   John Maynard Keynes(1936), 『General Theory of Employment, Interest and Money』

국민과 정치인들로 하여금 취약계층의 보호를 위해 정부 차원의 개입이 필요하다는 인식을 갖게 하였다.

1941년 등장한 영국의 연립내각은 윌리엄 베버리지(William Beverage)를 위원장으로 하는 사회보장에 관한 위원회를 구성하면서 종합적 보고서 작성을 의뢰하였다. 동 위원회는 이듬해인 1942년 최초의 현대적 의미의 복지국가 청사진이라고 할 수 있는 '사회보험과 관련 서비스에 관한 베버리지 보고서'를 영국 정부에 제출하였다.

당시 보수당 일각에서는 베버리지 보고서를 실현 불가능한 '유토피아(utopia)'라고 비판했지만, 처칠 수상은 1943년 3월 방송연설을 통해 전후 정부사업의 핵심으로 '요람에서 무덤까지(from the cradle to the grave)' 모든 국민을 대상으로 하는 사회보장을 약속하였고, 노동당 정부가 1945년에 집권하면서 그 내용을 법제화하기 시작했다. 1945년 '가족수당법'이 제정되었고, 1946년에는 산업재해와 국민의료서비스에 관한 '국민보험법'이 만들어졌으며, 1948년에는 '국민부조법'이 제정되었다. 결국, 베버리지 보고서는 영국 사회보장제도의 기본 틀이 되었으며, 더 나아가 복지국가를 지향하는 서구 모든 국가들의 롤-모델(role-model)이 되었다.

영국에서의 복지국가 모델은 노동당 집권기간은 물론 보수당 집권기간에도 꾸준히 발전되어왔다. 예를 들어, 1945~1953년 노동당 집권기간에는 앞에서 언급한 국민보험법 등 사회보장에 관한 기본적 법안들이 마련되었고, 1951~1964년 보수당 집권기간에는 각종 사회보장급여에 대한 인상조치가 취해지고 소득비례연금이 도입되었으며, 1964~1974년 노동당 집권기간에는 사회보장부가 설립되었다.

원래 복지국가라는 단어는 제2차 세계대전 중 독일을 '전쟁국가(warfare state)'로 지칭하면서 이에 대조되는 개념으로 영국을 '복지국가(welfare state)'라고 부른 데서 유래되었다. 그러나 전후 유럽 각국이 사회보장제도를 확충해 나가면서 정부가 주도적으로 자국민의 경제사회적 안녕을 보호하고 촉진하는 새로운 상황을 지칭하는 단어로 사용되고 있다. 더 나아가, 현대적 의미의 복지국가는 민주주의와 자본주의가 복지와 결합한 결과로 인식되고 있다.[17]

에스핑 앤더슨(Esping-Anderson)[18]은 복지국가를 취약계층 중심의 최소한의 복지를 강조하는 자유주의적 복지국가, 사회보험을 강조하는 조합주의적 복지국가, 그리고 보편적 복지를 주장하는 사회민주주의적 복지국가의 세 가지 형태로 분류하면서 미국은 자유주의적 복지국가, 독일은 조합주의적 복지국가, 그리고 스웨덴은 사회민주주의적 복지국가의 대표적 사례로 지적하고 있다.

이를 통해 우리는 복지국가의 발전 형태는 각 나라의 자본주의 성격과 매우 밀접한 관계를 갖고 있음을 알 수 있다. 앞에서 지적한 대로 미국자본주의는 자유방임적 성격이 매우 강했고, 독일자본주의는 조합주의에 바탕을 두고 있으며, 스웨덴은 노사합의를 바탕으로 한 사회민주주의적 성격이 강하기 때문에 이들 국가에서 복지정책 역시 각 나라들의 자본주의 성격과 같은 맥락에서 발전해왔다고 할 수 있다.

현대 복지국가의 이상형으로 널리 알려진 스웨덴의 복지제도가 본격적으로 갖춰지기 시작한 것은 제1, 2차 세계대전 이후이다. 스웨덴의 정책이 사회민주주의적 성격을 갖게 된 것은 강력한 노조의 지지를 받은 사회민주당이 1917년 이후 스웨덴의 정치를 주도했다는 사실과 1936년 살쇠바덴(Saltsi Baden)에서 이루어진 노사대타협으로 노사안정을 바탕으로 정

---

17) T. H. Marshall(1950), 『Citizenship and Social Class』, Cambridge

18) Esping-Anderson(1990), 『The Three Worlds of Welfare Capitalism』, Princeton University Press

책결정 과정에서 노조의 영향이 매우 컸다는 사실에 기인한다. 제1, 2차 세계대전 과정에서 큰 피해를 면했고 전후 냉전체제에서도 중립적 위치를 고수한 스웨덴은 1950년대 후반까지는 정액급여에 기반을 둔 보편적 사회보장제도의 정착에 역점을 두었다.

그러나 그 이후에는 개별적 욕구에 입각한 고차원적 복지서비스를 제공하는 각종 프로그램을 보급하기 시작하여 1970년대 중반까지 이른바 '국민가정(Folkhemmet)의 완성'이라는 스웨덴 복지국가 모델을 완성할 수 있었다. 그 결과, 스웨덴은 사회민주주의적 성격의 자본주의와 복지국가의 상징으로 널리 알려지게 되었다.

서구 자본주의의 전성기: 제2차 세계대전 이후부터 1970년대 초반

스웨덴을 포함한 대다수의 선진국들이 각종 복지정책을 구사할 수 있었던 것은 제2차 세계대전 이후 세계경제가 선진국을 중심으로 높은 성장세를 유지했기 때문이다. 케인스 경제학에 의한 재정의 적극적 역할은 재정확대를 통한 완전고용의 달성으로 이어졌다. 또한, 새로운 복지국가 모델의 등장은 복지확대를 위한 정치적 합의를 가능하게 해주었다.

이에 더해, 공산주의와의 체제 경쟁은 친(親)노동자정책 추진의 필요성을 더욱 증가시켰다. 그 결과, 경제성장-완전고용-복지국가를 한 묶음으로 하는 합의의 정치구조가 성립되었다고 할 수 있다. 국가-자본-노동 간의 협력의 결과로 이루어지는 경제성장은 자본가계급을 이롭게 하였으며, 노동자계급에게는 완전고용과 향상된 복지 혜택을 보장할 뿐만 아니라 국가에게는 재정수입의 증가를 보장하기 때문에 3자 협력은 모두에게 득이 되었다.

대공황 당시 정책 협조 미흡으로 불황이 장기화된 경험을 바탕으로, 제2차 세계대전 이후 미국을 위시한 주요 선진국들은 국제금융과 무역 부문에서 새로운 국제질서를 확립하려는 노력을 경주한 결과 1945년의 '브레턴우즈 협약(Bretton Woods Agreement)'과 1947년의 '관세와 무역에 관한 일반 협약(GATT: General Agreement on Tariffs and Trade)'이라는 성과를 거두었다. 브레턴우즈 협약을 통해 환율의 안정을 기하기 위한 고정환율제도가 채택되었고, 이의 운영을 위해 국제통화기금(IMF: International Monetary Fund)이 설치되었으며, 개발도상국들의 경제발전을 지원하기 위한 세계은행(World Bank)도 만들어졌다.

케인스는 각국 통화의 기준이 되는 국제통화를 새로 만들 것을 제안하였으나 이러한 제안은 미국의 반대로 무산되었고, 결국 미국 달러화가 고정환율제도에서 기축통화 역할을 담당하게 되었다. 이어서 자유무역 촉진을 위한 가트(GATT)가 설치됨으로써 관세를 낮추고 여타 무역 장벽을 제거하기 위한 다자 간 협상이 지속적으로 이루어질 수 있었다.

결론적으로, 완전고용을 가능하게 하는 케인스 경제학에 기초한 거시경제정책과 고정환율제도의 채택으로 인한 안정된 국제금융 시스템, 그리고 관세인하를 위한 지속적 다자 간 협상을 통한 자유무역 기조의 유지 등은 전후 세계경제가 '고성장-저인플레'의 황금기를 맞게 된 환경적 여건이 되었다. 앞에서도 지적한 대로 선진국의 경제 호황은 이들 국가가 복지국가 건설을 위한 각종 사회복지정책을 활발히 전개할 수 있는 경제적 기반이 되었다.

예를 들어, 대다수 구미 선진국들은 1960년대 4% 이상의 경제성장

〈선진 각국의 경제성장과 복지지출 추이〉

(단위: %)

국가	경제성장률 1962~72 (1973~81)	인플레이션 1963~72 (1973~82)	실업률 1963~72 (1973~82)	GDP 대비 복지지출 1960	GDP 대비 복지지출 1975
스웨덴	3.9(1.8)	5.4(10.0)	1.9(2.2)	12.3	34.8
서독	4.4(2.4)	3.2(5.2)	1.1(3.8)	17.1	27.8
프랑스	5.5(2.8)	4.7(11.1)	1.9(5.1)	14.4	26.3
오스트리아	5.1(2.9)	3.9(6.4)	2.6(1.9)	10.1	20.1
영국	2.9(1.3)	5.9(14.2)	2.0(5.4)	12.4	19.6
미국	3.9(2.6)	3.7(8.8)	4.7(6.0)	9.9	18.8
일본	9.9(4.6)	6.0(8.8)	1.2(2.0)	7.6	13.7

자료: OECD, 각 연도 통계연보

과 3~4% 수준의 물가상승률을 기록하였으며, 이 기간 중 GDP 대비 복지지출은 1960년의 10% 수준에서 1975년에는 20%가 훨씬 넘는 수준으로 급증하였다. 특히, 복지국가의 대명사로 알려진 스웨덴은 같은 기간 중 GDP 대비 복지비가 12.3%에서 34.8%로 거의 3배나 증가하였다.

일본 자본주의의 급부상과 석유파동

1970년대에 발생한 두 차례의 석유파동은 1950년대 이후 지속된 서구 자본주의의 황금기에 종지부를 찍는 계기가 되었다. 이스라엘에 군사적 지원을 재개하기로 한 미국 정부의 결정에 대한 항의표시의 일환으로 아랍 석유 산유국들은 1973년 10월 석유수출 중단을 선언하였고, 이는 국제시장에서 원유가격이 배럴당 12달러로 4배나 급등하는 상황을 초래하였다. 그 결과, 산유국들에게는 원유수출에 따른 외화수입의 급등이라는 선물을 안겨주었으나, 비산유국에게는 높은 유가로 인한 물가상승과 긴축적 거시정책으로 인한 저성장의 이중고를 가져다주었다.

제1차 석유파동은 이스라엘의 양보로 1974년 3월 중단되었으나, 이로 인한 스태그플레이션(stagflation)은 그 후에도 지속되었다. 1979년 발생한 이란에서의 정치적 변혁과 1980년 이라크의 이란 침공은 이란의 석유생산에 큰 차질을 가져왔고, 이로 인한 국제 원유시장에서의 패닉 현상은 국제 원유가격을 다시 한 번 배럴당 39.5달러까지 급등하게 하는 결과를 초래하였다.

일본에서의 자본주의 발전은 자유주의적 전통을 유지한 영국과 미국에 비해 개인보다는 사회구성원 전체의 이익을 우선하면서 정부와 기업이 긴밀히 협조하는 독일 자본주의와 유사한 형태로 발전하였다고 할 수 있다. 16세기 후반에 스페인과 포르투갈에서 온 가톨릭 신부들의 선교활동과 이들 국가들과의 교역활동으로 서구와의 접촉이 있었으나, 자본주의 기반의 구축은 265년간 지속된 도쿠가와 이에야스의 에도막부(江戸幕府)가 1868년 붕괴되고 천황이 직접 통치하는 메이지유신(明治維新) 시대가 열리면서 시작됐다고 할 수 있다.

메이지 정부는 폐쇄적 계급제도와 길드제도를 철폐하고 노동이동을 자유화함으로써 농업으로부터 도시 산업으로의 노동이동을 가능케 하였으며, 사무라이의 전통적 특권을 박탈하여 현대식 군대의 창설을 가능케 하였다. 또한, 1872년에는 초등학교 의무교육 제도를 실시하였고 동경공과대학과 동경대학을 설립하였다. 이에 더해, 일본 유학생을 유럽과 미국으로 보내 외국의 새로운 지식을 습득하고 산업기술을 배우도록 하였으며, 정부는 철도 등 사회간접자본 투자를 확대하여 일본 자본주의 발전의 기반을 닦았다.

1880년대 후반에는 미쓰이, 미쓰비시, 스미토모 등의 재벌이 형성되면서 일본 자본주의 발전 과정에서 재벌기업들이 중심적 역할을 담당하게 되었다. 이들 재벌기업의 초기 성장은 정부의 정치적 후원에 힘입은 바 크며, 가족 소유의 지주회사가 계열회사를 통제하는 형태로 발전되어 갔다. 재벌기업들은 조선과 무역 부문에서 주도적 역할을 담당하였다. 일본의 산업구조는 초기에는 섬유산업이 주종을 이루었으나, 점차 철강, 조선 등 중공업 분야로 다양화되었다. 일본 자본주의 발전의 또 하나의 특징은 산업화로 강화된 국력을 이용하여 해외진출을 활발히 모색했다는 사실이다. 1884년 일본은 시장개방 명목으로 한국을 공략하기 시작하였고, 1894년에는 청일전쟁, 그리고 1905년에는 러일전쟁을 일으켜 승리함으로써 동아시아지역 최강국의 입지를 확보하였으며, 1910년에는 한국을 식민지화하였다.

제1차 세계대전(1914~18)은 일본 자본주의가 한 단계 도약하는 계기가 되었다. 이 기간 중 일본의 무역은 2.5배나 증가했고, 무역에서 완제품의 비중은 30%에서 50%로 높아졌다.[19] 무역의 증가는 종합무역상사의 급성장을 초래했고, 중화학공업 역시 이 기간에 두드러진 발전을 기록하였다. 재벌기업의 규모가 커지면서 소유와 경영의 분리 현상이 발생하였고, 일본 자본주의의 대표적 특징이라고 할 수 있는 필요한 노동력의 안정적 확보를 위한 평생고용제도의 관행도 서서히 구축되어갔다.

전쟁준비 기간과 제2차 세계대전 기간에는 경제 부문에서 정부의 역할이 크게 확대되었고, 전쟁으로 인한 수요확대는 일본 경제를 대공황으

---

19) Jeffrey Bernstein(1997), "Japanese Capitalism", in Thomas McCraw, 전게서

로부터 조기에 벗어나게 하는 원동력이 되었다. 일본 정부는 카르텔 조직을 장려하였고, 이는 산업구조조정의 수단으로도 활용되었다. 이 기간 중 정부 기능의 확대는 서구에서 일본 자본주의를 '일본주식회사(Japan Inc.)'라고 부르는 계기가 되었다.

군사비의 GNP 비중은 1936년 5%에서 1943년에는 30%로 급증했고, 이는 일본 산업의 중공업화를 촉진하였다. 전쟁 준비를 뒷받침하기 위해 일본 정부는 하도급제도와 평생고용제도를 장려하였고, 이러한 제도들은 지금까지도 일본 자본주의의 주요 특징으로 자리매김하고 있다.

1945년 일본이 전쟁에서 패한 후 연합군에 의한 통치기간(1945~52년)은 일본 자본주의 발전과정에서 새로운 개혁이 이루어진 시기다. 농지개혁조치로 일본에서 소작농의 비율은 1946년 46%에서 1950년에는 10%로 낮아졌다. 또한, 재벌 해체작업이 진행되었고, 노동자의 법적 지위는 크게 향상되었으나, 경제상황은 크게 개선되지 않았다. 그러나 한국전쟁(1950~53)은 일본경제가 전후 침체로부터 완전히 벗어나는 계기가 되었다.

예를 들어, 한국전쟁 중 UN사령부는 일본 수출의 47%를 구매하였다. 그 결과, 1953년 일본의 1인당 GNP는 전쟁 전 수준을 회복하였다. 1955년 창당된 일본 자민당은 무려 38년간 집권하면서 친(親)기업적 정책을 추진함으로써 일본경제를 급성장시켰고 일본 자본주의의 기반을 더욱 공고히 하였다. 일본의 GNP는 1953~1973년 기간 중 5.4배 증가했고, 1인당 국민소득도 4.1배나 높아졌다.[20] 이 기간 중 일본경제는 캐나다를 1960년에, 프랑스와 영국을 1960년대 중반에, 서독을 1968년에 추월하여 명실 공히 미국에 이어 세계 2위 경제대국의 위치를 확보함으로써 국

---

20)　Edward Denison and William Chung(1976), "Economic Growth and Its Sources", in Patrick and Rosovsky, eds., 『Asia's New Giant』, Brookings

제사회에서 '아시아의 새로운 거인(Asia's New Giant)'으로 불리게 되었다.

일본 자본주의의 눈부신 발전은 한국을 포함한 아시아 각국의 롤-모델 역할을 하였다. 일본의 수출전략을 모방하여 성공한 한국, 대만, 홍콩, 싱가포르 등 이른바 '아시아의 작은 용(Asia's Little Dragons)'들은 수출시장에서 새로운 강자로 부상하였고, 말레이시아 등 동남아국가들도 일본에게 배우자는 의미의 '룩 이스트(Look East)' 전략을 구사하기에 이르렀다. 일본 자본주의 모델이 여타 아시아 지역으로 확산된 것이다.

그러나 일본과 한국 등 아시아 경제의 부상은 미국과 서유럽국가들의 무역정책에서 전후 지속된 자유무역 정책기조에서 벗어나 점차 보호주의 성향을 갖게 하였으며, 이는 1970년대 두 차례의 석유파동과 더불어 서구 자본주의가 복지국가 모형에서 신자유주의 모형으로 전환되는 계기를 마련해주었다.

위기에 처한 복지국가와 신자유주의의 등장

서구 복지국가들은 1970년대에 접어들면서 경제상황의 악화로 새로운 도전에 직면하게 된다. 두 차례의 석유파동으로 경제성장은 둔화되었고, 물가상승 압력은 높아졌으며, 국제시장에서 일본 및 아시아 신흥공업국들과의 경쟁에서 밀리게 되었다. 이에 더해, 서구 복지국가 체제는 구조적 어려움에 처하게 된다. 노령화의 급진전으로 연금 및 의료비 지출수요는 급증하는 반면, 노동인구의 상대적 감소로 보험료 징수는 부진을 면치 못하게 되었다.

경제상황의 악화로 인한 실업의 증가 역시 실업수당은 증가하면서

보험료 징수는 상대적으로 감소하는 결과를 초래하였다. 경제호황기에 이루어진 실업수당의 지속적 인상은 실업자와 취업자 간 실질적 소득 차이가 별로 없는 모순을 야기하기도 하였다. 그 결과, 복지국가 모델에 관한 전반적 회의론이 대두되기 시작하였고, 이는 미국 및 유럽 각국에서 그동안 유지해온 복지국가 모델에 대한 부분적 또는 전면적 개편작업이 추진된 배경이 되었다.

이러한 사회 분위기를 반영하여 1979년 영국에서 대처(Thatcher) 보수당 정권이 탄생하였고, 1980년 미국에서는 레이건(Reagan) 공화당 정권이 등장하였다. 대처 정권은 하이에크(Hayek)의 자유주의 경제사상을, 레이건 정권은 프리드먼(Friedman)의 통화주의적 이론을 근거로 이른바 '신자유주의(neo-liberalism)' 경제정책을 추진하게 된다. 신자유주의적 복지관은 경제적 어려움의 원인을 복지정책이 지나치게 확대되어 국가재정은 파탄되고 근로의욕은 저하되었다고 진단하면서 근로의욕을 저하시키는 공적 개입은 철폐되어야 하고, 정부의 역할은 가급적 축소해야 한다는 것이다.

복지국가의 개혁을 선도한 것은 역설적으로 베버리지 보고서를 통해 복지국가 모델을 제시하였던 영국이다. 대처 정부는 당시 진행되고 있던 탄광노조의 파업사태에 강력하게 대응하면서 공기업의 민영화를 추진하였고, 복지서비스의 민간위탁 또는 '재상품화'[21]를 추진하였다. 대처 정부에서 시작된 복지개혁은 1997년 집권한 블레어 사회당 정부에서도 지속되었다. 블레어 정부는 '복지에 관한 새로운 계약(New Contract for Welfare)'을 발표하면서, 일할 수 있는 사람은 일하게 하는 일자리복지(workfare) 개념을 새롭게 정립하였다.

---

21) 근로능력이 있는 복지프로그램의 수혜자들을 노동시장으로 다시 끌어들이는 정책을 '재상품화'라고 한다.

이러한 원칙을 바탕으로 블레어 정부는 공적연금을 기초연금과 소득 비례연금으로 2단계화하는 개혁을 추진하였고, 실직 청년들의 직업훈련과 취업을 의무화하는 청년 뉴딜(New Deal for Young People) 등의 새로운 프로그램을 집행하였다. 블레어 정부의 복지개혁은 사회학자 기든스(Giddens)의 세계화라는 대세를 수용하면서도 적극적으로 정부 역할을 강조하는 이른바 제3의 길(The Third Way)[22]이라는 새로운 사고에 기초하고 있다. 블레어 정부 뉴딜 프로그램의 특징은 참여자들이 자신에게 적합한 프로그램을 선택하면서도 근로의무를 강제화하고 이를 이행하지 않는 경우 급여를 제한한다는 것이다.

영국에서의 복지개혁 시도는 미국과 유럽의 복지국가들로 확대되었다. 미국 레이건 정부는 사회적으로 비판여론이 높은 아동가족보호제도 등 공공부조 부문에서의 개혁을 시도하였다. 그러나 본격적으로 개혁이 이루어진 것은 클린턴(Clinton) 민주당 정부에서였다. 당시 의회에서 다수 의석을 갖고 있던 공화당과의 절충안인 1996년 '복지개혁법'은 1970년대 이후 지속된 미국에서의 공공부조 프로그램에 대한 공방을 일단 종식시키는 계기가 되었다. 미국의 '복지개혁법'은 제도의 남용을 방지하고 수급자의 노동시장 참여를 확대하는 데 역점을 두고 있다.

복지개혁의 바람은 보수주의적 복지국가로, '탈상품화'[23] 정도가 낮고 계층 유지 역할이 큰 사회보장제도를 시행해온 독일에도 영향을 주었다. 1974년, 보수 진영의 슈미트(Schmidt) 수상이 집권하면서 사회복지 부문에서의 지출 축소가 시작되었다. 1984년에는 각종 정부 보조를 축소하는 예

---

22)　Anthony Giddens(1998), 『The Third Way: The Renewal of Social Democracy』, Cambridge, 1998

23)　근로능력이 있는 자에게 복지혜택을 주어 이들을 노동시장에서 배제시키는 것은 '탈상품화'라고 한다.

산부수 법안이 통과되면서 독일에서의 복지개혁은 본격화된다. 개혁의 기본방향은 보험재정의 안정을 기하고 자기책임과 자기예방을 강조함으로써 사회복지와 경제발전의 상호연계를 강화하는 것이었다.

독일에서의 개혁은 프랑스에도 영향을 미치게 되었다. 재정문제가 부각되면서 각종 사회보험지출 기준이 하향 조정되었고, 1990년 복지재정 확충을 위한 '사회기여세'의 도입 등 새로운 세원 발굴 노력이 확대되었다. 복지개혁의 바람은 복지국가의 대명사로 널리 알려진 스웨덴으로도 확대되었다. 1976년 거의 반세기 만에 우파정부가 집권하면서 각종 사회보험 급여를 삭감하는 '정부 부문 긴축정책안'이 추진되기 시작하였다. 그 후 정치적으로는 우파 정부와 좌파 정부가 교차되었으나, 복지제도를 합리화하려는 스웨덴의 노력은 지속되고 있다. 특히, 1990년대 초 경제위기를 겪으면서 스웨덴에서의 복지개혁은 더욱 속도를 내게 되었다.

일반적으로 어떤 정책이나 제도가 일단 만들어지고 일정한 기간이 지나면 그것을 되돌리기가 매우 어려워진다. 특히, 복지정책이나 제도는 기존의 수혜자들이 강력히 반발하기 때문에 한 번 생긴 복지제도를 축소하거나 철폐하는 것은 정치적으로 큰 난제가 될 수밖에 없다. 그래서 1980년대 이후 진행되고 있는 복지개혁은 복지국가 모델의 전면적 수정 또는 대체가 아니라 부분적 수정 또는 합리화 차원에서 진행되고 있다고 할 수 있다.

피어슨(Pierson)[24]은 복지개혁 조치들을 수혜자를 다시 노동시장에 복귀시키는 탈상품화(re-commodification), 복지지출 축소를 통한 비용억제(cost containment), 그리고 제도의 합리화와 최신화를 통해 효율을 증가시키는 재정비화(re-calibration)의 세 가지로 크게 분류하면서 영국이나 미국 같은 자유

---

24) P. Pierson(2001), 『The New Politics of the Welfare State』, Oxford University Press

주의적 복지국가는 시장화를 통한 재상품화, 독일이나 프랑스 등 보수주의적 복지국가는 공공복지의 내실화를 기하는 비용 억제, 그리고 스웨덴이나 네덜란드 등 사회민주적 복지국가는 복지제도의 효율성 제고를 위한 합리화에 역점을 두고 있다고 지적하고 있다.

공산주의의 몰락과 자유민주주의의 확산

오스트리아 출신의 자유주의 경제학자 하이에크(Hayek)가 그의 대표작 『노예의 길』을 출간한 것은 1944년이고, 미국 출신의 통화론자인 프리드먼(Friedman)이 『자본주의와 자유』를 출간한 것은 1962년이었다. 그러나 당시에는 경제운용에 있어서 정부의 개입을 정당화시켜주는 케인스 경제학이 학계와 정치권에서 주류를 이루었기 때문에 이들 자유주의 경제학자들은 경제학계는 물론 경제정책의 수립과정에도 큰 영향을 미치지 못하였다. 그러나 1970년대에 접어들면서 경제사정이 악화되고 고령화로 사회복지 재정이 어려워지면서 학계는 물론 영국의 대처와 미국의 레이건 같은 주요 정치인들이 자유주의 경제학에 많은 관심을 갖기 시작하였으며, 경제정책 역시 정부 개입을 최소화하는 방향으로 선회하게 되었다.

미국과 유럽의 지식인들과 정치인들이 시장의 실패보다는 정부의 실패를 더 우려하는 이른바 '신자유주의적' 생각을 갖게 된 것은 1980년대 접어들면서 자본주의의 대안으로 제시된 공산주의의 붕괴가 현실화되었기 때문이다. 도미노(Domino) 이론은 1950년대와 1960년대 미국 정부가 공산주의의 확산을 막기 위해 베트남 등지에서 미국의 군사 개입의 불가피성을 정당화하기 위해 개발한 논리였다. 그러나 베트남에서 미국의 실패에도 불구하고 도미노 이론대로 공산주의가 아시아 전역으로 확산되지는 않았다. 오히려 1980년대 말과 1990년대 초에 전개된 공산주의의 몰락 과정을 지켜보면 도미노 이론이 공산주의의 확산보다는 몰락 과정을 더욱 잘 묘사하고 있음을 알 수 있다.

사회주의 사상은 주로 유럽에서 19세기 말부터 노동계층을 중심으로 확산되었으나, 당시 지배층으로부터 환영받지 못했을 뿐만 아니라 때로는 탄압의 대상이 되기도 하였다. 1867~1894년 기간 중 마르크스(Marx)와 엥겔스(Engels)에 의해 공산주의 이론이 정리되면서,[25] 공산주의 신봉자들의 활동은 자본주의 체제의 붕괴를 위해 폭력 사용도 불사하는 급진적 방향으로 전개되기 시작했다. 공산주의는 1917년 러시아의 볼셰비키(Bolshevik) 혁명으로 현실정치에 모습을 드러냈으며, 두 차례의 세계대전 과정을 거치면서 유고 등 동유럽 지역에서 그 세력을 꾸준히 확대해갔다. 1940년대 말에는 중국과 북한에서 공산당 정권이 수립되었고, 동유럽 지역 대다수 국가들이 실제로는 소련의 정치적 지배권에 귀속되었다. 결국, 미국을 중심으로 한 자유진영과 소련을 중심으로 한 공산진영 간의 냉전체제가 성립되었다.

공산권 세력의 도미노 효과를 우려할 정도로 상승세를 보인 공산주의가 쇠퇴의 길로 접어든 것은 시장경제의 대안으로 제시된 계획경제가 초기에는 자원 동원 측면에서 나름대로 효과가 있었으나, 점차 시간이 지나면서 자원배분 과정에서 심각한 비효율을 보였기 때문이다. 이는 애덤 스미스가 주장한 대로 시장경쟁 과정에서 형성된 가격구조가 계획경제 하

---

25) 마르크스의 『자본: 정치경제학 비판(Das Kapital: Kritik der Politischen Öeconomie)』 1권은 1867년에 출판되었으며, 2권과 3권은 마르크스 사후에 엥겔스가 유고를 정리하여 각각 1885년과 1894년에 출간되었다.

에서 정부에 의한 자원배분보다 훨씬 효율성이 높다는 사실을 입증하였다고 할 수 있다. 1980년대에 접어들면서 소련은 물론 대다수의 동유럽 공산권 경제는 심각한 침체의 늪으로 빠져들었고, 기술수준도 자유진영의 발전 속도를 따라가지 못했으며, 환경문제 역시 자유진영보다 더 심각한 상황에 처하게 되었다.

대다수 공산주의 국가에서의 심각한 인권유린 사태 역시 단기적으로는 공포 분위기를 조성하여 정권 유지에 도움이 되었지만 중·장기적 차원에서는 공산권 몰락의 중요한 원인으로 작용했다. 소련, 중국, 북한 등 대부분 공산주의 국가에서 언론은 철저히 통제되었고, 개인의 인권은 무시되었으며, 반대파에 대한 대대적 학살마저 자행되었다.

예를 들어, 공산권의 인권유린 실태를 1997년에 처음으로 분석한 책자[26]에 의하면 약 9천 7백만 명이 공산주의 국가에서 다양한 방법으로 살해되었다고 한다. 구체적으로, 소련에서는 볼세비키 혁명과 스탈린 통치기간 중 약 2천 5백만 명이 희생되었고, 중국에서는 마오쩌둥 통치기간 중 약 6천 5백만 명, 캄보디아와 북한에서는 각각 약 2백만 명이 공산정권에 의해 처형되었다고 한다. 물론 이들 수치의 정확성에 대해서는 논란이 있을 수 있으나, 소련, 중국, 북한 등 공산주의 정권이 독재 권력의 유지를 위해 잔인하게 인권을 유린한 것은 이미 널리 알려진 사실이다.

경제침체 등 내부 모순으로 어려움에 처한 공산진영의 몰락 과정에서 마지막 결정타 역할을 한 대외적 요인은 레이건 원칙(Reagan Doctrine)으로 상징되는 미국에 의한 공산권에 대한 강력한 압력과 제재 조치의 추진이었다. 레이건 대통령은 취임하면서 평소 자신의 소신인 소련과 공산권

---

26)   Kramer, Murphy, Werth and Panne(1999), 『The Black Book of Communism: Crimes, Terror, Repression』, Harvard University Press

에 대한 강경조치를 설계하기 시작하였고, 보수진영의 싱크탱크인 헤리티지 재단(Heritage Foundation)은 아프가니스탄, 앙골라, 니카라과, 에티오피아, 캄보디아 등에서 단순한 현상유지가 아닌 원래의 상태로 환원시키는 반격정책(rollback policy)을 채택할 것을 건의했으며, 레이건 정부는 이를 수용하였다.

이러한 레이건 정부의 외교전략은 1950년대 이후 미국의 대 공산권 전략의 핵심이었던 봉쇄정책(containment policy)과는 매우 대조적이다. 후자는 세계대전 발발을 염려하여 공산권 세력의 확산을 억제한다는 소극적 차원의 대응인 반면, 전자는 공산권과 정면승부를 두려워하지 않고 소련과 여타 공산권 세력의 확대에 적극적으로 대응한다는 것이다. 한국전쟁에서의 미국의 대응은 전자의 대표적 사례이나, 레이건 정부의 '별들의 전쟁(Star Wars)' 프로그램은 후자의 대표적 사례라 할 수 있다. 경제력 부족으로 미국의 '별들의 전쟁' 미사일방어 프로그램과의 경쟁을 포기한 소련은 1980년대 후반 들어 개혁과 개방의 길로 정책의 대전환을 모색하게 된다.

1985년, 소련에서 개혁성향의 고르바초프(Gorbachev) 서기장의 등장은 소련과 공산권의 몰락을 가져온 결정적인 대내적 요인이라고 할 수 있다. 고르바초프는 전임자인 브레즈네프(Brezhnev) 통치 기간의 침체 분위기를 쇄신하기 위한 개혁을 주창하면서 1986년 개방을 강조하는 글라스노스트(Glasnost)와 경제개혁을 강조하는 페레스트로이카(Perestroika)를 추진하기 시작하였다. 1989년에는 소련에서 처음으로 다수가 출마하는 선거가 실시되었고, 동유럽과 소련연방 내 소수 국가들에 대한 통제도 완화되었다. 이러한 소련의 정책 변화는 다른 공산권 국가들에도 큰 영향을 주었다. 중국에서는 톈안먼 광장(Tiananmen Square)에서 대규모의 민주화 시위가 일어났으나 중국 정부의 무력 사용으로 진압되었다.

그러나 동유럽 공산국가에서는 민주화 시위가 공산당 정권의 붕괴로 이어지는 경우가 많았다. 예를 들어, 1989년 폴란드의 자유노조운동은 공산당 정권의 붕괴로 연결되었고, 폴란드의 성공사례는 즉각 이웃 헝가리와 동독은 물론 체코슬로바키아, 불가리아, 루마니아, 알바니아, 유고슬라비아 등 동유럽 공산권 전역으로 급속히 확산되었다. 이들 중 대다수는 큰 인명피해가 없이 정권교체가 이루어졌으나, 민주화 전통이 가장 약한 루마니아에서는 공산당 정권 붕괴과정에서 당시 최고 지도자인 차우세스쿠(Ceausecsu) 가족이 공개 처형되었고, 무려 천 명 이상의 인명피해가 발생하였다.

또한, 동독의 붕괴는 1990년 9월 독일의 통일로 연결되었고, 동유럽 공산당 정권의 몰락은 연방체제로 70여 년간 유지된 소련의 붕괴로 이어졌다. 1991년 9월, 소련은 발트 해 연안국가인 에스토니아, 라트비아, 리투아니아의 독립을 인정하였고, 같은 해 12월 개혁을 주도한 고르바초프가 사임하면서 소련연방은 해체되었다. 불과 몇 년 전까지만 해도 상상할 수 없었던 일들이 불과 2년 사이에 급속히 전개되었다. 폴란드에서의 자유노조운동에서 독일 통일까지 걸린 시간이 1년 반에 불과했고, 이어 소련의 붕괴로 이어졌다는 사실로 미루어 공산당 정권의 붕괴과정은 아시아 지역에서 공산주의의 확산과정을 설명한 도미노현상의 모습을 그대로 구현시켰다고 할 수 있다.

공산주의 체제의 급속한 붕괴는 많은 사람들이 자유민주주의를 인류 역사상 가장 우월한 정치체제라는 신념을 갖게 하는 계기가 되었다. 『역사의 종말』의 저자 프랜시스 후쿠야마(Francis Fukuyama)[27]는 자유민주주의의 확산을 단순한 전후 냉전체제의 종식 차원을 넘어 인류 정치제도의 종

---

27) Francis Fukuyama(1992), 『The End of History and the Last Man』, Free Press

착역이라고 선언하고 있다. 물론 미래에 대해 아무도 단정적으로 이야기할 수 없다는 점에서 후쿠야마의 주장에 대해 반론이 있을 수 있으나, 1980년대 말부터 진행된 공산주의의 붕괴현상으로 인해 20세기 초 이후 지속적으로 확산되어온 자유민주주의 체제가 앞으로 상당 기간 세계 각국에서 정치체제의 중심축을 이룰 것이라는 전망에 대해서는 대다수 전문가들이 동의하고 있다.

예를 들어, 매년 세계 각국의 민주화 수준을 조사하여 발표하는 프리덤 하우스(Freedom House)에 의하면, 1900년에는 보통선거권을 보장하는 자유민주주의 국가가 하나도 없었으나, 2003년에는 전 세계 국가의 60%인 119개나 되었고, '자유국가'로 분류되는 국가의 수도 1980년의 51개에서 1990년에는 65개, 2000년에는 86개, 그리고 2010년에는 87개로 꾸준히 증가하고 있다. 반면, '비자유국가'의 수는 1980년의 60개에서 1990년에는 50개, 2000년에는 48개, 그리고 2010년에는 47개로 지속적으로 감소하고 있다.

2012년 초에 시작된 아랍 국가들에서의 이른바 '재스민(Jasmin) 민주화 혁명' 역시 자유민주주의가 이제는 인종과 종교의 차이를 넘어 인류 보편의 정치제도로 자리 잡고 있다는 사실을 확인할 수 있는 계기가 되고 있다. 정치범으로 9년간 소련에서 감옥에 있었고, 그 후 이스라엘에 귀화하여 정치활동을 한 샤란스키(Sharansky)[28]는 "자유의 힘은 막강한 반면, 자유를 억압하는 독재자의 힘은 의외로 취약하다."는 사실을 지적하면서 독재권력을 몰아내기 위해 필요한 것은 '할 수 있는가'가 아니라 '할 의지가 있는가'라는 점을 강조하고 있다.

---

28)　Nathan Sharansky(2004), 『The Case of Democracy: The Power of Freedom to Overcome Tyranny & Terror』, PublicAffairs

정보화 혁명과 신경제

자본주의 발전에 결정적 역할을 한 산업혁명은 약 100년을 주기로 새로운 역사를 만들어가고 있다. 제1차 산업혁명의 핵심기술인 증기기관이 18세기 후반에 산업화되었고, 제2차 산업혁명을 주도한 전기의 실용화 역시 19세기 후반에 이루어졌으며, 이로부터 한 세기가 지난 20세기 후반에 제3차 산업혁명이라고 할 수 있는 디지털 혁명이 진행되었기 때문이다. 영국과 미국은 각각 제1, 2차 산업혁명의 선봉장으로서 당시 세계 초강대국의 지위를 획득하였다. 제1, 2차 산업혁명이 대서양 연안 국가들에서 일어났기 때문에 19세기와 20세기는 대서양 시대가 되었으나, 제3차 산업혁명은 미국 서부의 실리콘밸리(Silicon Valley)가 산실이 되었다. 그래서 세계를 움직이는 힘의 판도는 제2차 산업혁명의 중심지였던 미국의 동부에서 제3차 산업혁명의 중심지인 미국의 서부로 이동하고 있다.

디지털 혁명은 향후 자본주의 발전의 성격을 규정할 뿐만 아니라 세계경제 발전의 핵심동력이 되고 있다. 1946년에 처음으로 개발된 컴퓨터는 높이 3미터, 길이 50미터에 가격은 수백만 달러에 달하였다. 그런데 1971년 인텔(Intel)사가 초기 컴퓨터의 12배 기능을 수행하면서 가격은 2백 달러에 불과한 컴퓨터 칩(chip)을 생산함으로써 본격적인 PC(personal computer)시대가 개막되었다. PC에 이어 디지털 혁명의 또 하나의 축은 인터넷(internet)이다. 1977년에 군사용 대형 컴퓨터 간 통신용으로 개발된 인터넷은 1991년 미국 일리노이(Illinois) 대학 연구팀이 비전문가도 사용할 수 있는 프로그램을 개발함으로써 인터넷 대중화 시대가 열리게 되었다.

디지털 기술의 발전은 많은 분야에서 새로운 기술발전을 촉발시키고, 나아가 신(新)산업을 만들어가고 있다. 디지털 기술은 기계기술과 융합하여 기계전자공학(mechatronics)을, 그리고 생물학과 융합하여 생명공학 (BT: biotechnology)이라는 새로운 기술 분야와 산업을 창출하였을 뿐만 아니라 섬유, 철강, 금융, 교육 등 기존의 전통산업에도 전파되어 새로운 부가가치를 창출하는 원동력이 되고 있다. 네트워크 기술의 획기적 발전에 따라 정보통신 서비스는 입체형 · 초공간형으로 발전하고 있고, 다양한 형태의 전송매체가 개발되어 이와 관련한 각종 부품 및 기기산업의 발전이 활발하게 전개되고 있다.

또한, 디지털 기술의 발전을 통한 전자상거래의 등장은 시간과 공간의 제약을 받지 않고 상거래가 가능해짐으로써 중간상인의 역할이 감소되고 전 세계가 하나의 거대한 시장이 되는 대변혁을 일으키고 있다. 디지털 기술은 서비스 분야에도 큰 영향을 미쳐 금융산업은 국경을 넘어 급속한 신장세를 보이고 있고, 사이버 공간을 활용한 온라인 교육은 지식의 확산과 축적의 속도를 가속화시키고 있다.

디지털 기술의 혁신은 단순히 기술발전의 속도를 가속화하여 생산성을 향상시키는 차원을 넘어 이제까지 경제를 지배해온 규칙을 더욱 새로운 차원으로 승화시키는 결과를 초래하고 있다. 예를 들어, 디지털 기술은 생산성 향상과 가격 하락의 선순환을 가능하게 함으로써 이른바 '신경제 (New Economy)' 시대를 열어가고 있다. 케빈 켈리(Kevin Kelly)[29]는 신경제의 새로운 규칙으로 "네트워크(network)는 신경제의 핵심적 특징이기 때문에 언제나 분산되면서 자주적인 네트워크의 힘을 활용하는 것이 중요하고, 네트워크 상황에서는 수확체증(increasing returns)의 법칙이 적용되며, 네트워크의 가치가 높아지면 구성원의 가치도 동반 상승한다."고 주장한다. 또한,

---

29)　Kevin Kelly(1999), 『New Rules for the New Economy』, Penguin

돈 탭스콧(Don Tapscott)[30]은 "디지털 경제에서는 혁신과 지식이 중요하고, 네트워크화와 융합화는 성공의 열쇠가 되며, 언제나 시간의 절박성을 인식하면서 지구적(global)으로 사고하고 행동할 것"을 제안하였다.

디지털 경제의 가장 중요한 변화는 경제의 중심이 생산자에서 소비자로 이동한다는 점이다. 그 이유는 우선 세계가 하나의 큰 시장이 됨으로써 생산자가 독점적 지위를 유지하기 어렵기 때문에 생산자 간 경쟁은 매우 치열해지는 반면, 소비자는 인터넷을 통해 제품과 서비스에 대한 더욱 많은 정보를 얻을 수 있어 선택의 폭이 넓어지기 때문이다. 1776년, 애덤 스미스가 『국부론』에서 역설한 대로 시장에서의 치열한 경쟁과 자유로운 거래가 더욱 활성화되기 때문에 시장의 효율은 디지털 시대를 맞아 더욱 증가하고 있다.

이에 더해, 디지털 기술의 발달로 인한 정보의 민주화는 정치인과 정치현안에 대한 유권자들의 인식을 높이는 결과를 초래하여 정보 통제를 통한 독재정치를 어렵게 하고 있다. 결국, 디지털 혁명은 정치 분야에서도 민주화 혁명을 촉진시킬 수 있는 토양을 만들어주고 있다. 2012년, 아랍 국가에서의 재스민 민주화혁명 과정에서 언론이 독재정부에 의해 통제된 상황에서도 트위터(Twitter), 페이스북(Facebook) 등 SNS(social network service)가 막강한 힘을 발휘한 사실이 이를 입증해주고 있다.

디지털 기술의 발전은 사회 분야에도 많은 변화를 촉진하고 있다. 예를 들어, 사이버 공간을 통한 대화소통은 NGO의 구성과 활동을 용이하게 하고, 전자정부의 출현은 정부의 대민(對民) 서비스의 효율을 크게 증대시키며, 사이버 공간을 통한 즉흥적 선택의 가능성은 이성적 사고보다는 감성적 사고가 우선하는 감성의 시대를 만들어가고 있다. 결과적으로, 디

---

30)　Don Tapscott ed.(1998), 『Blueprint to the Digital Economy』, McGraw Hill

지털 혁신은 사회적 역동성을 증대시키고 있기 때문에 정치사회적 변화의 속도 역시 가속화되고 있다.

디지털 혁명은 기업의 경영방식에도 큰 변화를 일으키고 있다. 이른바 3C, 즉 고객(customer), 경쟁(competition) 그리고 변화(change)가 경영의 새로운 화두로 정착하고 있다. 치열한 경쟁시대를 맞아 기업은 고객만족을 넘어 고객감동을 이루어야 시장에서 살아남을 수 있으며, 기술과 소비자의 기호가 수시로 변하는 상황에서 기업은 변화의 흐름을 빨리 읽고 이에 신속히 대응하는 것이 디지털시대 경영의 핵심이 되었다.

변화와 혁신이 중요해진 상황에서는 20세기 경영을 선도한 과학적 경영을 뛰어넘는 새로운 기업가정신이 요구되는 것이 디지털 시대의 또 하나의 특징이다. 19세기의 기업가 시대에서 20세기에는 경영자 시대가 되었는데, 21세기는 다시 기업가 시대로 돌아온 것이다. 따라서 기업의 조직도 분권화하고, 각 부문이 나름대로의 '기업가 정신'을 발휘하도록 하는 것이 디지털 시대의 새로운 기업조직 전략이 되고 있다.

디지털 경제에서 또 하나의 새로운 현상은 지식의 중요성이 높아지면서 지식 자체가 생산의 핵심요소가 되어가고 있다는 사실이다. 경영학의 대가인 피터 드러커(Peter Drucker)[31]는 제1차 산업혁명 과정에서는 지식이 도구로서 제품에 적용되어 제임스 와트의 스팀엔진을 만들었으며, 제2차 산업혁명 과정에서는 지식이 일하는 과정에 적용되어 포드자동차의 대량 생산 라인을 가동시켰으나, 제3차 산업혁명 과정에서는 지식이 지식 그 자체에 적용되어 마이크로소프트, 구글 같은 대기업이 만들어졌다고 분석하고 있다.

---

31)　Peter Drucker(2009), 『The Essential Drucker』, HarperCollins

또한, 미래학자 앨빈 토플러(Alvin Toffler)[32]는 제1의 물결은 토지를 생산수단으로 하는 농업혁명이었고, 제2의 물결은 자본과 노동이 생산수단인 제1, 2차 산업혁명이었으나, 제3의 물결은 지식 자체가 생산수단인 지식혁명이라고 주장한다. 지식시대에는 자본이 지식을 따라온다는 사실은 빌 게이츠(Bill Gates), 페이지와 그린(Page and Grin) 같은 젊은이들이 벤처캐피털의 도움으로 짧은 기간에 세계적 기업을 만들고 세계 최고의 갑부로 부상한 사례를 통해서도 잘 알 수 있다. 지식이 생산수단으로 부각되면서 지식근로자의 중요성 역시 부각되고 있다.

금융 세계화와 세계금융위기

산업혁명의 물결이 여타 지역으로 확산되는 것을 세계화의 물결이라고 할 수 있다. 지난 2세기 동안 산업혁명의 물결이 세 차례 있었던 것과 같이 세계화의 물결 역시 세 차례 있었다.[33]

첫 번째 세계화의 물결은 자본주의 1.0 시대인 1870년경에 시작되어 1910년경까지 지속되었으며, 수송 및 통신 부문에서의 혁신물결이 영국에서 시작하여 미국과 독일, 프랑스 등 여타 유럽지역으로 확산되었다. 또한 금본위제 국제통화제도를 기초로 국제교역이 크게 확산되었으나, 많은 개발도상국들은 선진국의 식민지로 전락하였다.

두 번째 세계화 물결은 자본주의 2.0 시대인 1945년부터 시작되어 1980년대까지 지속되었고, 브레턴우즈(Bretton Woods) 협약과 GATT의 출

---

32) Alvin Toffler(1980), 『The Third Wave』, Bentham Books

33) Jeffrey Williamson and K. O'Rourke(1990), 『Globalization and History』, MIT Press

범으로 안정된 국제금융체제와 국제교역의 지속적 신장이 이루어졌지만, 대부분의 개발도상국과 공산권은 이 과정에서 소외되었다.

세 번째 세계화는 자본주의 3.0 시대인 1980년대 이후에 시작되어 디지털 기술의 확산이 급속히 이루어졌고, 세계화의 지리적 범위도 중국, 인도 등 개발도상국을 포함하여 거의 세계 전역으로 확산되고 있는 것이 특징이다.

제3차 세계화 물결의 또 하나의 특징은 디지털 기술의 발달로 국제금융거래 규모가 급증함으로써 금융 부문이 세계화를 선도하고 있다는 사실이다. 예를 들어, 현재 국제금융거래는 무역거래의 50배를 상회하고 있고, 금융 부문 최고경영자의 보수는 제조업 부문 최고경영자의 수십 배에 이르고 있다.[34] 또한, 전 세계 GDP 대비 금융자산의 비율은 1980년의 109%에서 3배 이상 증가하여 2010년 현재 338%에 이르고 있다.

또한, GDP 대비 금융자산 규모가 100% 이상인 국가 수 역시 1990년 33개국에서 2006년에는 72개국으로 급증하여 금융의 세계화가 세계 전역으로 확산되고 있음을 알 수 있다. 이와 같은 금융 부문의 팽창은 기업 부문에 대한 금융주체들의 영향력 확대현상을 초래하였고, 금융 부문이 실물경제 흐름에 큰 영향을 미치는 결과를 가져왔다.

금융의 세계화는 1980년 이후 미국 등 주요 선진국에서 금융에 대한 각종 규제가 지속적으로 완화된 데 기인한다. 예를 들어, 미국은 1980년 금리자유화 조치를 취하기 시작하여 1999년에는 대공황 이후 금융규제의 모법(母法)이라고 할 수 있는 '글래스-스티걸(Glass-Steagall) 법안'을 폐지함으로써 금융자율화를 본격화하였다. 한국 등 신흥개도국 역시 외환위기

---

34)　삼성경제연구소(2008),『新금융자본주의: 새로운 금융패러다임과 세계경제』, 창립 22주년 기념 심포지엄

이후 자본거래에서 자유화를 진행시켜 금융 부문의 탈규제가 세계 전역으로 확산되었다.

이에 더해, 디지털 기술의 발달은 컴퓨터를 기반으로 하는 초대형 금융거래를 가능하게 하였고, 거래 속도 역시 디지털 스피드로 빨라졌다. 또한, 디지털 기술은 다양한 자산가격결정 모델과 리스크 관리 모델의 개발을 가능하게 하여 각종 파생상품 기반이 획기적으로 발전하게 되었다.

자산관리의 패러다임 역시 진화하여 저축에서 투자로, 그리고 직접투자에서 간접투자로 발전함으로써 펀드화는 금융시장의 새로운 패러다임으로 자리 잡게 되었다. 그 결과 개개인의 돈을 모아 기업을 사고파는 사모펀드(Private Equity Fund: PEF), 고수익을 노려 투기적인 자금을 운용하는 헤지펀드(Hedge Fund) 등이 괄목할만한 성장세를 보이게 되었다. 예를 들어, 세계 PEF 시장규모는 2000년 이후 급성장하여 2012년에 1조 4천 억 달러에 달할 것으로 추정되고, 헤지펀드의 수는 1990년 610개에서 2007년에는 9천 5백여 개로 급증했으며, 규모도 2009년에는 2조 달러에 이르고 있다.

이에 더해 주식, 채권 등 전통적 금융상품을 기반으로 새로운 금융상품을 만들어내는 파생상품시장이 폭발적으로 확대되었다. 예를 들어, 2007년 말 현재 옵션(option), 선물(先物), 스왑(swap) 같은 파생상품의 세계 시장 규모는 600조 달러에 이르고 있다.

이와 같은 금융시장의 개방과 세계화는 한편으로는 파생상품 같은 금융혁신을 초래하였으나, 다른 한편으로는 통제받지 않는 자본의 이동과 증식으로 금융시장의 안정성이 크게 흔들리는 부작용을 가져왔다. 그 대표적 결과가 2008년 세계금융위기이다. 2008년 금융위기는 미국의 주택담보대출의 부실에서 시작되었다. 미국에서는 상환능력이 취약한 계층에게도 정치적 목적으로 주택대출을 지속적으로 확대해주었고, 투자은행들은 주택담보대출을 근거로 파생상품 형태로 원래 대출금액의 10배에 달하는 새로운 신용을 창출하였다.

이런 상황에서 2008년 초 미국 주택시장에서의 가격하락은 주택담보 금융기관의 파산을 초래하였고, 이는 리만 브라더스(Lehman Brothers) 등 투자은행의 파산으로 이어졌다. 그리고 투자은행의 파산은 이들로부터 파생상품을 구입한 세계 각국의 금융기관으로 위기를 확대시키는 결과를 초래함으로써 미국 주택시장에서의 가격하락이 세계금융위기로 발전하게 되었다. 다시 말해, 금융의 탈규제화와 세계화 그리고 펀드화와 파생상품 등으로 요약되는 금융시장에서의 패러다임 변화가 미국 주택금융시장에서의 동요를 세계 전역으로 확산시켜 세계금융위기가 일어나게 된 근본 원인으로 작용하게 된 것이다.

새로운 세계금융위기를 맞아 1930년대 대공황 과정에서의 정책대응 실패를 거울삼아 세계 주요국들은 미국을 중심으로 긴밀한 협조체제를 구축하여 신속한 대응책을 마련하여 추진하였다. 우선, 미국은 5대 투자은행 모두를 합병시키고 대규모 구제금융과 경기부양책을 추진하였고, 주요 선진국들은 공동으로 금리를 인하하고 통화 공급을 확대하였으며, 문제의 금융기관을 국유화하고 달러를 무제한 공급하는 등의 조치를 신속히 취했다.

또한 한국 등 신흥공업국들을 포함하는 G20 정상회담을 주기적으로 개최하여 각종 대응조치에 대한 국제적 합의를 도출했고, 2010년 한국에서 열린 G20 정상회의에서는 세계금융위기 이후 금융 및 무역 분야에서 새로운 패러다임 정립에 관한 논의가 시작되었다. 특히, 2010년 서울회의는 G20 정상회의가 비(非)G7 국가에서 처음으로 개최된 것으로 한국의 국제적 위상이 크게 제고되는 계기가 되었으며, 위기재발 방지와 지속성장을 위한 국제공조의 큰 틀에 합의했다는 측면에서 큰 의의가 있었다.

　세계금융위기는 자본주의를 한 단계 진화시켜 새로운 4.0 시대를 여는 계기가 될 것으로 기대된다. 우선, 금융 부문에서의 감독 기능 강화가 진행되고 있으며, 세계경제질서 구축의 중심축이 종래의 G7[35]에서 세계금융위기 이후에는 G20[36]으로 확대되고 있다. 이는 국제적 힘의 균형이 종래의 미국과 유럽 중심의 선진국에서 점차 인구가 많고 자원이 풍부한 브라질, 러시아, 인도, 중국 등 이른바 BRIC 국가와 한국, 멕시코 등 신흥공업국으로 분산되고 있음을 보여준다고 할 수 있다.

---

35)　G7은 미국, 영국, 독일, 일본, 프랑스, 이탈리아, 캐나다로 구성됨

36)　G20는 G7 국가에 EU, 브라질, 아르헨티나, 멕시코, 인도, 한국, 중국, 사우디아라비아, 남아프리카공화국, 오스트레일리아, 러시아, 터키를 추가하여 모두 20개국으로 구성됨

06장

서구 자본주의 진화의 역사적 교훈

자본주의는 사라지지 않는다. 다만 진화할 뿐이다

16세기 초 자본주의의 등장으로 쇠퇴하기 시작한 봉건주의는 이제 지구상에서 그 흔적을 찾기 어려울 정도이다. 또한, 자본주의의 대체세력으로 등장한 공산주의 역시 70년도 안 되어 종주국인 소련의 몰락으로 급속히 붕괴되기 시작하여 지금은 거의 와해된 상태에 놓여 있다. 대다수 동유럽 국가들은 시장경제와 자유민주주의를 채택하여 이제 완전히 자본주의로 전환하였고, 그나마 명목적으로 공산주의 형태를 유지하고 있는 중국 역시 시장경제체제의 도입과 과감한 개방화 정책 추진의 결과 세계 자본주의 체제로 급속히 편입되고 있다.

이에 더해, 자본주의의 변형된 형태로 발전되어온 사회주의 역시 대대적으로 수정의 길을 걷고 있다. 제2차 세계대전 이후 개발도상국 중 가장 먼저 사회주의 노선을 채택한 인도는 오랜 기간의 저성장과 빈곤의 악순환에서 벗어나기 위해 최근 미국 실리콘밸리 기업들과의 수직적 분업관계를 개발하여 새로운 경제 활력을 찾아가고 있고, 사회주의적 자본주의 형태로 21세기 서구 복지국가의 선봉장 역할을 한 스웨덴 역시 최근에는 복지 분야에서의 개혁을 통해 국가경쟁력 회복 노력에 박차를 가하고 있다.

그러면 자본주의가 자체의 모순 때문에 프롤레타리아 혁명을 통해 붕괴될 것이라는 1867년 마르크스(Marx)의 예언뿐만 아니라 자본주의가 독점자본의 한계에 봉착하여 사회주의적 자본주의로 전환될 것이라는 1942년 슘페터(Schumpeter)의 전망을 뒤집고 계속 승승장구하는 이유는 과연 무엇일까?

그 첫 번째 이유는 경제실적 측면에서 자본주의가 그 어느 경제체제보다 월등히 우월한 성과를 보이고 있기 때문이다. 영국, 프랑스, 독일 등 유럽 국가들은 봉건주의에서 자본주의로 전환되면서 빈곤의 악순환에서 벗어났을 뿐만 아니라 중국, 인도 등 아시아 국가들을 제치고 세계 강대국으로서의 정치적 위상을 확고히 하였다. 자본주의를 가장 시장친화적으로 발전시킨 미국은 20세기에 진입하면서 세계 최강국으로 부상하였고, 아시아에서 자본주의를 제일 먼저 도입한 일본 역시 경제대국으로 발전했을 뿐만 아니라 중국과 러시아와의 군사적 충돌에서 승리하여 아시아의 새로운 강자가 되었다.

1960년대 이후에는 한국, 싱가포르, 대만 등 중소 규모의 아시아 국가들도 일본의 자본주의 모델을 도입하여 짧은 기간에 신흥공업국으로 부상하였고, 1980년대 이후에는 공산주의 국가인 중국도 한국 자본주의 모델을 원용하여 개방화를 추진함으로써 세계 제2의 경제대국으로 부상하고 있다.

반면, 공산주의 또는 사회주의 모형을 선택한 국가들의 경제성적표는 상대적으로 매우 초라하다. 공산주의의 종주국인 소련은 국가계획경제의 한계에 직면하여 1970년대부터 심각한 경제난을 겪게 되었고, 이는 1980년 이후 소련의 붕괴로 이어졌다. 동유럽 공산권 국가들은 소련의 붕괴 이후 공산주의를 완전히 포기하고 서구 자본주의로 편입되는 정치적 선택을 하였고, 아직도 개방화를 거부하고 있는 북한은 경제침체와 빈곤의 악순환에서 벗어나지 못하고 있다.

제2차 세계대전 이후 사회주의를 선택한 인도, 파키스탄, 이집트 모두 경제침체와 빈곤의 악순환에서 벗어나지 못하였으며, 자본주의에 사회주의 요소를 가미한 대다수 서구 국가들 역시 1970년대 들어 세계적 경기침체를 겪으면서 사회주의적 요소를 친(親)시장적 요소로 전환함으로써 새로운 경제적 활력을 얻으려는 노력을 지속적으로 하고 있다.

이와 같이 사회주의 계획경제보다 자본주의 시장경제의 성적표가 상대적으로 우수한 것은 경제효율 측면에서 시장경제 자체가 갖고 있는 여러 가지 우월성에 기인한다고 할 수 있다. 우선, 인간은 자신을 위해 일할 때 가장 열심히 하기 때문에 시장경제가 사회주의 계획경제보다 더 높은 생산성을 가져오는 것은 매우 당연한 일이다. 사유재산권이 보장된 시장경제에서는 경제활동의 주체가 모두 자신의 이익을 위해 최선의 노력을 경주하나, 노력의 결과가 국가에 귀속되는 계획경제에서는 근로자나 경영자 모두 자신의 최선보다는 적당히 일하는 행태가 관행화되는 결과를 초래한다.

예를 들어, 베트남과 중국에서 경제개혁 초기에 집단농장을 해체하고 개인에게 경작권을 부여하는 조치가 취해졌는데, 그 결과 농업생산성이 두 배 이상 증가하는 성과가 나타났다. 공산주의 체제의 집단농장에서는 열심히 일할 인센티브가 없었으나, 노력의 대가를 자신이 직접 가져가는 상황으로 바뀌면서 새로운 투자 없이도 농업의 생산성이 두 배나 높아졌다.

또한, 시장에는 제품 또는 서비스의 공급과 수요에 관한 모든 정보가 가격의 형태로 나타나고 경제주체들은 이러한 정보를 바탕으로 거래를 함으로써 시장에서의 자유로운 거래는 자연스럽게 자원의 가장 효율적 배분으로 연결된다. 결국, 사람이 원래 합리적으로 행동하는 것이 아니라 시장에서의 경쟁과 가격 기능이 사람들을 합리적으로 행동하게 강요한다.

다시 말해, 시장에서는 거래 당사자들 모두에게 이익을 주는 자발적인 교환이 이루어지기 때문에 교환을 통해 사회 전체의 이익이 증대된다. 그래서 시장에서 형성되는 가격은 사익과 공익을 조화시켜 경제 전체의 효율을 극대화하는 결과를 초래한다. 이에 더해, 시장에서는 분업이 자연스럽게 이루어짐으로써 분업을 통한 생산의 효율성이 향상될 수 있다.

시장경제의 성적표가 우수한 또 하나의 이유는 시장경제와 사유재산권을 보장하는 자본주의는 정치 분야에서의 자유민주주의와 맥을 같이한다는 사실에 기인한다. 원래 시장경제의 사상적 바탕은 자유주의이다. 애덤 스미스는 『국부론』에서 시장경제의 장점에 대해 다음과 같이 언급하면서 시장경제는 개인의 자유로운 경제활동과 동시에 누구에게나 공정한 기회가 보장됨을 강조하고 있다.

"특혜를 주거나 제한을 가하는 모든 제도가 완전히 철폐되면 분명하고 단순한 자연적 자유의 체제가 스스로 확립된다. 이 체제 하에서 모든 사람은 정의의 법을 위반하지 않는 한, 완전히 자유롭게 자신의 방식대로 자신의 이익을 추구할 수 있으며 자신의 근면과 자본을 바탕으로 다른 누구와도, 다른 어느 계급과도 완전히 자유롭게 경쟁할 수 있다."

애덤 스미스가 시장경제를 선호한 첫 번째 이유는 시장경제에서만이 개인의 경제적 자유가 보장될 수 있기 때문이다. 특히, 정부가 특혜를 주거나 경제활동에 제한을 가하는 행위를 자제한다면 시장경제는 참여자 모두에게 자유와 동시에 공정한 기회가 보장된다는 것이 애덤 스미스의 주장이다. 특히, 1980년대 이후 공산주의가 붕괴되고 자유민주주의가 정치 분야에서 돌이킬 수 없는 패러다임으로 정착되면서 자유민주주의와 불가분의 관계를 갖고 있는 시장경제 역시 인류가 선택할 수 있는 최상의 경제제도로 인식되고 있다.

시장경제는 참가자 모두에게 자유로운 활동을 보장한다는 측면에서 경제제도 중 가장 자연조화적이라고 할 수 있다. 생물학자 도킨스(Dawkins)[37]는 "동물은 이기적 유전자에 의해 창조된 기계"이기 때문에 "유전자의 안정된 생존을 위해서 이기주의는 선이고, 이타주의는 악이다."라고 주장한다. 그리고 이타주의로 보이는 행위도 실은 모양을 바꾼 이기주의인 경우가 많다는 것이 그의 견해다.

이런 관점에서 볼 때, 참가자 모두가 자신의 이익을 추구하는 시장경제는 인간의 이기적 본성에 가장 부합하는 것으로, 자연친화적 경제체제라고 할 수 있다. 따라서 인간의 이기심을 도외시한 사회주의와 공산주의가 현실사회에서 모두 실패한 반면, 시간이 갈수록 지구상에서 가장 오래된 시장경제의 위력이 강해지는 이유가 바로 여기에 있다고 할 수 있다.

"인간사회와 자연 모두 인간의 조작 없이도 자연적으로 조화와 선을 이룬다."는 이른바 '자연조화설(theory of natural harmony)'은 시장경제 철학의 또 하나의 기초를 이루고 있으며, 이는 시장경제에 바탕을 둔 자본주의의 생명력이 어느 경제제도보다 질긴 이유가 되고 있다.

---

37)   Richard Dawkins(1976), 『The Selfish Gene』, Oxford University Press

자본주의의 몰락 또는 전환을 예측한 마르크스와 슘페터 모두 독과점의 폐해를 자본주의의 가장 큰 취약점으로 지적하였다. 그러나 독과점 문제는 자본주의가 발전하면서 이에 대한 대처방안이 만들어짐으로써 자본주의 발전에 큰 걸림돌이 되지 않고 있다. 세계 최초의 독과점금지법은 자본주의의 발전이 대기업의 출현과 독과점의 폐해로 연결된 미국에서 1890년 '셔먼 반독과점법(Sherman Antitrust Act)'의 형태로 제정되었다. 미국의 독과점금지법은 1914년 '클레이턴 반독과점법(Clayton Antitrust Act)'의 제정으로 더욱 정교해졌고, 그 후 독과점에 대한 정부 차원의 규제활동은 유럽 등 다른 국가들로 확산되어갔다.

한국에서도 1980년 '독점규제 및 공정거래에 관한 법률'이 제정되고 이 업무를 관장하는 공정거래위원회가 발족되면서 독과점 폐해 방지를 위한 정부 차원의 활동이 강화되었다. 그 결과 독과점금지(antitrust) 또는 경쟁정책(competition policy)은 정부 경제정책의 핵심적 요소로 인식되고 있으며, 독과점의 폐해 역시 크게 개선되고 있다.

독과점 문제가 석학들의 예측과는 달리 자본주의 발전에 큰 장애요인이 되지 않는 또 하나의 이유는 세계화의 급진전으로 세계가 하나의 거대한 시장으로 발전하고 있기 때문이다. 예를 들어, 삼성, LG 등 한국의 대기업은 한국시장보다는 세계시장을 상대로 기업활동을 하고 있기 때문에 독과점을 통한 초과이윤을 올리기보다는 애플, 소니 등 세계적 IT기업들과의 치열한 경쟁을 통해 영업이익을 축적해야 한다.

이에 더해, 국내시장 역시 거의 완전히 개방되어 있기 때문에 국내 대기업이라고 해서 국내시장에서 독과점의 이점을 누리기란 매우 어렵다. 특히, 디지털 기술의 발달로 가능해진 인터넷과 전자상거래의 확산은 특정 기업의 독과점을 불가능하게 할 뿐만 아니라 치열한 경쟁으로 많은 분야에서 시장의 효율이 극대화되는 완전경쟁(perfect competition) 상태를 만들고 있다.

디지털 시대가 되면서 공급자들은 세계 시장을 상대로 치열한 경쟁을 해야 하는 반면, 소비자들은 원하는 제품과 서비스에 대한 정보를 쉽게 그리고 많이 얻을 수 있을 뿐 아니라 전자상거래를 통해 자신이 원하는 공급자로부터 직접 구매할 수 있게 되었다. 그 결과 시장경제에서의 힘이 마르크스나 슘페터의 예측과는 정반대로 생산자에서 소비자로 옮겨가게 되었고, 시장의 실패 사례 역시 발생 빈도가 현저히 줄어들게 되었다. 결과적으로 디지털 혁명은 자유주의 경제학 교과서에서만 존재한다고 생각되었던 소비자가 왕이 되는 이른바 '소비자 주권시대(consumer sovereignty)'를 자연스럽게 열게 되었다.

시장경제에서의 힘이 생산자가 아니라 소비자에 있다는 사실은 시장경제를 기반으로 하는 자본주의가 소비자 기호의 변화에 따라 신축적으로 진화케 하는 촉매 역할을 하고 있다. 때로는 변덕스럽기도 한 소비자의 취향에 맞추기 위해 기업들은 소비자에 대해 부단히 연구하고, 이들이 선호하는 제품과 서비스를 제공하기 위해 최선을 다하는 것이 자본주의의 특성이 되고 있기 때문이다. 그래서 자본주의는 때로는 위기상황에 직면하기도 하지만, 이를 극복하고 새로운 진화의 길을 모색하는 유연성을 갖고 있다.

반면, 소수 엘리트 기획자들이 국가 전체의 수요를 분석하고, 이를 바탕으로 공기업이 국가가 필요로 하는 제품과 서비스를 생산하여 국민에게 배급하는 형태의 계획경제에서는 상황변화에 따른 수요자의 욕구를 충족시키는 생산체계를 구축하는 것이 사실상 불가능하다. 그 결과 계획경제는 급격한 쇠퇴의 길로 접어들게 되었으나, 시장경제는 지속적인 진화

과정을 거쳐 더욱 발전되고 있다는 사실을 우리는 최근의 역사적 경험을 통해서도 잘 알 수 있다.

자본주의는 경제체제이자 사회문화체제다

자본주의의 핵심은 사유재산권이 보장된 시장경제라고 할 수 있다. 사유재산권이 보장되어 있기 때문에 경제주체들은 자신에게 이득이 돌아오는 경제활동을 열정적으로 그리고 창의적으로 수행하게 될 뿐만 아니라 시장경제에서의 경쟁은 모든 경제주체들로 하여금 시장의 왕인 소비자의 취향에 맞는 재화와 서비스를 생산하여 공급하기 위해 최선을 다한다. 또한, 시장에서 형성된 가격은 사회 전체의 자원을 가장 효율적인 방법으로 배분되고 활용되도록 하는 '마법의 손' 역할을 담당한다. 이것이 자본주의가 역사상 어느 경제제도보다 눈부신 경제발전이라는 성과를 인류에게 가져다주게 된 근본 원인이라고 할 수 있다.

그러나 자본주의의 내용을 자세히 살펴보면, 그 운용방식에 있어서는 국가마다 각기 다른 형태를 보이고 있고, 같은 국가에서도 시대상황 변화에 따라 자본주의의 형태가 진화 · 발전되어왔음을 잘 알 수 있다. 영국에서 시작된 자본주의는 애덤 스미스가 『국부론』에서 묘사한 대로 정부의 간섭이 최소화되고, 대기업보다는 중소 규모의 기업들이 시장에서 경쟁하는 형태로 시작되었다. 그러나 이러한 자본주의가 미국으로 건너가면서 성공한 기업가가 미국의 거대한 시장을 기반으로 대기업으로 성장함으로써 기업가정신과 대기업의 대량생산 체제는 미국 자본주의의 핵심적 특성이 되었다.

반면, 강한 정부의 전통을 갖고 있는 독일과 일본의 자본주의는 기업과 정부는 물론 노동조합 등 이해당사자들이 협력하여 경제를 운용하는 형태로 진화되어왔다. 또한, 서구 자본주의는 1930년대 경제대공황이라는 충격을 겪으면서 정부가 앞장서서 사회보장제도 등 사회안전망을 구축하는 방향으로 진화되었으나, 1970년대 이후에는 석유파동으로 인한 경제적 어려움을 극복하기 위해 사회보장제도를 합리화하고 시장 기능을 보다 활성화하는 방향으로 새로운 진화과정을 걷게 되었다.

이와 같이 자본주의가 국가의 역사적 또는 문화적 유산에 따라, 그리고 시대적 정치사회의 상황 변화에 따라 다른 형태를 갖는 것은 자본주의가 단순한 경제제도를 넘어 사회문화제도이기 때문이다. 농경사회에서는 식량의 문제가 사회의 최대 관심사였으며, 이 문제를 해결하기 위해 인구의 80%가 농업생산에 종사하였다.[38] 그럼에도 식량문제는 완전히 해소되지 않았고, 기근이 발생하면 많은 사람들이 기아에 허덕여야 하는 상황이 발생하였다. 굶주린 사람들은 언제나 폭도로 변할 수 있기 때문에 사회 안정을 유지하기 위해 권위주의적 통치를 받아들이게 되었고, 정치제도는 통치자가 곡물의 생산과 유통을 관장하는 형태로 발전하였다.

그러나 생산과 유통이 국가에 의해 통제되는 상황에서는 생산성 증가의 필요성을 절감할 수 없기 때문에 농업의 생산성은 정체상태를 유지하였고, 경제성장 역시 인구증가율을 상회하지 못하였다. 또한, 당시의 지배계급은 생산과 철저히 유리되었기 때문에 경제발전보다는 체제유지에 모든 관심을 집중하였고, 일반 국민 역시 생산성 향상을 위한 창의적 활동보다는 생계유지를 위한 단순한 생산활동에 모든 에너지를 소비하였다. 그 결과는 경제적 정체와 정치적 억압, 그리고 사회적 부동성과 비유연성

---

38)　Joyce Appleby(2010), 『The Relentless Revolution: A History of Capitalism』, Norton & Company

이었다. 이러한 사회에서는 경제효율과 이윤이 하찮은 것으로 여겨졌고, 심지어 죄악시되기도 하였다.

　이러한 상황은 자본주의가 역사에 새로 등장하면서 완전히 바뀌게 된다. 경제활동을 주도하는 자본가 계급이 사회의 지배계급으로 부상하였고, 국민 다수는 자신의 경제적 이익을 위해 부단히 노력하는 경제주체로 탈바꿈하게 되었다. 농업에서의 수확이 경작자 자신에게 돌아오는 방향으로 새로운 계약제도가 생기면서 경작자들은 농업생산성을 높이기 위해 부단히 노력하였고, 이는 적은 수의 농민이 더 많은 수확을 얻는 농업혁명으로 이어졌다. 농업혁명은 많은 사람들을 농업생산으로부터 벗어나게 하였고, 이들의 상당수가 도시로 이주하여 공장근로자가 됨으로써 산업혁명을 가능케 하였다.

　또한, 자본가들은 생산 과정에서 발생한 이윤을 추가적 투자로 활용하였고, 근로자들은 증가하는 임금으로 발생한 소득을 자신에게 필요한 상품과 서비스를 구매함으로써 경제는 소비와 생산의 증가라는 선순환 구조를 형성하게 되었다. 따라서 자본주의는 농경사회에서 경험하지 못한 눈부신 경제발전이라는 선물을 인류에게 안겨주었다.

　이에 더해, 사유재산권과 시장에서 자유로운 경제활동이 보장된 자본주의는 정치 분야에서 자유민주주의를 더욱 발전시키는 촉매 역할을 담당했을 뿐만 아니라 철저한 계급사회였던 봉건주의와는 달리 누구나 재능이 있고 열심히 노력하면 당대에 최하층에서 최상층으로 사회적 신분이 상승할 수 있는 열린 사회적 분위기가 형성되었다. 결과적으로 자본주의는 인류에게 경제적 번영만 가져다준 것이 아니라, 정치적 자유와 사회적 유동성을 확대시키는 결과를 동시에 안겨주었다.

　자본주의가 여러 가지 형태로 진화되고 있지만, 경제발전이라는 성과 측면에서 보면 각기 다른 성적표를 갖고 있다고 할 수 있다. 버멀(Baumol)[39]은 자본주의를 크게 국가 주도 자본주의(state-guided capitalism), 독과점 자본주의(oligarchic capitalism), 대기업 자본주의(big firm capitalism), 그리고 기업가적 자본주의(entrepreneurial capitalism)의 네 가지 형태로 분류하면서 경제발전이라는 측면에서 가장 효과적인 것은 기업가적 자본주의와 대기업 중심 자본주의의 혼합 형태라고 주장한다.

국가 주도 자본주의에서는 정부가 전략산업을 선정하여 육성하는 데 은행의 국유화가 대표적 정책수단이라고 할 수 있다. 박정희 정부의 정부 주도 경제운용은 국가 주도 자본주의의 대표적 사례라고 할 수 있으며, 현재 중국 역시 같은 부류라고 하겠다. 한국의 경험을 통해 잘 알 수 있듯이, 국가 주도 자본주의는 개발도상국이 선진국과의 기술격차를 단기간에 줄이고 산업구조의 고도화와 고도성장을 달성할 수 있다는 장점도 있으나, 이러한 상황이 장기간 지속되면 정책결정 과정의 경직성으로 인해 대내외 여건 변화에 신속히 대응하지 못하고 과다 투자 등의 문제에 봉착할 뿐만 아니라 정경유착 등의 부작용을 일으키는 문제점을 드러내게 된다.

독과점적 자본주의는 정부의 경제정책이 소수 지배층의 이익을 옹호하는 방향으로 전개되는 것으로 중동, 아프리카, 남미 등 다수의 개발도상국에서 그 모습을 보이고 있다. 독과점적 자본주의에서는 정책결정자들이 경제발전에 별 관심이 없기 때문에 부패가 만연하게 될 뿐만 아니라 분배구조의 악화와 저성장이 동시에 발생함으로써 최악의 자본주의 형태라고 할 수 있다. 독과점적 자본주의에서는 정치 역시 소수가 다수를 착취하는 수탈정치(kleptocracy)가 만연하게 된다. 대내적 경제정책이 추진되고 소수

---

39) William Baumol, Robert Litan and Carl Schramm(2007), 『Good Capitalism, Bad Capitalism and the Economics of Growth and Prosperity』, Yale University

기업가에게 특혜가 주어진 한국 자본주의 1.0 시대는 대체로 독과점적 자본주의에 속하였다고 할 수 있다.

대기업들이 경제를 지배하는 대기업 자본주의는 강점과 단점을 모두 갖고 있다. 자본주의에서 기업가정신의 중요성을 강조한 슘페터는 확실한 주인이 없는 대기업들이 경제의 주역으로 부상하면서 기업가정신보다는 관료주의가 대기업을 지배하게 될 것이기 때문에 자본주의 활력이 크게 저하될 것을 우려하였다. 또한 갤브레이스(Galbraith)[40]는 대기업의 힘이 지나치게 커지는 것을 우려하면서 노동조합과 정부가 대기업을 견제하는 역할을 해야 한다고 주장한다. 또한, 대기업은 국내시장에서 독과점을 형성할 가능성이 높기 때문에 이로 인한 폐해 역시 대기업 자본주의의 단점이 될 수 있다.

이러한 단점에도 불구하고 대기업 자본주의는 여러 가지 장점도 있는 것으로 확인되고 있다. 우선 대기업만이 가능한 대량생산 체제는 규모의 경제를 통한 생산성의 향상을 가능하게 한다. 자동차산업, 반도체산업 등 현대 경제의 주류를 이루는 업종의 상당수가 대규모 생산체제의 구축이 불가피하기 때문에 대기업은 현대경제의 필수요건으로 인식되고 있다. 또한, 대기업이 독과점 상황에 안주하거나 관료주의의 영향으로 혁신적 활동을 게을리 하게 된다는 주장 역시 사실과 다른 경우가 많다.

무엇보다 세계가 하나의 시장으로 통합된 디지털 시대에는 대기업이라 해도 치열한 국제경쟁에서 살아남아야 지속적 성장은 물론 존립이 가능한 경우가 많기 때문에 대기업들이 지속적으로 혁신을 주도하는 것이 IT 등 첨단산업 분야의 최근 상황이다. 1987년 민주화 이후 한국 자본주의 3.0 시대는 대체로 대기업 자본주의로 분류될 수 있으며, 독과점의 폐

---

40) John Galbraith(1967), 『The New Industrial State』, Boston: Houghton Mifflin

해와 국제시장에서의 경쟁을 통한 대기업들의 혁신적 노력이 동시에 이루어지고 있다고 할 수 있다.

많은 기업가들이 경쟁적으로 혁신노력을 경주하는 기업가적 자본주의는 투자 대비 경제발전 효과가 가장 높은 자본주의 형태라고 할 수 있다. 디지털 혁명의 본산지인 실리콘밸리가 기업가적 자본주의의 대표적 사례라고 할 수 있으며, 미국경제가 대기업 자본주의의 피로감에서 벗어나 새로운 성장활력을 찾게 된 것도 IT산업을 중심으로 기업가적 자본주의가 미국 서부를 중심으로 새롭게 부상되고 있기 때문이다. 마이크로소프트(Microsoft), 애플(Apple), 야후(Yahoo), 구글(Google), 페이스북(Facebook) 등 IT 분야의 대표적 기업 모두 젊은 기업가에 의해 창업되어 단기간에 세계적 기업으로 성장하였다.

이러한 성공 비결은 혁신기술의 개발과 이의 사업화였다. 아이디어만 있는 젊은 기업가에게 자본과 경영 노하우를 동시에 제공해주는 벤처캐피털의 존재, 그리고 자유로운 정보교환이 이루어지고 실패가 허용되는 열린 사회 분위기 등 기업가적 자본주의를 가능케 하는 생태계가 조성되었다는 사실이 실리콘밸리가 기업가적 자본주의의 대명사가 된 이유라고 할 수 있다.

버멀은 기업가적 자본주의의 성공요인으로 다음의 네 가지를 지적하고 있다. 우선, 기업가적 자본주의가 성공하려면 기업을 만들기 쉬워야 할 뿐 아니라 파산 과정도 어렵지 않아야 한다. 다시 말해, 기업의 진출과 퇴출 과정이 손쉬워야 한다. 그와 동시에 자유로운 기업 활동을 뒷받침해 줄 수 있는 효율적 금융시스템이 존재해야 하고, 노동시장 역시 진출과 퇴출이 용이하도록 유연성을 유지해야 한다.

또한, 사유재산권이 확실히 보장됨은 물론 자유로운 기업 활동을 보장하는 각종 법적·제도적 장치가 마련되어야 한다. 이에 더해, 개방화의 추진과 공정거래 관행의 정착 등을 통해 대기업이 현상유지에 만족하지 않고 지속적으로 혁신노력을 경주하도록 유도해야 한다. 기업가적 자본주의는 한국 자본주의 4.0 시대가 지향해야 할 방향이며, 박근혜 정부의 '창조경제' 역시 이러한 노력의 일환이라고 할 수 있다.

자본주의는 가장 효율적임과 동시에 도덕적이다

자본주의가 인류에게 고도의 경제발전이라는 선물을 안겨준 가장 효율적인 정치사회제도라는 견해에 대해서는 큰 이견이 없겠으나, 자본주의가 가장 도덕적이라는 주장에 대해서는 많은 이견이 있는 것이 사실이다.

자본주의에 대한 비판의 역사는 매우 오래되었다고 할 수 있다. 중세기 대다수 철학자들과 신학자들은 상업과 기업 활동에 대해 부정적 시각을 갖고 있었으며, 초기 기독교 지도자들 역시 상업을 죄악시하는 경향이 많았다. 산업혁명 이후에도 자본주의의 폐해에 대한 비판 여론은 언제나 존재하였으며, 이러한 견해는 문학작품을 통해서도 실감 있게 묘사되었다. 찰스 디킨스(Charles Dickens)의 『올리버 트위스트(Oliver Twist)』는 산업혁명 초기 영국에서의 도시 근로자들의 어려운 생활상을, 그리고 존 스타인벡(John Steinbeck)의 『분노의 포도(Grapes of Wrath)』는 대공황 시대 미국 가정의 빈곤상태를 잘 묘사해주고 있다.

2008년, 전 세계가 금융위기를 겪으면서 자본주의에 대한 비판 여론은 다시 고개를 들고 있다. 2012년 10월 현재 82개국 951개 도시에서 반(反)금융자본주의에 대한 대규모 시위가 전개되고 있으며, 이들은 "1% 부자에 맞선 99% 민중의 힘으로 세상을 바꾸자"라는 구호를 외치고 있다.

자본주의에 대한 비판 여론은 크게 네 가지로 요약할 수 있다. 우선, 자본주의는 탐욕(greed)에 근거하기 때문에 부도덕한 제도이며, 자본주의에서의 부자는 가난한 사람의 희생으로 더 부자가 된다는 비판이다. 둘째, 자본주의는 필연적으로 과소비와 물질주의로 흐르기 때문에 도덕적으로 바람직하지 않다는 주장이다. 셋째, 자본주의는 부와 소득의 불균형을 초래하기 때문에 공정하지 못한 제도라는 비판이다. 그리고 끝으로, 자본주의는 경기변동은 심각한 불황을 야기하여 특히 저소득층에게 견디기 힘든 고통을 안겨준다는 주장이다.

그러나 이러한 비판에 대한 반론 역시 만만치 않다. 우선, 인간의 탐욕은 반드시 나쁜 것이 아니고, 잘 관리만 된다면 개인의 발전은 물론 사회 전체의 발전에 크게 기여할 수 있다. 애덤 스미스는 일찍이 자신의 책 『국부론』에서 개인의 이익을 위해 최선을 다하는 시장경제가 경제주체 간의 협력과 경제효율의 극대화를 통해 사회 전체의 발전에 기여함을 역설한 바 있다. 또한 자본주의는 탐욕이 아니라 이기심(self-interest)에 바탕을 두고 있으며, 이 두 가지는 다르다는 것이다. 예를 들어, 탐욕은 자신의 이익을 위해 법질서도 무시하고 남에게 해를 끼칠 수도 있으나, 이기심은 법질서를 유지하고 남에게 해를 끼치는 않는 범위 내에서만 작동되기 때문이다. 또한, 자기 개선을 위한 이기심과 남을 전혀 배려하지 않는 탐욕은 전혀 다른 것이라고 할 수 있다.

자본주의에서 부자가 가난한 사람의 희생으로 더 부자가 된다는 주장 역시 사실과 다르다. 자본주의에서 경제발전은 제로-섬게임이 아니고 플러스-섬게임이기 때문에 기업가의 이윤 확대와 근로자의 임금 향상이 동시에 이루어질 수 있기 때문이다. 18세기 말 이후 지금까지 세계는 자본주의의 발달로 많은 부자들이 만들어졌지만, 동시에 국민 다수의 소득과 생활수준이 크게 향상되었다는 사실은 자본주의가 기본적으로 플러스-섬게임임을 입증한다고 하겠다.

애덤 스미스는 필생의 역작이라고 할 수 있는 『도덕적 감정에 관한 이론(The Theory of Moral Sentiments)』에서 인간은 사회적 열정(social passions)에 의해 동기를 부여받으며, 정의(justice), 분별(prudence), 자비심(benevolence) 등의 도덕적 가치도 자신의 이기심을 추구하는 행동의 결과라고 주장한다. 인간은 도덕적으로 가치 있는 행동을 함으로써 심리적 만족을 얻기 때문에 도덕적 행동은 인간의 이기심 추구와 별개의 행동이 아니라 서로 보완적인 행동이라는 것이 애덤 스미스의 주장이다.

자본주의가 인간을 물질주의자로 만든다는 주장에 대한 반론 역시 만만치 않다. 한마디로 인류는 언제나 물질주의자로 살아왔기 때문에 자본주의가 인간을 물질주의(materialism)로 만든 것은 아니라는 것이다. 자본주의 이전의 사회에서 물질과 부는 개인의 자질과 능력보다는 사회적 신분의 함수였으나, 자본주의가 발전하면서 물질과 부가 개인의 자질과 노력에 의해 창출될 수 있게 되었기 때문에 자본주의는 오히려 인간을 물질과 부의 굴레로부터 '해방'시켜주었다고 할 수 있다.

또한, 자본주의는 필연적으로 소득과 부의 불균형을 초래한다는 주장 역시 사실과 다르다. 자본주의 이전의 정치사회제도였던 봉건주의에서의 소득과 부의 분배는 훨씬 더 불균형적이었다. 자본주의는 여러 차례의 진화과정을 거치면서 소득과 부의 불균형 문제에 나름대로의 대응책을 마련해가고 있다. 소득역진적 조세제도의 개발, 취약계층을 위한 사회복지정책의 추진, 그리고 사회보험제도의 실시 등이 그 대표적 사례라고 할 수 있다. 결론적으로 자본주의에서는 소득과 부의 분배가 악화될 수 있으나,

자본주의는 진화과정을 통해 이에 대한 해결책을 지속적으로 강구하고 있기 때문에 자본주의가 필연적으로 불평등을 초래한다는 주장은 사실과 거리가 있다고 할 수 있다.

끝으로, 자본주의가 잦은 경기변동을 야기한다는 주장은 상당히 일리가 있다고 할 수 있으나, 이 역시 자본주의가 이에 대한 대책을 지속적으로 마련하여 추진하고 있기 때문에 감당하기 어려운 문제는 아닌 것으로 판단된다. 예를 들어, 1929년 세계대공황은 주요 선진국 간 정책공조 미흡으로 경제적 어려움이 장기간 지속되었으나, 2008년 세계금융위기는 G20국가 간의 긴밀한 정책협조로 비교적 단기간에 위기를 극복할 수 있었다. 또한, 작은 규모의 경기변동에 대응하기 위한 거시정책적 대응능력도 크게 개선되어 1990년대 이후에는 불황의 주기가 짧아지고 그 깊이도 낮아지고 있다.

자본주의체제 하에서 경기변동을 무조건 부정적으로만 보는 시각 역시 수정되어야 한다. 자본주의에서 경기변동이 생기는 것은 경제주체들이 시장의 상황 변화에 민감하게 반응하기 때문이다. 이는 경기변동이라는 부정적 측면도 있으나, 자원이 비효율적 부문에서 더욱 효율적 부문으로 이동한다는 장점도 있는 것이 사실이다. 따라서 시장경제를 바탕으로 하는 자본주의가 시장의 자율적 조정이라고 할 수 있는 경기변동을 감내해야 하는 것은 경제 전체의 효율성 향상을 위해 불가피한 결과라는 점도 인식해야 한다.

어스틴 힐(Austin Hill)[41]은 자본주의의 덕목으로 창의력, 진취성, 협동, 질서 그리고 책임 등을 지적하면서 이러한 덕목 때문에 자본주의는 가장

---

41) Austin Hill and Scott Rae(2010), 『The Virtues of Capitalism: Moral Case for Free Markets』, Northfield Publishing

도덕적이고 안정적인 정치사회제도이며, 이러한 사실은 역사적으로도 입증되었다고 주장한다. 사유재산을 보장하고 시장원리가 작동하는 자본주의에서 개인의 창의력과 진취성이 가장 잘 발휘된다는 것은 추가 설명이 필요치 않을 정도로 분명하다. 그 이유는 인간은 자신의 이익을 위해 일할 때 최선을 다하기 때문이다.

이에 더해, 자본주의에서는 시장을 통해 모든 계층의 사람들이 연결되어 있고, 세계가 하나의 시장을 형성하기 때문에 지리적으로 모든 지역이 연결되어 있다. 이러한 상황에서 시장원리는 분업과 협업이 자연히 이루어지게 하기 때문에 협동은 자본주의에서 필수적 활동이 될 수밖에 없다. 협동이 지속적으로 이루어지기 위해서는 상거래의 질서가 확립되어야 하고, 상거래 과정에서 개개인의 책임은 필연적 부산물이다. 결국, 자본주의는 개인의 창의력과 진취성을 촉발시켜 경제의 효율성을 극대화함은 물론 시장을 통해 경제주체 간 협동을 가능케 하며, 이러한 과정을 통해 경제 질서가 확립되고 경제주체의 책임성이 강화됨으로써 사회 안정에 크게 기여하게 된다. 자본주의가 가장 도덕적이라는 주장은 이와 같은 논리에 바탕을 두고 있다.

자본주의가 도덕적이라는 또 하나의 논리적 근거는 필연적으로 자유민주주의의 발전과 직결된다는 사실이다. 자본주의는 개개인의 자유로운 경제활동을 전제로 하기 때문에 자유민주주의와 자본주의는 동전의 양면이라고 해도 과언이 아닐 정도로 불가분의 관계에 있다. 민주주의가 가장 먼저 발전한 영국에서 자본주의와 산업혁명이 시작된 것도 바로 이런 이유이며, 자본주의의 발전이 필연적으로 민주화를 촉발시킨 한국의 경험 역시 자본주의와 자유민주주의의 상관관계를 잘 설명해준다고 할 수 있다.

봉건주의나 공산주의에 비해 자유민주주의가 훨씬 도덕적이라는 사실은 역사적으로 이미 입증되었다. 자본주의 이전의 봉건주의는 물론이고, 자본주의 이후의 대안으로 제시된 공산주의에서의 인권 침해 사례는 잘 알려져 있기 때문이다. 봉건주의체제 하에서 대다수 국민은 농노라는 노예 상태에서 벗어나지 못했고, 소련, 중국, 북한 등의 지역에서 절대적 권력을 누린 공산정권은 독재 권력을 유지하기 위해 수많은 인민을 살해하고 이들의 인권을 유린하였다. 이러한 역사적 사실은 자본주의가 가장 도덕적이라는 주장에 힘을 실어주고 있다.

이러한 장점에도 불구하고 자본주의에 대한 비판여론이 높은 이유에 대해 미제스(Mises)[42]는 다음과 같은 몇 가지 이유를 지적하고 있다. 우선, 봉건주의 계급사회에서는 불평등이 당연한 것으로 인식되었으나, 자유주의를 바탕으로 한 자본주의 사회에서는 소득과 부의 불평등이 자연스럽게 사회적 불만으로 연결될 수밖에 없다는 것이다.

다시 말해, 자본주의사회에서 만연한 평등의식이 역설적으로 자본주의에 대한 비판으로 발전한다는 것이다. 특히, 한국사회는 조선왕조가 멸망하고 35년간의 식민지 경험과 한국전쟁 등 사회적 변혁과정을 거치면서 사회적 계급이 사실상 완전히 붕괴되었고, 그 결과 평등의식은 상대적으로 매우 높은 것이 사실이다. 결국, 한국 자본주의에 대한 한국인의 만족도가 상대적으로 낮은 것은 한국인의 높은 평등의식의 자연스러운 결과라고 할 수 있다.

이 외에도 미제스는 지식계층의 비판의식을 지적했는데, 이들은 부자들과 접촉이 많고 이들보다 지식수준이 높음에도 경제적 신분은 낮기 때문에 자본주의에 대해 비판적일 가능성이 높다는 것이다. 또한, 사무직 근로자 역시 비판의식이 높은데, 그 이유는 고소득층과의 교류가 많고 생

---

42)　Ludwig von Mises(1956), 『The Anti-Capitalistic Mentality』, Nostrand Company

산직 근로자에 대해 우월감을 갖고 있는 이들은 고소득 근로자와 임금격차가 많은 것에 대한 불만과 동시에 생산직 근로자와 임금격차가 적은 것에 대해 동시에 불만을 갖게 될 가능성이 높기 때문이다. 한국에서도 교육수준이 높을수록, 그리고 연령이 젊을수록 기존 자본주의 질서에 대해 비판적이고 진보적 정치성향을 갖고 있다는 사실은 각종 여론조사를 통해 확인되고 있다.

끝으로, 자본주의에서 발생하는 부(富)의 세습과정에 대한 불만이 자본주의에 대한 비판으로 발전된다는 것이 미제스의 주장이다. 특히, 부의 상속자가 충분한 자격을 갖추지 못한 경우에 이러한 비판은 더욱 고조될 수 있다. 한국의 경우 대다수 재벌기업들이 가족경영의 범주를 벗어나지 못하고 있고, 부의 상속을 통해 경영권이 세습되고 있다는 사실 역시 한국 자본주의에 대한 한국인, 특히 지식층과 사무직 근로계층의 비판이 높은 이유가 되고 있음을 알 수 있다.

한국 자본주의의 진화과정에서 경제와 사회복지의 발전

1948년, 대한민국 정부가 출범되고 제헌헌법에 의해 정치와 경제 등 모든 분야에서 자유는 물론 개인의 재산권이 보장됨으로써 제도적·법적 골격을 갖춘 한국 자본주의는 지난 65년간 지속적인 발전과 진화의 길을 걸어왔다.

1950년대에는 한국전쟁의 폐해와 대내 지향적 경제정책으로 인해 저성장과 빈곤의 악순환에서 벗어나지 못했다. 그러나 1960년대 초부터 추진된 수출산업 육성정책에 힘입어 한국 자본주의는 연평균 10% 수준의 고도성장과 더불어 고용기회의 확대와 소득분배의 개선이 동시에 이루어지는 이른바 '한강의 기적'이라는 업적을 달성하였다. 1970년대에 추진된 중화학공업 육성정책은 짧은 기간에 산업구조의 고도화를 가능케 했으며, 1980년대 초에 추진된 안정화 정책 역시 고도성장, 물가안정 그리고 국제수지 흑자라는 세 마리 토끼를 잡는 성과를 올리기도 했다.

그러나 1987년 6·29 민주화 선언을 전환점으로 한국 자본주의는 새로운 도전에 직면하게 된다. 우선, 권위주의적 정치체제가 붕괴되고 민주적 경제운용이 일상화되면서 노사관계가 협력적이기보다는 대립적으로 전개되었고, 강성노조의 등장은 노동시장을 더욱 경직시켰다.

그 결과 한국경제의 국제경쟁력은 크게 저하되었고, 이는 결국 1997년 말 외환위기로 이어졌다. 외환위기 수습과정에서 경제정책의 주도권은 한국 정부에서 국제통화기금(IMF)으로 넘어갔고, IMF는 금융개혁과 재벌개혁으로 특징지어지는 이른바 '신자유주의적' 경제개혁 조치를 요구하였으며, 한국 정부는 이를 충실히 집행하여 조기에 위기에서 벗어날 수 있었다.

외환위기 과정에서 구조조정을 통해 경쟁력이 향상된 한국의 대기업들은 일본 엔화의 평가절상과 한국 원화의 평가절하 상황을 최대한 활용하여 수출 부문에서 견인차 역할을 담당하고 있다. 그러나 대기업 중심의 수출활동은 상대적으로 활발하지만, 내수시장은 경제위기로 인한 불안감 확대와 소비부진 등으로 장기간 침체 상태를 보이고 있다.

특히 부동산시장에 대한 과도한 규제정책은 건설경기의 침체를 가져왔고, 이는 내수시장을 더욱 위축시키고 있다. 대기업이 주축을 이루는 수출경기의 호조와 중소기업이 주축을 이루는 내수경기의 침체는 1997년 외환위기 이후 양극화를 심화시키는 근본적인 원인이 되고 있다. 또한, 단기간에 이루어진 압축 성장은 한국인을 지나치게 물질주의적으로 바꾸어놓았고, 이는 경제적 풍요에도 불구하고 사회적 스트레스가 높아지는 결과를 초래하고 있다.

삼각파를 맞은 한국 자본주의의 고민은 저성장을 극복하기 위해 성장 위주의 정책을 구사하면 양극화 문제를 해결할 수 없고, 양극화 해소에 정책의 초점을 맞추면 경제성장에 장애가 될 수 있기 때문에 앞으로의 방향을 설정하기가 매우 어렵다는 사실에 있다. 이제까지 경험하지 못한 문제의 해결을 위해 새로운 패러다임의 모색이 절실히 필요한 시점이다.

한국 자본주의의 기원과
현대국가의 기반 구축

한국 자본주의의 기원

16세기 후반부터 시작된 영국에서의 자본주의는 민주화의 진전과 시장의 발달로 축적된 자본이 생산적 활동에 투자됨으로써 본격적인 궤도에 오르게 되었다. 이에 더해, 18세기 후반 증기기관의 산업화를 중심으로 전개된 산업혁명의 물결은 영국에서 자본주의의 발전을 가속화시키고, 세계화 과정을 통해 산업화와 자본주의를 미국과 주변 유럽대륙으로 확산시켜나갔다. 자본주의의 요체가 시장 기능의 작동과 기업가의 혁신적 활동으로 자본의 축적이 가속화되는 것이라고 한다면, 한국 자본주의의 기원은 1876년 개항 이후부터라고 보는 것이 타당할 것이다. 그러나 도덕적 형식론에 치중한 성리학을 비판하면서 개방성과 실용성을 강조한 조선의 실학(實學) 역시 사상적 측면에서 한국 자본주의 정신의 기원이라고 할 수 있다.

임진왜란(1592~1598)과 병자호란(1636~1637) 등의 전란을 치르면서 조선사회는 농촌경제의 파탄, 인구 감소, 국가재정 위기 등의 어려움을 겪게 되었으며, 17세기 이후에는 공물(貢物)을 쌀로 통일하여 바치게 한 대동법(大同法)의 실시를 계기로 화폐경제가 확산되면서 사회경제적 변동이 진행되었다. 이러한 상황에서 발전한 실학은 국민주의에 근본을 두고 새로운 국민관과 사회개혁을 주장하였다. 농업만이 중요한 산업이라는 전통적 경제관에서 탈피하여 공업과 상업도 강조하였고, 직업관에서도 계급적 사 · 농 · 공 · 상의 사민(四民)사상을 비판하고 평등한 직업관을 강조하였다.

이에 더해, 영리주의와 자본에 근거한 근대적 기업론이 제기되었고, 공업과 농업 분야에서 기술혁신의 필요성을 강조하면서 국제무역의 개방을 주장하기도 하였다. 이는 당시 조선의 정치 · 사회 분위기에서는 매우 혁신적인 것으로, 산업혁명의 선도국가인 영국의 자유주의 사상과 비교해서 조금도 손색이 없었다.

이러한 실학사상의 전통은 17세기 후반 유형원에서 시작되어 박지원, 박제가, 정약용 등의 실학자들을 거쳐 19세기 중엽까지 지속되었다. 실학자들은 당시 조선사회가 직면한 토지 개혁과 신분제 개혁 등을 제시하고, 양반의 특권을 비판하는 등 당시로서는 매우 진보적 주장을 피력하였다. 만일 이들의 주장이 정책으로 채택되어 추진되었다면 동양에서 한국이 자본주의 발전을 선도하는 역할을 했을 것이다. 그러나 불행하게도 이들의 견해는 정책에 반영되지 못했고, 조선왕조는 외척정치와 경제침체의 악순환에서 벗어나지 못했다. 결국, 정치개혁이 수반되지 않은 실학자들의 경제개혁 아이디어는 탁상공론에 그치고 말았다.

실학의 전통은 19세기 말에는 김옥균, 박영효, 서재필, 유길준 등 개화파의 사상으로 발전되었다. 김옥균은 1884년 갑신정변을 일으켰으나 실패하여 일본으로 망명하였고, 서재필은 1895년 독립신문을 창간하고 독립협회를 창설하는 등 활발한 개화운동을 전개했으나, 당시 기울어가는 조선의 정책을 개혁하여 일본의 식민지화에 대응하기에는 역부족이었다. 개화파의 경제관은 토지의 사유제와 주식회사의 조직을 주장하고, 공업과 무역은 물론 교육의 발달을 강조하는 것으로 종래의 실학사상을 한 단계 승화시킨 것이라고 할 수 있다.

산업화 이전의 유럽과 마찬가지로 1392~1876년 기간 중 조선의 연평균 경제성장률은 같은 시기 인구증가율과 거의 같은 0.25%로 추정되고 있다.[1] 조선왕조 500년 집권기간 중 백성의 생활수준은 전혀 개선되지 못했다. 그 결과 1913년 한국의 1인당 GDP는 820달러로 개방화를 먼저 시작한 일본의 1,387달러보다 훨씬 낮았으며,[2] 임금 수준은 런던 노동자 임금의 1/4에도 못 미친 것으로 추정되고 있다.[3]

한국에서 자본주의 발전이 늦어진 결과는 저조한 경제발전과 백성의 열악한 생활수준으로 이어졌다. 일본은 1868년 메이지유신을 통해 대외 개방 및 대내개혁 정책을 적극적으로 추진하여 짧은 기간에 서구 산업혁명의 물결을 탈 수 있었으나, 조선은 대외개방의 기피와 국내 개혁조치의 미온적 추진으로 자본주의 발전이 늦어져 결국 일본의 식민지로 전락하게 되었다.

비록 조선이 일본에 비해서는 열등한 성과를 거두었지만, 1876년 강화도조약의 체결로 개항함으로써 한국은 근대 세계시장으로 편입되는 전기를 마련하게 되었다. 개항을 계기로 외국과의 무역과 인적 교류를 위한

---

1) 이헌창(2005), "개항기·식민지기 국제경제관계", 『새로운 한국경제발전사: 조선 후기에서 20세기 고도성장까지』(이대근 외, 나남)

2) Angus Madison(2003), The World Economy: Historical Statistics, OECD

3) Jeffrey Williamson(2000), "Globalization, Factor Prices and Living Standards in Asia before 1940", in 『Asia-Pacific Dynamism 1500~2000』, Routledge

환경이 근본적으로 변하였고, 외부로부터의 자본 유입도 시작되었다. 우선, 개항 전에는 무역 부문에서 정부가 주도적 역할을 하였으나, 개항 후에는 민간무역이 대종을 이루게 되었다.

특히, 청일전쟁과 러일전쟁에서 일본이 승리하면서 조선에서 일본의 영향력은 급속히 증대되었고, 조선시장은 점차 일본시장으로 통합되어갔다. 일본시장과의 통합은 조선과 일본이 자유무역협정(FTA)을 체결한 것과 같은 효과가 있기 때문에 조선의 수출은 증가하였고, 이를 통해 발생한 구매력은 수입을 촉진하는 결과를 초래하였다.

예를 들어, 1910년경 조선의 무역액은 조선 내 총지출의 17%에 달해 개항 전에 비해 10배 이상 증가하였다. 1906년에는 경부선과 경의선 철도가 완공되었고, 정미업, 선박, 은행 등의 분야에서 조선인에 의한 기업도 출현하였다. 그러나 불평등조약 하에 관세주권이 제약되었기 때문에 조선이 독자적으로 전략산업을 육성하는 것은 불가능했고, 조선의 무역구조는 일본과 수직적 분업관계를 심화시키는 방향으로 발전되어갔다. 개항으로 일본으로부터 상당 수준의 자본유입도 있었으나, 이러한 차관은 조선에서 일본의 영향력을 증대시키는 주요 수단으로 활용되어 한국 자본주의의 발전에는 크게 기여하지 못한 것이 사실이다.

조선이 일본의 식민지가 되면서 조선경제는 일본경제로 완전히 편입되었다. 1905년 화폐정리사업을 통해 조선은 화폐주권을 상실했으며, 1910년에는 조선과 일본 사이의 관세를 철폐하는 관세동화정책이 추진되었다. 일본은 1908년 동양척식주식회사의 설립으로 식민지 수탈의 기반을 구축하였고, 1910년 경술국치 이후부터 1918년까지 토지조사사업도 실시하여 수탈대상에 대한 구체적 체제를 구축했다. 또한 일본에서 적용한 노동자를 보호하는 공장법을 한국에서는 적용하지 않음으로써 일본인은 지배민족으로서의 위세를 누리는 등 조선에서의 경제활동이 일본에서보다 더 유리하게 되었다.

그럼에도 식민지화 이후 한국과 일본의 교역은 크게 증가하였다. 예를 들어, 1912~38년간 수출은 17.4배, 수입은 6.7배나 증가하였고, 같은 기간 무역의존도는 17.1%에서 63.6%로 급증했다. 무역 부문의 획기적 신장과 더불어 소득과 소비 역시 식민지기에 상당한 수준의 향상이 이루어졌다. 예를 들어, 서상철[4]은 1912~39년 기간에 1인당 소득은 연평균 2.3%, 1인당 소비는 연평균 1.6% 증가한 것으로 추정하였다. 또한 철도, 도로, 항만 등 사회간접시설의 확충이 식민지시기에 이루어졌고, 수리시설 확충, 종자개량 등으로 농업근대화의 기반도 구축되었으며, 교육수준 역시 식민지기에 크게 개선된 것이 사실이다. 예를 들어, 취학률은 1910년대 초 2% 수준에서 1930년대 말에는 40%에 육박하였다.[5]

이러한 경제근대화 측면에서의 긍정적 측면에도 불구하고 일제 강점기는 많은 부정적 유산을 남긴 것이 사실이다. 공업의 성장에도 자본주와 경영자는 일본인이 독식함으로써 한국 자본주의 발전을 저해했다. 예를 들어, 자본금 규모 기준으로 기업체 소유자 94%가 일본인이었고, 기술자의 80%가 일본인인 것으로 추정되고 있다. 산업구조 역시 한국은 철저히 일본경제를 보완하는 방향으로 기획됨으로써 기형적이며 불균형적으로 발전되었다.

예를 들어, 1941년 대일 교역에서 반출의 42.1%가 원료품인 반면, 반입에서 완제품의 비중은 56.1%나 되었다. 한국은 일본에게 원자재를

---

4)　Sang-Chul Suh(1976), 『Growth and Structural Changes in the Korean Economy, 1910~1940』, Harvard University

5)　주이종(2005), "식민지기 조선인의 생활수준", 이대근 외, 전게서

공급하고 완제품을 수입하는 전형적인 식민지 경제구조를 갖게 되었다. 근로현장에서의 열악한 노동환경 역시 한국에서 대립적 노사관계 발전의 전통을 정착시키는 원인이 되었으며, 이는 지금까지도 한국 자본주의의 취약점으로 남아 있다.

한국 자본주의의 기원을 일제 강점기로 삼을 수 있는가에 대해서는 많은 논란이 있는 것이 사실이다. 특히, 한국경제의 고도성장이 국제적 관심의 대상이 되면서 그 역사적 배경을 일제 강점기로 보는 시각이 외국인 전문가들에 의해 제기되고 있다. 예를 들어, 식민지 기간 중 공업화가 도로, 철도 등 사회간접자본은 물론 조선인 자본가계급을 창출하였다는 주장[6]을 하기도 하고, 더 나아가 박정희 정부의 개발국가적 특성의 기원을 일제 식민지기에서 찾으려는 시도[7]도 있다.

일제 강점기에 한국에서 산업화의 기반이 닦아진 것은 사실이나, 이는 어디까지나 일본 자본주의 체제의 일부로 이루어진 것이기 때문에 한국 자본주의의 기원을 일제 강점기로 잡는 것은 문제가 있다고 생각한다. 비록 식민지기에 산업화의 기반이 조금씩 갖추어진 것은 사실이지만, 한국 경제운용의 주도권은 일본 정부와 일본인에게 있었기 때문에 한국에서의 자본주의가 본격적으로 골격을 갖추게 된 것은 해방 이후부터라고 보아야 할 것이다.

---

6) Carter Eckett(1991), 『Offspring of Empire: The Kochang Kims and the Colonial Origins of Korean Capitalism, 1876~1945』, University of Washington Press

7) Atul Kohli(1994), "Where Do High Growth Political Economies Come From, The Japanese Lineage of Korea's Development State", 『World Development』, Volume 22 Number 9

한국 자본주의 진화의 네 단계

서구에서의 자본주의 발전이 2, 3세기에 걸쳐 이루어진 반면, 한국에서의 자본주의는 1945년 해방을 계기로 시작되었다고 해도 과언이 아니다. 비록 한국 자본주의의 역사가 반세기 정도로 일천하지만, 그 진화과정은 서구 자본주의에 못지않게 역동적이었으며 발전 속도 또한 눈부시다고 할 수 있다.

〈한국 자본주의의 발전 단계〉

발전 단계	기간	기본 사상	주요 성과	문제점
1.0 약한 정부, 약한 경제	1945~ 1960년	자유주의, 대내 지향적 경제정책	인적 자본 축적, 시장경제 및 국가기반 확립	빈곤의 악순환
2.0 강한 정부, 강한 경제	1961~ 1987년	국가주의, 대외 지향적 경제정책	한강의 기적 달성, 대외신인도 향상	정치민주화 지연
3.0 민주정부, 경제강국	1988~ 2008년	자유민주주의, 신자유주의적 경제정책	IT강국, UN 사무총장국 및 G20 의장국	양극화 심화
4.0 지속 가능한 한국 자본주의 모델 정립	2009년 이후	자유주의, 시장경제원리, 사회적 책임의식	지속 가능 경제, 지속 가능 경영, 지속 가능 복지	통일 쓰나미(?)

해방과 더불어 시작된 한국 자본주의 1.0은 정치적으로는 자유민주주의를 지향하였으나, 이를 실현시킬 만큼 한국사회가 성숙하지는 못했다. 경제적으로는 시장경제를 표방하였지만 각종 정부규제가 남발되었고, 수출보다는 수입대체를 중시하는 대내 지향적 경제정책이 추진되었다. 빈

곤의 악순환이 거듭되었고, 이는 국민으로 하여금 "못살겠다, 갈아 보자"라는 구호를 외치게 하였다. 결국, 한국 자본주의 1.0 시대는 4·19 민주화 혁명 그리고 5·16 군사혁명 과정을 거치면서 2.0 시대로 새로운 진화의 길에 접어들게 된다.

1961년 5월, 군사 쿠데타로 집권한 박정희 정권은 빈곤문제의 해결을 위해 경제성장에 역점을 두면서 수출산업을 적극 육성하였다. 이를 위해 경제정책은 종래의 대내 지향적에서 대외 지향적 방향으로 전환되었고, 군사정부의 강한 행정력으로 경제발전 5개년계획을 성공적으로 수립·집행하였다. 이러한 전통은 전두환 정권에서도 지속되었고, 그 결과는 매우 성공적이었다. 연평균 수출신장률 40%, 그리고 연평균 경제성장률 9%의 이른바 '한강의 기적'을 이루는 경제적 성과를 이루었고, 한국경제와 한국기업에 대한 국제적 신인도 역시 크게 향상되었다. 그러나 성공적 경제발전은 국민의 민주화 욕구를 더욱 높이는 결과를 초래하면서 정치 부문에서의 민주화는 시대적 대세가 되었다.

한국 자본주의 2.0 시대는 1987년 6월을 전후하여 3.0 시대로 새로운 진화의 길을 가게 된다. 한국 자본주의 2.0의 기본 축이라고 할 수 있는 권위주의적인 강한 정부가 민주화 과정에서 무너지면서 한국경제는 극심한 노사분규의 진통을 겪게 된다. 그 결과, 실질임금이 상승하여 국제경쟁력이 크게 약화되었지만, 1997년 말 외환위기 과정에서 금융과 대기업 부문에서 대대적 구조조정에 성공한 한국 자본주의는 자유민주주의와 시장경제의 기반을 닦는 계기를 마련함으로써 IT강국은 물론 2010년 G20 의장국이라는 대내외적으로 큰 성과를 거두었다.

한국 자본주의 3.0의 이러한 업적에도 불구하고 양극화 문제가 새로운 사회적 과제로 부상하고 있다. 한국에서 양극화는 기본적으로 수출 부문과 내수 부문의 불균형에 기인한다. 1960년대 이후 한국 경제성장의 견인차는 언제나 수출 부문이었다. 한국경제의 고도성장 초기에는 수출산업의 높은 노동집약도 때문에 수출신장이 고용 확대, 실질임금 상승 그리고 소득분배 개선으로 이어졌으나, 수출산업의 자본 및 기술집약도가 높아지면서 수출신장이 고용 확대로 이어지는 효과는 점차 줄어들고 있다. 또한 외환위기와 최근의 국제금융위기 과정에서 한국 원화는 상대적으로 평가절하 된 반면, 수출시장에서 우리의 주 경쟁상대인 일본 엔화는 오히려 평가절상 되었다. 결과적으로 국제시장에서 한국 수출기업들의 가격경쟁력은 크게 향상되었고, 이는 수출 부문의 획기적 신장으로 이어졌다.

반면, 경제위기는 소비심리를 크게 위축시켜 내수시장은 오히려 불황의 늪에서 벗어나지 못하고 있다. 이에 더해, 2006년 이후부터는 내수의 큰 축이라고 할 수 있는 건설 부문까지 불경기로 접어들어 수출 부문과 내수 부문에서의 경기격차는 더욱 심화되고 있다. 복지수준에 대한 불만족, 사회의 공정성에 대한 회의, 대기업의 독주에 대한 반발 등은 한국 자본주의가 또 하나의 진화과정을 겪으면서 발생하고 있는 정치사회적 혼란이라고 할 수 있다.

한국 자본주의 4.0 시대의 핵심과제는 지속 가능한 자본주의 모델을 만들어가는 것이다. 이는 자유시장경제의 기본 틀에 사회적 연대의식을 추가하여 지속 가능 경제, 지속 가능 경영, 그리고 지속 가능 복지를 동시에 구현하는 일이 될 것이다.

비록 민주화 이전의 역대 정권들이 대체로 '선(先) 경제 후(後) 복지' 전략을 채택하였지만, 한국에서의 사회복지 역시 경제성장과 더불어 지속적으로 발전되어왔다고 할 수 있다. 1960년까지의 사회복지 1.0 시대에는 한국전쟁 중 발생한 고아를 대상으로 하는 아동시설 중심의 자선구호

〈한국 사회복지발전의 네 단계〉

발전 단계	기간	기본철학	주요 성과	문제점
1.0 복지국가 이전의 시기	1945~1960년	빈민에 대한 최소한의 구호	아동시설 중심의 자선적 구호사업	외국 원조 의존, 제도적 접근 부재
2.0 복지국가 태동기	1961~1987년	선(先) 경제성장 후(後) 사회복지	복지제도의 점진적 도입	정치민주화에 따른 복지수요 폭증
3.0 복지국가 성장기	1988~2007년	경제개발과 사회개발의 동시 추진	사회보험제도의 완성, 청사진 제시	양극화 심화, 저출산 · 고령화 급진전
4.0 복지국가 재설계	2008년 이후	자유시장경제, 사회적 연대의식	한국형 복지국가의 완성	복지재정(?)

사업이 사회복지의 대종을 이루었다. 이에 필요한 재원은 주로 외국 원조에 의존하였고, 사회복지는 빈민에 대한 최소한의 구호에 그쳤다고 할 수 있다. 그러나 한국경제가 대외 지향적 경제정책의 추진으로 고도성장 궤도에 오르게 되면서 사회복지에 대한 체계적 접근이 이루어지는 사회복지 2.0 시대가 열리게 되었다. 1961년부터 1987년까지의 기간을 한국에서 복지국가 태동기라고 부를 수 있으며, 이 시기에 저소득층을 대상으로 하는 공공부조사업이 틀을 갖추게 되었고, 산재보험 · 의료보험 등의 사회보험도 도입되기 시작하였다.

1988년 정치민주화로 복지에 대한 수요가 폭발적으로 증가하면서 한국에서도 복지국가의 기반을 다지는 사회복지 3.0 시대가 전개되었다. 국민연금과 고용보험이 도입되었고, 사회복지에 관한 국가 차원의 종합적 청사진도 만들어졌다. 김영삼 정부의 '균형적 복지', 김대중 정부의 '생산적 복지', 노무현 정부의 '참여적 복지', 그리고 이명박 정부의 '능동적 복지' 모두 경제성장에 걸맞은 사회복지를 구현하려는 정권 차원의 강한 의지표명이라고 할 수 있다. 특히 양극화 문제가 정치사회적 과제로 부각되면서 사회복지는 2010년 지방선거와 2012년 국회의원선거, 그리고 대통령선거의 핵심적 쟁점정책 사항으로 부상하게 되었다.

이제 한국에서도 선진국과 같이 선거에서 복지문제가 무대의 중심으로 부각되는 사회복지 4.0 시대가 열리고 있다. 지금까지는 선진국의 복지제도를 한국의 현실에 맞게 수정하여 도입하는 데 정책의 역점이 두어졌으나, 사회복지 4.0 시대에는 경제와 복지가 함께 발전할 수 있는 새로운 패러다임을 만들어 한국형 복지국가를 완성해야 하는 과제를 안게 되었다.

해방과 서구 자본주의로의 편입

1945년 8·15해방과 더불어 남한은 미국이 주도하는 서구 자본주의적 발전의 길을 걷게 된 반면, 북한은 소련 주도의 공산주의적 발전의 길을 가게 되었다. 1945년 9월에 수립된 미군정(United States Army Military Government in Korea)은 한국에서 자유로운 독립국가의 건설, 의회민주주의 제도의 도입, 그리고 자본주의적 시장경제제도의 도입이라는 통치목표를 분명히 하였다. 그 결과 1948년 제헌국회 구성과 더불어 자유민주주의적 헌법이 만들어졌고, 대한민국 정부가 수립되었다.

1948년에 제정된 '제헌헌법'은 제5조에서 정치, 경제 등의 모든 영역에서 자유를 보장하고 제15조에서는 재산권을 보장한다는 원칙을 선언하고 있다. 그러나 제6장에는 경제정책의 목표를 "사회정의의 실현과 국민경제의 균형 있는 발전을 기함을 목적으로 삼는다."라고 함으로써 사회 민주주의적 요소가 첨가되었으나, 한국전쟁 직후 개정된 헌법과 그 이후의 헌법 개정에서는 시장경제를 근간으로 하는 자유민주주의 체제의 구축 의지를 확고히 하였다. 이와 같이 정부 수립 이후 산업화 초기에 자유민주주의, 재산권 보호 그리고 자유시장경제의 원칙을 분명히 하고 그에 입각한 정치경제 시스템의 구축을 제도화함으로써 한국 자본주의는 서구 자본주의와 마찬가지로 자유민주주의와 시장경제의 기반에서 시작하게 되었다.

미군정은 자주독립국가 건설과 관련하여 5년 정도의 연합국 신탁통치 기간을 거친 다음 자유로운 남·북한 총선거를 통해 통일국가를 건설하려 했으나, 남한 내의 반탁운동과 미·소 간의 대립관계로 원래 계획을 포기하고 남한 단독정부를 수립하는 방향으로 입장을 선회하였다. 결국, 남한에서는 유엔의 결의에 따라 총선거가 실시되었고, 1948년 8월 대한민국 정부가 수립됨으로써 유엔은 이를 한반도 내에서 유일한 합법정부로 승인하기에 이르렀다.

또한, 남한에서 시장경제체제 구축을 위해 미군정은 일본이 남긴 귀속재산을 민간에게 불하하고, 양곡을 포함한 모든 상거래를 자유화함으로써 사유재산제도를 확립하여 시장경제의 기반을 마련하였다. 또한, 해방 후 혼란한 한국경제의 안정을 위해 미국은 한국에게 상당 수준의 원조를 제공하였다. 예를 들어, 미군정 3년간 총 4억 3,400만 달러의 원조가 유입되었고, 원조물자는 식료품을 비롯하여 비료, 석탄, 석유, 의약품 등 경제안정을 위한 다양한 품목으로 구성되었다.

미국과 유엔에 의한 원조는 미군정 이후에도 계속되었다. 한국전쟁 중에는 전시하의 이재민 구호와 파괴된 시설 복구를 위한 긴급구호 성격을 띠었으나, 전후에는 재건을 위한 경제부흥원조가 주종을 이루었다. 이에 더해 한국전쟁의 발발, 한국 수호를 위한 유엔군 파견, 그리고 1953년 10월 '한·미 상호방위조약' 체결은 한·미 군사동맹을 확고히 구축하는 계기가 되었다. 미국과의 경제적·군사적 측면에서의 긴밀한 관계는 한국 자본주의를 서구 자본주의와 연결시키는 과정에서 핵심적 역할을 담당했다고 할 수 있다.

농지개혁

한국 자본주의 발전과정에서 중요한 의미를 지니는 제1차 농지개혁은 미군정에서 시작되었다. 미군정이 일제 강점기 하의 낡은 지주제도를 개혁하기 위해 농지개혁을 단행하려 하였다. 그러나 지주층의 강력한 반대로 전면적 개혁을 추진하지 못하고 미군정 관할의 귀속농지에 대해서만 부분적 농지개혁을 실시하였다. 1948년 4월, 미군정은 농가 호당 2정보를 상한으로 연간 생산량의 3배에 달하는 지가를 현물로 15년간 상환하는 조건으로 논 154만 정보, 밭 45만 정보를 매각하였다.

제2차 농지개혁은 1950년 대한민국 정부에 의해 실시되었다. 분배 농지 면적의 상한은 3정보였으며, 상환조건은 연 수확량의 150%에 해당하는 지가를 5년간 현물로 균등 상환하는 것이었다. 제2차 농지개혁 과정에서 논 264만 정보, 밭 122만 정보가 분배되었다. 그 결과 1945년 12월 65%에 달했던 소작지 비율은 1951년 12월에는 8.1%로 크게 감소하였다.

농지개혁은 비록 유상의 형태로 추진되었지만, 이 과정에서 지주들이 손해를 봄으로써 사유재산권의 기본원칙에 위배된다고 할 수 있다. 또한, 농지개혁법은 농지소유자격 제한, 농지소유 상한 설정, 소작 금지 등 지주의 사적소유권을 침해한다고도 볼 수 있다. 그럼에도 유상몰수 · 유상분배의 방식이 채택된 것은 나름대로 자본주의 원칙에 충실하려는 노력의 일환이었다고 평가할 수 있다. 당시 북한에서 공산주의 체제가 정착되고 남한에서도 좌우 간 대립이 극심한 상황에서 농지개혁은 당시 다수를 차지하는 농민들의 생활을 안정시키고 사회 안정을 기하기 위해 불가피한 조치였다고 판단된다.

농지개혁은 소득재분배를 통해 소득불균등을 완화시키는 데 크게 기여하였다. 또한 분배농지 대가로 상환된 금액의 대부분을 수리시설 확충 등 농업 부문에 투자함으로써 농업 부문에서의 생산성 향상을 가능케 하였다. 이와 아울러 농지개혁은 자본가계층으로 하여금 지주들이 헐값에 매각한 지가증권을 구입하여 귀속재산을 매수하는 데 활용하게 함으로써 이들의 자본축적을 촉진하는 부수적인 효과도 있었다. 반면, 농지소유 상한 설정은 농업경영구조를 영세화시켜 궁극적으로 한국농업의 국제경쟁력을 취약하게 하는 원인을 제공했다는 비판도 있다. 그러나 당시의 정치 · 사회적 상황을 종합적으로 고려할 때 농지개혁은 해방 이후 '나라 세우기' 과정에서 불가피한 정치적 조치였다고 할 수 있다.

경제부흥 노력

해방 후 한국경제는 극도의 혼란을 겪게 되었다. 자본과 기술을 독점하였던 일본인들이 철수하였고, 남북 간의 정치적 대립으로 경제교류도 중단되었기 때문이다. 남북교역의 단절은 남한에서의 심각한 물자부족을 초래하였으나, 일제의 억압 하에서 억눌렸던 소비욕구는 증가하였다. 결과적으로 물가가 급등하였다. 예를 들어, 1946년의 도매물가는 2년 전에 비해 무려 7배나 증가하였다. 1946년 280%에 달했던 소비자물가상승률은 1947년 79%, 1948년 58%, 1949년 25% 수준으로 점차 진정되어갔으나, 1950년 한국전쟁의 발발로 물가는 다시 급등하게 되었다. 1952년의 소비자물가지수는 1949년에 비해 무려 24배에 달했다.

3년간 지속된 한국전쟁은 해방 이후 미군정과 한국 정부의 개발노력을 다시 원점으로 되돌리는 결과를 초래하였다. 전쟁으로 인한 피해액은 1953년 국민총생산의 85%에 달하였고, 이 중 72%는 사회간접자본과 일반주택이 차지하였으며, 기업체의 피해도 16%를 차지하였다. 당시 이승만 정부는 한국전쟁의 충격으로부터 조속히 벗어나기 위해 경제부흥계획을 수립하였다. 정부는 1949년에도 산업부흥 5개년계획을 세웠으나 전쟁으로 추진되지 못했다. 부흥계획 수립을 위해 1948년 기획처를 만들었고, 1955년에는 기획처를 부흥부로 확대·개편하였다. 1949년 부흥계획은 발전능력 확충에 초점을 맞추었으나, 1965년 부흥계획에서는 전원개발은 물론 교통, 통신, 보건, 교육 등 개발의 범위를 경제사회 전체로 확대하였다.

이승만 정부가 내건 부흥계획의 특징은 국내수요는 가급적 국내 생산에 의존하고 그래도 모자라는 부분은 수입에 의존한다는 대내 지향적 산업화 전략을 채택했다는 점이다. 수입대체가 가능한 소비재 부문에서는 높은 관세를 유지하여 이 분야 국내산업을 보호하면서 수입대체 가능성이 희박한 분야는 상대적으로 낮은 관세를 유지하여 경제안정을 기하였다. 그 결과 소비재 부문에서 산업화가 촉진되었으나, 원자재와 시설재의 수입의존도가 높아져 무역수지는 개선되지 않았다. 오히려 자원배분이 수입

대체에 편중됨으로써 수출활동이 위축되는 부작용도 일어났다. 수출부진은 수입자금 조달을 전적으로 원조에 의존하지 않을 수 없는 상황을 초래하였고, 수입원가와 국내가격과의 격차는 수입권을 획득한 계층에게 부당한 초과이익을 안겨주었으며, 이는 부정부패의 원인으로도 작용하였다.

종합적으로 살펴볼 때, 이승만 정부의 부흥계획은 성공하지 못한 것으로 평가되고 있다. 실패의 첫 번째 원인은 당시의 정치·사회적 여건이 한국 정부가 감당하기에는 너무 힘겨운 상황이었다는 사실에 기인한다. 일본인의 철수로 인해 경제운용 주체세력의 경영능력이 매우 취약했으며, 남북교역 단절과 한국전쟁은 한국경제를 마비시키기에 충분한 조건이 되었다. 전후 미국을 중심으로 상당 수준의 원조가 한국에 제공되었으나, 그 내용은 주로 생필품 중심으로 구성되었기 때문에 산업화를 촉진하기보다는 국내산업의 발전을 오히려 저해하는 부정적 효과가 컸다.

이에 더해, 이승만 정부의 수입대체 산업정책 역시 자원배분을 수출보다는 수입대체 분야로 집중시킴으로써 장기적 시각에서 무역수지가 오히려 악화되는 결과를 초래하였다. 이승만 정부에서 부흥계획의 실패는 저성장과 빈곤의 악순환을 불가피하게 하였다. 예를 들어, 1953~62년 기간 중 1인당 국민소득 증가는 0.7%로 거의 정체상태를 보였고, 1962년의 저축률은 3.2%에 그쳐 같은 해 투자율 12.8%의 1/4에 불과하였다. 결국, 한국경제는 투자수요의 대부분을 외국으로부터의 원조에 의존해야 하는 상황에서 벗어나지 못하였다. 해방 이후 시작된 한국 자본주의 1.0은 4·19 민주화 혁명과 5·16 군사혁명의 정치·사회적 혼란 과정을 거치면서 2.0으로 진화되게 된다.

인적 자본의 축척

　비록 해방 후 1960년까지의 시기가 경제성장 측면에서는 실망스럽지만, 향후 고도 경제성장의 밑바탕이 된 인적 자본의 축적은 이 시기에 매우 활발히 이루어졌다. 예를 들어, 1945~60년 기간 중 국민학교 입학 인구는 265%, 대학 입학 인구는 1,200% 증가하였고, 문맹률은 78%에서 28%로 급감하였다.

　인적 자본 형성의 핵심으로서의 교육은 인간의 지식, 기술은 물론 태도와 적응력을 개선시켜 노동의 생산성을 높일 수 있다. 또한, 높은 생산성은 교육받은 인력에게 고임금 지불을 가능케 하여 개인적으로는 소득의 향상과 소득분배 개선을 이루고, 사회적으로는 경제성장과 사회발전에 기여하게 된다. 교육과 경제발전의 상관관계에 관한 연구가 많으나, 대체로 교육투자 노력과 경제성장은 밀접한 관계가 있음이 나타났다.

　우선, 교육은 시차를 두고 경제성장과 밀접한 관계가 있다는 사실을 지적할 수 있다. 예를 들어, 초등교육과 중등교육 모두 약 10년 후 경제성장과 밀접한 관계가 있지만,[8] 1970년을 기점으로 초등교육의 기여도는 점차 감소하는 반면 중등교육의 기여도는 오히려 증가한 것으로 나타났다.[9] 이러한 연구 결과를 바탕으로 1950년대에 교육기회의 확대를 통한 인적 자본의 확충은 1960년대 이후 고도경제성장에 크게 기여했다는 결론을 얻을 수 있을 것이다.

　1948년 제정된 헌법 제16조는 교육의 기회균등, 초등 무상의무교육 그리고 교육기관에 대한 국가감독권 및 교육제도의 법정주의 원칙을 확

---

8)　김영철 외(1983), 『교육의 경제발전에 대한 기여』, 한국교육개발원
9)　김영화 외(1997), 『한국의 교육과 국가발전, 1945~95』, 한국교육개발원

실히 규정하였고, 이를 뒷받침하기 위해 1949년 12월 교육법이 제정되었다. 교육법은 초등 의무교육의 실시는 물론, 지금까지도 시행되고 있는 6-3-3-4 학제를 편성하였고, 교육자치제도도 수립하였다.

이승만 정부는 1954년 '의무교육완성 5개년계획'을 수립하여 추진하였고, 취학아동 수는 1954년 268만 명에서 1959년에는 356만 명으로 증가하여 당초 목표를 넘는 성과를 거두었다. 경제부흥계획에서는 목표치를 달성하지 못했지만, 교육계획에서는 목표치를 초과 달성하였다. 그러나 재정 부족으로 학교시설과 교실 증축은 계획에 크게 미달하여 과밀학급 문제가 만성화되었다.

취학률의 급격한 증가는 정부의 적극적인 의무교육정책 추진의 결과이기도 하지만, 한국 국민의 높은 교육열이 그 기반이 되었다. 오랜 기간의 유교전통은 교육을 자녀 양육의 기본으로 인식하게 하였으나, 조선의 신분사회에서는 교육의 기회가 국민 대다수에게 제공되지 않았다. 일제 강점기에서 상황이 다소 개선되어 취학자 수는 증가하였으나, 식민지의 한계를 완전히 벗어날 수는 없었다. 그러나 해방은 모든 사람들에게 교육의 기회를 열어주는 계기가 되었고, 초등 무상의무교육의 실시는 이를 촉진시키는 촉매제 역할을 담당하였다.

조선의 멸망과 36년간의 식민지 과정을 통해 한국사회에서 사회적 계급은 거의 와해된 상태였기 때문에 교육은 경제·사회적 신분상승의 핵심수단으로 부각되었다. 그 결과 한국 부모들은 자식을 위해 어떤 희생도 불사하는 새로운 풍조가 자리 잡게 되었다. 이 시기에 대학의 상징인 상아탑에 빗대 농가가 소를 팔아 자식을 대학에 보내는 이른바 '우골탑(牛骨塔)'이라는 신조어마저 만들어졌다.

기업의 발전과 기업가 계층의 형성

광복 직후 한국에서 경제활동이라고 할 수 있는 것은 무역업뿐이었다. 당시 무역은 마카오와 홍콩을 중심으로 이루어졌으며, 얼마 후 대일무역도 재개되었다. 이때 가장 활발한 기업활동은 박흥식의 화신산업, 강익하의 금익통상, 김규영의 삼양무역 등을 통해 이루어졌다.[10]

1950년 한국전쟁의 발발로 전쟁의 수행과 복구를 위한 정부 중심의 대형무역이 본격화되었고, 그 지리적 범위도 미국과 유럽 등으로 확대되었다. 이 시기에 무역업에 종사하는 기업들은 정부의 수입을 대행하면서 성장의 기회를 포착하게 되었다. 또한, 당시 전쟁으로 인한 인플레이션도 기업에게는 유리한 환경으로 작용하였다. 광복 후 진행된 귀속재산의 불하 과정도 1950년대 기업 형성의 중요한 물적 토대가 되었다. 귀속재산 불하로 형성된 대표적 기업으로는 박두병의 동양맥주, 최종건의 선경, 민덕기의 조선맥주, 김지태의 한국생사, 설경동의 대한방직 등이 있다.

전후 미국의 원조는 원면, 원당, 소맥 등 미국의 잉여농산물을 국내에 반입하는 형태로 이루어졌는데, 이를 원료로 하는 이른바 '3백 산업'에서 새로운 기업들이 생성되었다. 이병철의 제일제당과 제일모직이 그 대표적 사례라고 할 수 있다. 한국전쟁은 수송수요의 급증과 도로, 항만 등 사회간접시설의 건설을 필요로 하였고, 이 과정에서 생성된 대표적 기업이 정주영의 현대자동차공업사와 현대토건이다.

한국 자본주의 1.0 시기에 형성된 기업들이 비록 귀속자산 불하, 정부에 의한 수입권한 부여 등 특혜적 조치에 의해 부의 축적을 이루었지만, 이들 기업들이 모두 대기업으로 성장한 것은 아니다. 비록 경쟁이 국내시

---

10) 한국경제 60년사 편찬위원회(2010), 『한국경제 60년사』, 제2권, 제9장 "경제발전과 기업가정신"

장에 국한되었지만, 치열한 경쟁 과정에서 승리한 기업들만이 대기업으로 도약할 수 있었다는 점에서 나름대로 기업가정신이 발휘되었다고 할 수 있다. 그 결과 1960년을 전후하여 이병철의 삼성은 18개의 계열사를, 김 연수의 삼양사는 10개의 계열사를, 그리고 정재호의 삼호는 7개의 계열 사를 거느리게 되었다. 기업가의 지역별 출신을 살펴보면, 광복 이후 미군 정기에는 북한 출신이 주류를 이루었으나, 한국전쟁 중 경제의 중심이 부 산으로 이동하면서 영남 기업인들이 부상하게 되었다.

그러나 1961년 군사혁명의 발발과 동시에 이들 기업가들은 '부정축 재자'로 몰려 사법조치 대상이 되었다. 삼호의 정재호, 개풍의 이정림, 대 한의 설경동 등이 연행되었고, 당시 일본에 체류 중인 삼성의 이병철, 동 양의 이한구 등에 대해서도 구속영장이 발부되었다. 그 후 이들 기업인들 은 '사업보국의 의지로 경제건설에 매진한다'는 약속을 하고, 군사정부의 경제개발사업에 동참하게 된다. 이로써 한국 자본주의 2.0의 특징인 정부 주도 경제운용의 새로운 전통이 만들어지게 되었다.

08장

한강의 기적과 복지국가의 기반 구축

대외 지향적 경제정책과 수출 진흥

1960년 4·19 민주화 혁명 직후 집권한 민주당 정권은 기본적으로 자유민주주의와 시장경제를 기조로 하는 보수노선을 취했으나, 저성장과 빈곤의 악순환이라는 당면 현안을 해결하지 못하고 1년 만에 5·16 군사혁명으로 실각하고 만다. 장면 민주당 정권은 정치민주화 부문에서는 이승만 정권에 비해 큰 진전이 있었으나, 경제 부문에서는 기본적으로 이승만 정부의 대내 지향적 정책기조를 유지하였다. 따라서 한국 자본주의 1.0은 이승만 정부에서 시작되어 장면 정부로 이어졌다고 할 수 있다. 결국, 한국 자본주의 2.0은 자본주의의 성격 측면에서 큰 차이를 보여준 박정희 정권에서 시작되었다고 보아야 한다.

한국 자본주의 2.0의 첫 번째 특징은 경제정책 기조가 대내 지향적에서 대외 지향적인 방향으로 180도 선회되었다는 사실이다. 한국전쟁 이후 지속적으로 확대되었던 외국 원조자금이 1957년을 정점으로 축소되기 시작하였고, 국내시장이 협소한 상황에서 수입대체산업 중심의 경제성장에는 한계가 있었기 때문에 수출산업의 육성을 통한 외화 획득의 필요성은 더욱 증가하였다.

　이러한 상황에서 박정희 정부는 산업정책의 기조를 높은 수입 장벽으로 내수산업을 보호하는 기존의 방향에서 각종 유인조치의 마련을 통해 수출산업을 진흥시키는 방향으로 전환하였다. 이를 위해 1964년 원화를 100% 평가절하 했고, 이중환율제도 대신 단일변동환율제를 채택하였다. 이중환율제에서는 수입업자에게 초과 이득을 주어 수출보다 수입 부문에 자원배분이 우선적으로 이루어지는 부작용이 있었으나, 원화 평가절하와 더불어 단일변동환율제의 도입은 수출활동의 수익성은 높아지는 반면 수입활동의 수익성은 상대적으로 낮아지는 효과가 있었다. 이와 동시에 수출산업에 대해 각종 감세혜택을 부여하였고, 수출금융에 대해서는 저금리를 적용하여 수출활동을 지원하였다. 반면, 수입규제를 대폭 완화하고 관세도 인하하여 종전의 수입대체산업 육성정책을 완전히 철폐하였다.

　이러한 정책 대전환의 효과는 실로 놀라운 것이었다. 노동집약도가 높은 경공업의 수출이 획기적으로 증가하였고, 그 결과 실업률이 줄고 실질임금은 상승하였으며, 경제성장 속도 역시 가속화되었다. 예를 들어, 1962~71년 기간 중 수출은 연평균 39% 증가했고, 그 결과 1인당 GNP는 연평균 6.9%의 높은 신장률을 보였다. 이른바 '한강의 기적'이 시작되었다. 수출산업의 급속한 성장은 한국의 산업구조에서 농림수산업과 제조업의 위치를 바꾸어놓았다. 예를 들어, 1961~72년 기간 중 국내총생산(GDP)에서 농림수산업의 비중은 44.1%에서 25.2%로 감소한 반면, 제조업의 비중은 10.6%에서 25.2%로 증가하였다.

정부주도 경제운용과 경제개발 5개년계획

한국 자본주의 2.0의 두 번째 특징은 경제운용에 있어 정부의 역할이 크게 강화되었다는 점이다. 박정희 정부는 집권과 더불어 사회주의 경제에서 사용되는 경제개발 5개년계획의 수립에 착수하였다. 경제개발계획은 제2차 세계대전 이후 인도, 파키스탄, 이집트 등 사회주의 정책노선을 채택한 개발도상국가에서 채택하였다. 그러나 이들 국가에서는 주요 기업의 국유화, 무상교육 및 무상의료 실시 등 사회주의적 조치가 추가적으로 취해졌지만, 박정희 정권은 시장자본주의를 기반을 유지하면서 정부주도의 계획경제적 요소를 가미함으로써 한국 고유의 새로운 자본주의 패러다임을 만들었다.

일본 자본주의가 서구 자본주의 모델을 '일본화'하여 긴밀한 민관협조 체제를 구축한 것과 같이, 한국 자본주의 2.0 역시 정부가 경제운용을 주도하고 민간이 정부에 협조하는 한국 고유의 형태로 발전되었다. 이러한 자본주의 발전모델은 1980년대 후반 개방화 과정에서 중국 정부가 한국 경험을 원용하여 채택한 전략으로, 국제사회에서도 단기간에 고도경제성장을 이루는 데 있어 매우 효과적인 발전모델로 인식되고 있다.

박정희 정부는 1961년 7월 경제개발계획 수립의 주도적 역할을 담당할 경제기획원부터 출범시켰다. 경제기획원은 종전의 부흥부를 모체로 하여 재무부 소속 예산국과 내무부 소속 통계국은 물론 외청으로 국토건설청을 포함함으로써 명실 공히 경제정책의 핵심부서로서의 기능을 부여받았다. 이에 더해, 1963년부터는 경제기획원 장관이 부총리를 겸하게 됨으로써 경제정책을 총괄 조정하는 기능도 함께 수행하게 되었다.

또한, 박정희 정부는 개발계획 추진에 필요한 재원을 국세를 통해 조

달하는 노력의 일환으로 1966년 국세청을 신설하였다. 이러한 노력의 결과로 1963~65년 평균 8% 수준에 불과했던 조세부담률이 1969~71년에는 14.5%로 상승하였고, 재정의 조세의존도 역시 1960년 30% 수준에서 1966년 57%, 1971년에는 75%에 달하게 되었다.

앞에서 지적한 대로 경제개발계획은 이승만 정부와 장면 정부에서도 시도되었다. 이승만 정부는 1949년 산업부흥 5개년계획, 1951년 부흥계획, 1954년 종합부흥계획, 1956년 경제부흥 5개년계획 등을 지속적으로 만들어 발표하였으나, 이를 효율적으로 추진하기 위한 행정적 능력은 물론 계획 집행에 필요한 재원을 마련하지 못함으로써 큰 실효를 거두지 못했다. 특히, 계획경제에 대한 이승만 대통령의 부정적 시각 역시 경제부흥계획의 추진이 부진하였던 또 하나의 원인으로 지적되고 있다. 4·19 민주화 혁명 후 집권한 장면 정부 역시 계획경제에 대한 내부의 반발로 장기간 토론과정을 거친 후 1961년 5월에야 비로소 경제개발 5개년계획을 발표할 수 있었다. 그러나 계획 발표 다음 날 5·16 군사혁명이 일어나 경제개발계획을 추진하는 과업은 다음 정권으로 넘어가게 되었다.

새로 발족한 경제기획원이 주도하여 작성한 제1차 경제개발 5개년계획(1962~1966년)은 기본적으로 부흥부가 1961년에 만든 계획의 연장선상에 있다고 할 수 있다. 제1차 계획은 전원개발계획, 석탄증산계획, 5대 기간산업(비료, 시멘트, 제강, 기계, 정유) 촉진 등의 내용을 담고 있으며, 재원은 내자를 포함하여 미국, 서독 등 우방국가에서의 차관과 일본에 대한 재산배상권과 투자로 조달하기로 하였다. 자유당과 민주당 정권에서 만든 경제개발계획이 실제 집행에 있어 별 실효를 거두지 못하고 '종이 계획(paper plan)'으로 끝난 데 반해 박정희 정권의 5개년계획은 주요 목표치를 초과달성하는 큰 성과를 거두었다. 그 이유는 경제정책의 기조가 수출 진흥의 방향으로 전환되었고 계획을 진행할 행정체계가 확립되었기 때문이다.

예를 들어, 수출목표는 계획 첫 해인 1962년을 제외하고는 매년 초과 달성했으며, 경제성장률 역시 목표치 7.1%를 상회하는 8.5%의 실적을 올렸다. 목표치에 미흡한 부분은 투자와 저축 부문으로 투자율의 경우 22.6%를 목표로 하였으나, 실적은 이보다 저조한 11.5%에 불과했고, 국민저축률 역시 목표치인 9.2%에 못 미치는 6.1%에 그쳤다.

제1차 경제개발 5개년계획에서 취약점으로 부각된 투자재원의 부족을 보전하기 위한 국내저축의 촉진과 더불어 수출 부문의 지속적 확충, 그리고 공업화 과정에서의 이중구조 해소를 위해 박정희 정부는 제2차 경제개발 5개년계획(1966~1970년)을 수립하였다. 제2차 계획에는 수립과 추진 과정에 더욱 많은 국내외 전문가들이 참여하였으며, 인구팽창 억제를 위한 가족계획의 추진과 사(私)금융시장의 제도금융으로의 흡수를 위한 금융제도 보강 등의 새로운 정책과제가 포함되었다.

제2차 계획 역시 주요 계획목표를 초과 달성하는 성과를 거두었다. 경제성장률은 수출증대에 힘입어 목표치 7.0%를 상회하는 9.7%가 되었고, 투자율은 목표치 19.0%를 크게 상회하는 26.4%에 이르렀으며, 국내저축률 역시 목표치 7.5%를 초과하는 13.1%가 되었다. 앞에서 지적한 국세청의 신설을 통한 국세행정의 강화가 국내저축률 제고에 큰 역할을 하였다.

국내저축률을 높이는 데 큰 효과가 있었던 또 하나의 정책은 금리현실화 조치였다. 1960년대 중반까지만 해도 물가상승률에도 못 미치는 예금금리 때문에 은행의 저축동원 기능은 사실상 발휘되지 못했다. 이를 시정하기 위해 박정희 정부는 1965년 9월 획기적인 금리인상 조치를 단행하였다. 1년 만기 정기예금의 경우 금리를 연 15%에서

26.4%로 인상하였고, 그 결과 저축성예금 잔고는 조치 후 3개월간 약 50% 증가하였으며, 그 후 1969년 말까지 매년 두 배씩 증가하였다. 은행 총예금의 GNP 비중 역시 1964년 말 6%에서 1969년 말에는 29%로 급증하였다.

중화학공업 육성

1970년대에 접어들면서 정치 부문에서는 유신체제가 도입되면서 자유민주주의적 정치활동이 더욱 억압되었고, 산업정책도 경공업 중심에서 중화학공업 중심으로 전환하게 된다. 박정희 정부가 중화학공업의 육성을 강조하게 된 정치적 동기는 미국 대외정책의 변화였다. 닉슨 대통령은 1969년 6월 공산권과의 대응에 있어 한국과 같은 동맹국의 자기책임을 강조하면서 중국과 외교관계를 갖는 등의 새로운 데탕트(détente) 정책을 추진하였다. 특히, 1975년 미국이 베트남에서 완전히 철수하면서 박정희 대통령은 북한의 무력도발에 대해 전적으로 미국에만 의존하는 것이 바람직하지 않다는 판단을 하게 되었다.

이러한 국제정세 판단을 기초로 박정희 정부는 중화학공업의 전략적 육성을 통해 자주국방에 필요한 군수산업의 기반을 구축하려 하였다. 이에 더해, 1970년대 세계적인 불황으로 대(對)선진국 수출이 부진한데다 한국 같은 신흥공업국에 대한 신보호주의가 대두되는 상황에서 경공업을 통한 수출과 경제성장의 지속적 확대가 점차 어려워지게 되었다. 또한, 경공업의 급신장은 기계설비 등 자본재의 수요를 크게 확대시켰고, 이를 국내에서 생산해야 하는 필요성 역시 증가하게 되었다.

이러한 상황을 종합적으로 고려하여 박정희 정부는 1973년 중화학 공업화를 선언하면서 철강, 화학, 비철금속, 기계, 조선, 전자의 6개 전략 산업을 선정하였다. 그리고 이들 산업에 대해서는 금융, 조세, 재정, 기술 지원 등 다양한 분야의 정부 지원과 함께 막대한 자원을 집중적으로 투입하였다. 1973년 1월 박정희 대통령의 신년회견에 이어 그 해 5월에는 범정부기구인 중화학공업추진위원회를 발족시켰고, 12월에는 '국민투자기금법'을 제정하여 저리융자로 투자재원을 뒷받침하였다.

이러한 정부의 집중적 지원에 힘입어 중화학공업은 1970년대 연평균 20.9%의 높은 성장세를 보였고, 그 결과 한국의 산업구조는 선진국형으로 고도화되어갔다. 예를 들어, 1970~80년 기간 중화학공업 비중은 37.8%에서 52.6%로 증가한 반면, 경공업 비중은 62.2%에서 47.4%로 감소하였다. 1970년대 중화학공업 육성정책의 또 하나의 특징은 협소한 국내시장을 감안하여 수입대체가 아닌 수출지향화였다는 사실이다. 그 결과 중화학공업은 한국 수출의 견인차 역할을 담당하게 되었으며, 수출에서 중화학제품의 비중은 1970년 12.8%에서 1980년에는 41.5%로 급증하였다.

그러나 1970년대 정부주도의 중화학공업화에 대해 부정적 시각이 있는 것도 사실이다. 부정적 평가의 첫 번째 이유는 중화학공업의 육성이 당시의 경제적 여건이나 경제발전 단계에 비추어 합리적인 결정이 아니었다는 것이다. 다시 말해 군수산업의 육성을 의식한 중화학공업 중심 산업정책 시기상조였다는 지적이다. 또 하나의 비판은 중화학공업의 육성과정에서 시장 기능보다는 정부의 개입에 의존함으로써 정부주도 경제운용 방식을 고착시켰다는 것이다.

이에 더해, 특정 기업에 편중된 금융, 세제, 재정 등에서의 특혜적 지원은 기회균등 차원에서 문제가 있을 뿐 아니라 재벌이라는 형태의 새로운 경제력 집중문제를 야기했다는 것이다. 또한, 기술 및 자본집약도가 높은 중화학공업의 급신장은 이 부문 종사자의 임금을 상대적으로 크게 상승시키는 결과를 초래하였고, 이는 결국 소득분배의 악화로 이어졌다는 것이 중화학공업화 정책에 대한 비판의 핵심적 내용이다.

삼성, 현대, LG 등으로 대표되는 재벌기업들은 1970년대 이전에 이미 대기업으로 성장하였다. 1950년대에는 일본인 재산의 처분과정에서 이익, 수입허가권의 배분에 따른 잉여이윤, 특혜적 은행 대출 등의 제로-섬(zero-sum) 방식으로 대기업이 성장했다. 그러나 1960년대 들어 경제정책이 수출산업 중심의 대외 지향적 방향으로 전환됨에 따라 수출시장에서 외국기업과의 경쟁을 통해 성장 동력을 찾는 플러스-섬(plus-sum) 방식으로 대기업 부의 축적방식이 바뀌게 되었다. 수출시장에서의 능력이 기업발전을 좌우하게 됨에 따라 한국 기업가의 자질 역시 크게 향상되었다. 반면, 1970년대 정부주도의 중화학공업화 전략이 추진되면서 중화학공업 분야에 대한 진입제한이 강화되었으며, 그 결과 정부의 중화학공업화 정책에 참여한 기업의 독점적 이익 보장과 더불어 재벌기업집단은 급성장하게 되었다.

재벌에 대한 사회적 비판이 증가하면서 독과점규제의 필요성에 대한 인식이 확산되었다. 그 결과, 1976년 물가안정 및 공정거래에 관한 법률이 제정되었고, 이는 1980년에 독과점규제 및 공정거래에 관한 법률로 발전되었다. 1986년에는 중화학공업 육성을 위해 제정된 개별산업육성법들이 폐지되었고, 경제력 집중도 독과점규제법의 적용대상에 포함되었다. 1991년부터는 여신관리제도를 통해 30대 계열기업군의 업종전문화를 주력업체 방식으로 유도하는 정책이 추진되었고, 1998년 외환위기 수습과정에서는 재벌기업의 과잉투자 및 과다경쟁을 막기 위한 기업 간 합병 추진인 이른바 '빅딜(big deal)'도 이루어졌다. 결국 1970년대 초부터 시작된 정부주도의 인위적 산업정책의 결과인 재벌문제를 해결하기 위한 독과점 규제 차원의 정책이 1970년대 후반부터 지속적으로 추진되었다.

그러나 정부의 산업구조정책이 대기업에게는 '온탕냉탕' 방식으로 추진되었다는 비판여론이 높다. 1970년대에는 중화학공업의 육성이라는 명분으로 대기업에 각종 특혜를 주어 '재벌'로 성장케 한 정부가 1980년대 이후부터는 경제력 집중 완화라는 명분으로 대기업에 대한 규제를 강화하였기 때문이다. 이와 같은 문제에도 불구하고 1970년대 중화학공업화 정책추진에서 그나마 다행스러운 것은 이들 대기업들이 내수시장보다는 수출시장을 목표로 활동하였기 때문에 정부 특혜가 기업경영의 비효율로 연결되지는 않았다는 사실이다. 중화학공업 분야의 대기업들은 수출신장의 새로운 기수 역할을 비교적 잘 수행했으며, 그 결과 한국경제는 1970년대에도 눈부신 고도성장을 할 수 있었다.

새마을운동과 농촌개발

1960년대 초까지만 해도 한국은 농업이 국내총생산(GDP)의 거의 절반을 차지하고 인구의 대다수가 농업에 종사하는 전형적인 농업국이었다. 그러나 1960년대 초부터 추진된 수출 주도형 공업화 전략의 결과 한국은 농업국에서 선진형 공업국으로 변모하였다. 1960~2000년 기간 중 농업 부문은 2~3%의 낮은 성장률을 보인 반면, 비농업 부문은 8~9%의 높은 성장을 기록하였다. 한국의 농업은 영농규모의 영세성으로 규모경제를 이

룰 수 없어 새로운 기술의 도입을 통한 생산성 향상이 어려운 구조적 문제
를 안고 있다. 농촌지역에서의 풍부한 인력 공급과 1950년대와 1960년
대의 저농산물가격 정책은 공업화 과정에서 저임금정책을 유지하는 데 기
여하였으나, 농업의 발달을 저해하는 요인으로도 작용하였다.

반면 공업화에 따른 취업기회의 확대는 농업구조의 추가적 영세화를
방지하는 데 기여했으며, 공업화와 도시화는 식량을 포함한 농산물에 대
한 시장 확대를 가능케 하였다. 이와 같이 농업과 공업 그리고 농촌과 도
시는 상호 연계관계를 유지하면서 발전과 진화를 거듭하였다.

1960대 초반의 공업화는 농촌인구의 이농을 촉발하였지만, 자연증
가 인구가 유출인구보다 많았기 때문에 농가인구와 농가호수는 오히려 증
가 추세를 보였다. 그러나 1960대 후반에도 공업화가 지속되면서 농업과
공업 간, 그리고 도시와 농촌 간의 격차가 확대되어 대규모 이농현상을 야
기하였다. 그 결과 농가인구와 농가호수 모두 1968년부터 감소하였고, 총
경지면적도 축소되기 시작했다. 이런 상황에서 1970년대 초에 시작된 새
마을운동은 도시와 농촌 간 격차를 해소하기 위한 노력의 일환이라고 할
수 있다.

농촌 새마을운동은 초기단계에는 정부주도로 농촌의 근대화를 이룩
하려는 마을 단위의 개혁운동으로 시작되었으나, 추진과정에서 농촌사회
의 공동체 정신과 조직을 지역개발에 활용하여 주민의 소득 증대와 복지
향상을 이루는 상향식 개발방식으로 발전되었다. 또한 농촌 새마을사업은
마을 중심의 지역 단위 개발에 한정되지 않고, 농업, 축산, 수산, 가공산
업 개발 등 모든 부문을 망라하는 종합개발 방식으로 확대되었다. 새마을
운동의 부문별 투자는 초기에는 생산기반 사업이 주종을 이루었으나, 점
차 소득증대 사업과 복지·환경 사업의 비중이 증가하였다. 1979년의 경

우 새마을 투자의 43.1%가 소득증대 사업이며, 복지 · 환경 사업 32.0%, 생산기반 사업 20.9%, 도시 · 공장 사업 3.0%, 그리고 정신개발 사업이 1.0%를 차지하였다.

박정희 정부는 새마을운동과 더불어 농가소득 증대를 위해 고미가(高米價)정책과 쌀 수매량 확대 정책을 동시에 추진하였다. 또한 정부는 지하수 개발에 의한 농업용수 공급 방식이 한계에 달하자, 1971년부터 한강, 금강, 낙동강, 영산강의 4대강 유역을 대상으로 대단위 농업종합개발사업을 추진하였고, 1972년에는 '농지의 보전 및 이용에 관한 법률'을 제정하여 모든 농지를 전용이 불가능한 절대농지와 전용이 가능한 상대농지로 구분하였다. 또한 정부는 농산물 유통구조를 개선하기 위해 1977년 '농수산물 유통 및 가격안정에 관한 법률'을 제정하여 농수협 공판장의 도매 기능을 강화하였고, 특정 품목의 생산단지를 지정 · 육성하였다.

그 결과, 1970년대 전반의 제3차 경제개발 5개년계획 기간(1972~76)에는 농가소득이 향상되었고 농가경제가 어느 시기보다도 안정되었다. 특히, 1974년과 1975년에는 농가소득이 도시 근로자 가구소득을 10% 정도 상회하기도 했다. 그러나 이러한 정책들도 이농현상을 막기에는 역부족이었다. 제3차 경제개발계획 기간에도 이농인구는 연평균 50만 명에 달했고, 농가호수도 248만 호에서 234만 호로 연평균 2만 9천 호나 감소하였다.

경제안정화 시책과 개방화

1976~78년의 호황기를 거치면서 수급불균형과 물가압력이 가중됨

에 따라 1979년 4월 경제기획원을 중심으로 경제안정화 종합시책이 마련되었다. 그 내용에는 긴축적 통화 및 재정정책은 물론 그동안 성역으로 여겨졌던 수출지원의 축소, 중화학 투자의 조정, 미곡생산보조의 점진적 축소 등의 개혁적인 시책들이 포함되어 있었다. 그러나 경제안정화 대책의 추진은 제2차 석유파동과 1980년 농산물 흉작으로 보류되었다가 1980년 말 전두환 정권의 출범을 계기로 다시 시행되었다. 그 이유는 김재익 경제수석, 강경식 재무장관 등 경제안정화 정책을 만든 경제기획원의 핵심관료들이 전두환 정권 경제정책 수립의 주도세력으로 부상하였기 때문이다.

경제안정화시책은 긴축적 재정운용에서 시작되었다. 1981년에는 심각한 경기침체로 확대재정이 불가피했으나, 1982~83년에는 재정운영 기조가 긴축적인 방향으로 전면 수정되었다. 특히, 경기회복이 본격화된 1983년에는 재정규모가 GDP 대비 2%나 감소하는 재정 충격을 보여주었다. 통화정책 역시 1983년부터 긴축기조로 전환되었으나, 예금금리는 1980년 초 안정화 정책의 일환으로 큰 폭의 상향 조정 후 1982년 6월까지 24%에서 8%로 하향 조정되었다.

갑작스러운 재정긴축이 사회간접자본 부문에서 투자부족 현상을 야기하였고, 은행금리의 인위적 인하가 금융저축의 둔화를 유발했다는 비판도 있으나, 전두환 정부의 안정화 정책은 나름대로 큰 성과를 거둔 것이 사실이다. 예를 들어, 1978~79년 기간 중 연평균 16.4%였던 소비자물가상승률은 제2차 석유파동으로 1980~81년 기간에는 25.1%로 높아졌다가 물가안정화 정책에 힘입어 1982년에는 7.2%로 둔화되었고, 그 후에는 2~3% 수준을 계속 유지하였다.

정부 수립 이후 언제나 두 자릿수를 유지해온 물가상승률이 처음으로 한 자릿수로 안정된 것은 괄목할만한 성과이며, 이의 추진과정에서 전두환 정부는 임금안정에 정책의 역점을 두었다. 임금은 재화와 용역의 부가가치에서 차지하는 비율이 높기 때문에 임금상승은 가격 및 요금의 상승으로 이어지고, 이는 다시 근로자들로 하여금 임금인상을 요구하게 되기 때문이다.

고임금-고물가의 악순환을 단절하기 위해 1982년 이후 전두환 정부는 수년간에 걸쳐서 공무원의 봉급인상률을 최소 수준으로 억제하였고, 이를 민간 부문에 대한 비공식적 임금 가이드라인으로 활용하였다. 물가안정과 임금안정의 필요성을 국민에게 인식시키기 위해 1980년대 초반부터 경제교육도 강화하였다. 경제교육의 체계적 추진을 위해 경제기획원에 경제교육국을 신설하였고, TV 등 대중매체를 통한 각종 교육 및 홍보 프로그램도 추진하였다. 그 결과, 제조업 임금상승률은 1980~81년에 연평균 21% 수준에서 1984~85년에는 9%로 안정되었고, 노임단가 상승률도 1979년의 21.2%에서 1983년에는 4.8%로 현저한 안정세를 보였다.

전두환 정부는 안정화 정책에 더하여 경제개방 정책도 본격적으로 추진하였다. 예를 들어, 수입자유화율은 1979년의 68.2%에서 1986년에는 91.5%로 확대되었고, 평균 관세율도 같은 기간 38.7%에서 19.9%로 하락하였다. 이에 더해, 정책금융에 대한 금리보조가 철폐되었고, 특정 산업을 집중 육성하는 산업정책도 산업에 대한 지원을 일반화하는 방향으로 전환되었다.

결론적으로, 경제운용의 패러다임이 1970년대 절정을 이룬 정부주도 경제운용 방식에서 점차 시장원칙을 존중하는 방향으로 선회하였다. 이러한 정책의 변화는 시대적 흐름을 반영한다고 할 수 있으며, 물가안정화 정책과 수입자유화 정책, 그리고 시장경제로의 전환 등 일련의 개혁조

치들은 거시경제지표 측면에서도 저물가-고성장-국제수지 흑자라는 이른
바 '세 마리 토끼'를 모두 잡는 성과를 이루게 하였다. 예를 들어, 물가상
승률은 1970년대의 15% 수준에서 2~3% 수준으로 안정되었고, 경제성
장률도 1983년부터는 8% 대를 유지하였으며, 국제수지 역시 크게 개선
되어 1987년에는 100억 달러의 무역흑자를 기록하였다.

사회개발과 소득분배

　정부 수립 이후 한국은 기본적으로 '선 성장, 후 복지'의 발전전략
을 추진하였으며, 복지정책의 발전 역시 정부가 주도하는 전형적인 '비
스마르크형'[11]으로 진행되었다. 한국 자본주의 1.0 시기의 사회복지 발
전은 외국의 원조에 의한 구호사업을 추진하는 수준에서 이루어졌다. 당
시 대부분의 사회복지시설은 해외로부터 재정지원을 받아 운영되었으며,
복지시설의 80%는 한국전쟁 과정에서 대량으로 발생한 고아를 보호하
는 아동수용시설이었다. 이런 와중에서도 국가운영의 핵심적 역할을 담
당하는 군인, 경찰 그리고 공무원에 대한 보호제도가 마련되었다. 예를
들어, 1950년에 '군사원호법', 1951년에는 '경찰보호법'이 만들어졌고,
1960년에는 '공무원연금법'이 제정되었다.

　1961년 박정희 정권의 출범과 더불어 한국 자본주의가 2.0 시대
로 접어들면서 사회복지에 관한 체계적 개선노력이 이루어지기 시작했

---

11)　19세기 말 독일의 비스마르크 재상이 사회보험제도의 도입을 주도하였다는 사실에 착안하여
　　정부가 주도적으로 각종 복지시책을 만들어 이를 시행하는 하향식 방식을 '비스마르크형' 복지
　　국가라고 한다.

다. 1961년에 영세민의 생계보호를 위한 '생활보호법'이 제정되었고, 1963년에는 '군인연금법'과 '산업재해보험법'이 제정되어 시행되었으며, '의료보험법'도 만들어졌으나 강제조항이 없어 실제로 실시되지는 못했다. 그리고 1973년에는 '국민복지연금법'이 제정되었으나, 이 역시 석유파동으로 인한 경제여건의 악화로 실시가 보류되었다. 1975년에는 '사립학교교원연금법'이 만들어졌고, 1976년에는 '의료보험법'이 개정되어 500인 이상 사업장에서부터 실시되었다. 비록 박정희 대통령이 '선 성장, 후 분배' 원칙을 분명히 하면서 사회복지보다는 경제성장에 정책의 우선순위를 두었지만, 경제발전 속도에 맞추어 사회보장의 기본 틀은 점진적으로 갖추어져갔다.

사회복지 발전이 경제발전을 한 발 정도 뒤에서 따라가는 전통은 전두환 정부에서도 그대로 이어졌지만, 사회복지를 대외적으로 강조했다는 측면에서 사회복지 정책은 박정희 정부보다 상대적으로 발전된 모습으로 진행되었다. 우선, 전두환 정부는 출범 초부터 '복지국가 건설'을 국정목표로 설정하였다. 당시 경제정책의 싱크탱크 역할을 담당하였던 한국개발연구원(KDI)은 1981년 1월 정권 출범 후 처음으로 개최된 청와대 국무회의에서 '복지국가 건설의 기본구상'에 관한 보고를 하였고, 같은 해 12월에는 「빈곤의 실태와 영세민 종합대책」이라는 보고서[12]를 작성하여 정부에 제출하였다.

또한, 전두환 정부는 1981년 8월 발표된 제4차 중·장기계획(1982~85)의 명칭을 종래의 '경제개발 5개년계획'이 아닌 '경제사회발전 5개년계획'이라고 함으로써 사회개발에 대한 정부 차원의 강한 의지를 처음으로 공식화하였다. 제1차와 제2차 개발계획의 역점이 수출산업의 진

---

12) 서상목 외(1981), 『빈곤의 실태와 영세민 대책』, 한국개발연구원

〈사회복지 형성기의 주요 입법 추이〉

정책 구분	이승만–장면 (1948~1961)	박정희 3공화국 (1961~1972)	박정희 유신 (1972~1979)	전두환 (1980~1987)
공공부조	군사원호법 (1950) 경찰원호법 (1951)	생활보호법 (1961) 재해구호법 (1962)	의료보호법 (1977)	국가유공자예우 법(1984)
사회보험	근로기준법 (1953) 공무원연금법 (1960)	군인연금법 (1963) 산재보험법 (1963) 의료보험법 (1963)	국민복지연금법 (1973) 교원연금법 (1973) 의료보험법 개정 (1976)	국민연금법 (1986) 최저임금법 (1986)
사회서비스		아동복지법 (1961) 사회복지사업법 (1970)	입양특례법 (1976) 특수교육진흥법 (1977)	아동복지법 (1981) 심신장애자복지 법(1981) 노인복지법 (1981)
특징	외국원조 의존형	비스마르크형	비스마르크형	비스마르크형

흥에 있었고, 제3차와 제4차 개발계획은 중화학공업화를 강조했다면, 제5차 개발계획은 물가안정과 사회개발에 정책의 역점이 두어졌다.

건국 초기 토지개혁의 추진 등으로 한국은 다른 개발도상국에 비해 소득분배가 상대적으로 균등한 상태에서 경제개발을 시작하게 되었다. 또한, 고도성장이 시작된 1960년대의 산업정책이 노동집약적 수출산업의 신장에 역점을 두었기 때문에 고도성장의 과실이 고용증대와 임금인상을 통해 근로계층 전체로 확산되었다. 1960년대 경제성장이 분배구조의 개선을 초래하였다는 사실은 경제개발 초기단계에서 분배가 악화되었다가 어느 단계를 넘어서면 분배가 다시 개선된다는 '쿠즈넷 가설(Kuznets Hypothesis)'과는 정반대되는 결과이기도 하다.

그 이유는 쿠즈넷 가설이 주로 수입대체 중심의 대내 지향적 경제발전 전략을 채택한 남미 국가들의 경험을 바탕으로 만들어졌지만, 1960년대 한국은 수출진흥에 역점을 두는 대외 지향적 경제발전 전략을 채택했기 때문에 경제성장이 분배개선으로 직결될 수 있었다. 이는 소득분배는 경제성장 속도보다는 경제정책의 내용에 더 많은 영향을 받는 사실을 입증한다고 할 수 있다.

그러나 1970년대 산업정책이 기술과 자본 집약도가 높은 중화학공업 육성에 역점을 두면서 경제력 집중과 분배구조의 악화라는 새로운 부작용이 발생하였다. 1980년대는 경제안정화시책의 추진으로 소득분배는 다시 개선되는 추세를 보였으나, 1990년대에 들어와 세계화와 디지털 혁명의 물결은 양극화와 분배구조를 악화시키는 요인으로 작용하고 있다. 예를 들어, 소득분배의 불균등 정도를 나타내는 지니계수는 1965년에 0.344에서 1970년에는 0.332로 개선되었으나, 중화학공업화가 추진된 1976년에는 0.391로 다시 악화되었다. 지니계수는 안정화 시책의 추진으로 다시 개선되어 1990년에는 0.323으로 추계되고 있다.

그러나 한국의 소득분배는 일반 국민의 인식과는 달리 외국에 비해 상대적으로 양호한 것으로 나타나고 있다. 예를 들어, 소득 상위 20% 대비 하위 40%의 소득 비율은 1996년 현재 한국이 0.5579로 분배문제가 심각한 브라질, 케냐는 물론 중국, 필리핀 등 대다수 개발도상국보다 나은 것으로 조사되고 있다. 또한, 한국의 소득분배 상태는 미국, 호주 등 자유주의적 선진국들보다 양호하나, 스웨덴 등 사회민주주의적 선진국보다는 다소 열악한 것으로 나타나고 있다.

기업의 도약과 기업가정신의 발휘

광복 이후부터 1960년까지가 한국에서 기업과 기업가 계층의 태동기라고 한다면, 1961~87년 시기는 기업과 기업가 계층의 도약기라고 할 수 있다. 이 시기에 한국 기업들은 정부의 개발계획 과정에 적극 동참하면서 수출시장에서의 왕성한 활동을 통해 국제경쟁력을 갖춘 세계적 기업으로 발돋움하였다.

1960년대 정부의 수출드라이브 정책에 참여하여 선두권으로 진입한 기업들로는 삼성, 효성, 럭키, 동아상사, 천우사, 대우 등을 들 수 있다. 특히, 대우실업은 수출 분야에서의 활동만으로 단기간에 대기업집단으로 부상한 대표적 사례이다. 1965년 '베트남 특수'를 활용하여 대기업집단으로 부상한 대표적 기업인 한진상사는 베트남 주둔 미군의 군수물자 수송사업에 참여하여 많은 외화를 획득할 수 있었다. 현대건설은 1960년대에는 국내에서 경부고속도로 건설과 1970년대에는 중동 건설시장에 진출하여 최대 대기업집단으로 성장하였다.

한국 자본주의 2.0 시대의 대표적 기업가로 삼성그룹의 이병철과 현대그룹의 정주영을 들 수 있는데, 이들의 성장과정을 통해 한국의 기업가정신을 살펴볼 수 있다. 1950년대에 이미 삼성을 19개의 계열사를 거느리는 대기업으로 성장시킨 이병철은 1960년대 초 13개의 기존 기업을 정리하고 11개의 새로운 기업을 신설함으로써 새로운 경제사회적 여건에 부합하는 신성장동력을 확보하는 기민성을 발휘하였다. 특히, 1970년대에는 정부의 중화학공업화 정책에 부응하여 삼성은 전자사업에 역점을 두었다. 이병철은 1969년 삼성전자공업주식회사를 설립하였고, 그 후 지속적으로 전자 부문의 수직계열화를 추진하였다. 1977년에는 삼성반도체를 설립하여 향후 전개될 IT시대의 기반을 구축하기 시작하였다.

또한, 이병철의 삼성물산은 1975년 정부로부터 종합무역상사 제1호로 지정됨으로써 삼성그룹의 수출기반을 확고히 다지는 선봉장 역할을 담당하였다. 특히, 삼성의 반도체사업 진출은 이병철의 도전적 기업가정신을 가장 잘 보여주는 사례가 되고 있다. 당시 국내외 전문가들의 비관적 의견에도 불구하고 이병철은 '산업의 쌀'로 인식되고 있는 반도체사업에 적극 참여하기로 결정하고 대규모 투자를 감행하였다.

삼성전자가 1984년 64K D램을 개발했을 때에는 선발기업과 약 4년 반의 개발 격차가 있었지만, 1988년 4메가 D램 개발에서는 그 격차를 6개월로 단축하였다. 그 후 16메가 D램 개발에서는 선두와 격차가 없어졌으며, 64메가 D램부터는 계속 세계 선두자리를 유지함으로써 삼성전자는 지금까지 반도체시장에서 세계 1위의 자리를 고수하고 있다.

현대그룹의 정주영은 1950년대 초에는 자동차 수리와 토건업을 하던 중소기업가였으나, 주한미군에 대한 용역업과 한강 인도교공사를 성공적으로 완성함으로써 1950년대 말에는 현대건설을 국내 최고의 건설업체로 성장시켰다. 현대건설은 1965년 태국에서 고속도로 건설공사를 수주하여 해외진출에 성공하였고, 1960년대 후반 베트남과 1970년대 중동으로 해외진출을 본격화함으로써 세계적 건설회사로 성장하게 되었다. 그리고 정주영은 사업다각화의 일환으로 1967년 현대자동차를 설립하여 현대그룹의 주력기업으로 육성하기 시작하였다.

현대자동차는 처음에는 포드와의 기술이전 계약을 통해 1968년 코티나의 조립생산에 착수하였고, 그 후 1974년 국내 최초의 고유 모델인 포니를 개발하였으며, 1980년 초에는 엑셀을 미국시장에 처음으로 수출하였다. 현대자동차는 초기의 기술도입에 머무르지 않고 지속적으로 새로운 기술과 고유 모델을 개발하여 수출시장에서 가격 및 품질 경쟁력을 높여나감으로써 국제시장에서 세계적 자동차회사로의 기반을 닦아나갔다.

민주화 물결과 노사분규

한국 자본주의 2.0 시기는 경제발전 측면에서 새로운 역사의 장을 열었다고 해도 과언이 아니다. 오랜 기간의 경제침체에서 벗어나 수출산업을 중심으로 공업화가 활발히 진행되었고, 그 결과 국민소득 수준도 크게 향상되었다. 산업구조 역시 1960년대의 경공업 중심에서 1970년대부터는 중화학공업 중심으로 전환되었고, 1980년대에는 경제안정화 정책 추진의 결과로 물가안정을 바탕으로 고도성장과 국제수지 흑자기조가 동시에 정착되는 행운도 갖게 되었다. 비록 경제발전 속도에 비해서는 상대적으로 늦었지만, 사회복지 부문의 발전도 점진적으로 이루어져 1980년대 후반에는 상당 수준의 사회보장 기반도 구축되어갔다.

그러나 한국 자본주의 2.0은 경제적으로는 시장원리가 작동되고 민간기업의 활동이 활발하였지만, 정치적으로는 권위주의적 정권이 유지되었고 언론의 자유와 노동자의 단체교섭권과 행동권이 크게 제약된 것이 사실이다. 또한, 경제발전으로 인한 국민생활 수준의 향상은 자유민주주의에 대한 국민의 열망을 더욱 고조시키는 결과를 초래하였다. 1987년은 국민의 민주화 열망이 분출된 전환점으로, 당시 집권 여당인 민정당은 6·29 민주화 선언의 형태로 민주화라는 새로운 정치사회적 요구를 받아들이게 되었다.

6·29 선언 후 한 달도 안 되어 격렬한 노사분규가 발생했고, 1987년

12월 실시된 대선에서 민정당의 노태우 후보가 대통령으로 당선되었으나, 곧이어 실시된 총선에서는 야당이 승리하여 야3당이 국회에서 다수를 차지하게 되었다. 민주화의 급진전과 여소야대의 정국상황은 경제정책 수립 과정에서 경제적 고려보다는 정치적 고려가 우선되는 상황을 초래하였고, 한국 자본주의 2.0의 강점이었던 강력한 정치력으로 경제효율을 최우선시하는 경제운용의 전통은 더 이상 유지하기 어렵게 되었다. 그 대표적 분야가 노사관계였다.

한국에서 노사관계 발전사는 정치발전사와 거의 맥을 같이한다고 해도 과언이 아니다. 일제 강점기의 노동운동은 일본 자본가와 한국 근로자 간의 민족대결의 양상과 동시에 반식민지 저항운동의 성격이 강했다. 당시 노동운동 지도자들은 마르크스 계급투쟁 이론에 심취하였고, 사용자를 교섭의 대상이라기보다는 투쟁의 대상으로 생각했다. 이러한 노동운동의 역사적 배경은 그 후 한국 노동운동의 성격을 정치적으로 규정하는 원인이 되고 있다.

1945년 해방이 되면서 한국 최초의 노동조합이며 좌파 성격이 강한 조선노동조합전국평의회(전평)가 결성되었다. 전평 위원장은 조선공산당 간부였던 허성택이 맡았고, 박헌영, 김일성 등이 명예의장으로 위촉되었다는 사실로 미루어 전평의 공산주의적 정치노선을 잘 알 수 있다. 전평 중심의 좌익 노동운동이 기세를 올리자 우익 진영에서도 이승만, 김구, 김규식 등 우익 지도자를 고문으로 하는 대한독립촉성노동총연맹(노총)을 결성하였고, 위원장에 홍윤옥을 선출하였다.

이로써 해방 후 정치권에서의 좌우대립은 그대로 노동운동으로 연결되었다. 전평은 총파업을 계기로 미군정과 갈등관계가 형성되었고, 급기야 전평은 미군정에 의해 불법단체로 규정되고 만다. 그 결과 노총은 세력을 크게 확대할 수 있었으며, 노동조합 수나 조합원 수에서 전평을 점차 압도하게 되었다.

제헌헌법은 제17조에서 근로의 권리와 의무를 규정하였고, 제18조에서는 노동3권과 사기업에서의 이익균점권을 규정하였다. 이를 뒷받침하기 위한 노동관계 법안이 많은 우여곡절을 거쳐 1953년 제정되었고, 이어 '근로기준법'이 마련됨으로써 명실상부한 노동법의 기본 틀이 만들어졌다. 1953년 노동법과 근로기준법은 대체로 미국을 포함한 선진국들의 관례를 명문화한 것으로, 이를 한국에서 그대로 적용하기에는 어려움이 있었기 때문에 그 내용이 충실히 이행되지 않는 경우가 많았다. 그럼에도 한국 자본주의 발전 초기에 이미 선진형 노사관계가 법제화되었다는 사실은 큰 성과라고 할 수 있다.

노사관계는 한국 자본주의 2.0 시대를 맞아 큰 변화를 겪게 된다. 5·16 군사혁명과 더불어 모든 노동조합은 정당과 함께 일시적으로 해산의 길을 걷게 되었다. 1961년 8월, 노동조합의 결성이 다시 허용되어 11개 산별노동조합을 중심으로 한국노동조합총연맹(한국노총)이 결성되었다. 한국노총은 조직운동 노선으로 반공주의와 경제적 조합주의를 천명하면서 정치적 중립을 유지하였고, 노동문제에 관한 정책 및 제도의 개선을 요구하기 시작하였다.

그 결과, 조합원은 1961년 9만 6천 명 수준에서 1969년 40만 명 수준으로 크게 증가하였다. 그러나 한국 자본주의 2.0 시대에서의 노동조합 활동에는 여러 가지 제약이 있었던 것이 사실이다. 예를 들어, 공공 부문 근로자의 노동3권이 제한되었고, 노조의 정치활동도 금지되었으며, 쟁의 행위에 대한 사전 적법 여부 심사가 제도화되었다.

1972년 유신헌법이 공포되면서 이익균점권이 삭제되었고, 노동조합

설립의 자유주의도 준칙주의로 변경되었다. 1981년 전두환 정부는 노동
관련법을 다시 개정하여 제3자 개입을 금지하였고, 산별 노조체제를 기업
별 체제로 전환하였으며, 노사위원회 설치를 의무화하는 조치를 취했다.
노동운동과 관련하여 한국 자본주의 2.0 시대의 전반적 흐름은 산업평화
를 해치는 정치적 성격의 노동행위를 가급적 억제하고, 그 대신 노사위원
회의 운영 등을 통해 근로자의 권익을 실질적으로 보장해주자는 것이었
다. 정부의 강력한 개입에 의한 산업평화 유지는 한국 자본주의 2.0이 '한
강의 기적'이라는 경제적 성과를 내는 데 핵심적 역할을 하였다.

　　1987년 민주화 이후 한국의 노사관계는 격동적인 변화를 겪었다. 한
국 자본주의 2.0 시대의 사용자 중심의 권위주의적 노사관계가 급속히 붕
괴되었기 때문이다. 1987년 7~8월부터 시작된 노사분규와 노동운동의
폭발적 증가는 공업도시인 울산에서 시작되어 단기간에 전국 주요 공단지
역으로 확산되었다.

　　우선, 노동조합은 1987년 이전의 2,700여 개에서 1989년 7,800여
개로 증가했고, 조합원은 같은 기간에 105만 명에서 193만 명으로 늘었
다. 노사분규 현장에 공권력 개입이 사라지면서 노사분규는 임금상승과
근로조건의 개선으로 연결되었다. 안정화 대책 추진 이후 한 자리에 그쳤
던 임금인상률은 다시 두 자리로 확대되었고, 그 결과 근로자의 경제적 위
상은 개선되었지만 기업의 경쟁력은 크게 약화되었다. 전국으로 확산된
지역노조협의회는 1990년 전국노조협의회(전노협)의 결성으로 이어졌다.
이로써 노동 분야는 한국노총의 협조적 노조운동과 전노협의 투쟁적 노조
운동으로 양분되었고, 양대 노선의 경쟁구도가 형성되었다.

　　1990년 보수3당의 통합이 이루어지면서 정부의 노사정책은 종전의
자유방임적 방향에서 노동현장의 질서를 유지하는 방향으로 선회하게 된

다. 불법적인 파업에 대해 공권력을 개입하는 사례가 증가하였고, 정부가 임금인상 가이드라인을 제시하여 이에 대해 한국노총과 경총 간 합의를 유도하는 방식으로 국제경쟁력 유지를 위한 임금안정 정책을 추진하였다. 그 결과, 1990년부터는 불법적 파업이 줄어들었고, 노동조합이 합법적 활동을 하면서 점차 단체교섭을 체결하는 새로운 관행이 자리 잡게 되었다.

이런 와중에서도 1995년 전노협과 대기업노조 연합체는 전국민주노조총연합회(민주노총)을 결성함으로써 한국노총과 민주노총이 경쟁과 협력 관계를 유지하는 양대 노총시대가 열리게 되었다. 또한, 1997년 3월에는 복수노조 설립 허용, 정치활동 금지조항 삭제, 고용조정제도 도입, 변형근로시간제 도입 등 새로운 시대 여건에 부응하기 위한 제도개선을 담은 노동관계법 개정이 이루어졌다. 1998년 김대중 정부 출범과 더불어 당시 경제위기 극복을 위한 노사정위원회가 구성되었고, 노무현 정부에서는 불법쟁의에 대한 제한을 완화하였으며, 비정규직에 대한 보호정책을 추진하는 등의 대책들이 추진되었다.

노사관계는 한국 자본주의 3.0을 전 단계인 2.0과 차별화하는 변수이면서 한국경제의 성장동력이 2.0에서 3.0으로 진화하는 과정에서 크게 약화된 근본적 원인으로 지적되고 있다. 6·29 민주화 선언 이후 잦은 노사분규와 높은 임금인상은 국제경쟁력을 약화시켰고, 이는 결국 1997년 외환위기의 원인이 되었다고 할 수 있다. 국제경영연구원(IMD)이 매년 발표하는 국가경쟁력 보고서에 의하면 민주화 이후 한국의 노사관계는 조사대상 59개국 중 거의 최하위를 기록함으로써 국제경쟁력을 저하시킨 첫 번째 요인으로 지적되고 있다.

21세기는 새로운 노사관계의 정립을 요구하고 있다. 우선, 국경 없는 무한경쟁시대의 도래로 기업 간 경쟁이 치열해지고 있고, 생산기술과 생산방식의 변화에 대한 적응력의 중요성이 부각되고 있기 때문이다. 이러한 상황에서 필요한 노사관계 모델은 대립보다는 협력을 추구하고, 경직성보다는 유연성이 강조되는 것이어야 한다. 사실 세계화 시대를 맞아 미국, 영국 등 선진국에서의 노사관계는 협력적이고 유연한 방향으로 새롭게 정립되어가고 있다.

그러나 한국에서는 민주화 시대를 맞아 노사관계에서 협력보다는 대립이 강조되고, 유연보다는 강경이 힘을 발하는 풍조가 만연되고 있다. 민주화 초기인 1987~89년에 비해서는 불법적 노사분규 건수도 감소하고 노사관계가 서서히 협조적인 방향으로 진화되고 있지만, 아직도 개선의 여지가 많은 것이 사실이다. 따라서 21세기 노사관계를 새롭게 정립하는 것은 한국 자본주의 4.0 시대의 핵심적 정책과제가 되고 있다.

외환위기와 금융 및 재벌 개혁

1997년 말에 발생한 외환위기는 한국 자본주의 3.0 시대에 발생한 가장 충격적인 사건이 아닐 수 없었다. 2008년 세계금융위기가 발생하였지만, 이는 미국 등 선진국에서 시작되었고 한국에 주는 충격 역시 외환위기에 비해서는 훨씬 적었다. 외환위기를 겪으면서 한국경제의 취약점이 그대로 드러났고, IMF 주도하에 추진된 금융 및 재벌 개혁은 단기적으로는 많은 고통을 주었지만, 장기적으로는 한국경제의 패러다임을 한 단계 승화시켜 국제경쟁력을 제고하는 긍정적 결과를 가져왔다. 결과적으로, 외환위기라는 '입에 쓴 약'은 한국경제에 보약이 되었다고 할 수 있다. 노사분규로 약화된 한국 기업의 국제경쟁력이 외환위기 과정을 거치면서 다시 회복되었기 때문이다.

1997년 7월 초 태국에서 시작된 아시아의 외환위기는 마치 쓰나미와 같이 필리핀, 말레이시아, 인도네시아, 홍콩, 대만을 거쳐 10월 말에는 한국에 상륙하였다. 1997년 10월 27일 외환시장의 위험상황에 대한 한국은행의 첫 번째 보고가 있었고, 11월 6일 한국은행은 IMF의 구제금융이 필요하다는 판단을 하게 된다. 11월 11일에는 일본 정부에 지원요청을 하였으나 미국의 압력으로 거절당했고, 11월 13일에는 IMF 차관을 요청하기로 결정하였다. 11월 25일~12월 2일 기간에는 차관조건에 대한 IMF와의 협상이 진행되었으나, 한국 정부는 IMF가 제시한 조건을 거의 그대로 수용할 수밖에 없었다. 12월 5일에는 250억 달러 상당의 IMF 차관이 승인되었고, 1차분 55억 달러가 긴급 수혈되었다.

대선 직전 발생한 외환위기는 집권당에게 절대적으로 불리한 정치상황으로 발전되었다. 결국, 12월 17일 대선에서 야당의 김대중 후보가 당선됨으로써 사상 처음으로 선거에 의해 여야 정권이 교체되었다. 태국에서 시작된 외환위기가 한국으로 오는 데 걸린 시간은 미처 4개월이 안 되었고, 위기 상황의 인지에서 IMF 차관이 이루어지기까지의 기간은 불과 한 달이었다. 아시아 외환위기의 전파속도는 가히 쓰나미와 같았다.

외환위기의 원인에 대해서는 다양한 주장이 있으나, 대내적 요인과 대외적 요인의 절묘한 결합이 위기를 초래하였다는 것이 전문가들의 공통된 견해이다. 대내적으로 외환위기는 기업위기에서 시작되었다. 1997년 1월 한보그룹 부도에 이어 삼미, 진로, 대농, 기아 등 대기업들이 연쇄적으로 부도상황에 처했다. 세계화의 진전으로 국제경쟁이 치열한 상황에서 대기업들의 안이한 차입경영과 외형 위주의 경영이 위기를 잉태하였다.

이러한 대기업의 연쇄부도 사태는 금융기관의 부실채권을 급증시키는 결과를 초래하여 기업위기가 금융위기로 이어졌다. 금융기관의 부실채권 급증은 국제금융시장에서 이들에 대한 신뢰도를 하락시켜 외국 금융기관들이 경쟁적으로 한국으로부터 자금을 회수하는 사태로 발전하였다. 기업위기가 외환위기의 원인이 되었는데, 기업위기는 기본적으로 기업의 국제경쟁력이 약화된 데 기인하였다.

결과적으로 국가경쟁력 약화가 외환위기의 가장 중요한 대내적 요인이었다. 예를 들어, 1996년 제조업의 경상수익률은 한국이 1.0%로 미국의 8.3%, 대만의 5.1% 그리고 일본의 3.4%보다 현저히 낮았다. 또한, 1986~95년 기간 중 명목임금 상승률은 한국이 15.3%로 일본의 −0.5%, 대만의 3.5%보다 훨씬 높았으며, 그 결과 단위노동비용 증가율은 한국이 5.6%로 일본의 −0.5%, 대만의 3.5%보다 매우 높은 것으로 나타났다. 결국 한국의 상대적으로 높은 명목임금 상승률은 단위노동비용을 높이는 원인이 되었고, 이는 다시 제조업의 수익률을 낮추는 결과를 초래하였다.

외환위기의 대외적 요인으로는 금융세계화에 따른 금융시장의 위험성 증가를 지적할 수 있다. 1990년대에 들어와 세계 각국에서 금융자율화와 개방화가 급속도로 진행됨에 따라 국제자본 이동이 빠르게 증가하였으며, 특히 아시아지역으로의 자본유입이 두드러지게 증가하였다. 이는 이들 지역의 부동산 가격 상승과 과도한 소비 증가를 유발하여 경상수지가 악화되었다.

이런 상황에서 1990년대 중반 아시아 각국에서 경제성장이 둔화되고 거품이 빠지면서 국제자본의 아시아 유입이 크게 위축되었으며, 급기야는 국제자본의 이탈현상이 나타나면서 아시아 외환위기가 시작되었다. 디지털 기술의 발달로 자금이동 속도가 빨라지고, 헤지펀드 등 투기성 자금의 규모가 확대된 것도 국제금융시장에서의 불안요인을 증가시킨 원인이 되었다.

아시아 외환위기 기간 중 아시아 지역에서 거래된 단기자본의 규모는 1,000~2,000억 달러 수준으로 추정되나, 같은 시기의 민간금융자산 규모 60조 달러에 비하면 상대적으로 적은 규모라고 할 수 있다. 또한 태국과 홍콩에서는 헤지펀드가 외환위기 과정에서 주도적 역할을 하였으나, 외환자유화가 상대적으로 덜 이루어진 한국에서는 헤지펀드의 영향은 크지 않았다.

외환위기의 전개과정에서 한국 정부는 초기에 외환보유고를 사용하여 위기를 막으려는 무모한 대책을 추진하였고, 위기진행 과정에서 경제팀을 교체하는 등의 실수를 하였지만 그 후에는 신속히 대응책을 마련하였다. 또한 IMF와의 협상과정에서 한국 정부의 협상력은 거의 전무한 상태였기 때문에 IMF가 제시한 고금리, 재정긴축, 환율 인상 등의 거시경제 조치는 물론 금융 및 재벌 구조조정 등의 경제 전반에 걸친 구조개선 조치들도 그대로 수용하여 추진되었다.

IMF 스탠드바이(Stand-by) 차관의 거시정책상의 조건은 국제수지 개선을 위해 통화 및 재정운용을 긴축적으로 하고 환율을 평가절하 하라는 것이었으나, 한국의 경우 특이한 점은 금리의 인상 폭이 매우 컸다는 사실이다. 한국 정부는 IMF의 주장을 그대로 받아들여 콜금리를 12.5%에서 24%로 한꺼번에 인상하였고, 금리 급등 효과는 기업 도산과 실물경제의 위축으로 이어졌다. 금리 급등으로 15% 수준을 유지하였던 부도율은 34%까지 급증하였고 GDP 성장률은 1998년 1/4분기에는 −4.6% 그리고 2/4분기에는 −8.0%로 급락하였다.

기업부도의 급증과 경기 급락에 놀란 정부와 IMF는 금리 인하에 합의하였고, 콜금리는 1998년 3/4분기 8.1%, 4/4분기 6.7%, 그리고 1999년 1/4분기에는 4.9%로 인하되었다. 금리의 대폭 인상이 비현실 적이었다는 비판에 대해 IMF는 처음에는 자신의 입장을 방어했으나, 경기가 예상보다 급강하자 잘못을 인정하고 금리 인하에 동의하였다. 금리 인하와 환율 절상으로 인한 내수 및 수출 수요의 확대로 GDP 성장률은 1999년 1/4분기에 5.8%, 2/4분기에 11.2%, 그리고 3/4분기에는 13% 로 급속히 회복되었다. 외환위기 과정에서 한국은 실물경제가 환율, 금리 등 거시정책 변수에 얼마나 민감하게 반응하는지를 뼈저리게 경험하였다.

외환위기 과정에서 가장 혹독한 시련을 받은 부문은 금융산업이었 다. 이는 오랜 관치금융의 유산으로 한국에서 금융산업이 낙후된 것이 외 환위기를 야기한 구조적 원인이었다는 인식에 기초하고 있다. 우선, 25개 은행 중 국제결제은행(BIS: Bank for International Settlements)의 대출 대비 자본금 8% 기준을 충족시키지 못하는 12개 부실은행이 구조조정 대상이 되었 다. 이 중 5개 은행은 경영상태가 상대적으로 양호한 은행과 합병되었으 며, 나머지 7개 은행은 부실채권 정리, 신규출자, 경영개선 등의 방식으로 구조조정 되었다.

제2금융기관에 대한 정리도 진행되어 외환위기 당시 30개에 달하던 종금사 중 18개가 폐쇄되었고, 34개 증권회사 중 6개의 허가가 취소되었 으며, 4개 보험회사와 5개 투신사가 정리되었다. 이에 더해, 신용금고와 신용협동조합에 대한 구조조정도 추진되었다. 또한 금융감독 기능의 강 화를 위해 금융감독위원회가 신설되었고, 금융구조조정을 위해 130조 원 규모의 공적자금이 투입되었다. 대한민국 정부 수립 후 가장 큰 규모의 금 융구조조정이 이루어졌다. 금융구조조정에 대한 대내외적 평가는 매우 긍 정적이었다. 무엇보다도 사태수습을 위해 강력하고도 폭넓은 조치가 적시에 취해짐으로써 금융위기 상황을 조기에 수습함은 물론 오랜 관치금융의 관행도 과감히 바꾸는 계기가 되었기 때문이다.

금융구조조정 못지않게 중요한 변화는 기업 부문에서 일어났다. 대기업들의 연이은 투자실패가 금융위기를 일으켰으며, 이는 결국 외환위기를 촉발시켰다는 인식하에 기업구조조정 역시 핵심 정책과제로 대두되었다. 우선, 여신 2,500억 원 이상인 64개 기업집단은 주거래은행과 '재무구조 개선을 위한 협정'을 체결하여 1999년 말까지 부채비율을 200% 미만으로 낮추기로 합의하였다. 또한 기업 간 상호채무보증도 1998년 3월 말까지 자기자본의 100%, 그리고 1999년 말까지 완전 해소토록 하고 신규보증은 전면 금지되었다.

또한, 관계법령을 개정하여 기업의 합병 또는 퇴출이 원활히 이루어질 수 있도록 하였다. 이에 더해, 대기업 간 과잉투자와 과다경쟁을 억제하기 위한 이른바 '빅딜(big deal)'도 정부주도로 이루어졌다. 이와 같은 기업구조조정에 대한 평가 역시 긍정적이다. 구조조정과정을 거치면서 대기업들의 채무구조가 크게 개선되었고, 수익성을 고려하지 않고 무작정 세만 불리는 재벌들의 관행도 완전히 바뀌었기 때문이다. 그러나 정부주도의 빅딜 추진은 정부의 인위적 개입의 수준이 과도했으며, 이 과정에서 특정 기업에 특혜가 주어졌다는 비판여론이 있는 것도 사실이다.

외환위기는 우리 스스로 할 수 없는 개혁조치들을 위기상황에서 IMF라는 국외자의 압력으로 추진되게 함으로써 결과적으로 위기가 한국경제에는 기회로 전환된 사례라고 할 수 있다. 한국 자본주의 2.0에서 새로 확립된 관치경제의 전통은 사회주의 계획경제와 마찬가지로 경제개발 초기에는 상당한 효과가 있었으나, 경제구조가 복잡해지고 민간 부문의 역량이 정부 부문을 능가하면서 점차 경제효율을 저해하는 요인으로 작용하게 되었다.

　민간경제활동에서의 경쟁이 제한되고 민간경제 주체의 정부에 대한 의존이 심화되면서 기업의 경영개선 노력이 미흡하게 되었고, 경제운용이 경직되었고, 정책결정의 투명성이 부족하여 정책결정 과정에 정치권력의 개입 사례가 빈번해졌으며 정경유착 현상마저 만연해졌다. 이런 상황에서 대기업들은 외형 위주의 차입경영과 선단식 경영에 안주함으로써 체질이 약화되는 결과를 초래하였다.

　이에 더해, 1987년 민주화 이후 잦은 노사분규와 높은 임금 상승은 한국 기업의 국제경쟁력을 크게 떨어뜨렸다. 또한, 금융기관들은 오랜 관치금융 관행으로 책임경영제가 확립되지 못하고 담보 위주와 대기업 위주의 대출관행을 답습하였다. 이러한 한국경제의 구조적 문제점을 외환위기 과정에서 추진된 금융 및 기업 구조조정 시책들이 상당 부분 해결해줌으로써 외환위기가 우리에게는 전화위복의 기회가 되었다.

정보화와 IT 강국

　새로운 기술의 개발과 이의 산업화로 요약되는 산업혁명은 자본주의의 진화과정은 물론 세계 각국의 국제정치적 위상 변화에 지대한 영향을 미쳤다. 18세기 후반 영국에서 시작된 증기기관 제조기술과 이의 산업화는 생산과 수송 부문에서 혁명적 발전을 가져왔고, 영국을 세계 최강대국으로 부상시켰다. 19세기 후반 미국에서 시작된 전기와 통신기술의 발전과 산업화 역시 공장의 생산성을 획기적으로 개선하고 삶의 질을 크게 제고함은 물론, 미국을 세계 최강대국으로 부상시켰다.

　　20세기 후반 미국 실리콘밸리를 중심으로 진행된 디지털 기술의 발전과 이의 산업화는 산업 전체의 생산성을 높이고, 생활습관과 사고를 변화시킴과 동시에 미국이 세계 최강대국의 위상을 더욱 확고히 하는 계기가 되었다. 20세기 초 일본이 아시아의 패권을 쟁취하고 한국을 식민지로 만든 힘도 결국 서구 산업혁명의 기법을 한국보다 빨리 도입한 데 기인하였다. 이와 반대로 한국이 35년간 일제 강점기 하에서 고통을 당하고, 해방이 되고도 남북으로 분단되어 동족상잔의 비극을 겪게 된 것 역시 19세기 후반 서양의 산업화 물결을 의식적으로 거부한 결과였다고 할 수 있다.

　　한국 자본주의 3.0 시대의 가장 눈부신 업적은 한국이 세계사의 흐름을 좌우하는 디지털 혁명의 비법을 조기에 전수받아 명실 공히 IT 강국으로 세계무대에 올라서게 된 것이다. 제1차 산업혁명이 한국에 오는 데는 거의 2세기가 걸렸지만, 1990년대 초반에 본격화된 제3의 산업혁명은 불과 5년 후인 1990년대 후반에 한국에 상륙하였다. 디지털 혁명의 파급속도는 물론 1990년대 후반 이후 한국에서 IT 분야의 발전 속도 역시 ‘디지털 스피드(digital speed)’로 빠르게 진행되었다.

　　한국이 비교적 단기간 내에 IT 강국으로 부상하게 된 것은 정부의 적극적인 정책 추진, IT 기업들의 지속적 혁신 노력, 그리고 한국인 디지털 마인드(digital mind)의 총체적 결과라고 할 수 있다. 정부 차원에서 정보화에 대한 종합적 전략 수립은 김영삼 정부에서 시작되었다. 1994년 체신부와 과학기술처 및 상공자원부의 정보통신 관련 업무를 통합하여 정보화 업무를 전담할 정보통신부를 발족시켰고, 1995년에는 ‘정보화촉진기본법’을 제정하여 정부의 정보화 지원시책들의 법적 근거를 마련하였으며, 1996년에는 정보화추진위원회를 출범시켜 정부의 정보화 관련 전략 수립의 모체 역할을 담당하게 하였다. 정보화 촉진을 국가운영의 최우선 순위로 삼는 전통은 김대중 정부와 노무현 정부로 이어졌다.

1999년에는 '사이버 코리아 21'이라는 명칭으로 정보화에 대한 정부 차원의 종합계획이 수립되었다. 이 계획은 2002년까지 한국을 세계 10위권의 정보화 선진국에 진입시키는 것을 목표로 설정하였고, 정보통신산업의 활성화, 정보 인프라를 활용한 국가 전반의 생산성 향상, 그리고 지식정보사회 기반 구축 등을 주요 과제로 선정하여 추진하였다. 1960년대와 1970년대의 경제개발계획과 마찬가지로 '사이버 코리아 21' 계획 역시 목표치 대부분을 초과 달성하였다.

예를 들어, 2002년 말 인터넷 이용자를 1,000만 명으로 예측하였으나, 실제는 2,627만 명으로 두 배 이상 많았으며, 전자상거래 규모 역시 2002년 말 17조 원을 예상하였으나 실제는 이보다 10배가 넘는 178조 원에 이르렀다. 2001년 말에는 '정보화 촉진 기본계획: 2002~2006'을 수립하여 집행하였다. 기본계획은 초고속 정보통신 인프라의 고도화, IT 기술의 모든 경제사회 활동으로의 확산, 그리고 정보격차 해소 등을 정책 과제로 선정하여 추진하였고, 기본계획 역시 대다수 분야에서 목표를 초과 달성하는 성과를 거두었다.

그 결과 IT 기술과 정보화 분야에서 한국의 글로벌 위상은 크게 높아졌다. 예를 들어, 2006년 현재 디지털 기회지수는 한국이 세계 1위이고, 인터넷 이용률은 세계 2위, 국가정보화지수는 세계 3위, 그리고 초고속 인터넷 가입 비율은 세계 4위로 나타났다. 한국이 드디어 세계무대에서 정보화 강국으로 부상하게 되었다.

IT 산업의 급신장과 창의적 기업가정신

단기간에 IT 기술과 정보화 부문에서 세계적 강자로 부상할 수 있었던 것은 정통부를 중심으로 정부 차원의 체계적이고 적극적인 정책지원에 더해, 이를 뒷받침해줄 수 있는 강한 IT 기업들이 있었기 때문이다. 한국이 IT강국으로 부상한 데는 전자제품의 핵심부품인 반도체산업이 기여한 바가 매우 크다.

반도체산업에는 1965년 아남산업이 처음으로 진출하였으나, 1970년대부터는 삼성, LG, 현대그룹 등 국내 굴지의 대기업들이 앞 다투어 반도체산업에 뛰어들었다. 앞에서 지적한 대로 삼성전자는 1983년 반도체산업에 진출한 후 불과 10년 만에 일본을 제치고 세계 1위 반도체기업이 되었다. TFT(thin film technology)-LCD(liquid crystal display) 분야는 1995년 이전까지는 일본의 독무대였으나, 1990년대 초 일본의 아성에 도전한 삼성, LG 등 국내업체들은 반도체 분야에서 발생한 막대한 이익을 TFT-LCD 분야에 투입하여 불과 3년 만에 일본과 대등한 제품을 만드는 데 성공하였다. 그 후 한국 업체들은 계속 세계 TFT-LCD시장에서 선두자리를 유지하고 있다.

정보통신 분야에서는 SK그룹이 1990년 선경정보시스템을 설립함으로써 이 분야의 선두주자로 부상하게 되었다. SK그룹의 최종현은 1994년 한국이동통신 민영화 과정에서 경영권을 획득하여 SK텔레콤을 설립하였고, 그 후 CDMA(code division multiple access) 기술개발 및 상용화에 성공하여 국내정보통신 분야에서 1인자로 부상하게 되었다. SK텔레콤은 1996년에는 2백만 명의 가입자를 확보함으로써 한국에서 이동전화 대중화 시대를 선도하였다. 1997년에는 KTF, 한솔PCS, LG텔레콤

등이 시장에 새로 진입하여 경쟁이 치열해졌으나, SK텔레콤은 1999년에 가입자 천만 명 시대를 열었고, 2000년 이후에는 IMT(international mobile telecommunication)-2000을 세계 최초로 상용화하는 등 국내 최고는 물론 세계 CDMA 시장에서 리더로 부상하게 되었다.

휴대전화 부문도 한국기업들이 획기적인 성과를 거둔 분야이다. 삼성전자, LG 등 한국기업들은 1988년 아날로그 휴대폰을 처음으로 시장에 내놓았으나, 잦은 고장과 통화량 불량으로 소비자에게 인기를 얻지 못했다. 그러나 그 후 꾸준한 기술개발 노력에 힘입어 휴대전화의 소형화와 경량화에 성공하였다. 삼성전자는 1993년 100g 대의 휴대폰을 출시하였고, 1995년에는 시장점유율 51.5%로 휴대시장의 강자인 모토롤라의 42.1%를 앞서게 되었다. 그 후에도 삼성전자는 세계 최초로 CDMA 디지털 휴대전화의 상용화에 성공함으로써 디지털 휴대전화 시장에서도 외국산 제품을 밀어내고 정상에 오르게 되었다. 이러한 추세는 지금까지도 이어져 삼성전자는 스마트폰(smart phone) 분야에서 세계 1위 자리를 놓고 애플(Apple)과 치열한 경쟁을 하고 있다.

선진복지 기반 구축

1987년 이후 민주화는 사회복지 부문에서도 새로운 도약의 기회가 되었다. 1988년 1월부터 최저임금제도와 국민연금제도가 실시되었고, 의료보험도 농어촌지역까지 확대되었다. 1991년에는 '영유아보육법'이 제정되어 보육시설이 급증하는 계기가 되었으며, 지역 중심의 종합복지관도 건립되기 시작하였다. 1995년 1월에는 새로 출범한 보건복지부가

1995년을 '선진복지 원년'으로 선언하면서 정부 차원의 종합적 복지 청사
진을 만드는 국민복지기획단이 설치되어 그해 12월에는 '삶의 질 세계화
를 위한 국민복지 기본구상'이 발표되었다.

새로운 시대적 복지환경에 대응하기 위해 '사회보장기본법'이 제정
되었고, 고용보험제도의 도입과 아울러 국민연금이 농어촌 지역까지 확대
되었으며, 기부금 활성화를 위한 '사회복지공동모금법'도 제정되었다. 특
히, 국민복지 기본구상은 '한국적 복지모형의 정립'을 목표로 첫째, 성장
과 복지의 조화, 둘째, 세계적 보편성과 한국적 전통의 조화, 그리고 셋째,
생산적·예방적 복지의 추구 등의 복지정책의 기본 원칙을 처음으로 제시
했다는 점에서 의미가 크다고 할 수 있다.

보수정권인 김영삼 정부가 제시한 복지정책의 기본 틀은 그 후 김대
중 그리고 노무현 대통령의 진보정권에서도 대체로 유지되었고, 특히 사
회복지서비스 분야에서 많은 사업들이 새로 개발되었다. 외환위기 과정에
서 발생한 대량실업 문제의 해결을 위해 1998년에는 고용보험의 대상과
지원 금액이 크게 확대되었고, 저소득층의 최저생활 보장을 더욱 확실히
하기 위해 기존의 생활보호제도를 기초생활보장제도로 전환하였다.

아울러 김대중 정부는 근로능력이 있는 저소득층의 고용기회 확대
를 위한 자활사업도 활성화하였으며, 의료보험 관리제도의 효율성 증대
를 위해 관리기구를 통합하였고, 의약분업도 실시하였다. 또한, 2000년에
는 장애인의 사회참여 활성화를 위한 '장애인고용촉진법'이 제정되었고,
2005년에는 새로운 시대적 과제로 부각된 저출산·고령화 문제를 해결
하기 위한 '저출산고령사회기본법'이 만들어졌으며, 2007년에는 노인의
소득보장을 위한 '기초노령연금법'도 제정되었다.

역대 정권 중 사회복지 부문에 가장 많은 관심을 보인 노무현 정부는

<선진복지 기반 구축기의 주요 입법 추진 추이>

구분	노태우 정권 (1988~1992)	김영삼 정권 (1993~1997)	김대중 정권 (1998~2002)	노무현 정권 (2003~2007)
공공부조			국민기초생활보장법 (1999)	긴급복지지원법 (2005)
사회보험	국민연금법(1988)	사회보장기본법 (1995) 고용보험법(1993)	국민건강보험법 (1997)	기초노령연금법 (2007) 노인장기요양보험법 (2007)
사회서비스	모자복지법(1989) 고령자고용촉진법 (1891) 영유아보육법 (1991)	정신건강법(1995) 사회복지공동모금법 (1997)	장애인고용촉진법 (2000) 모부자복지법 (2002)	저출산고령사회기본법 (2005) 자원봉사활동기본법 (2005)

2004년 '참여복지 5개년계획'을 발표한 데 이어 2006년에는 2030년까지 복지재정 수준을 OECD 평균으로 제고한다는 '희망한국 비전 2030'이라는 중·장기 사회복지 전략도 제시하였다. 물론 이러한 중·장기 계획들이 그대로 추진되지는 않았지만, 정부수립 이후 처음으로 정부 차원의 중·장기 복지 청사진이 제시되고 이에 관한 토론이 이루어졌다는 차원에서 큰 의미가 있다고 하겠다.

2008년 초 출범한 이명박 정부는 '배급형 복지'가 아닌 '시장친화적이며 능동적 복지'를 표방하면서 예방, 맞춤 그리고 통합형 복지를 강조하였다. 2010년 6월 지방선거에서 무상급식이 정치쟁점으로 부각되면서 무상복지와 복지 포퓰리즘에 대한 논쟁이 크게 가열된 바 있으며, 2013년 2월 말 출범한 박근혜 정부 역시 '생애주기별 맞춤복지'를 복지정책의 핵심적 목표로 제시하였고, 이의 실천을 위한 구체적 프로그램을 마련하고 있다.

격상된 한국의 국제적 위상

한국은 1960년대 이후 눈부신 경제성장에도 불구하고 민주화의 후퇴로 국제사회에서 자유민주주의 국가로 인정받지 못하였다. 그러나 1987년 6·29선언 이후 민주화의 급진전은 한국이 자유민주주의 국가의 대열에 참여할 수 있는 계기가 되었으며, 이는 국제사회에서 한국의 경제력에 상응하는 정치적 위상을 인정받을 수 있는 기반을 만들어주었다.

예를 들어, 세계 각국의 민주화 정도를 가장 높은 수준인 1에서 가장 낮은 수준인 7까지 지수화하여 매년 그 결과를 발표하는 프리덤 하우스(Freedom House)는 1972년 한국의 민주화 수준을 정치자유 부문 5, 시민권리 부문 6으로 매우 낮게 평가하면서 유신체제의 한국을 '비민주화(not free)' 국가로 분류하였다.

그러나 6·29선언 이후 한국의 민주화에 대한 평가가 크게 개선되어 1988년에는 정치자유 부문 2, 시민권리 부문 3으로 한국을 '자유(free)' 국가로 재분류하였다. 그 후 한국의 민주화 정도는 지속적으로 개선되어 2010년에는 정치자유 부문이 최상급인 1, 시민권리 부문은 차상급인 2로 평가되어 한국의 민주화 수준은 미국 및 서유럽의 자유민주주의 국가와 거의 같은 수준으로 평가되고 있다.

한국의 민주화 수준은 미국, 영국, 독일에 비하면 약간 낮으나, 아시아 지역에서는 일본과 같이 가장 높은 수준이며 인도, 싱가포르 등 다른 개발도상국가보다는 훨씬 나은 것으로 나타났다. 이로써 한국은 국제사회에서 눈부신 경제발전과 더불어 민주화 부문에서도 놀라운 성과를 거둔 국가로 인정받게 되었다.

민주화와 더불어 1988년 서울올림픽대회의 개최는 한국의 발전상을 전 세계에 알리고, 특히 중국, 러시아 등 공산권 국가들과 수교를 맺는 계기로 작용하였다. 일본이 1964년 동경올림픽 개최를 계기로 국제사회에서 위상이 크게 개선된 것과 같은 효과가 1988년 한국에서 일어났다. 1980년대 초 한국 정부가 88올림픽을 유치했을 당시에는 제2차 석유파동의 여파로 경제상황이 좋지 않았기 때문에 올림픽으로 경제상황이 더 악화될지도 모른다는 전망이 팽배하였으나, 1984년 LA올림픽이 경제적 흑자로 알려지면서 일반 국민의 우려는 점차 불식되었다. 특히, 올림픽 TV중계권의 가격이 매우 높게 책정되었고, 경기장과 88올림대로 건설 등 주요 투자시설이 올림픽 개최 이후에도 충분히 활용됨으로써 88올림픽은 경제적으로 상당한 흑자를 기록한 것으로 분석[13]되고 있다.

또한, 88서울올림픽에서의 주요 경기장면과 개최국의 경제발전상이 중국, 러시아 등 공산권 국가의 TV에 장시간 방영되면서 이들 국가에서 한국의 위상이 크게 제고되는 결과를 가져왔다. 이를 기반으로 노태우 정부는 88올림픽 개최와 더불어 북방외교를 적극적으로 전개하였다. 그 결과 한국은 1990년 러시아와 수교를 하게 되었고, 1992년 8월에는 중국과 수교하는 성과를 거두었다. 서울올림픽에서 금메달 55개로 종합 1위를 기록한 러시아는 88올림픽 기간 중 금메달 12개로 종합 4위를 기록한 한국에 대해 좋은 인상을 갖게 되었고, 이는 올림픽 직후 수교로 연결되었다. 1990년 수교 후 한국은 러시아와 문화, 경제, 우주개발계획 등의 분야에서 활발한 협력사업을 전개하고 있다.

1992년 중국과의 수교는 한국 경제발전에 새로운 이정표가 되는 역사적 전환점이 되었다. 1980년대 중반부터 적극적으로 개방화를 추진한 중국은 '세계의 공장'이라고 불릴 정도로 높은 경제성장을 이루었는데,

---

13) 서상목 외, "88 서울올림픽의 경제적 파급효과 분석", 한국개발연구원, 1984

1992년 중국과의 수교는 한국이 중국의 고도성장 과정에 참여하여 큰 경제적 이득을 얻는 계기가 되었다. 특히, 무역 부문에서 한·중 경제관계는 매우 활발히 전개되어 2012년 현재 한국의 대 중국 수출은 1,343억 달러로 전체 수출의 24.5%에 이르고 있다. 그 결과, 중국은 한국의 최대 수출시장으로 부상하였고, 중국 시장은 한국기업과 경제의 성장 원동력이 되고 있다. 중국의 성장잠재력과 중국 경제의 규모로 미루어 중국이 한국 경제성장의 견인차 역할을 하는 상황은 상당 기간 지속될 것으로 전망된다.

1996년 한국이 경제선진국들의 협의체인 OECD에 가입한 것 역시 한국의 강화된 국제적 위상을 확인함은 물론, 한국이 개방된 시장경제와 다원적 민주주의라는 가치관을 공유하는 국가임을 세계에 알리는 계기가 되었다. 한국은 1980년대 중반부터 OECD 회원국이 되기를 희망했지만 뜻을 이루지 못하였는데, 그 이유는 선진국으로서의 경제적 자격 미비보다는 민주화의 부진으로 인한 정치적 요건이 충족되지 못하였다는 사실에 기인하였다. 따라서 1996년 한국의 OECD 가입은 그동안 한국이 갖고 있던 정치적 '열등의식'을 완전히 해소하면서 경제선진국으로서의 국제적 위상을 다시 한 번 확인하는 기회가 되었다.

이에 더해, 한국의 OECD 가입은 한국의 경제시스템을 국제화시키는 결과를 초래하였다. 우선 미국 등 주요 OECD 회원국들은 가입조건으로 자본시장의 개방을 요구하였고, 한국 정부는 이들의 요구를 대부분 수용하였다. 자본시장의 개방은 단기적으로는 1997년 말에 발생한 외환위기를 악화시키는 등의 부작용이 있었으나, 장기적 시각에서 보면 한국의 자본시장을 한 단계 업그레이드시키는 계기가 된 것이 사실이다. 게다가 연 2,400회 이상 열리는 각종 OECD 회의 참석을 통해 선진국의 경험을 배워 이를 한국 경제운용에 참고함은 물론, 한국의 입장과 이익을 다른

OECD 회원국들에게 알리고 이들 국가들의 정책에 반영시키는 기회를 갖게 되었다.

2010년 11월 서울 G20 정상회의의 개최는 OECD 가입으로 높아진 한국의 국제적 위상이 한 단계 올라가는 계기가 되었다. 특히, G20 정상회의가 처음으로 비(非) G7 국가에서 개최된 서울 G20 정상회의에서는 국제금융위기 이후 세계경제질서에 관한 심도 있는 논의가 이루어졌다. 국제회의에서 한국은 주요 선진국들이 짜놓은 국제질서 속에서 수동적 역할을 하던 종전의 관행에서 완전히 벗어나 세계경제질서 구축 과정에서 선진국과 개발도상국의 중간 입장에서 중개자 역할을 담당하고, 더 나아가 초강대국인 미국과 중국의 의견 차이를 좁히는 능동적 역할까지 담당하게 되었다.

특히 정상회의에서 합의된 '서울 선언문'을 통해 한국이 주도한 개도국 지원과 글로벌 금융안전망 구축 등 이른바 '코리아 이니셔티브(Korea Initiative)'에 관한 구체적 합의가 이루어짐으로써 세계경제의 의제 설정자로서 한국의 위상을 높이는 계기가 되었다. 삼성경제연구소는 G20 정상회의의 직접적 경제효과를 1,023억 원, 간접적 경제효과는 24조 원에 이르는 것으로 추정[14]하고 있다. 또한, 정상회의의 성공적 개최로 국가 브랜드의 가치가 높아지고 국제시장에서의 '코리아 디스카운트(Korea Discount)'도 상당 부분 해소되는 성과를 올렸다.

---

14) 이동훈(2010), "서울 G20 정상회의와 기대효과", 삼성경제연구소

09장

한국 자본주의 진화의 역사적 교훈

짧은 기간에 큰 성과를 거두다

한국 자본주의 진화의 가장 큰 특징은 비교적 짧은 기간에 질적 · 양적 측면에서 매우 큰 성과를 거두었다는 사실이다. 한국은 1960년대 초가지만 해도 세계 최빈국에 속하였으나, 1990년대 중반에는 OECD 회원국으로 선진국 대열에 합류하였다. 그래서 한국은 가장 짧은 기간에 후진국에서 선진국으로 지위가 상승함과 동시에 제2차 세계대전 이후 후진국에서 선진국이 된 최초의 국가라는 기록을 갖게 되었다.

그와 동시에 한국은 외국으로부터 원조를 받는 수혜국의 위치에서 벗어나 이제는 외국에게 원조를 주는 공여국으로 탈바꿈하게 되었다. 나아가 2008년 세계금융위기 수습과정에서는 G20 의장국으로 선진국과 개발도상국 간은 물론 미국과 중국 사이에서 중개자 역할을 하는 위치에까지 이르게 되었다. 그리고 2012년에는 1인당 국민소득 2만 달러, 인구 5천만 명을 상징하는 20-50 클럽의 세계 일곱 번째 국가가 되었다. 그래서 세계은행은 이러한 한국의 경험을 다른 개발도상국들에게 전수하기 위해 한국에 특별사무소 설치를 추진하고 있다.

이러한 외형적 성과 이외에도 한국 자본주의는 산업구조와 정책 측면에서도 큰 변화가 있었다. 1960년대 수출 붐이 조성되면서 한국의 대표산업은 종래의 농업에서 공업으로 전환되었고, 1970년대 중화학공업의 성공적 육성정책에 힘입어 공업구조 역시 경공업 중심에서 중화학공업 중심으로 변모되었다. 교육수준의 향상과 산업구조의 고도화로 인력의 교육수준도 높아져 한국은 명실 공히 지식사회로 진입하고 있다.

산업정책 역시 1950년대의 소극적이고 대내 지향적 방향에서 수출의 적극적 진흥을 위한 대외 지향적인 방향으로 선회하였고, 기업의 국제경쟁력 역시 세계시장에서 치열한 경쟁을 통해 크게 향상되었다. 그 결과 삼성, 현대 등 한국의 대기업들은 세계적으로 활약하는 글로벌 기업으로 성장하고 있고, 이들 기업을 운영하는 기업가 역시 세계 수준의 경영자로 인정받고 있다.

비록 경제발전에 비해 시기적으로는 뒤졌지만, 정치발전 역시 짧은 기간에 빠른 속도로 이루어졌다는 사실 역시 한국 자본주의 진화과정의 큰 업적이라고 할 수 있다. 1987년 6·29 민주화 선언 이후 급속히 진전된 민주화는 초기에는 노사분규라는 부작용을 야기하였지만, 시간이 흐르면서 정치안정과 사회안정을 통해 한국 자본주의 발전에 크게 기여하고 있다. 자유민주주의는 시장자본주의와 긴밀한 상관관계가 있기 때문에 민주화로 상징되는 한국의 정치발전은 향후 한국 자본주의 발전에 새로운 활력소 역할을 할 것으로 기대된다.

한국 고유의 모델을 개발하다

한국 자본주의 진화의 또 하나의 특징은 비록 한국 자본주의가 일본 자본주의의 영향을 가장 많이 받았지만, 그 내용을 살펴보면 한국 고유의 모델이라고 할 수 있을 정도의 특색을 갖고 발전하여왔다는 사실이다. 특히 사회주의 경제의 특징인 경제개발계획의 수립과 시장경제의 특징인 민간기업 활동을 절묘하게 결합하고, 이에 수출 진흥이라는 대외 지향적 경제정책을 가미한 이른바 '박정희 패러다임'은 한국 고유의 자본주의 모델 개발이라고 할 수 있을 정도로 큰 성과를 거두었다.

그래서 아시아, 남미의 경제부처 공무원들이 한국의 경험을 공부하려고 앞 다투어 한국을 찾고 있으며, 공산주의 경제에 개방화로 수출산업을 육성하려는 중국 역시 한국의 '박정희 패러다임'을 자국의 경제정책에 활용하여 '세계의 공장'이라고 불릴 정도로 큰 성과를 거두고 있다.

한국은 주요 정책의 성공적 추진을 통해 국제사회에서 부러움의 대상이 되어왔다. 1960년대 수출진흥정책은 모든 경제개발 전문가들의 연구대상이 되고 있으며, 1970년대 중화학공업 육성정책 역시 중국, 인도, 브라질 등 산업구조의 고도화를 시도하는 국가들의 부러움을 사고 있다. 1980년대 안정화 정책은 세계은행 등 국제기구로부터 극찬을 받았고, 1990년대의 IT산업 육성정책 역시 정보화 사회를 시도하는 국가들의 롤모델이 되고 있다.

또한, 1997년 외환위기 과정에서 추진된 구조조정 노력은 새로운 세계금융위기를 맞은 선진국들에게도 시사하는 바가 크다는 평가를 받고 있다. 이에 더해 한국의 새마을사업은 지금까지도 많은 개발도상국들의 선망의 대상이 되고 있으며, 심지어는 한국의 의료보험제도도 미국 오바마 대통령에 의해 세계적 성공사례로 지적되고 있다.

이와 같이 한국 자본주의의 진화가 국제사회에서 성공사례로 부각되고 있는 이유는 여러 가지가 있다. 우선 대내적 요인으로 한국인의 높은 교육열과 근면성이다. 한국인이 세계에서 가장 교육수준이 높고 가장 열심히 일한다는 사실은 새삼 강조할 필요가 없을 정도로 잘 알려져 있다. 세계 최고 수준의 대학진학률, 그리고 가장 긴 근로시간 등이 이를 입증하는 대표적 사례이다.

그에 못지않게 중요한 것은 한국 공공 부문의 상대적 효율성이다. 오랜 유교전통을 이어받아 한국에서는 가장 우수한 인재가 공무원이 되려 하고, 이들의 생산성 역시 다른 나라에 비해 높다고 평가받고 있다. 특히, 오랫동안 군사정권의 집권과정에서 축적된 공직자들의 강력하면서도 신속한 업무처리 능력은 세계적으로도 부러움의 대상이 되고 있다. 1970년대 오일파동, 1997년의 외환위기 과정에서 한국정부는 신속히 대응책을 마련하였고 이를 어김없이 집행하였다. 그리고 신도시 건설 등 대형 국책사업의 추진 역시 세계에서 가장 신속히 집행되었음은 물론, 그 내용도 우수하여 한국에서 공공 부문의 효율성을 입증하는 대표적 사례가 되고 있다.

대외적 요인으로는 미국과의 긴밀한 관계를 지적하지 않을 수 없다. 해방 이후 미국의 영향력은 한국을 자유민주주의와 시장자본주의 체제로 정착시키는 과정에서 결정적 요인으로 작용하였다. 그리고 미국에 의한 경제원조는 1960년대 중반까지 한국경제를 지탱해주는 밑거름이 되었고, 미국과의 군사동맹관계 역시 한국경제의 안정성을 보장하는 외교·안보적 울타리가 되고 있다. 1960년대 이후 한국이 대외 지향적 경제정책을 펼치게 된 것도 미국정부와 미국인 경제전문가들의 영향이 컸다고 할 수 있으며, 이에 더해 미국은 한국수출의 가장 큰 시장이 되어왔다.

또한, 아시아의 경제대국인 일본과 중국을 이웃으로 하고 있다는 사실 역시 한국 경제발전의 활력소 역할을 담당하여왔다. 해방 이후 일본은 경제발전 측면에서 언제나 우리에게 롤-모델이 되었다. 수출산업의 진흥정책을 포함하여 한국의 주요 정책들이 거의 일본을 벤치마킹하여 추진되었다고 해도 과언이 아니다. 일본은 여러 가지 측면에서 한국과 유사한 점이 많기 때문에 일본에서 추진된 정책들은 약간의 수정과정을 거쳐 한국에 그대로 적용해도 큰 문제가 없기 때문이다.

또한 일본은 한국기업에게는 기술전수와 기업경영에서 롤-모델 역할을 담당함으로써 한국기업이 비교적 짧은 기간에 세계적 기업으로 성장하는 데 큰 힘이 되었다. 결과적으로 한국 자본주의가 일본보다 더 빠른 속도로 진화할 수 있었던 것은 우리와 형편이 비슷한 일본의 경험으로부터 배울 수 있었기 때문이다.

1980년대 후반 이후 중국 역시 한국 자본주의의 발전을 촉진하는 촉매제 역할을 담당하고 있다. 빠른 경제성장을 장기간 유지하면서 방대한 내수시장을 갖고 있는 중국은 한국 수출의 최대 시장으로 자리 잡고 있으며 한국기업의 최대 투자처로 부상하고 있다. 특히, 일본경제가 힘을 잃어가기 시작한 시기에 중국의 급부상은 한국에게는 새로운 행운을 안겨주는 기회가 되고 있다.

IMF, 세계은행 그리고 GATT 등 국제기구 역시 한국 자본주의 진화과정에서 많은 긍정적 역할을 했다. 세계은행은 개발 초기에 부족한 외화와 더불어 개발사업 추진의 노하우를 한국에 제공하였고, IMF와 더불어 한국의 경제정책을 시장친화적으로 발전시키는 데 있어 촉매제 역할을 담당하였다. GATT와 그 후 출범한 WTO 역시 보호주의를 막고 세계무역

환경을 개방적으로 만들어줌으로써 한국이 수출을 통해 경제발전을 할 수 있도록 도와주었다.

한국 자본주의 진화과정에서 핵심적 역할을 담당한 것은 첫째, 똑똑하면서도 부지런한 근로자와 국민, 둘째, 강하면서도 변화에 신속히 대응하는 정부와 공무원, 그리고 셋째, 모험심이 강하고 추진력이 있는 기업과 기업가라고 할 수 있다. 그 결과 한국은 전환기 또는 위기를 맞아 적절한 전략을 구사하여 신속히 대응하였고, 세계에서 가장 짧은 기간에 선진국으로 도약하는 '기적'을 만들어내게 되었다. 한국 자본주의에 대한 많은 비판이 있음에도 불구하고 한국이 개발도상국 중 가장 성공한 자본주의라는 사실에는 큰 이의가 없다고 생각된다.

그러나 이제는 새로운 패러다임을 개발해야 한다

한국 자본주의는 새로운 단계로 진화할 때마다 많은 진통을 겪은 경험을 갖고 있다. 한국 자본주의가 1.0에서 2.0으로 진화할 때는 4·19 민주화 운동과 5·16 군사혁명이라는 정치적 진통을 겪었다. 그리고 2.0에서 3.0으로 진화할 때는 민주화 시위와 6·29 민주화 선언 그리고 극심한 노사분규와 임금인상 등의 정치·사회적 혼란을 겪기도 하였다. 지금은 한국 자본주의가 3.0에서 4.0으로 진화하는 과정으로, 전환기의 새로운 도전과제들이 노정되고 있다.

양극화의 심화, 복지욕구의 분출과 복지 포퓰리즘에 관한 논란, 그리고 대기업집단에 대한 불만 표출과 경제민주화에 대한 논쟁 등이 그 대표적 사례라고 할 수 있다. 서구 자본주의는 어려움을 겪을 때마다 새로운 보수작업을 거쳐 더욱 개선된 형태로 진화되어왔다. 한국 자본주의 역시 수차례의 진화과정을 겪으면서 진화·발전되어 왔으며, 현재 각계에서 분출되고 있는 욕구 역시 이를 자본주의 체제 내에서 수용하기 위해서는 한국 자본주의 3.0에 대한 전반적 보수작업을 통한 새로운 패러다임의 정립이 필요하다고 하겠다.

서구사회에서 진보주의는 프랑스 혁명에서 시작되었다. 해방(liberation)을 최고의 이상으로 삼는 진보주의는 자유주의자가 말하는 자유보다 좀 더 발전되고 적극적인 개념이다. 예를 들어, 자유주의는 사유재산권과 시장에서의 자유를 그 이상으로 삼고 있으나, 진보주의에서 해방은 이보다 정치적으로 더 적극적인 자유를 의미하고 이 과정에서 때로는 폭력의 사용도 불가피하다고 생각한다. 실제로 프랑스 혁명과정에서 선두에 서서 자유와 인권을 호소한 정치지도자들은 공포정치를 했으며, 자신들도 권좌에서 밀려나 비참한 최후를 맞이한 바 있다.

보수주의는 이러한 프랑스 혁명의 폭력성과 비연속성을 지켜보고 이에 대한 반발로 영국에서 시작된 것이다. 보수주의의 태두라고 할 수 있는 버크(Burke)[15]는 프랑스 혁명의 실패 원인을 분석하면서 모든 개인의 합리적 능력은 그것이 아무리 현명한 인물의 것이라고 해도 매우 제한된 것이라는 점을 지적하고 있다. 그러나 보수주의가 변화 그 자체를 부정하거나 거부하는 것은 아니다. 진보주의가 이상적인 목표를 향해 급격한 변화를 추구한다고 하면, 보수주의는 인간 능력의 한계와 전통을 존중하면서 점진적인 변화를 모색한다고 할 수 있다. 따라서 자본주의를 보수(補修)하는 일은 진보는 물론 보수 세력도 모두 함께 동참해야 할 시대적 과업이다.

서양의 현대적 사상이 한국에 들어온 것은 19세기 말과 20세기 초였

---

15)　Edmund Burke(1790), 『Reflections on the Revolution in France』

다. 그러나 그때는 이미 국운이 쇠하여 조선왕조가 망하고 한국이 일제 식민지로 전락하는 시기였기 때문에 서양의 사상이 한국에서 정치·사회발전으로 연결되지는 못하였다. 그러나 미국의 자유민주주의 사상과 소련의 공산주의 사상은 독립운동을 주도하는 지도자들에게 그대로 이식되었고, 양 세력 간 반목과 갈등은 상해 임시정부의 운영과 독립운동의 효율을 크게 저하시키는 요인으로 작용하였다.

예를 들어, 1919년 수립된 상해 임시정부는 미국식 자유민주주의를 신봉하는 이승만 세력과 소련식 공산주의를 신봉하는 이동휘 세력 간의 분열로 그 기능을 제대로 수행하지 못했으며, 이 두 세력을 화해시키려는 안창호의 노력은 수포로 돌아가고 말았다. 1945년 해방이 된 후에도 자유주의 세력과 공산주의 세력은 치열한 투쟁을 계속하였고, 결국 한국은 남한과 북한으로 분리되고 말았다. 심지어는 남한 내에서도 보수와 진보는 자유주의와 공산주의라는 이념적 한계를 벗어나지 못하고 갈등과 반목을 거듭해왔으며, 보수와 진보 간의 알력과 마찰은 지금까지도 계속되고 있다.

그러나 세계는 1980년 이후 공산주의가 붕괴되면서 시장경제와 자유민주주의가 인류의 공통적 가치관으로 자리잡아가고 있으며, 이러한 추세는 한국인의 의식구조에도 큰 영향을 미치고 있다. 한국일보 조사[16]에 의하면 본인의 이념성향을 '보수' 또는 '진보'라고 응답한 비율은 2007년 6월 각각 31.8%와 24.2%에서 2009년 12월에는 26.4%와 22.7%로 하락하였으나, '중도'라고 응답한 비율은 같은 기간에 42.0%에서 49.3로 증가하였다.

한겨레신문 조사[17] 역시 비슷한 결과를 보이고 있다. 자신을 '진보'로

---

16) 한국일보(2010), "한국인의 이념 변화", 1월 1일자

17) 한겨레신문(2011), "2011 한국사회 이념지도", 5월 16일자

분류한 비율은 2002년 25.8%에서 2006년 16.4%로, 그리고 '보수' 비율은 같은 기간에 43.8%에서 36.2%로 감소하였으나, 자신을 '중도'로 분류한 비율은 30.4%에서 47.4%로 크게 증가한 것으로 나타났다. 2011년에는 '이념적 혼재'를 보이는 중도적 응답자가 51.7%로 나타났는데, 그 내용을 살펴보면 사회복지 분야에서는 진보성향이 강해지고, 외교·안보 분야에서는 보수성향이 강해지는 것으로 나타났다.

예를 들어, "기업에 다소 부담이 되더라도 비정규직 노동자를 정규직으로 바꾸는 것이 바람직하다"는 의견에 찬성하는 비율이 2007년 79.1%에서 2011년에는 83.7%로 증가했으나, '민족적 차원의 대북 지원 확대'에 찬성하는 비율은 2002년 58.9%에서 2011년에는 35.3%로 크게 감소한 것으로 나타났다. 연령별 이념성향을 살펴보면, 연령이 많아질수록 보수성향이 높아지는데, 예를 들어, 30대는 진보가 37.7%로 보수 14.6%보다 훨씬 높으나, 50대는 보수가 36.7%로 진보 20.8%보다 높은 것으로 나타났다.

이제 한국 자본주의는 저성장과 양극화의 심화라는 새로운 도전에 직면하고 있다. 자본주의 진화 속도가 한국에서 가장 빨랐듯이 양극화의 심화 속도 역시 한국에서 가장 빠르게 나타나고 있다. 따라서 한국 자본주의의 새로운 패러다임을 만들어가는 것은 우리 모두의 시대적 과업이다.

복지와 경제의 융합

"새 술은 새 부대에 담아야 한다."는 말이 있다. 이는 새로 만든 포도주를 헌 부대에 담으면 발효과정에서 부대가 터질 수 있기 때문에 공기 팽창을 견딜 수 있는 새 부대를 사용해야 한다는 오랜 생활의 지혜에서 유래되었다.

역사적으로 자본주의는 위기에 봉착하여 새로운 해법이 필요할 때마다 이를 뒷받침해주는 새로운 이론과 철학이 대두되었다. 18세기 후반에 본격화된 산업혁명은 애덤 스미스로 대표되는 고전적 자유주의 시장경제 원리에 바탕을 두었고, 경제대공황 이후의 정부 역할 확대와 복지국가 건설은 케인스주의가 이론적 기반이 되었으며, 1980년대 이후 진행된 복지국가의 개편 작업은 하이에크와 프리드먼의 신자유주의 이론에 근거하고 있다.

따라서 2008년 금융위기 이후 세계적으로 새로운 도전과제가 되고 있는 경제 활력 제고와 양극화 해소라는 두 마리 토끼를 잡기 위해서는 경제와 복지를 동시에 아우를 수 있는 통합적 사고의 틀이 필요하다. 이 책에서는 이를 복지와 경제의 융합이라는 차원에서 '웰페어노믹스'라고 지칭하고 있다.

웰페어노믹스는 원래 복지와 경제는 동전의 양면이라는 인식에 바탕을 두고 있으며, 21세기는 제 학문 간 통합을 통해 새로운 학문적 영역이 만들어지는 시대라는 점도 감안하고 있다. 또한 웰페어노믹스는 경쟁과 협력이 조화를 이루면서 새로운 시너지를 만들어낼 수 있다는 '협력적 경쟁' 개념을 복지와 경제 분야에 적용한 사례이기도 하다.

기본적으로 웰페어노믹스는 기존의 신자유주의 시장경제 모델을 함께 성장하는 자본주의를 만들어가는 방향으로 수정하여 '복지적 경제'를 구축함과 동시에 기존의 서구식 복지국가 모델을 지속 가능한 방향으로 수정하여 '경제적 복지'를 구현하고자 하는 시도라고 할 수 있다.

복지적 경제는 우선 정부의 국가전략 수립 기능을 강화하는 데서 시작하며, 기업의 사회적 가치를 제고함은 물론, 시민사회의 기능을 강화하여 공생발전의 생태계를 만들어감으로써 이룩될 수 있다. 또한 경제적 복지는 일자리가 최선의 복지라는 인식을 바탕으로 취약계층에게 맞춤형 고용서비스를 제공하고, 각종 사회복지정책을 사회혁신을 촉진하는 수단으로 활용하며, 복지경영 전통을 확립하여 복지 부문의 사회적 성과를 극대화함으로써 달성될 수 있을 것이다.

웰페어노믹스의 개념과 이의 구현을 위한 정책 제언들이 추진되면 당면 현안인 저성장과 양극화의 악순환에서 벗어날 수 있을 뿐만 아니라 경제정책과 복지정책에 관한 보수와 진보 간 논쟁도 더욱 생산적인 방향으로 수렴·발전될 수 있을 것이다.

10장

새 술은 새 부대에: 융합과 협력의 사고(思考)

21세기는 융합의 시대

융합(融合)의 사전적 의미는 여럿이 녹아서 하나가 된다는 뜻이다. 영어로 퓨전(fusion)은 '결합을 이루어 하나가 되는 것' 또는 '두 개 이상의 금속이 고온에 녹아 하나가 되는 것'을 의미한다. 물리학에서 핵융합(nuclear fusion)은 두 개 이상의 원자가 결합하여 새로운 원자가 되는 것으로, 이 과정에서 많은 열이 발생하게 된다. 화학자 오토 한(Otto Hahn)과 물리학자 리제 마이트너(Lise Meitner)는 1939년 우라늄 핵분열을 발견하였는데, 이는 화학과 물리학이 융합된 결과였다.

역사적으로 학문의 발전을 살펴보면, 16세기 이전에는 학문이 분화되지 않고 통합적으로 발전하여왔다. 고대 그리스시대의 과학은 과학이라기보다는 자연철학이라고 할 수 있으며, 우주의 근원을 과학적, 수학적 그리고 철학적으로 접근하였다. 탈레스는 만물의 근원은 물이라고 주장하였고, 데모크리토스는 세상의 모든 것은 원자로 이루어져 있다고 주장하였다.

우주의 본질적 질서를 인문학, 사회과학, 자연과학의 구분 없이 논리적으로 성찰하려는 고대 그리스의 사상은 후에 융합과학의 바탕이 되었다고 할 수 있다. 이러한 시각은 중세와 르네상스 시대까지 지속되어 당시의 학자들은 지금의 관점으로 분류한 거의 모든 학문에 걸쳐 전문적인 지식 수준을 갖추고 있었다. 예를 들어, 레오나르도 다빈치는 조각, 건축, 식물학, 천문학, 지리학, 음악 외에도 도시계획과 발명 등에도 능통했다.

그러나 16세기 이후 학문은 분화되기 시작하였다. 학문의 각 영역들이 자체의 고유한 탐구 대상과 원리를 가지고 있다고 판단되면서 학문의 구분이 시작되었고 독립적인 탐구활동을 통해 독자적 학문체계가 형성되었다. 이러한 추세는 20세기 중반까지 지속되었으나, 20세기 후반부터 세분화와 전문화가 진행됨과 동시에 학문 간 통합이 이루어지기 시작하였다. 서로 별개라고 생각되었던 다양한 학문 간에 물리적·개념적 공통 법칙이 존재한다는 사실이 발견되고, 이는 학문 간 연계로 발전되었다.

그 대표적 사례가 생화학, 분자생물학, 진화의학, 메커트로닉스, 생명공학 등이다. 기계공학(mechanics)에 전자공학(electronics)을 접목시켜 새로운 제품을 디자인하고 생산하기 위해 만들어진 메커트로닉스(mechatronics)는 점차 그 내용이 확대되어 현재는 컴퓨터공학, 소프트웨어공학, 제어공학, 시스템디자인공학 등을 포함하고 있다. 산업용 로봇과 CAD/CAM[1] 등이 메커트로닉스의 대표적 사례이며, 최근에는 의학 분야에도 적용되어 바이오-메커트로닉스(bio-mechatronics)라는 새로운 분야가 만들어지고 있다. 또한 생물학(biology)에 물리, 화학, 컴퓨터과학 등의 공학적

---

1) CAD(Computer Aided Design)는 컴퓨터 지원 설계의 약어로, 컴퓨터에 기억되어 있는 설계정보를 그래픽 디스플레이 장치로 추출하여 화면을 보면서 설계하는 것이며, CAM(Computer Aided Manufacturing)은 컴퓨터를 이용하여 제조업무를 수행하는 것으로 CAD 분야도 포함한다.

(engineering) 기술이 접목되어 생명체의 신비를 과학적으로 분석하는 생명공학(bioengineering) 분야가 탄생되기도 했다.

자연과학 분야에서 IT 기술이 다른 분야와 접목되어 새로운 시너지 효과를 내면서 융합분야가 만들어지는 것과 같이 인문과학 분야에서는 경영이 보건, 복지, 교육 등의 분야에 접목되어 과학적 경영기법을 통한 해당 분야의 경영효율 제고에 크게 기여하고 있다. 또한, 기업경영에서 창의력과 디자인의 중요성이 부각되면서 인문학 강좌가 인기있는 최고경영자 과정이 되고 있으며, 창의적 경영을 강조하는 디자인경영 역시 새로운 분야로 발전하고 있다.

예를 들어, 스탠퍼드 대학은 경영학과 디자인은 물론 사회학, 심리학 등 제 분야의 융합을 바탕으로 창의적 경영을 지향하는 디자인경영 과정을 운영하고 있고, 이 과정의 관련인사들이 창업한 회사 IDEO는 실제로 디자인경영을 실천하고 있다. 또한 세계적으로 잘 알려진 MIT 공과대학의 미디어랩(Media Lab)은 공학에 예술과 인문학 등 이질적인 학문을 접목시킨 연구기관으로, '인간을 위한 기술'이라는 구호로 기발하고 창조적인 연구 활동을 통해 가상현실, 유비쿼터스, 3차원 홀로그램, 착용식 컴퓨터 등의 개념을 개발하여 융합과학의 롤-모델이 되고 있다.

융합과학은 현재 세계적으로 많은 관심과 지원의 대상이 되고 있다. 미국에서는 국립과학재단이 중심이 되어 나노공학(Nano Technology), 생명공학(Biotechnology), 정보과학(Information Science), 인지과학(Cognitive Science) 등을 융합하는 NBIC 융합과학기술의 틀을 만들었고, 유럽공동체는 2004년 인문학과 사회과학의 응용 분야를 공학과 융합시켜 사회적 테크놀로지를 만들어내는 CTEKS(Converting Technologies for the European Knowledge Society)를 제시한 바 있다.

미국이 만들어낸 NBIC에 비해 유럽공동체의 CTEKS는 사회과학적 측면을 강조한다는 특징이 있다. 한국에서는 2009년 서울대학교와 경기도가 융합기술연구원과 융합과학기술대학원을 설립하여 나노기술, 디지털정보기술, 분자의학 등 자연과학 분야 위주로 융합을 시도하고 있다.

협력적 경쟁

협력적 경쟁(co-opetition)이라는 단어는 경쟁관계에 있는 참가자들이 상호 협력을 통해 서로의 이익을 극대화할 수 있다는 이론이다. 이는 하버드대 경영학 교수 브란덴버거(Brandenburger)와 예일대 경영학 교수 네일버프(Nalebuff)가 고안한 게임이론[2]으로 실제 기업경영 상황에서 적용될 수 있다는 것이 이들의 주장이다. 협력적 경쟁 이론은 기업이 경쟁과 협력의 강점을 활용하여 더욱 큰 이익을 얻을 수 있다는 점에 착안하고 있다. 기업은 다른 기업과의 경쟁에서 상대적으로 우월한 성과를 올려 이윤을 창출할 수도 있으나, 다른 기업과 협력하여 새로운 기업환경을 조성함으로써 서로의 이익을 높이는 결과를 가져올 수 있다는 것이 협력적 경쟁의 기본 논리이며, 이는 다음과 같은 세 가지 가설에 그 근거를 두고 있다.

첫째, 오늘날 기업 환경의 특징은 기업이 단독으로 활동하는 것보다는 다른 기업들과의 협력관계를 통한 동태적 활동을 통해 더 많은 이윤을 올릴 수 있다.

둘째, 기업들은 상호협력을 통해 시장 규모와 가치를 확대할 수 있으며, 확대된 시장에서의 이윤 배분은 기업 간 경쟁을 통해 결정된다.

---

2) Adam Brandenburger and Barry Nalebuff(1996), 『Co-opetition』, Currency/Doubleday

셋째, 협력적 경쟁은 시장에서 복수의 승자가 존재하는 것을 가능하게 하고, 기업의 경영목표는 자신의 이익을 극대화하는 것일 뿐 다른 기업의 이익 수준과는 실제로 별 관계가 없다.

기업이 가치를 창출하는 것은 기본적으로 협력적 과정이라고 할 수 있다. 가치를 창출하기 위해서 기업은 근로자와 고객은 물론 공급자, 때로는 다른 기업과도 협력해야 하기 때문이다. 새로운 시장을 개척할 때뿐만 아니라 기존의 시장을 확대하는 과정에서도 이러한 원칙은 그대로 적용된다. 그러나 창출된 가치를 내재화시키는 것은 기본적으로 경쟁과정이라고 할 수 있다. 이는 마치 케이크를 만드는 과정은 협력적이지만 이를 나누는 과정은 경쟁적일 수밖에 없는 것과 같은 이치이다. 그래서 협력적 경쟁은 가치를 창출하는 과정에서 강조되는 개념이라고 할 수 있다.

실제로 기업들은 협력과정을 통해 재계 전체의 이익을 도모하는 활동을 하는 경우가 많다. 상공회의소, 중소기업중앙회, 전국경제인연합회, 다양한 업종별 협회 등 각종 기업가단체들이 협력을 통해 소속 기업들의 가치 창출을 극대화하기 위해 노력하고 있다. 생각의 범위를 좀 더 확대하면, 노사관계도 임금책정 등 케이크를 나누는 과정에서는 경쟁적이고 때로는 투쟁적이나, 가치를 창출하는 생산과정에서는 협력적 관계가 유지되어야 생산성 증가를 통해 노사 모두에게 득이 될 수 있는 이윤을 창출해낼 수 있다.

복지와 경제의 관계도 마찬가지이다. 단기적으로 자원을 배분하는 과정에서는 복지와 경제가 서로 경쟁적 관계에 있을 수 있으나, 국가의 부를 창출하는 과정에서는 복지와 경제가 상호보완적 역할을 수행하면서 협력해야 서로 윈-윈 게임을 할 수 있게 된다.

네트워크 이론

네트워크 이론은 원래 컴퓨터공학에서 시작되었다. 이에 의하면 링크(link)에 의해 상호 연결되어 있는 노드(node)들의 집합이 네트워크이며, 네트워크가 제대로 작동되기 위해서는 네트워크의 다양한 구성원들이 각자의 경쟁력을 지키면서 협력관계를 형성해야 한다. 또한 네트워크의 가치는 참여자 수의 제곱에 비례한다는 원칙이 암시하듯이, 네트워크 이론은 구성원 간 협력이 시너지 효과를 발휘하여 구성원 모두에게 윈-윈 게임 상황을 만들어가고 있음을 강조한다.

대표적인 네트워크 이론으로 '약한 연계의 강점(SWT: Strength of Weak Ties)' 이론[3]이 있다. 이는 구성원 간 연계가 강한 경우보다는 약한 경우가 다양한 그룹 또는 구성원 간 연계를 좀 더 가능하게 하여 결과적으로 더 많은 정보가 창출된다는 논리이다. 구성원 간 연계가 강하면 구성원의 확장이 어려워져 폐쇄적 네트워크가 될 가능성이 높은 반면, 구성원 간 연계가 약하면 더 많은 구성원들 또는 그룹과의 연계가 가능하기 때문이다.

아래 그림에서 보듯이, A와 G의 약한 유대가 이질적 그룹과 관계를 만들어줌으로써 네트워크 전체의 가치를 제고하는 데 크게 기여하고 있

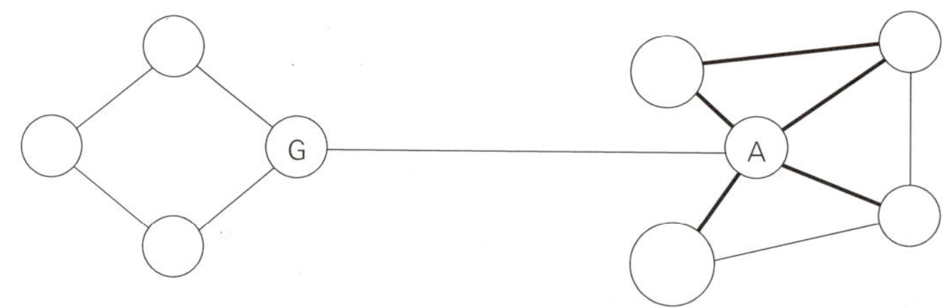

〈A와 G의 약한 연계가 네트워크 전체의 가치를 높여준다〉

---

3)　M. S. Granovetter(1973), "The Strength of Weak Ties", American Journal of Sociology, 78(6) 1360~1380.

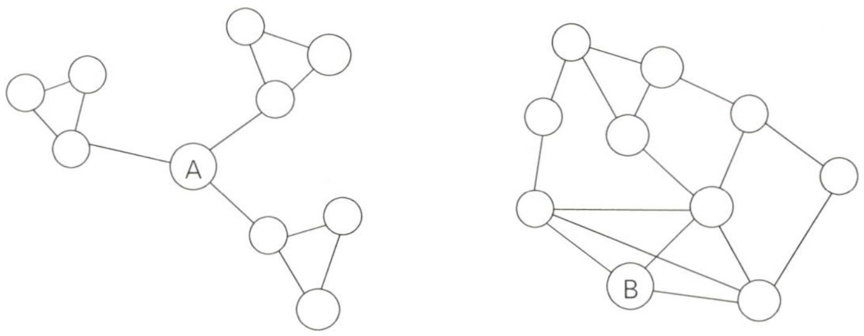

다. 이 경우 A와 G의 관계가 단절되면 네트워크의 가치는 크게 손상될 것이다.

다음으로 '구조적 구덩이(SH: Structural Holes)' 이론[4]이 있다. 이는 위의 그림에서와 같이 서로 연결되지 않은 구조적 웅덩이를 많이 가진 A가 같은 수의 구성원을 갖고 있으나 서로 연결되어 있어 구조적 웅덩이가 하나인 B보다 더 많은 정보에 접할 수 있기 때문에 성공할 확률이 높아진다는 주장이다.

이러한 네트워크 이론이 사회과학 분야에 적용되면서 다양한 새로운 가설들을 만들어가고 있다. 우선 네트워크의 형성은 개인에게 많은 사회적 자본을 만들어주는 계기가 된다는 것이다. 또한 네트워크는 기업에게 시장에서 차별화를 할 수 있는 수단이 될 수 있으며, 네트워크화되어 있는 조직은 수직적 위계조직보다 유연성을 높여준다. 실리콘밸리의 사례를 통해서도 알 수 있듯이, 네트워크는 혁신생태계를 만들어주는 원동력이 될 수 있을 뿐만 아니라 신뢰를 조장하고 행동의 규범을 만들어가는 긍정적 역할을 수행한다.

기존의 경쟁적 사회는 내부적으로 위계구조(hierarchy)를 중심으로 하

---

4)   R. S. Burt(1992), 『Structural Holes and Good Ideas』, Harvard University Press

는 질서가 형성되어 있어 상생의 질서가 이루어지기 어려우나, 다층질서의 구조적 특징을 가진 네트워크에서는 정부, 기업, 시민사회, 대기업, 중소기업, 지식인, 근로자 등 다양한 계층과 행위자들이 서로 연계된 네트워크 형태 속에서 지속 가능한 공생발전을 할 수 있다는 것이 네트워크 이론의 핵심적 주장이다.

예를 들어, 제러미 리프킨(Jeremy Rifkin)[5]은 현대사회에서 시장경제는 네트워크 경제로, 그리고 국가통치는 네트워크 통치로 변하고 있다고 주장한다. 그는 이를 현대사회에서의 문명적 전환이라고 지칭하면서 네트워크의 새로운 문명이 다가오는 시점에서 이에 맞는 새로운 경제 및 통치 모델을 갖추지 못하면 구조적으로 어려움을 겪고 경쟁에서 밀릴 수밖에 없다고 주장한다.

네트워크 이론은 정치학으로도 확산되고 있다. 국제정치에서 국가는 노드(node)이고, 이들 국가들 간의 관계가 상호 연결된 국제정치는 네트워크라는 것이다. 조지프 나이(Joseph Nye)[6]는 미국이 경제력이나 군사력 분야에서 절대적 우위를 지키기는 어렵지만, 국제적 규범과 규칙 및 행동방식을 설정함에 있어서는 주도적 역할을 하고 있기 때문에 미국의 패권은 상당 기간 유지될 것이라고 전망하면서 네트워크 이론을 국제정치에 적용하고 있다.

강대국이 약소국을 식민지화하는 시대와는 달리 현대 국제정치는 강대국과 약소국이 모두 국제정치의 네트워크에 참여하여 각자의 정체성을 유지하면서 상호연대를 통해 네트워크 전체의 가치를 높이는 구조로 형성

---

5) Jeremy Rifkin(2011), 『Third Industrial Revolution: How Lateral Power Is Transforming Energy, the Economy and the World』, Palgrave MacMillan

6) Joseph Nye Jr.(1990), 『Bound to Lead: The Changing Nature of American Power』, New York: Basic Books.

되어 있다. 따라서 적절한 관계형성을 통해 약소국도 새로운 영향력을 발휘할 수 있고, 국가가 아닌 비정부기구도 정보화·세계화 과정에서 새로운 지구 네트워크를 형성하여 영향력을 극대화할 수 있는 것이 네트워크 시대의 국제정치학이다.[7]

　　IT 기술의 혁신으로 생성된 디지털 경제 역시 네트워크 이론이 실제로 경제에 적용된 사례라고 할 수 있다. 인터넷과 전자상거래의 발달로 생산자와 소비자 간 직거래가 가능해졌으며, 시장의 범위도 세계 전역으로 확대되었다. 그 과정에서 유통단계가 크게 단축되어 거래비용이 획기적으로 축소되었고, 힘의 균형도 생산자에서 소비자로 이동하였다. 또한 기업 간 협력을 통한 네트워크 구축이 일상화되었고, 경쟁보다는 협력을 강조하는 협력적 경쟁(co-opetition) 개념이 보편화되고 있다.

이해당사자 이론

　　기업경영전략 분야에 이해당사자 이론(Stakeholder Theory)이 있다. 이 이론은 원래 1963년 스탠퍼드 연구소(SRI: Stanford Research Institute)에서 처음으로 언급되었다. 이해당사자란 "하나의 기업조직이 생존하기 위해 반드시 도움을 받아야 하는 집단들"을 의미하며, 여기에는 주주, 근로자, 고객, 공급자, 금융기관, 지역사회 등이 포함되어 있다. 기업경영자들이 이러한 이해당사자들의 필요와 관심사를 이해하지 못하면, 기업의 생존과 발전에 필요한 이해당사자들의 지원을 얻기 위한 경영전략을 세울 수 없다는 것이 이해당사자 이론의 기본 내용이다. 그러나 이해당사자들의 관심사는

---

7)　Joseph Nye Jr.(2004), 『Soft Power: The Means to Success in World Politics』, New York: Basic Books.

서로 상충될 수도 있기 때문에 기업경영의 목표는 주주에게 맞추고 다양한 이해당사자들의 관심사들은 고려사항 수준에 머물러야 한다는 대안적 의견[8]이 제시되기도 하였다.

1970년대에 들어서면서 테일러(Taylor)[9]는 기업경영전략 수립과정에서 주주의 중요성은 점차 낮아지는 반면, 이해당사자들의 중요성은 점차 증가하고 있다고 주장하면서 이를 GE 등 주요 기업들의 경영사례를 통해 입증하였다. 이해당사자들은 선거, 정부규제, 시위 등의 다양한 형태로 기업경영에 영향을 미치기 때문에 기업은 열린 대화와 긴밀한 상호관계를 통해 이해당사자들을 관리해야 한다는 것이 그의 주장이다.

1970년대 후반부터 펜실베이니아 경영대학원에서 기업경영자들에게 이해당사자들과의 관계를 어떻게 개선할 것인가에 대한 교육과 연구를 수행하던 에드워드 프리먼(Edward Freeman)[10]이 1984년 자신의 경험을 책으로 출간함으로써 이해당사자 이론이 널리 알려지게 되었다. 1980년대 들어 신자유주의 이론이 부각되면서 "기업의 유일한 사회적 책임은 이윤을 창출하는 것"이라는 밀턴 프리드먼(Milton Friedman)의 생각이 미국과 영국을 중심으로 기업인과 정치인들의 중심적 사고로 자리 잡게 되었으나, 2008년 세계금융위기 이후 새로운 패러다임 모색의 필요성이 증가하면서 이해당사자 이론이 새롭게 부각되고 있다.

미국에서 기업경영전략의 일환으로 제시된 이해당사자 이론은 유럽으로 전파되면서 적용대상이 정치, 사회 등으로 확대되어 이해당사자 자

---

8) H. I. Ansoff(1965), 『Corporate Strategy: An Analytic Approach to Business for Growth and Expansion』, New York: McGraw-Hill.

9) B. Taylor(1971), "The Future Development of Corporate Strategy", Journal of Business Policy 2(2): 22~38.

10) R. Edward Freeman(1984), 『Strategic Management: A Stakeholder Approach』, Boston: Pittman.

본주의(Stakeholder Capitalism) 개념으로 발전되었다. 미국에서는 이해당사자 이론이 진보보다는 보수 진영에서 기업경영의 안목을 더욱 넓게 하는 것이 장기적으로 기업에게 도움이 된다는 차원에서 제시되었으나, 유럽에서는 세계화 시대를 맞아 위기감에 사로잡힌 진보진영의 새로운 패러다임 모색의 차원으로 발전되고 있다.

그 대표적 사례가 1996년 영국 셰필드(Sheffield) 대학에서 개최된 이해당사자 자본주의에 관한 국제심포지엄이다. 이 회의에는 세계 각국에서 약 350명의 진보성향 학자들이 참가하여 분야별로 이해당사자 이론을 적용한 논문들을 발표하면서 이에 대한 열띤 토론을 전개하였다.

이 회의과정을 정리한 보고서[11]는 토론의 결과를 다음과 같이 요약하고 있다.

첫째, 이해당사자 이론은 평등보다는 사회적·경제적 포용(inclusion)이 진보의 기본적 가치가 되어야 함을 의미하고, 포용은 공동체의 구성원이 됨을 뜻하며, 구성원은 권리와 동시에 의무를 갖는다.

둘째, 자본시장에서의 규제완화와 자유로운 자본이동, 그리고 상장기업 소유구조의 대중화는 노동시장의 양극화와 분열된 사회를 초래하고 있다. 이러한 상황을 근본적으로 개선하기 위해서는 기업경영이 단기적 이윤극대화보다는 장기적 시각에서 이해당사자들의 이익증진에 역점을 두어야 하고, 근로자들은 기업의 구성원으로서의 권리와 책임이 더욱 강화되어야 하며, 모든 사람이 기여하고 보장받는 복지제도가 확립되어야 한다.

셋째, 정치체제에서 소외감 해소와 경제적 불안정을 극복하기 위한 정부의 역할 역시 새롭게 정립되어야 한다. 무엇보다 정부는 열린 자세를

---

11)   Gavin Kelly, Dominic Kelly, Andrew Gamble, ed.(1997), 『Stakeholder Capitalism』, MacMillan Press

유지하고, 권한의 분권화를 추진해야 하며, 좀 더 중·장기적 시각에서 운영되어야 한다.

프리먼은 2010년 이해당사자 이론을 다시 정리하는 차원에서 출간한 저서[12]에서 기존의 자본주의 유형을 다음과 같이 다섯 가지로 분류하고 있다.

① 노동 자본주의(Labor Capitalism) : 노동자가 경제활동과 부가가치 창출의 주인인 마르크스와 엥겔스의 공산주의 경제체제

② 정부 자본주의(Government Capitalism) : 케인스 경제학에 의해 정부의 역할이 강화되고 정부 재정 규모 역시 큰 서구식 복지국가 경제체제

③ 주주 자본주의(Investor Capitalism) : 투자자가 최상의 대접을 받고, 밀턴 프리드먼 등 신자유주의자들이 선호하는 시장경제체제

④ 경영자 자본주의(Managerial Capitalism) : 실제 상당수의 대기업들은 소유의 분산으로 투자가들보다 경영자들이 기업경영을 좌지우지하는데, 이러한 대기업 중심의 시장경제체제

⑤ 기업가 자본주의(Entrepreneurial Capitalism) : 슘페터는 자본주의의 진화는 지속적인 혁신의 결과이며 혁신의 주체는 기업가로 지칭하였는바, 실리콘밸리와 같이 기업가들의 혁신적 기업활동이 주류를 이루는 시장경제체제

이러한 자본주의의 분류에 대해 프리먼은 다음의 세 가지 측면에서 문제를 제기하고 있다.

---

12) Freeman, Harrison, Wicks, Parmar, & Colle(2010), 『Stakeholder Theory: The State of the Art』, Cambridge University Press

첫째, 시장경제의 작동을 위해서는 오직 경쟁만이 필요하다는 전제는 반드시 옳지 않다는 것이다. 그 이유는 협력은 많은 경우에 기업 생존의 필수요건이 되며, 특히 가치 창출 과정에서는 경쟁보다 협력이 더 중요한 변수가 될 수 있기 때문이다.

둘째, 여러 이해당사자들이 언제나 서로 경쟁관계에 있고, 이 중 하나만 지배적 위치에 있어야 한다는 가정 역시 옳지 않다는 것이다. 그 이유는 하나의 이해당사자가 지배적 영향력을 행사하면, 다른 이해당사자들이 손해를 볼 수 있을 뿐만 아니라 중·장기적 입장에서 기업의 가치 창출 극대화에도 저해요인이 되기 때문이다.

셋째, 하나의 이해당사자가 기업경영을 좌지우지하여 다른 이해당사자들이 피해를 본다면 이는 도덕적으로도 옳지 않다. 특히 자유민주주의 사회에서 기업경영과 자본주의의 작동이 도덕과 무관하게 움직이는 경우, 그 시스템은 심각한 사회적·정치적 문제에 봉착하게 되는 것을 경험을 통해 잘 알기 때문이다.

이해당사자 이론을 제창한 프리먼은 이해당사자 자본주의에서 지켜져야 할 원칙을 다음과 같이 정리하고 있다.

① 이해당사자 협력의 원칙: 가치 창출의 사회적 성격을 감안하여 이해당사자들은 좀 더 큰 가치 창출을 위해 상호 협력한다는 약속을 하고 이를 지킨다.
② 이해당사자 참여의 원칙: 가치 창출의 극대화를 위해서는 모든 이해당사자들이 가치 창출과정에 적극적으로 참여해야 한다.
③ 이해당사자 책임의 원칙: 가치 창출과정이 원만히 진행되기 위해서 모든 이해당사자가 자신의 행동에 대해 책임을 지는 전통을 확

립한다.

④ 복잡성의 원칙: 인간의 본성은 획일적이 아니라 다양하다는 사실에 입각하여 다양성을 인정하고 자발성을 중시한다.

⑤ 지속적 창조의 원칙: 이해당사자 간 협력을 통해 지속적으로 새로운 가치를 만들어간다.

⑥ 새로운 경쟁의 원칙: 협력이 중요하지만, 때로는 경쟁도 불가피하다는 인식을 갖고 행동한다.

11장

좋은 복지국가와 나쁜 복지국가

경제우선 전략: 일본과 한국

일본과 한국은 '선 경제, 후 복지'의 발전전략을 채택하여 나름대로 큰 성과를 거둔 대표적 사례라고 할 수 있다. 일본은 1868년 메이지유신 이후 자본주의 형성 과정에서 새로운 교육제도의 도입을 통한 인적 자본 축적, 철도, 항만 등 사회간접자본의 확충, 그리고 재벌기업의 육성을 통한 산업구조의 고도화를 시도하였고, 이의 성공적인 추진으로 고도성장과 더불어 아시아 지역에서 주도권 장악에 성공하였다. 1922년 건강보험제도와 1941년 노동자연금제도가 도입되었지만, 이는 근로자의 생활안정을 통한 지속적 경제성장세의 유지가 목적이었을 뿐 사회복지나 분배가 정책의 우선순위로 부각되지는 않았다.

일본 정부의 이러한 경제우선 정책기조는 전후에도 그대로 유지되었다. 1955년 창립된 일본의 자민당은 38년간 장기집권을 하면서 친(親)기업정책을 통한 경제성장을 도모하였다. 특히 수출산업의 육성에 주력하였고, 일본 정부와 재계 간 긴밀한 협조관계는 국제사회에서 일본이 '일본주식회사(Japan Inc.)'라고 불리는 계기가 되었다. 전후 일본경제의 고도성장은 1960년대 일본으로 하여금 프랑스, 영국은 물론 독일을 추월하여 미국에 이어 세계 2위의 경제대국 위치를 확보하게 하였고, 그 결과 일본은 국제사회에서 '아시아의 새로운 거인'으로 알려지게 되었다.

일본은 1954년 후반에 시작하여 1960년대 초에 이르는 기간에 사회보험제도를 완성시켰고, 1973년부터는 노인복지 등의 분야에서 각종 서비스를 도입함으로써 선진복지국가의 골격을 갖추었다. 그러나 이는 어디까지나 경제발전 수준에 걸맞은 복지제도를 확충하려는 의도일 뿐 복지발전이 경제발전을 우선하는 경우는 없었다.

해방 이후 본격적인 자본주의 발전단계에 진입한 한국 역시 복지와 경제에 관한 기본전략은 일본과 거의 같은 맥락에서 추진되었다고 할 수 있다. 한국은 1960년대 초 일본의 경제발전전략을 모방하여 정부주도로 수출산업을 육성하였고, 그 결과 고도성장과 산업구조의 고도화를 동시에 이룩하였다. 사회복지 부문에서도 한국은 1960년대 초부터 현대적 사회보장 제도를 도입하기 시작하였으나, '선 성장, 후 분배'의 원칙은 분명히 유지하였다.

1980년대 후반까지 기본적 사회보험제도가 확충되었고, 1990년대 말 기초생활보장제도의 도입으로 공적부조제도도 상당 수준 선진화되었으며, 2000년 이후에는 노인, 장애인 등 취약계층과 일-가정 양립을 위한 사회복지서비스 제공에 역점을 두고 복지정책이 추진되었다. 김영삼 정권부터 정부 차원의 종합적 복지 청사진을 마련하고 이의 구현을 위한 구체적 정책들이 체계적으로 추진되기 시작하였으나, 그 과정에서 언제나 복지와 경제 간 균형 유지와 사회복지시스템의 지속 가능성이 강조되어 왔다.

그러나 2010년 지방선거를 기점으로 한국에서 복지와 경제 간 균형과 조화를 강조하는 전통은 큰 변화를 겪게 된다. 무상급식이 복지 분야의 핵심쟁점으로 부각되면서 복지보편주의에 대한 주장이 사회 전체에 확산되기 시작하였고, 그 후 2012년 총선과 대선 과정을 거치면서 '무상복지'에 관한 논의는 무상보육, 반값 대학등록금, 고등학교 무상교육, 기초노령연금의 대폭 인상 등으로 확산되고 있다. 주요 정당의 정치적 성향 차이에도 불구하고 복지정책 분야에서 정당 간 차이는 별로 크지 않은 것으로 나타났고, 나아가 복지는 선거 과정에서 유권자의 환심을 사는 득표 수단으로 활용되었다. 그러나 최근 국내외 경제여건이 급속히 악화되면서 복지공약의 이행 여부가 새로운 정치쟁점으로 부각되고 있다.

일본에서도 2009년 9월 민주당이 오랜 기간의 자민당 집권체제를 무너뜨리고 집권하면서 아동수당 신설 등 새로운 복지공약을 제시하였으나 이를 실제로 이행하지는 못했고, 결국 2012년 12월 총선에서 다시 자민당이 집권하게 되었다. 일본 민주당은 처음에는 신자유주의를 표방하였으나 정책노선을 신복지국가로 전환하여 집권에 성공하였지만, 새로운 복지사업에 필요한 추가 재원 마련의 실패로 이를 추진하지도 못하고 다시 자민당에 권력을 돌려주게 된 것이다.

'선 경제, 후 복지' 전략을 채택한 일본과 한국의 공통점은 대기업 중심의 수출산업이 경제성장의 엔진 역할을 담당하였고, 정부의 역할 역시 활발하여 일본에서는 정부와 재계의 긴밀한 협력이 이루어졌고, 한국에서는 정부주도로 국가전략을 수립하고 재계가 이에 호응하는 형태로 발전되어왔다. 또한, 복지정책의 추진과정도 일본과 한국 모두 선진국의 제도를 자국의 경제실정에 맞게 조정하여 단계적으로 도입하였다.

그 결과 사회복지가 경제에 장애요인으로 작용하는 경우는 극히 드물었고, 대다수의 경우 경제발전과 보완적 관계를 이루면서 복지제도의 발전이 이루어졌다. 특히, 높은 세 부담에 저항하는 국민정서를 감안하여 일본과 한국 모두 조세부담률이 상대적으로 낮은 수준에서 유지되고 있으며, 이는 일본과 한국이 서구 수준의 복지국가를 만들지 못하는 근본적 원인으로 작용하고 있다.

일본과 한국 모두 OECD 국가 중 GDP 대비 사회복지지출 비중이 최하위권에 머물러 있지만, 성공적 경제발전의 결과 평균수명, 영아사망률 등 전반적 복지수준을 나타내는 지표들은 선진국 중에서도 최상위권이 속하고 있으며 소득분배 정도 역시 비교적 양호한 상태를 보이고 있다. 이는 두 나라 모두 경제성장이 상대적으로 우수한 인적 자원을 활용한 수출산업의 육성을 통해 이루어졌기 때문에 풍부한 천연자원이나 내수산업에 의존하는 경제정책을 추진한 국가들보다 상대적으로 양호한 분배구조를 유지할 수 있었기 때문이다. 또한, 일본과 한국 모두 제2차 세계대전 이후 농지개혁의 추진으로 농촌지역에서 양호한 소득분배의 기반이 마련되었다는 특징을 갖고 있다.

일본과 한국이 복지 분야에서 새로운 동아시아 모델이 될 수 있는가에 대한 논쟁[13]이 있는 것은 사실이다. 서구 복지국가 모델과 비교하여 일본과 한국의 복지모델의 특징으로 무엇보다도 국가정책의 우선순위가 복지나 분배보다는 경제성장과 효율에 맞추어져 있다는 사실을 지적할 수 있다. 이는 일본과 한국에서 진보보다는 보수 세력의 집권기간이 훨씬 길었던 사실에 기인한다고 할 수 있다.

그 결과 정부의 복지지출은 상대적으로 낮은 수준에 머물러 있고, 조

---

13) Goodman, White & Kwon(1998), 『The East Asian Welfare Model: Welfare Orientalism and the State』, Routledge

세부담률 역시 서구 복지국가보다 현저히 낮다. 그러나 한국의 경우 민주화가 진전되면서 정책의 우선순위가 경제성장에서 사회복지로 점차 바뀌어가고 있고, 정권의 이념적 성향에 따라 복지에 대한 우선순위가 달라질 수 있음을 지적하지 않을 수 없다.

또한 외환위기와 같은 경제위기가 발생할 경우, 한편으로는 경제성장의 중요성이 더욱 부각되는 것은 사실이지만, 다른 한편으로는 높은 실업률에 대처하기 위한 사회적 안전망의 확충에 대한 필요성도 증가한다. 한국의 경우 외환위기 과정에서 고용보험의 대상이 확대되었고, 지원수준도 크게 향상되었으며, 공적부조제도도 크게 개선되었다.

세계금융위기 과정에서도 긴급구호 제도가 새로 시행되는 등 사회복지 부문의 확충이 이루어졌다. 이는 이미 사회적 안전망이 발달된 서구 복지국가에서는 경제위기가 복지제도의 전반적 축소로 연결되지만, 한국과 같이 기존의 제도가 불충분한 경우에는 경제위기가 사회적 안전망 구축의 필요성을 더욱 부각시키기 때문이다. 이는 미국에서 2008년 세계금융위기를 맞아 '오바마케어'라는 공적 의료보장제도를 처음으로 도입하는 계기가 된 것과 같은 맥락이라고 할 수 있다.

일본과 한국 복지모델의 두 번째 특징은 복지제도의 정부 의존성은 낮은 반면, 기업과 가족의 역할은 서구 복지국가에 비해 상대적으로 크다는 것이다. 특히 가족의 역할이 큰 것은 유교의 영향이며, 이러한 문화적 차이가 동아시아 복지모델의 가장 큰 특징이라고 지적하는 주장[14]도 있다. 이들은 동아시아의 유교적 문화의 특징으로 위계질서, 의무, 합의, 조화와 균형 등을 지적하면서 이러한 유교적 가치가 동아시아에서 가족제도와 지

---

14)　Samuel Huntington(1996), 『The Clash of Civilizations and the Remaking of World Order』, Simon & Schuster

역사회를 기반으로 하는 상대적으로 정부의 역할이 작은 복지국가의 구성을 가능케 했다고 주장한다.

이러한 강점에도 불구하고 동아시아 복지모델은 다음과 같은 문제점도 안고 있는 것이 사실이다. 우선, 가족을 강조하는 복지모델은 여성의 지위에 부정적인 영향을 미칠 수 있다. 사회서비스 제공의 주체가 국가 대신 가족이 되는 경우, 이를 공급해야 하는 것은 대부분 여성인 경우가 많고 이는 궁극적으로 여성의 경제활동 참여를 어렵게 하거나 경제활동을 하는 경우 과중한 부담을 주기 때문이다.

또한, 경제우선 전략은 기본적으로 보수 세력의 생각을 반영하는 것이거나, 민주화가 안 된 경우에는 독재정권의 정치적 성향의 결과이기 때문에 정권이 진보 세력으로 바뀌거나 민주화가 이루어지는 경우, 동아시아의 경제우선 전략은 유지되기 어렵다는 점이다. 민주화 이후 한국의 경험이 이를 입증해주고 있으며, 이런 차원에서 경제우선 전략이 아시아적 가치관의 특징이라고 단정하기는 어려울 것이다.

복지우선 전략: 남아시아 및 남미 국가

일본과 한국 등 경제우선 전략을 추진한 국가가 경제성장에 성공하여 복지에 필요한 재원을 마련할 수 있었기 때문에 경제발전 수준에는 못 미치나 나름대로 복지수준의 향상도 기할 수 있었던 반면, 복지우선 전략을 채택한 국가의 대다수는 저성장으로 결국 복지수준의 향상도 기하기 어려운 경우가 많았다.

제2차 세계대전 이후 독립한 국가 중 인도, 파키스탄, 방글라데시, 스리랑카 등 남아시아 국가들은 독립과 더불어 사회주의를 표방하면서 주요 산업 부문에서의 국유화와 더불어 무상교육, 무상의료 등의 복지시책들을 우선적으로 추진하였다. 또한 산업정책도 수출산업의 육성보다는 높은 수입 장벽을 통한 내수산업의 육성에 역점을 두었고, 이는 국유화 정책과 더불어 경제구조의 비효율화와 저성장으로 이어졌다.

그 결과 남아시아 국가들은 세계은행 등 국제기구의 원조자금에 의존하여 경제를 운영할 수밖에 없게 되었고, 국민 대다수의 복지수준 역시 복지우선 전략의 추진에도 불구하고 큰 진전을 보지 못하였다. 최근 중국 경제의 개방과 이로 인한 고도성장을 지켜보면서 남아시아 국가에서도 정책의 변화가 감지되고 있다. 예를 들어, 인도는 자국의 값싸고 질 좋은 인력을 최대한 활용하여 미국의 실리콘밸리 기업들과 협력하여 IT산업을 육성한 결과 큰 성과를 거두고 있다. 또한 방글라데시, 스리랑카 등은 자국의 싼 노동력을 활용하려는 수출기업들을 한국 등으로부터 유치하여 수출을 통한 고용 증대와 성장 제고에 경제정책의 역점을 두고 있다.

브라질, 아르헨티나 등 남미 국가들 역시 비록 남아시아 국가들과 같이 사회주의를 표방하지는 않았지만, 선거에서 근로자들의 환심을 사기 위해 대중 인기영합적 복지정책을 실시하여 성장과 복지의 두 마리 토끼를 모두 놓친 경우라고 할 수 있다. 남미 국가들은 유럽의 전통을 그대로 이어받아 일찍부터 거의 유럽 수준의 복지국가를 만들어보려는 정책을 구사하였다. 예를 들어 아르헨티나, 브라질, 칠레, 쿠바, 우루과이 등 남미의 선발 국가들은 이미 1920~30년대에 서구 수준의 사회보장제도를 도입했고, 멕시코, 페루, 베네수엘라 등 후발 국가들도 1940~50년대에 현대적 사회보장제도를 추진하였다.

남미 국가들의 롤-모델인 유럽의 선진국들은 1945년 이후 자유무역을 통해 경제적 호황과 고도성장을 달성하였기 때문에 적어도 1970년대까지는 복지제도가 경제에 큰 부담이 되지 않았으나, 대다수 남미 국가들은 생산성은 물론 수출보다는 내수산업을 육성하는 대내지향적 경제정책의 추진으로 인해 저성장과 주기적 경제위기의 악순환에서 벗어나지 못하였다. 이런 상황에서 국민의 인기를 얻기 위한 포퓰리즘적 정치는 이들 국가의 경제상황을 더욱 어렵게 하였다.

남미 포퓰리즘(populism)의 대표적 사례는 아르헨티나의 페로니즘(Peronism)이다. 군인 출신의 후안 페론(Juan Peron)은 1946년 대통령에 당선되면서 사회적 정의, 경제적 자립, 그리고 정치적 독립국을 국정기조로 설정하고 사회복지정책의 확대로 서민들의 지지를 확보하였으며, 이를 바탕으로 강력한 민족주의적 통치를 시도하였다. 복지보편주의에 입각한 사회보장제도를 추진하였고, 무상교육과 무상의료를 실시하였으며, 저소득층을 위해 대대적인 주택사업도 전개하였고, 심지어는 휴가비의 절반을 국가가 부담하기도 했다. 대다수의 기업과 금융기관을 국유화하였고, 경제정책은 높은 수입 장벽을 통한 내수산업의 육성에 역점을 두었다.

서민 출신의 둘째 부인인 에바 페론(Eva Peron)은 에바페론재단의 설립·운영을 통해 저소득층을 위한 대대적 복지사업을 전개함으로써 '서민의 영웅'으로 칭송받기도 하였다. 에바 페론은 1951년 선거에서 부통령 후보가 되기를 원했으나 내부 반발로 실패하였고, 건강악화로 인해 그해 9월 사망하게 된다.

처음으로 여성유권자의 투표가 허용된 1951년 선거에서 압승을 거둔 페론은 악화되고 있는 경제상황에 대처해야 하는 난제를 안게 되었다. 노사 간 타협을 시도했으나 결국 실패하였고, 그 결과 경제여건이 어려운 가운데서도 높은 수준의 임금 상승이 이루어짐으로써 경제는 더욱 어려워졌다. 정치적으로 집권당 내 분열이 심화되었고, 1954년 말 취해진 '이혼과 매춘의 합법화' 조치를 계기로 가톨릭교회와의 갈등도 고조되었다. 이는 결국 1955년 쿠데타로 이어졌고 페론은 스페인으로 망명의 길에 오르게 된다.

망명 기간 중에도 페론은 국내정치에 상당한 영향력을 행사하였으며, 1973년 귀국과 동시에 80%의 압도적 지지로 다시 대통령에 당선되었다. 취임 초에는 경제안정화 조치가 성공하여 연 80%에 달하던 물가상승률이 11% 수준으로 안정되었으나, 이에 고무되어 다시 은행 및 기간산업의 국유화 조치를 취하고, 외국인 투자를 억제하였으며, 각종 보조금 제도를 도입함으로써 경제는 다시 어려워지기 시작했다. 게다가 집권당 내 좌우 간 갈등이 더욱 심화되어 정치사회적 불안으로 이어졌다. 이런 상황에서 페론이 건강 악화로 사망하자 당시 부통령이었던 그의 셋째 부인 이사벨 페론(Isabel Peron)이 대통령 직을 승계하였으나, 오래 유지하지 못하고 1976년 쿠데타로 인해 결국 실각하게 된다.

페론과 페로니즘의 공과에 대해서는 많은 의견이 있을 수 있으나, 20세기 초까지도 세계에서 가장 부유한 국가 중 하나였던 아르헨티나가 시장원리에 거스르는 경제정책과 정치적 인기만을 의식한 과도한 복지시책들로 인해 높은 인플레이션과 주기적 경제위기를 겪음으로써 아직도 중진국 단계를 벗어나지 못하고 있다는 사실은 페로니즘이 결국 실패했다고 평가할 수밖에 없는 객관적 근거가 되고 있다. 또한 과도한 복지지출에도 불구하고 소득분배 상태가 복지지출 수준이 상대적으로 낮은 일본과 한국보다 훨씬 나쁘다는 사실 역시 남미 국가들의 복지우선 전략이 실패했다는 또 하나의 증거라고 하지 않을 수 없다.

남미 국가들은 1980년대 외채위기를 겪으면서 경제성장에 부담을 주는 복지제도에 대한 대대적인 개편작업을 진행하지 않을 수 없었다. 복지 분야에서 공적연금은 개편의 핵심으로 부상하였고, 개편의 방향은 인구의 고령화로 만성적 적자요인이 된 연금제도를 개편·축소하는 반면, 극빈층에 대한 별도의 프로그램을 개발·추진하는 것이었다. 그 결과 정부 재정에서 사회복지 지출의 비중은 1980년대 초 40% 수준에서 1980년대 말에는 30%으로 떨어졌는데, 이 중 가장 급진적인 것이 칠레, 볼리비아, 멕시코, 에콰도르 등에서 추진된 기존의 공적연금을 폐지하고 새로운 적립방식의 민간 연금체계를 도입하는 것이었다.

이 외에도 페루와 콜롬비아에서는 기존의 공적연금을 개혁함과 동시에 적립방식의 사적 연금체계를 도입하여 서로 경쟁을 유도하였고, 아르헨티나와 우루과이에서는 기존의 공적연금을 기초연금제로 전환하고 새로운 사적 연금체계를 도입하여 상호 보완적 역할을 담당하게 하였다.

개혁유형이 각기 다른 것은 정치적 및 사회경제적 요인과 연금제도의 성숙도 정도로 설명될 수 있다. 칠레에서는 군사정권에 의해 대대적 개혁이 이루어졌으나, 의회의 힘이 막강하고 이익집단의 영향력이 큰 아르헨티나와 우루과이는 이보다 약한 수준의 개혁을 선택하였다.

또한 자본시장이 발달한 칠레에서는 민간연금으로의 대체가 가능하였으나, 높은 인플레 경험을 갖고 있는 아르헨티나와 우루과이에서는 사적 연금에 대한 불신이 높아 민간연금으로의 대체가 불가능하였다. 반면, 공적연금을 도입한 지 얼마 되지 않은 코스타리카는 연금재정의 위기를 실감할 수 없었기 때문에 기본 골격은 그대로 유지하면서 연금 수급조건의 통일 등으로 연금재정의 안정을 도모하는 소규모의 개혁만 추진하였다.

사회민주주의적 복지국가 전략: 스웨덴과 북유럽 국가

스웨덴, 노르웨이, 덴마크, 핀란드 등 북유럽 국가들이 가장 높은 수준의 복지제도를 갖고 있다는 사실은 이미 널리 알려진 일이다. 최근 이들 국가들의 경제성적표 역시 우수하다는 평가가 내려지면서 북유럽 국가들은 경제발전과 복지신장을 동시에 이룩한 새로운 롤-모델로 부각되고 있다. 예를 들어, 소득평등도 측면에서 OECD 국가들의 순위[15]는 덴마크가 1위, 노르웨이가 2위, 스웨덴이 4위, 그리고 핀란드가 5위로 네 나라 모두 최상위권에 있으며, 국가경쟁력 측면[16]에서도 핀란드가 3위, 스웨덴이 4위, 덴마크가 12위, 그리고 노르웨이가 15위 등 이들 국가 모두 상위권

〈속성별 복지국가의 분류〉

(괄호 안은 누적 지표점수)

	보수주의	자유주의	사회민주주의
강함	독일(8), 이탈리아(8), 프랑스(8), 오스트리아(8), 벨기에(8)	미국(12), 캐나다(12), 스위스(12), 일본(10), 오스트레일리아(10)	스웨덴(8), 덴마크(8), 핀란드(8), 노르웨이(8), 네덜란드(8)
중간	핀란드(8), 아일랜드(4), 일본(4), 네덜란드(4), 노르웨이(4)	프랑스(8), 네덜란드(8), 덴마크(6), 독일(6), 영국(6), 이탈리아(6)	벨기에(4), 스위스(4), 독일(4), 뉴질랜드(4) 오스트레일리아(4), 영국(4), 캐나다(4)
약함	캐나다(2), 덴마크(2), 뉴질랜드(2), 미국(0), 영국(0), 스웨덴(0), 오스트레일리아(0), 스위스(0)	오스트리아(4), 벨기에(4), 핀란드(4), 아일랜드(2),뉴질랜드(2), 노르웨이(0), 스웨덴(0)	오스트리아(2), 프랑스(2), 아일랜드(2), 일본(2), 이탈리아(0), 미국(0)

자료: Esping-Anderson(1990), Three Worlds of Welfare Capitalism

---

15)　OECD(2011), 『Divided We Stand: Why Inequality Keeps Rising』

16)　World Economic Forum(2012), 『The Global Competitiveness Report 2012～2013』

에 분류되고 있다.

에스핑-앤더슨(Esping-Anderson)[17]은 서구의 복지국가 모델을 ① 자유주의적 복지국가(미국, 캐나다, 오스트레일리아, 일본, 영국 등), ② 보수주의적 복지국가(독일, 프랑스, 이탈리아, 벨기에, 오스트리아 등), ③ 사회민주주의적 복지국가(스웨덴, 덴마크, 노르웨이, 핀란드 등)의 세 가지로 분류하고 있다. 이 분류에 의하면 북유럽 국가들은 모두 사회민주주의적 복지국가에 속한다.

북유럽 복지국가 모델의 특징은 다음과 같이 요약할 수 있다.[18]

① 보편주의(universalism) : 모든 국민이 복지서비스와 사회이전사업의 대상
② 국가주의(statism) : 복지정책의 추진에 있어 정부의 주도적 역할과 높은 정부 재정 비율
③ 평등주의(equality) : 소득분배에서의 평등은 물론 양성(兩性) 평등 강조
④ 완전고용(full employment) : 여성을 포함한 높은 경제활동률과 고용률을 통해 복지에 필요한 재원 마련

북유럽 국가 중 대표주자라고 할 수 있는 스웨덴은 다른 유럽 국가들에 비해 산업혁명이 늦게 시작되어 상대적으로 경제가 낙후되었으나, 20세기에 들어와 1, 2차 세계대전의 피해를 피할 수 있었기 때문에 복지제도를 확충할 수 있는 경제적 여력이 생기게 되었다. 특히 1936년 살쇠바덴(Saltsj Baden)에서 이루어진 노사대타협으로 장기간 노사안정을 이룰 수

---

17) G. Esping-Anderson(1990), 『The Three Worlds of Welfare Capitalism』, Polity Press: Cambridge

18) Pekka Kosonen(2001), "Globalization and the Nordic Welfare States", in 『Globalization and European Welfare States: Challenges and Change』(Sykes, Palier & Prior, ed., Palgrave)

있었던 사실 역시 복지제도 발전에 큰 도움이 되었다. 또한 1932년 사민당 정권이 수립된 후 1976년까지 장기집권하면서 스웨덴의 복지제도는 노사안정을 바탕으로 유럽 최고의 수준으로 발전하게 되었다.

스웨덴 복지제도의 발전과정은 1950년대 후반까지는 정액급여에 기초한 보편적 프로그램(즉 베버리지 모델)의 도입에 역점을 두었으나, 그 후 1970년대까지 각종 복지제도의 자격권 확대와 급여수준 향상은 물론 개별적 욕구에 입각한 고차원적 복지서비스의 실시 등을 통해 높은 수준의 선진복지국가를 완성하였다. 이는 사민당 정권이 목표로 하는 '국민의 가정(Folkhemmet)'[19]의 완성이었다고 할 수 있다. 그러나 1970년대 두 차례의 석유파동으로 대외적 경제여건이 악화되는 상황에서 1976년 우파정부가 집권하면서 연금급여 축소 등 정부 부문의 긴축정책을 추진하게 되었다.

1982년 사민당이 집권하여 우파정부의 개편안을 다시 원상복구 시켰으나, 복지의 확대보다는 공고화 전략을 채택하였다. 1991년 우파정권이 다시 집권하여 1994년에 연금개혁 가이드라인에 대한 여야합의가 이루어졌고, 이러한 합의는 1994년 사민당의 재집권에도 불구하고 그대로 이행되었다. 또한, 1998년에는 '성장을 위한 동맹'이라는 새로운 노사 간 협력방안이 채택되기도 하였다.

스웨덴은 1980년대 몇 차례의 환율 평가절하로 인한 높은 수준의 인플레이션을 겪었고, 1990년대 초에는 금융시장 자유화에 따른 경제위기를 경험하게 된다. 실업률은 네 배로 급증했고, 재정적자는 GDP의 12%에 이르게 되었다. 이러한 경제위기에 대처하기 위해 스웨덴 정부는 강력

---

19) 1928년 한손(Hansson)이 주창한 아이디어로 전통적 계급사회가 '국민의 집' 개념으로 대체되어야 한다는 주장이며, 이는 사민당 정권의 Erlander 및 Palme 수상에 의해 현실화되었다. '국민의 집' 개념은 기업의 국유화 대신 정책적 규제를 선호하고, 개인의 복지증진을 위해 교육기회와 복지혜택의 확대를 강조한다.

한 물가안정화 시책을 추진하였다. 경제활성화를 위해 감세조치가 취해졌고, 재정건전화를 위해 정부 지출은 큰 폭으로 삭감되었다. 부유세와 상속 증여세를 폐지하였고, 법인세도 유럽 최하 수준인 22%로 인하하였다.

이러한 과감한 개혁조치의 결과는 매우 긍정적이었다. 조세의 GDP 비율은 1980년대 후반 56% 수준에서 2010년에는 47%로 하락했고, 정부 지출의 GDP 비율도 1993년 67%에서 2010년에는 49%로 더 빠른 속도로 감소했다. 1993~2010년 기간 중 정부 부채의 GDP 비율은 70%에서 37%로 낮아졌고, 정부 재정은 11% 적자에서 0.3% 흑자로 전환되었다. 또한 1993~2010년 기간 중 스웨덴의 연평균 경제성장률은 2.7%로 EU 평균 1.9%보다 높고, 생산성 증가율 역시 2.1%로 EU 평균 1.0%보다 높은 것으로 나타났다.[20]

스웨덴에서 복지 부문의 개혁은 2006년 총선에서 승리한 보수당이 주도하고 있고, 경제활력의 회복에 힘입어 보수당은 2010년 총선에서 사상 처음으로 재집권에 성공하였다. 스웨덴에서 복지개혁의 방향은 크게 지방화, 탈조합주의화, 민영화 및 시장화 그리고 현금대체율 축소의 형태로 이루어지고 있다. 지방화는 복지수요의 다양화 추세에 부응하면서 재정위기 타개책으로 활용되고 있고, 1990년대 초 사용자단체의 정부위원회 참석 거부를 계기로 노사대표보다 시민단체를 활용함으로써 탈조합주의화 역시 빠른 속도로 진행되고 있다. 또한 의료, 교육 등의 분야에서 공공주도형 민영화가 이루어지고 있고, 각종 복지사업에서 현금급여를 축소하면서 이를 사회서비스로 대체하고 있다.

스웨덴과 북유럽 국가들의 성공요인으로 여러 가지가 지적될 수 있겠으나, 그중 첫 번째는 위기에 대한 신속한 대응이었다. 스웨덴의 경우

---

20)   Economist(2013), 『Special Report: The Nordic Countries』, 2013. 2. 2 Issue

1990년대 초 발생한 경제위기를 과감한 재정개혁으로 대체함으로써 경제활력을 되찾을 수 있게 되었다. 스웨덴은 물론 노르웨이, 핀란드, 덴마크 등 다른 북유럽 국가들 역시 각자 자신의 독특한 방법으로 위기대응에 성공하였다.[21] 북유럽 국가 중 가장 먼저 어려움을 겪은 덴마크는 1980년대 강력한 안정화 정책을 추진하였으나, 이로 인해 실업률이 높아지자 노동시장의 신축성을 높이는 동시에 근로자의 생활안정을 보장하는 이른바 '플렉시큐리티(flexicurity)' 개혁을 성공적으로 추진하여 물가안정과 실업률 하락을 동시에 달성하게 되었다.

노르웨이는 1980년대 후반 금융 및 부동산 위기를 경험하면서 1990년대 초 재정정책의 긴축기조와 임금안정에 관한 노사합의가 이루어졌고, 석유수출에 따른 재정수입의 증가분을 새로 설치된 정부연금기금(Government Pension Fund Global)에 적립하여 미래의 연금수요와 투자에 활용하는 결정을 하였다. 소련연방 붕괴의 충격에 휩싸인 핀란드 역시 강력한 재정안정화 조치를 취했고, 그 결과는 스웨덴과 같이 경제성장과 물가안정의 동시 달성을 가능하게 하였다.

북유럽 국가들이 위기에 신속하고도 현명하게 대처할 수 있었던 첫 번째 이유는 새로운 정책방향에 대한 정부 그리고 노사 간 합의가 가능했기 때문이다. 또한 이들 국가들의 높은 수준의 사회복지제도 역시 노동시장의 유연성을 제고하는 정책을 추진할 수 있는 제도적 기반이 되고 있다.

북유럽 국가들의 성공비결은 근본적으로 개인적 자율성과 사회적 신뢰라는 지적[22]이 있다. 북유럽 국가들의 최우선적 목표는 경제의 사회화가

---

21) Klas Eklund(2011), "Nordic Capitalism: Lessons Learned", in 『The Nordic Way: Shared Norms for the New Reality』(World Economic Forum Davos 2011)

22) Henrik Berggren & Lars Tragärdh(2011), "Social Trust and Radical Individualism: The Paradox at the Heart of Nordic Capitalism", in 『The Nordic Way: Shared Norms for the New Reality』(World

아니라 개인을 모든 형태의 종속과 의존으로부터 자유롭게 하는 것이다. 근로자는 기업주로부터 자유롭고, 여성은 남편으로부터 자유로우며, 아동은 부모로부터 자유롭고, 빈곤층은 자선기관으로부터 자유로운 것이 북유럽식 자유이고 개인주의이다. 이를 위해서 정부는 모든 시민에게 무상교육으로 자기계발능력을 제고하고, 높은 수준의 복지를 통해 질병, 고령, 실업 등의 사회적 위험으로부터 완전한 보호 장치를 제공한다.

세계가치관 조사에 의하면 스웨덴, 덴마크, 노르웨이 등 북유럽 국가의 시민은 합리적 사고와 자기표현 부문에서 조사대상 국가 중 가장 높은 수준을 나타내고 있다. 북유럽 국가의 시민은 가족과 친지로부터 자유로운 활동이 보장되어 있기 때문에 이들의 신뢰는 가족과 친지 수준을 넘어 사회구성원 모두에게 확대되고 있다. 세계가치관 조사에 의하면 스웨덴과 덴마크 국민의 70%가 처음 보는 사람을 포함한 다른 사회구성원을 신뢰한다고 응답함으로써 사회적 신뢰도 역시 세계 최고 수준임을 확인할 수 있다.

북유럽 시민의 높은 사회적 신뢰도는 노사협상, 정부의 정책수립 등의 모든 사회적 관계에서 이른바 '거래비용(transaction costs)'을 낮추는 결과를 가져오고 있다. 예를 들어, 북유럽 국가에서는 재산권 등에 관한 법적 소송 사례가 다른 나라에서보다 훨씬 적은데, 이 역시 높은 사회적 신뢰의 결과라고 할 수 있다. 높은 사회적 신뢰는 경제위기가 발생할 경우 때로는 사회구성원의 양보 또는 희생을 필요로 하는 해법에 대한 사회적 합의를 가능케 함은 물론, 50%에 달하는 조세부담률에 대해서도 기업가와 근로자 모두 기꺼이 수용하는 문화를 가능케 하는 기반이 되고 있다.

또한 높은 사회적 신뢰는 법치뿐만 아니라 정부와 개인 간 동맹체제

Economic Forum Davos 2011)

구축을 가능케 하고 있다. 개인이 정부를 동맹체의 대상으로 선택할 수 있었던 것은 북유럽 국가에서 정부가 투명성을 유지하면서 부패로부터 자유로운 전통을 오랜 기간 동안 유지해왔기 때문이기도 하다.

스웨덴 등 북유럽 시민의 지나칠 정도의 개인주의는 시장원리에 의한 자본주의 체제의 확고한 기반이 되고 있으며, 굳건한 사회적 신뢰는 북유럽의 자본주의가 사회계층의 분열이나 대립 또는 지나친 물질주의로 흐르지 않고 건전한 사회공동체를 조성해가는 선순환 구조를 갖게 된 근본적 원인이라고 할 수 있다. 북유럽 국가들이 경제와 복지 그리고 효율과 형평 간 균형을 이루는 데 성공한 것은 이들 국민이 개인주의와 사회적 신뢰 모두를 최고의 가치관으로 갖고 있기 때문이다.

보수주의적 복지국가 전략: 독일, 프랑스 등 유럽대륙 국가

19세기 말 독일의 비스마르크에 의해 최초로 시행된 사회보험제도는 유럽대륙 국가들의 보수주의적 복지국가 모델의 기반이 되었다. 보수주의적 복지국가 모델의 특징은 다음과 같이 요약될 수 있다.[23]

① 성과의 원칙: 복지혜택은 고용을 통해 얻어지며, 여성의 경우는 결혼과 가족관계에 의해 복지혜택이 부여된다.
② 등가성 원칙: 복지혜택은 개인의 소득을 기반으로 한 복지재정 기여수준에 비례한다.

---

23) Mary Daly(2001), "Globalization and the Bismarckian Welfare States", in 『Globalization and European Welfare States』(전게서)

③ 수평적 평등 원칙: 같은 시점에서의 복지혜택은 가족원이 많은 경우와 연령이 많은 경우에 유리하도록 분배기능을 수행한다.

④ 자체 행정의 원칙: 복지사업이 노-사-정 합의에 의해 결정되며, 사회집단별 독자적 행정체계로 운영된다.

⑤ 조합주의 원칙: 복지제도가 개인의 특성보다는 개인이 속한 집단의 성격과 긴밀한 관계가 있다.

보수주의적 복지국가 모델의 중심에 있는 독일은 프랑스, 네덜란드, 이탈리아 등 다른 유럽대륙 국가들의 롤-모델이 되어왔을 뿐만 아니라 역사적으로 일본과 한국의 경제정책과 복지정책의 기준 역할도 담당하였다. 독일에서는 사회복지정책의 추진 과정에서 보수정당과 진보정당의 입장차이가 상대적으로 크지 않아 1950년대 이후 사회복지제도의 꾸준한 확대가 가능하였다. 전후 수립된 아데나워 정권은 정치적으로 보수임에도 '사회적 시장경제'를 표방하였고, 꾸준한 경제성장과 더불어 사회복지정책도 지속적으로 발전시켰다. 그래서 독일은 북유럽 국가들과 더불어 성장과 복지를 동시에 발전시킨 성공모델이 되고 있다.

1966~69년 기민당-사민당 연립내각 시기에도 사회복지정책은 지속적으로 확충되었다. 1969~82년 사민당-기민당 연립내각 시기 초기에는 복지정책의 확대가 가능하였으나, 1970년대 이후 경제적 불황을 겪으면서 새로운 어려움에 봉착하였다. 그래서 1974년 보수의 슈미트 수상이 집권하면서 재정구조법을 제정하여 복지 부문에서의 지출 축소가 시작되었다. 임금보조사업, 의료보험과 연금보험, 그리고 실업보험과 공공부조 부문에서 급여 축소 조치가 취해졌다. 1982년 기민당-자민당 연립내각이 구성되어 재정안정화를 강조하면서 독일은 처음으로 복지시책의 축소조

정을 추진하게 된다. 이 시기의 개혁은 기민당과 기사당이 시작한 개편안에 대해 사민당과 자민당이 동조하는 형태로 추진되었다.

1983~84년 기간에 재정안정을 위한 예산부수법안이 통과되면서 사회복지제도의 개혁 작업은 더욱 본격화되었다. 사회보장뿐 아니라 교육부문에서의 정부보조도 축소되었고, 고용관계법의 개정을 통해 노동시장의 유연화 조치도 아울러 추진되었다. 이 시기 개혁의 기본목표는 사회보장과 경제발전의 상호연계 강화, 사회보험료와 수급권의 연계 강화, 자기책임 강화와 유연성 제고, 근로활동과 가사활동의 동등성 인정 등이었다. 이러한 개혁안에 대해 노조와 사민당에서 반대의견이 제기되기도 하였지만, 개혁안은 대체로 큰 차질 없이 추진되었다.

1990년 역사적인 독일통일이 이루어지면서 독일경제와 사회는 새로운 전환기를 맞이하게 된다. 2007년까지 통일비용은 초기 예상액의 세 배가 넘는 1조 7천억 유로에 이른 것으로 추정[24]되고 있다. 통일비용이 예상보다 많아진 것은 동독의 경제상태가 예상보다 훨씬 열악하다는 사실에 기인한다. 당초에는 동독 산업시설의 매각자금을 동독 건설에 활용할 계획이었으나, 이들 시설의 상업적 가치가 얼마 되지 않았다. 또한 동독 시민에게도 서독의 높은 사회복지 수준을 적용한 것도 통일비용을 높인 원인이 되고 있다.

예를 들어, 통일비용의 50%가 사회보장성 지출이었으며, 그 결과 소비성 지출은 통일비용의 60% 이상을 차지하였다. 막대한 수준의 통일비용은 독일 정부의 부채를 급증시키는 원인으로 작용하였다. 1992~2007년 기간 중 연방정부 부채는 4,076억 유로에서 9,376억

---

24) 황병덕(2010), 『독일통일 20주년 조망: 독일통일이 한반도 통일에 주는 시사점』, 통일연구원, 2010.9

유로로 증가했고, 지방정부 부채 역시 같은 기간에 1,963억 유로에서 4,828억 유로로 급증하였다.[25]

이러한 막대한 수준의 통일비용에도 불구하고 통일은 유럽 중심국가로서 독일의 위상을 더욱 공고히 하는 계기가 되었다. 통일독일은 인구 8,100만 명으로 유럽연합의 최대 국가로 부상하였으며, 경제 규모 역시 미국, 중국, 일본에 이어 세계 4위의 위치를 확고히 유지하고 있다. 정치적으로도 통일된 독일은 미국과 러시아에 대해 독자적인 목소리를 낼 수 있는 위치를 확보하였고, 유럽연합 내에서의 영향력은 거의 절대적 수준에 이르고 있다.

통일비용 부담의 필요성은 독일로 하여금 사회복지 부문에서 지속적으로 개혁을 추진해야 하는 원동력으로 작용하고 있다. 진보성향의 슈뢰더 정권에서 강력한 사회복지 및 노동시장 개혁조치들이 '어젠다 2010'이라는 이름으로 추진되었는데, 과다한 통일비용 부담이 결정적 요인이었다고 할 수 있다. 또한 통일비용에 대한 부담은 대체로 2005년을 전환점으로 마무리된 반면, 통일에 따른 수익은 시간이 갈수록 많아지는 추세를 보이고 있다. 예를 들어, 최근 유럽의 경제위기가 장기화되면서 그리스 등 경제위기의 국가들은 독일 메르켈 수상의 눈치를 살펴야 하는 처지가 되었고, G20 등 국제무대에서 독일은 미국, 중국과 더불어 세계질서를 새로이 형성하는 주역으로 부상하고 있다.

독일과 더불어 네덜란드 역시 사회복지와 경제를 동시에 발전시킨 성공사례로 지적되고 있다. 네덜란드는 보수주의적 복지국가와 사회민주주의적 복지국가의 혼합형이라고 할 수 있다. 사회보험 분야는 비스마르크형 조합주의 모델을 모방하면서도 관리체계를 일원화하는 등 사회민주

---

25) 이정우 외(2012), 『주요국의 사회보장제도: 독일』, 보건사회연구원

주의 복지모델의 특징인 보편주의 원칙을 가미하였다.

네덜란드는 1970~80년대 초반에 걸쳐 국제적으로 '네덜란드병 (Dutch disease)'이라고 불릴 정도로 심각한 경제위기를 겪었다. 경제성장은 마이너스였고, 실업률은 13%에 달했으며, 정부 재정 규모는 GDP의 60%에 이르렀고, 재정적자 역시 상당한 수준에 달했다. 네덜란드병의 원인은 천연가스생산으로 인해 급증한 재정수입을 바탕으로 복지지출이 급속히 확대되었고, 임금수준도 크게 상승하여 수출제조업의 국제경쟁력이 크게 약화되었기 때문이었다. 다시 말해, 천연가스생산이라는 '축복'이 방만한 재정운영과 수출산업의 국제경쟁력 약화라는 '재앙'으로 바뀐 것이다.

이를 극복하기 위해 네덜란드는 무엇보다 안정적인 노사관계에 기초한 노동시장의 유연성을 제고하는 정책을 추진하였다. 1982년 바세나르 (Wassenaar) 합의, 1993년 신(新)노선협약, 1996년 유연안정성 협약 등을 통해 노동시장의 유연성과 안정성을 높이는 노사정 대타협을 이루어냈다. 근로자는 임금삭감 및 근로시간 단축과 이를 통한 일자리 나누기 등에 동참하였고, 사용자는 투자확충을 통한 일자리 창출을 실천하였으며, 정부와 정치권은 사회보장제도의 개혁 등을 통한 국가재정의 안정화에 매진하였다.

그 결과 네덜란드 경제는 1990년대 중반 이후 큰 회복세를 나타냈고, 국가재정의 건전성도 더욱 강화되어 1999년 유럽경제통합 출범 시 가장 먼저 정부재정적자 3%와 부채규모 60% 기준을 충족시키는 국가가 되었다. 2008년 세계금융위기 이후에도 네덜란드의 우파정부는 다시 책임과 자율을 강조하면서 긴축정책을 추진함으로써 위기로부터 조속히 벗어나는 업적을 이루고 있다.

네덜란드의 소득분배 상태도 지니계수 0.24~0.27의 낮은 수준을 나타내고 있고, 세계화 추세에서도 악화되지 않는 상태를 보이고 있다. 그 이유는 조세와 재정지출의 소득재분배 효과가 큰 반면, 임금안정으로 임금격차가 확대되고 있지 않기 때문이다. 네덜란드의 실업률 역시 3.4%로 유럽국가 중 가장 낮은 수준이고, 고용률은 75.8%로 OECD 평균보다 거의 9%p 더 높은 수준에 이르고 있다. 또한 경제성장률도 유럽국가 중 가장 선두에 있음으로써 네덜란드는 1970~80년대의 '네덜란드병'을 1990년대 이후에는 '네덜란드의 기적(Dutch miracle)'으로 바꾼 성공사례로 꼽히고 있다.

네덜란드는 덴마크와 더불어 고용정책에 있어 유연안정성(flexicurity)를 이룬 대표적 사례이다. 네덜란드 고용정책의 핵심은 일할 능력이 있는 사람은 취업지원 및 훈련서비스 등을 통해 최대한 일할 수 있는 여건을 만들어주는 것이다. 이를 위해 취약집단별로 특성화된 고용연계 프로그램을 제공하고, 그래도 취업에 실패하는 경우에 한해 실업부조 급여를 지급한다.

또한 복지-고용 전달체계 구축을 위해 중앙정부의 복지부서와 고용부서를 통합하여 운영하고 있다. 연금 부문에서 공적연금은 노령과 사망위험을 보장하는 기초연금만으로 구성되며, 사적연금을 준강제 가입제도로 발전시켜 전체 피용자의 95%가 적용되게 함으로써 노후 소득을 퇴직전 소득의 70%까지 보장하고 있다.

네덜란드는 가족수당제도의 추진 등을 통해 높은 가족복지 수준을 유지하고 있다. 그 결과 70.6%의 여성취업률과 1.73명의 합계출산율을 달성하였다. 네덜란드의 공공부조는 전 국민의 최저소득 보장과 근로활동과의 연계라는 두 가지 목표의 동시 달성을 추구하고 있다. 의료 부문에서는 의료비의 상승을 억제하기 위해 2006년부터 인두제와 행위별수가제의 조합으로 의료비가 지불되고 있고, 병원의 경우도 '진단과 치료의 조합

(DBC: Diagnosis and Treatment Combination)'이라는 지불체계가 운영되고 있으며, 장기요양제공자는 '돌봄 수준 패키지(care intensity packages)'에 따라 지불받고 있다.

위기의 남유럽 복지국가 모델: 그리스, 스페인, 포르투갈, 이탈리아

북유럽 국가들이 대체로 1980~90년대 경제적 어려움을 잘 극복하여 국제사회에서 복지와 경제 부문 모두에서 성공한 사례로 거론되고 있는 반면, 그리스, 이탈리아, 스페인, 포르투갈 등 남유럽 국가들은 경제적 위기에 제대로 대응하지 못해 경제가 어렵고 복지도 제대로 할 수 없는 경우로 알려져 있다. 남유럽 국가들은 복지국가의 특성 측면에서 보수주의적 모델로 분류[26]되고 있으나, 좀 더 자세히 살펴보면 다음과 같은 고유의 특성이 있다는 의견[27]이 지배적이다.

① 교육과 의료는 보편적 성격을 갖고 있으나, 소득이전 부문은 직업적으로 상이한 이중구조를 갖고 있다.
② 상대적으로 노동시장의 양극화 정도가 심하고, 고령층에게 매우 유리한 소득이전 구조를 갖고 있다.
③ 복지정책이나 제도가 특정 이해집단의 압력과 조정에 약하다.

---

26) Esping-Anderson(1990), 전게서

27) M. Ferrera(1996), "The 'Southern' Model of Welfare in Social Europe", Journal of European Social Policy, vol. 6, no. 1

이에 더해, 남유럽 복지국가 모델의 특징으로 강한 가족주의를 지적[28] 하기도 한다. 대가족제도가 상대적으로 발달한 가운데 소득이전과 사회서 비스 제공 측면에서 가족의 역할이 크다는 것이다. 예를 들어, 25~29세 의 젊은 층이 부모와 같이 사는 비율이 영국과 독일은 각각 18%와 13% 인 데 비해 스페인과 이탈리아는 각각 40%와 57%로 매우 높다. 특히 최 근 유로 위기과정에서 남유럽 국가들 모두 좀처럼 경제위기에서 벗어나지 못하고 있다는 사실 역시 이들 복지국가 모델의 취약점이라고 지적하지 않을 수 없다.

남유럽 국가들의 중심에 있는 이탈리아는 역사적으로 1946년 공화 국 설립 이후 중도·우파 정권의 장기집권으로 정치적 경쟁이 약한 상황 에서 복지가 시민생활을 향상시키는 수단이라기보다 국민의 합의를 얻기 위한 정치적 도구로 활용되어왔다는 특징을 갖고 있다.[29] 이탈리아에서 복 지제도는 주로 연금과 보건정책 위주로 급성장하였고, 빈곤층을 위한 공 공부조와 사회서비스 부문의 발전은 상대적으로 저조했다.

이탈리아 경제는 노동시장의 유연성 결여, 거대한 공공부채 등으로 경제성장세는 연평균 1.2%의 낮은 수준에 머물러 있으나, 협동조합과 중 소기업 분야의 활성화로 실업률이 유럽에서는 상대적으로 양호한 8% 수 준을 유지하고 있다. 2000~2008년 기간 중 공공지출은 GDP의 48% 수준이었으나, 2008년 경제위기 이후 GDP 감소로 인해 공공지출 비중 은 52%까지 상승하였다. 2011년 11월 경제위기 상황에서 출범한 몬티 (Monti) 내각은 연금개혁, 세금인상, 지하경제 발굴 등의 재정안정대책을

---

28) Ana Guillen and Santiago Alvarez(2001), "Globalization and the Southern Welfare States", in 『Globalization and European Welfare States』(전게서)

29) 홍이진 외(2012),『주요국의 사회보장제도: 이탈리아』, 보건사회연구원, 전게서

추진하여 국제사회의 신뢰를 회복하였으나, 노동시장 유연화 조치들은 성공하지 못하고 2013년 4월 총선에서 레타(Letta) 수상이 이끄는 연립내각으로 정권이 교체되었다.

이탈리아는 비능률적 관료체계, 부패, 정치적 불안정, 과도한 정부부채 등으로 주요 유럽국가 중 가장 약체로 분류되고 있으나, 국가부채의 상당 부분이 내국인에 의해 소유되고 있기 때문에 그리스와 같이 경제위기로 발전되지는 않을 가능성이 크다. 이탈리아는 선진국 중 소득분배가 매우 불평등한 나라로 분류되고 있는데, 지역적으로 남북 간 경제력 격차 역시 소득불균등 상태를 악화시키는 요인으로 작용하고 있고, 높은 복지지출에도 불구하고 재정의 소득이전 효과가 낮다는 사실 역시 나쁜 분배구조의 원인이 되고 있다.

최근 그리스의 경제위기가 세계적 관심사로 부각되면서 경제능력을 상회하는 복지제도가 현재의 위기를 초래했다는 지적이 있다. 그리스의 경제위기는 2009년 말 그리스가 급증하는 국가채무를 갚기 어려울 것이라는 우려가 세계금융시장에서 확산되면서 시작되었다. 2010년 4월에는 그리스 국채의 신용도가 정크본드(junk bond) 수준으로 추락하여 국채 금리가 급등하면서 그리스는 민간 금융시장에서 완전히 퇴출당하는 상황에 직면하게 되었다.

2010년 5월 2일 그리스 정부는 재정균형을 위해 긴축예산을 편성하고, 500억 유로 수준의 국유재산 매각을 통해 재정적자 문제를 해소하며, 국제경쟁력 향상을 위한 제반의 구조개혁 조치를 취한다는 조건으로 IMF로부터 1,100억 유로의 구제금융을 받기로 합의하였다. 이러한 조치에도 상황이 안정되지 않자, 2011년 10월 유로존의 정치지도자들은 그리스에 추가적인 안정화 조치를 조건으로 1,300억 유로의 추가지원에 합의하였다. 그러나 이러한 개혁안에 대한 그리스 국민의 반발이 거세지면서 그리스가 유로존을 탈퇴할 것이라는 우려가 고조되었으나, 2012년 5월 출범한 그리스의 새 정부는 국제사회와의 약속을 지킬 것이라는 선언을 함으로써 최악의 상황은 면하게 되었다. 그러나 새 정부 역시 IMF 등 국제채권자와의 약속을 지키는 것이 정치적으로 어렵기 때문에 약속시한을 연장해달라는 요청을 하게 되었고, 이는 그리스 정부에 대한 국제사회의 신뢰를 다시 추락시키는 결과를 초래함으로써 그리스의 경제위기는 장기화되고 있다.

그리스 경제위기의 원인은 방만한 재정운영과 이에 따른 국가채무의 급증이라고 할 수 있다. 예를 들어, 2004~2008년 기간 중 정부 세입은 저성장으로 인해 31% 증가에 그친 데 반해 정부 지출은 87%나 증가하였다. 그 결과 재정적자는 눈덩이처럼 확대되었고, 국제금융시장에서 그리스의 신용도는 추락하였다. 예를 들어, 정부 부채의 GDP 비율은 1980년 17.9%에서 1990년에는 71.7%로, 그리고 1996년에는 100.3%로 증가하였다. 그 후 한동안 안정세를 보이다가 2003년 이후 다시 급증하여 2009년에 129.7%, 그리고 2013년에는 188.4%에 이르고 있다.

그리스의 경제위기가 장기화되고 있는 것은 국제사회의 신뢰를 얻기 위한 개혁조치에 대한 국민적 저항과 개혁의 필요성을 국민에게 설득하지 못하는 정치권의 무능력 때문이다. 이는 1997년 말 외환위기 당시 IMF의 안정화 조치는 물론 금융 및 재벌개혁안을 받아들이고, 더 나아가 '금모으기' 운동까지 자발적으로 전개한 한국의 상황과는 매우 대조적이라고 하지 않을 수 없다.

한국의 경우 위기상황에서 비상대책 추진의 필요성에 대해 국민 대다수가 동의하고 동참해준 데 반해, 그리스에서는 안정화와 개혁조치에 반대하는 시위가 연이어 발생하고 있다. 예를 들어, 2010년 IMF와 구제금융을 체결할 당시 그리스 국민의 62%가 합의내용에 대해 거부감을 나타냈고, 75%가 IMF에 대해 부정적 시각을 갖고 있다는 것이 당시 여론조사 결과였다.

경제위기는 어느 나라에서나 발생할 수 있다. 문제는 위기에 대한 대처능력이다. 북유럽국가들은 위기를 맞아 노사와 여야 정치권의 합의를 바탕으로 과감한 구조개선 조치를 취해 고(高)복지국가의 기본골격은 유지하면서 경제활력을 되찾는 데 성공하였으나, 남유럽 국가들은 경제위기 상황에서 필요한 개혁조치에 대한 국민적 합의 도출 실패로 인해 국제적 신뢰를 잃고 경제위기가 장기화되는 악순환에서 벗어나지 못하고 있다.

한국은 1990년대 말 외환위기를 맞아 여야 정치권과 노사 간 합의를 바탕으로 모든 경제주체가 위기 극복을 위한 개혁조치 추진과정에 동참함으로써 1년 만에 위기로부터 탈피한 경험을 갖고 있다. 그러나 2000년 이후 서서히 진행되고 있는 성장률의 둔화와 양극화의 심화에 대해서는 제대로 된 대응을 하지 못하고 있는 것이 작금의 상황이다. 이는 위기가 서서히 진행되고 있어 국민 다수가 이를 의식하지 못하고 있는 상황에서, 정치권 역시 국민에게 진실을 알리기보다는 달콤한 포퓰리즘적 약속만 남발하고 있기 때문이다.

자유주의적 복지국가 전략: 미국과 영국

미국으로 대표되는 자유주의적 복지국가 모델의 특징은 다음과 같다.[30]

① 정부 개입보다는 개인의 자립의지, 가족의 지원, 그리고 자선기관과 자원봉사 등 민간 차원의 노력을 강조하는 문화적 전통을 갖고 있다.
② 고복지국가에 비해 상대적으로 낮은 수준의 조세부담과 정부 재정 규모를 유지하고 있다.
③ 복지수혜자 선정에 있어 보편주의보다는 소득 및 자산조사에 의한 선별주의를 선호한다.
④ 경제성장 상태는 비교적 양호하나, 소득분배 상황은 상대적으로 취약한 결과를 나타내고 있다.

미국이 자유주의적 복지국가의 형태로 발전하게 된 것은 미국 자본주의가 철저히 시장 중심적으로 발전하였기 때문이다. 미국은 초기 정착에서 서부 개척, 그리고 알래스카와 하와이의 합병까지 하나의 기업가적 모험이었기 때문에 기업가정신에 바탕을 둔 시장경제는 미국인의 개척정신이라고 할 수 있다.

따라서 복지는 개인의 책임이라는 인식이 강하며, 사회복지 부문에서 정부의 개입은 최소한의 수준에 머물러야 한다는 것이 미국인 다수의 생각이다. 따라서 미국에서 복지수준은 경제발전 수준에 비해 상대적으로

---

30) Norman Ginsburg(2001), "Globalization and the Liberal Welfare States", 『Globalization and European Welfare States』(전게서)

낮은 상태이며, 복지에 대한 책임도 중앙정부보다는 지방정부에 있다는 인식이 강하다. 또한 빈곤계층이 흑인 등 소수 인종에 집중되어 있다는 사실 역시 미국인의 주류가 사회복지에 대한 관심을 적게 갖게 된 또 하나의 원인이라고 할 수 있다.

미국에서 사회복지는 민간 차원의 사회봉사활동에서 시작되었고, 이러한 전통은 지금까지도 이어지고 있다. 영국에서 19세기 말에 시작된 자선조직협회(COS: Charity Organization Society)와 인보관 운동은 즉시 미국으로 전파되어 1877년 버팔로(Buffalo)에서 미국 최초의 COS가 창립되었고, 1885년에는 시카고(Chicago)에 미국 최초의 인보관인 헐 하우스(Hull House)가 설립되었다. 이러한 사회봉사활동은 전문적 사회사업(social work)으로 발전하였고, 1917년 사회봉사활동가인 메리 리치몬드(Mary Richmond)가 『사회진단(Social Diagnosis)』이라는 최초의 사회복지 저서를 발간함으로써 미국에서 사회복지사업이 전문분야로 발전하는 계기가 되었다. 그 후 1955년에 전국사회복지사협회(National Association of Social Workers)가 결성됨으로써 미국이 세계적으로 사회복지실천 분야를 선도하는 역할을 담당하게 되었다.

민간 차원의 자발적 사회복지활동은 매우 활발한 반면, 정부 차원의 사회복지 정책 추진은 상대적으로 취약했으며, 그나마도 연방정부보다는 주로 지방정부에 의해 이루어졌다. 노동자 재해보상제도는 1911년 워싱턴 주에서 시작되어 1920년에는 43개 주로 확산되었고, 노령부조제도 역시 주정부 차원에서 시작되어 1929년에 22개 주에서 채택되었다.

그러나 1929년 대공황이 발생하면서 사회복지가 중앙정부의 책임이라는 인식이 확산되기 시작하였다. 1935년 루스벨트 행정부에서 국민의 생활보장에 대한 연방정부의 책임을 확실히 한 '사회보장법'이 시행됨으로써 미국의 사회복지정책의 기본 골격이 마련되었다. 미국의 사회복지제도는 1960년대에 들어와 존슨 행정부에서 소득격차 해소와 인종차별 방지에 역점을 둔 '위대한 사회(Great Society)' 프로그램이 추진되면서 새로운 도약의 기회를 맞게 된다.

그러나 1980년대 들어 대내외 경제상태가 악화되고, 레이건 행정부 출범 이후 신자유주의 정책이 추진되면서 복지제도에 대한 개혁 작업이 시작되었다. 복지개혁조치가 몇 차례의 시도에도 불구하고 여야 간 의견 차이로 큰 성과를 보이지 못하다가 1996년 클린턴 민주당 행정부가 공화당 의회가 마련한 복지개혁법안을 받아들임으로써 미국의 공공부조제도는 수혜조건이 더욱 엄격하게 되었고 수급자의 노동시장 참여가 확대되는 방향으로 크게 수정되었다.

세계금융위기로 실업자가 증가하여 많은 미국인들이 의료보험의 혜택을 받지 못하는 상황이 발생하면서 오바마 행정부는 2014년까지 전 국민 의료보험을 실현시키는 '2010년 의료개혁법'의 법제화에 성공하게 된다. 이로 인해 미국 사회보장제도의 가장 큰 사각지대가 해소되었으나 시행과정은 순탄치 않다.

공화당은 고령자 의료서비스인 메디케어(Medicare)와 저소득층 의료서비스인 메디케이드(Medicaid)의 민영화와 지방정부로의 이전을 주장하고 있고, 버지니아, 플로리다, 미시건 등에서는 2010년 의료개혁법에 대한 위헌소송이 진행되고 있다. 공공의료보험과 같은 기본적 사회보장제도에 대해 위헌소송이 진행된다는 사실만으로도 사회복지에 대한 미국 보수 세력의 인식이 얼마나 부정적인가를 보여주고 있다.

영국은 역사적으로 자유민주주의 정치체제는 물론 시장경제 자본주의 체제가 세계에서 가장 먼저 정착된 나라이며, 현대 사회복지 제도 역시 영국에서 시작되었다고 해도 과언이 아니다. 최초의 복지제도인 구빈법이 1601년 영국에서 제정되었고, 민간 차원의 사회복지사업도 19세기 후반 영국 런던에서 처음으로 시작되었다. 서구 복지국가의 최초 청사진인 베버리지 보고서 또한 영국 정부의 작품으로, 이의 구현 역시 영국에서 처음으로 이루어졌으며, '복지국가(Welfare State)'라는 단어도 제2차 세계대전 중 영국의 정치지도자들이 사용하기 시작했다.

흔히 영국을 자유주의적 복지국가로 분류하나, 실제로 영국은 자유주의적 복지국가와 사회민주주의적 복지국가의 혼합형이라고 할 수 있다. 베버리지 보고서는 복지의 보편주의 원칙을 분명히 하였고, 비록 영국은 복지혜택의 수준이 북유럽국가들보다는 낮지만 미국 등 다른 자유주의적 복지국가보다는 훨씬 높다. 에스핑-앤더슨의 자유주의 지표 기준으로도 영국은 선진국 중 중간에 머물고 있다. 그럼에도 영국이 자유주의적 복지국가로 분류되는 것은 1980년대 이후 영국에서 신자유주의적 복지개혁이 매우 활발하게 전개되었기 때문이다.

대처 정권 이전에 이미 확대 재정정책은 사실상 포기되었다. 노동당의 캘러헌(Callaghan) 총리는 1976년 "실업대책으로 케인스의 수요관리 정책은 더 이상 유효하지 않다."고 선언한 바 있다. 그러나 1979년 대처 총리가 집권하면서 국가의 개입 대신 시장적 질서를 선호하는 신자유주의적 정책이 본격적으로 추진되었다. 공기업의 민영화가 이루어졌고, 많은 정부 기능이 민간에 위탁되었으며, 공공지출의 삭감 및 규제완화 조치들이 취해졌다. 그리고 노조의 영향력 저하와 노동시장의 유연성 제고를 위한 정책들이 추진되었으며, 복지정책도 종래의 보편주의에서 탈피하여 잔여주의로의 전환이 시도되었다.

이러한 개혁은 1997년 노동당 블레어 정권이 출범한 이후에도 지속되었다. 기든스(Giddens)의 『제3의 길』을 철학적 기초로 하여 베버리지 보고서가 제시한 '모든 국민에게 최소한 소득 및 생활수준을 보장'하는 소극적 복지국가 개념에서 탈피하여 일할 수 있는 사람은 일하게 한다는 적극적 사회투자국가 개념을 채택하였다. 이를 바탕으로 블레어 정부는 취약계층별 맞춤형 일자리 서비스를 제공하는 뉴딜프로그램을 개발·추진함으로써 일자리복지 기반을 공고히 했다.

　이에 더해, 블레어 정부는 경영기법을 사회투자 부문에 적용하기 위해 2000년 사회투자위원회(SITF: Social Investment Task Force)를 구성하여 2010년까지 운영하면서 사회금융시장 발전의 청사진 제시와 이의 구현을 위한 조치를 구체화하였다. 많은 사회투자 관련 기금이 설치되었고, 2007년에는 사회금융시장 육성과 사회성과연동채권(Social Impact Bond) 개발을 전담하는 기관을 만들었다. 그 결과 영국에서 사회금융시장은 짧은 기간에 큰 변화와 발전이 이루어지고 있으며, 이러한 전통은 2010년에 집권한 보수당 캐머런 정부에서도 그대로 유지되고 있다.

　1943년 베버리지 보고서를 통해 복지국가의 청사진을 최초로 제시한 바 있는 영국은 1980년대 이후 새로운 복지국가의 새로운 모델을 만들어가는 과정에서도 선도적 역할을 담당하고 있다.

12장

웰페어노믹스의 기본구조와 정신

복지와 경제는 동전의 양면이다

역사적으로 사회복지는 경제발전 과정에서 발생한 빈곤, 실업 등의 문제를 해결하기 위한 수단으로 발전되었기 때문에 복지와 경제는 동전의 양면이라고 할 수 있다.

17세기 초 제정되어 그 후 350년간 지속된 영국의 '구빈법(The Poor Act)'은 엔클로저 운동으로 도시인구가 급증하고 당시 모직공업의 불황으로 발생한 대량빈곤에 대한 국가 차원의 개입이 불가피한 상황에서 만들어졌다. 또한, 역사상 최초의 노동법인 '공장법(Factory Act)' 역시 산업화 초기의 열악한 노동환경을 개선하기 위해 사회혁신가인 로버트 오웬(Robert Owen)의 열정적 활동의 결과 19세기 초 입법화되었다. 그리고 산업혁명 이후 '세계의 공장' 역할을 담당한 영국이 1870년대 들어 심각한 불황에 직면하여 실업과 도시빈민 문제가 사회문제로 부각되고 지식인들 사이에 인도주의가 확산되면서 민간 차원의 자원봉사활동과 지역복지사업인 인보관 운동이 전개되기도 하였다.

독일에서는 1870년 이후 진행된 강력한 사회주의 운동에 대응하기 위해 '철(鐵)과 혈(血)의 재상' 비스마르크가 세계 최초로 사회보험제도를 도입하였다. 지주귀족 출신의 비스마르크는 사회보험을 당시 신흥세력인 부르주아를 견제하는 수단으로 활용하였고, 노동자들의 충성을 고용주나 노동자조직이 아닌 국가로 향하도록 하여 정치안정을 도모하려 하였다.

사회복지에 대해 상대적으로 미온적 입장을 견지해온 미국에서도 1929년 대공황이 발생하자 이 과정에서 발생한 대량실업 문제에 대한 해법으로 1935년 국민의 생활보장에 대한 연방정부의 책임을 명백히 하는 '사회보장법'을 시행함은 물론, 뉴딜사업 등 정부 차원의 대규모 일자리 사업을 적극적으로 추진하게 되었다.

대공황과 두 차례의 전쟁을 경험하면서 국가 차원의 개입에 익숙해진 영국은 1942년 베버리지 보고서의 발표를 계기로 현대적 의미의 복지국가에 대한 청사진을 마련하는 데 앞장서게 된다. 1945년, 노동당 정부가 집권하게 되면서 '요람에서 무덤까지' 최소한의 복지서비스와 생활을 보장하는 베버리지 보고서의 내용이 법제화되었다.

이와 같이 대공황, 세계대전 등 경제사회 위기 과정에서 태동된 사회복지정책은 1945년 이후 선진국 경제가 사상 최고의 호황을 누리면서 새로운 도약기를 맞게 된다. 영국에서 시작된 복지국가 모델은 급속히 모든 유럽 국가들로 확산되었고, 스웨덴 등 사회민주주의 국가는 복지혜택의 수준을 더욱 확대해나가는 데 선봉장 역할을 담당하였다.

이와 같이 복지와 경제는 동전의 양면과 같이 상호의존적으로 발전되어왔으나, 1980년대 이후 복지국가 모델에 대한 비판이 높아지고 시장의 기능을 강조하고 정부의 기능을 최소화하려는 신자유주의가 보수의 가치관으로 정착되면서 사회복지정책에 관한 이념적 논쟁이 심화되었다. 이런 과정에서 복지와 경제가 마치 서로 상충관계에 있는 것 같이 비쳐지기도 하였다. 신자유주의적 복지관은 선진국에서 나타난 경제침체의 주된 원인이 복지국가체제의 실패, 즉 정부의 실패에 기인한다고 생각한다. 복지정책이 지나치게 확대되어 국가재정은 파탄하게 되었고, 근로의욕은 크게 상실되었다는 것이다.

따라서 향후 모든 개혁은 지금까지 국가가 맡아왔던 것을 시장경제에 이전하는 것에 주안점을 두어야 하고, 국가의 부조를 받는 사람은 진정으로 생활이 곤란한 자에 한정되어야 한다는 것이다. 특히, 근로의욕을 저하시키는 공적 개입은 철폐되어야 하고, 세제 역시 이러한 방향으로 개혁되어야 한다는 것이 신자유주의자들의 주장이다.

그러나 복지국가의 기본 틀을 바꾸는 일은 쉽지 않다. 그 이유는 복지국가가 확대되고 복지수혜자가 많아질수록 복지국가 관련 이해당사자가 확대되기 때문이다. 그럼에도 작금의 상황은 복지국가의 변화가 불가피하다.

그 첫 번째 이유는 인구의 고령화로 의료 및 노후연금의 지출수요가 급증한 반면, 고령화와 저출산으로 인한 생산가능인구의 비중은 감소하여 필요한 복지재원의 확보가 어려워지기 때문이다. 특히, 경제구조가 점차 고도화되면서 생산성이 상대적으로 높은 제조업의 비중은 감소하고 상대적으로 생산성이 낮은 서비스업의 비중은 높아지면서 저성장과 임금상승의 둔화로 세수증가 속도 역시 둔화되기 때문이다.

두 번째 이유는 복지국가가 성숙단계에 이르게 되면 사회복지비의 한계효용이 점차 감소하여 때로는 부(負)에 이르는 경우도 발생하고, 사회복지비의 GDP 비율이 높아지면서 조세저항이 증가하기 때문이다.

끝으로, 가족구조의 변화로 인한 사회복지 수요구조가 달라지기 때문에 복지국가의 변화가 불가피해진다. 예를 들어, 높아진 여성의 노동시장 참여율은 탁아 등 새로운 복지수요를 창출하고, 가족해체 현상의 심화와 단독가구의 증가는 사회복지 분야에서 가족의 역할을 약화시키고 국가의 역할을 증가시키는 결과를 초래하고 있다.

이와 같이 한편으로는 과다한 재정부담으로 기존의 복지지출을 축소해야 하는 상황이 전개되고, 다른 한편으로는 저출산과 양극화의 심화로 사회복지에 대한 새로운 수요가 발생하여 복지지출을 늘려야 하는 상황이 동시에 전개되면서 사회복지와 복지국가 모델에 대한 찬반논쟁은 더욱 뜨거워지고 있는 것이 현재의 상황이다.

특히, 1980년대 이후 사회복지에 대해 부정적 시각을 갖고 있는 신자유주의 사상이 보수진영의 가치관으로 자리 잡으면서 경제효율을 강조하는 신자유주의적 자본주의 모델과 형평과 공동체의식을 강조하는 복지국가적 자본주의 모델은 서로 상충적인 개념으로 발전되었고, 정치권은 이념적 성향에 따라 이 중 양자택일을 해야 하는 것으로 인식하게 되었다.

서구식 복지국가 해법의 한계

양극화가 심화되고 사회복지에 대한 욕구가 폭발적으로 증가하면서 진보성향의 지식인들을 중심으로 서구식 복지국가를 건설하는 것이 양극화의 해법이라는 인식이 확산되기 시작하였다. 노무현 정부에서 제시된 '비전2030'[31]은 이러한 인식의 공식적 표출이라고 할 수 있으며, 적어도 2030년까지 서구식 복지국가를 완성시켜보자는 것이 그 핵심내용이다.

---

31) 대통령자문 정책기획위원회(2006), 『선진복지한국의 비전과 전략』, 동도원

이에 대해 보수진영은 처음에는 완강히 반대하였으나, 양극화 현상이 전혀 진정 기미를 보이지 않고 오히려 악화되는 것을 지켜보면서 입장을 급선회하였다. 2010년 지방선거 과정에서 쟁점이 된 무상급식에 대해서 처음에는 보수와 진보가 서로 상반된 견해를 나타냈으나, 2012년 총선과 대선 과정에서 부각된 무상보육과 반값 대학등록금 등에 대해서는 보수와 진보진영 모두 서로 경쟁적으로 자신의 대안을 선거공약으로 제시하였다. 또한 2011년 한나라당이 제시한 복지 청사진[32]에 의하면 한국의 복지지출을 2020년까지 OECD 평균인 GDP 대비 20% 수준까지 높인다고 하는데, 이는 '비전2030'보다 오히려 목표 연도를 앞당긴 것이기도 하다.

서구식 복지국가 모델은 1943년 베버리지 보고서에서 질병, 노령, 실업, 빈곤 등의 위험에 대한 '최소한의 보호'에서 시작되었으나, 그 후 30여 년 동안 경제성장과 더불어 보호수준이 '최소한'에서 '상당 수준'으로 확대되면서 여러 가지 부작용을 나타냈다. 그중 첫 번째 문제는 과다한 복지재정 규모라고 할 수 있다. 스웨덴, 네덜란드 등 사회민주주의 국가는 물론 독일, 프랑스 등 보수주의적 조합주의 국가에서도 사회복지지출은 GDP의 30% 수준을 상회하게 되었는데, 이는 이들 국가에서 높은 수준의 조세부담률을 불가피하게 하였다.

경제 모든 분야에서 세계화가 급속히 진전되고 있는 상황에서 개인과 기업의 높은 조세부담은 근로의욕 상실과 낮은 투자로 연결됨으로써 국가경쟁력의 약화를 초래할 가능성이 높다. 그래서 서구식 복지국가 모델을 채택한 국가는 모두 1980년대 이후 복지재정의 확대를 막아보려는 차원의 개혁을 추진하고 있다. 특히, 유럽경제의 위기상황이 장기화되고 있는 상황에서 복지국가의 재정비 노력은 세계금융위기 이후 오히려 강화

---

32)　한나라당 비전위원회(2011), 『모든 국민이 더불어 행복한 선진복지국가』, 여의도연구소

되고 있는 것이 작금의 상황이다.

서구식 복지국가 모델의 또 하나의 쟁점은 과다한 보호 수준에 따른 제도의 악용 또는 자립의지 부족의 문제이다. 예를 들어, 과다한 실업수당의 지급은 실업자의 재취업 의지를 약화시킬 수 있으며, 저소득층에 대한 과다한 소득지원은 일하려는 의욕을 감소시킬 가능성이 높다. 그 이유는 일해서 소득이 증가하면 그 이상 복지혜택이 감소하기 때문에 일하려고 노력하지 않는 이른바 '빈곤 함정(poverty trap)'이 발생하기 때문이다.

1990년대 들어 일자리와 복지를 연결시키는 영국의 워크페어(workfare) 사업, 그리고 공공부조의 수혜자격을 더욱 엄격하게 적용하는 미국의 복지개혁법은 빈곤 함정 문제를 사전에 방지하고 가급적 많은 복지 수혜자들을 일자리로 복귀시켜 복지사업의 효율성을 높이려는 시도라고 할 수 있다.

따라서 한국이 지향해야 할 복지국가 모델은 이러한 선진국의 경험과 한국 고유의 전통과 관행을 충분히 고려하여 더욱 미래지향적이고 지속 가능한 것이어야 한다. 이런 차원에서 지난 몇 년간 정치권에서 논란의 중심을 이룬 이른바 무상복지에 관한 논쟁은 많은 문제가 있다고 하지 않을 수 없다. 사실상 무상복지라는 이름으로 제시된 정책들은 재원조달 방식에 있어 수익자부담 원칙을 적용하지 않고, 세금을 더 거두는 일반조세 방식을 택하겠다는 것이 그 핵심이다.

그런데 문제는 유권자의 대다수가 복지를 더 많이 해준다고 하면 매우 솔깃해하나, 이를 위해 세금을 더 내라고 하면 외면하고 만다는 사실이다. 그래서 정치인들은 선거기간 중 유권자들에게 복지를 더 해주겠다는 약속은 쉽게 하지만, 이를 위해 세금을 더 내라는 정치적으로 인기가 없는 요구는 하지 않는다. 그래서 재원조달 방법에 대한 국민적 합의가 이루어지지 않은 복지공약은 선거 후 실현 가능성이 낮을 수밖에 없다.

또한 복지재원의 조달에 있어 일반조세에 의한 방법은 사회보험료와 같이 수익자부담 원칙을 적용하는 방법보다 국민적 저항에 부딪칠 가능성이 높다. 수익자부담 원칙이 적용되면 재원부담을 하는 사람이 '자기가 낸 돈이 자신을 위해 쓰인다는 사실'을 상대적으로 쉽게 알 수 있으나, 일반조세에 의존하게 되면 세금을 내는 사람 입장에서는 '그 돈이 어떻게 쓰이며, 그리고 자신에게 어떤 혜택이 오는지'에 대해 잘 알 수 없기 때문이다.

결국 무상복지 논쟁은 복지보편주의와 복지선별주의에 관한 논쟁으로 확산되고 있다. 복지보편주의는 수혜자의 소득이나 재산 상태와 관계없이 모든 사람에게 같은 복지혜택을 주는 것이고, 복지선별주의는 수혜자의 경제적 또는 여타 상황을 파악하여 취약계층에게만 그들이 필요한 내용의 복지혜택을 주는 것이다. 따라서 복지보편주의를 택하게 되면 막대한 재정이 소요될 수밖에 없다는 문제가 있는 반면, 복지선별주의를 적용하려면 개인의 경제적 및 여타 상황에 대한 정확한 정보가 있어야 한다는 어려움이 있다.

흔히 복지보편주의가 복지선별주의보다 수혜자의 만족도를 상대적으로 높일 수 있다고 생각하나 반드시 그렇지는 않다. 그 이유는 모든 사람에게 언제나 똑같은 복지혜택을 주는 것보다 필요한 사람에게 필요한 복지혜택을 필요한 때 주는 것이 수혜자의 복지만족도를 극대화할 수 있기 때문이다. 이는 배고픈 사람에게 똑같은 음식을 똑같은 양으로 나누어 주는 것보다는 각자의 식성과 체질에 맞는 음식을 맞춤형으로 주어야 수혜자의 만족도가 극대화될 수 있는 것과 같은 이치이다. 결론적으로 맞춤형 복지가 가장 효과적이라는 이야기인데, 이는 복지보편주의와 복지선별주의 적절한 조합을 통해서만 실현될 수 있다.

최근 무상복지 논쟁과 관련된 또 하나의 문제점은 복지투자의 우선 순위와 관련된 것이다. 65세 이상 노인의 45%가 빈곤층에 속한다는 사실을 감안할 때, 노인 빈곤문제는 현 시점에서 가장 핵심적 복지사각지대이며 가장 시급한 복지정책 현안이다. 노인자살률이 OECD 평균치의 5~6배나 되고, 계속 증가추세라는 사실 역시 노인 빈곤문제의 심각성을 잘 나타낸다고 할 수 있다.

반면, 한국의 대학진학률은 80% 수준으로 OECD 평균 56%보다 월등히 높음에도 최근 선거과정에서 반값 대학등록금이 노인연금 인상보다 훨씬 중요한 복지정책공약으로 부상하였다. 그 이유는 정치권이 노인들의 투표성향은 이미 결정되었기 때문에 선거공약에 크게 흔들리지 않으나, 대학등록금이 중요한 세대의 투표성향은 유동적이기 때문에 이들의 환심을 사는 것이 선거공학적으로 중요하다고 판단하기 때문이다.

또한 무상복지 또는 복지보편주의의 경직적 적용은 사회정의 실현 차원에서도 문제가 있을 수 있다. 존 롤스(John Rawls)[33]는 자신의 저서『정의론』에서 가장 어려운 사람에게 최대의 혜택이 주어져야 한다는 차등수정 원칙(difference principle)을 제시하였는데, 무상복지의 구현을 위해서는 가장 어려운 계층에게 더 많이 가야 할 재원을 중산층과 고소득층에게도 저소득층과 똑같은 혜택을 주기 위한 재원으로 전환하는 것이 불가피하기 때문이다.

실제로 무상급식에 필요한 재원조달을 위해 낙후시설 개선, 원어민 영어교사 확보 등의 예산이 삭감되어 교육의 질이 저하되고 있고, 무상급식과 무상보육 때문에 많은 지방정부가 다른 사업의 추진을 중단 또는 축소해야 하는 상황이 벌어지고 있다는 사실이 이념적 또는 정치적 차원의

---

33)   John Rawls(1971), 『A Theory of Justice』, Harvard University Press

복지보편주의가 수혜자의 복지증진은 물론 사회정의 실현에도 역행할 수 있음을 보여주는 것이다.

한국에서 지속 가능한 복지국가 모델을 새롭게 정립해나가는 데 있어 중요한 사실은 급속히 진전되고 있는 고령화와 저출산 추세이다. 한국의 인구는 1960년 2,501만 명에서 50년 후인 2010년에는 4,941만 명으로 거의 두 배 증가하였으나, 저출산의 영향으로 인구증가 추세는 앞으로 급속히 감소할 전망이다. 향후 인구는 2030년 5,216만 명으로 정점에 도달한 후 감소하기 시작하여 2060년에는 4,396만 명으로 1992년 수준에 이를 것으로 전망된다.

특히 연령별 인구구조는 14세 미만의 유소년 인구가 1972년 1,386만 명에 이른 이후 계속 감소하여 2010년 798만 명, 2030년 658만 명, 그리고 2060년에는 447만 명에 이를 것이다. 반면, 65세 이상 노인인구는 1960년 73만 명에서 2010년에는 545만 명으로 증가하였고, 이런 추세는 앞으로도 지속되어 2049년에는 1,800만 명에 이를 전망이다.

이러한 고령화와 저출산의 복합적 파급효과는 노동력의 부족과 노동

〈주요 국가들의 인구고령화 속도 비교〉

구분	고령화 사회 (7%) 도달연도	고령사회 (14%) 도달연도	초고령사회 (20%) 도달연도	고령사회 (7→14%) 소요연수	초고령사회 (14→20%) 소요연수
한국	2000	2017	2026	17	8
일본	1970	1994	2006	24	12
미국	1942	2015	2036	73	21
독일	1932	1972	2009	40	37
프랑스	1864	1979	2018	115	39

출처: 통계청, 「장래인구추계」, 2011

생산성 저하, 내수 위축 및 자본스톡 감소, 사회보장지출의 급속한 증가는 물론 이로 인한 재정수지 악화 및 조세부담 증가를 초래할 전망이다. 다시 말해, 새로운 복지제도의 도입이 없다고 하더라도 2020년부터는 급속한 고령화로 인해 의료비 및 연금지출 등의 사회보장비용이 급증할 것으로 전망된다.

이와 같이, 세계 경제여건의 악화로 유럽 각국에서 기존의 복지국가 모델에 대한 수정작업이 대대적으로 진행되고 있고, 한국에서의 급격한 고령화와 저출산의 복합적 현상으로 2020년 이후에는 성장잠재력의 저하와 사회보장지출의 급증이 동시에 진행될 가능성이 높은 상황에서 호황기의 서구식 복지국가 모델을 한국이 추구해야 할 롤—모델로 무작정 설정하는 것은 문제가 있다고 하지 않을 수 없다.

신자유주의 자본주의 해법의 한계

그러면 1997년 외환위기 이후 한국에서 추진되어온 신자유주의 자본주의 모델은 대안이 될 수 있을까? 이에 대한 해답 역시 부정적인 것이 사실이다. 왜냐하면 정부의 역할을 최소화하고 경제운용을 가급적 시장기능에 맡기려는 신자유주의적 접근방식은 1990년대 후반 이후 한국에서 양극화를 해소하기는커녕 오히려 심화시키는 원인으로 작용하였기 때문이다.

무엇보다 경제의 수출의존도가 높고 반도체, 자동차 등 주력 수출산업이 장치산업의 성격이 강한 한국의 경우 경제성장의 혜택이 사회 각층에 골고루 확산되지 않기 때문에 정부의 정책적 노력이 수반되지 않는 한 수출 주도의 경제성장만으로는 양극화 해소를 위한 충분한 일자리를 만들 수 없다. 일자리부족 문제의 심각성이 부각되자 정부 차원의 각종 위원회가 구성되고 대책에 대한 활발한 토론이 진행되고 있으나, 현재까지의 실적은 매우 미흡한 것이 사실이다.

이러한 상황은 정치권의 핵심 쟁점으로 떠오르고 막대한 재정지출을 수반하는 복지 분야에서도 반복되고 있다. 노무현 정부가 내놓은 '비전 2030'은 청사진만 제시되었을 뿐 국가정책으로 채택되지 못했고, 이명박 정부는 아예 제대로 된 복지 청사진을 만들지도 않으면서 '친서민정책', '공정사회' 등 추상적인 정책목표만을 강조하였다. 미래기획위원회가 '휴먼뉴딜' 프로젝트를 발표하였으나, 이 역시 정부 차원의 사업으로 승화되지 못하고 사장되었다. 그 결과, 복지정책 수립에 관한 주도권이 정부에서 정치권으로 넘어가게 되었고, 복지정책의 기준 역시 국가 백년대계 차원의 합리성보다는 선거에서의 영향력이 우선하게 되었다.

새로운 패러다임: 웰페어노믹스

지금 한국은 양극화를 해소하면서 경제성장과 활력을 동시에 유지해야 하는 어려운 과제를 안고 있다. 앞에서 지적한 대로 서구식 복지국가 모델이 경제활력을 유지하는 데 걸림돌이 될 수 있으며, 신자유주의적 자본주의 모델은 양극화를 해소하지 못할 뿐 아니라 오히려 이를 더욱 악화시킬 가능성이 크다는 사실을 감안할 때 지금 시점에서 우리의 과제는 기존의 서구식 복지국가 모델과 신자유주의 자본주의 모델 각각의 장점을 살리되 단점을 보완하여 새로운 패러다임을 모색하는 것이며, 이를 복지와 경제의 융합인 '웰페어노믹스(welfarenomics)'에서 찾아보고자 한다.

복지와 경제가 융합되는 웰페어노믹스는 기존의 복지국가 자본주의 모델과 신자유주의적 자본주의 모델의 장점은 살리고 약점은 보완하여 이들 모델의 한계를 극복하여 새로운 자본주의 모델을 만들어보자는 시도이다. 또한 효율과 형평의 조화, 그리고 자유주의와 공동체주의의 조화를 강조하는 웰페어노믹스는 경제와 복지에 관한 이념적 논쟁을 지양하고, 좀 더 현실적이고 실용적 차원의 접근을 통해 경제활력을 유지하면서 사회복지의 실질적 수준을 제고하여 경제와 복지라는 '두 마리 토끼'를 다 잡아보자는 전략적 시도이기도 하다.

웰페어노믹스는 다음의 세 가지 측면에서 기존의 신자유주의 자본주의 모델의 수정을 시도하여 '복지적 경제'의 방식으로 함께 성장하는 자본주의를 만들어가는 것이다.

첫째, 정부의 역할을 한국 고유의 정부주도 시장경제에 자유시장경제 요소를 가미한 혼합형 시장경제를 지향하면서 일자리 창출과 사회복지 부문에서 정부의 국가전략 수립 및 집행기능을 강화할 것을 강조한다. 이를 위해 국민경제자문회의 기능을 활성화하고, 기획재정부의 정책조정 기능이 강화되어야 할 것이다.

둘째, 경제에서 기업의 역할이 증가하는 시대를 맞아 공유가치창출(CSV: creating shared value) 경영전통을 새롭게 확립하고 이를 널리 확산시킴으로써 기업의 사회적 가치를 제고할 것을 강조한다. 이를 위해 전국경제인연합회의 기능을 대기업의 이익을 대변하는 종래의 역할에서 공유가치창출로 대기업의 사회적 가치를 제고하는 역할로 전환하고, 정부의 대기업 정책도 기존의 규제 중심에서 시장친화적 방향으로 전환하여야 한다.

셋째, 시민사회와 사회적 경제의 활성화를 통해 공생발전의 생태계를 구축할 것을 강조한다. 이를 위해 정부의 지원형태를 기존의 직접적 지원방식을 간접적 지원방식으로 전환하고, 중간지원조직 체계를 더욱 강화해야 할 것이다.

또한 웰페어노믹스는 다음의 세 가지 측면에서 기존의 서구식 복지국가 모델의 수정을 시도하여 '경제적 복지' 방식으로 지속 가능한 복지국가를 만들어가는 것이다.

첫째, 일자리가 최상의 복지라는 인식을 바탕으로 일자리 복지기반을 확고히 구축할 것을 강조한다. 이를 위해 복지행정과 고용행정을 통합·운영하고, 맞춤형 통합서비스를 제공할 수 있는 전국단위의 복지-고용 전달체계를 구축해야 할 것이다.

둘째, 사회혁신이 사회복지 발전의 원동력이 된다는 인식을 바탕으로 경쟁과 기업가정신의 고양을 통한 혁신복지 생태계를 형성할 것을 강조한다. 이를 위해서는 사회적 기업에 대한 정부 지원의 기준을 인건비 보조에서 사회적 혁신을 촉진하는 방향으로 전환하고, 사회금융시장도 적극적으로 육성해야 한다.

셋째, 다양한 경영기법을 사회복지 분야에 적용하여 복지경영의 전

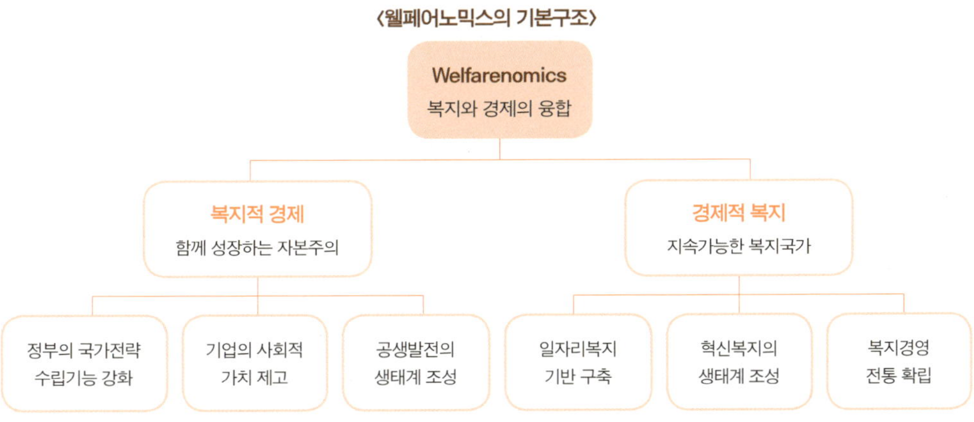

통을 확립할 것을 강조한다. 이를 위해서는 사회서비스 공급체계를 기존의 공급자 중심에서 수요자 중심으로 전환하고, 사회복지기관에 대한 정부 지원의 기준도 시설규모나 수용인원보다는 사회적 성과를 기준으로 하는 새로운 관행이 정착되어야 할 것이다.

웰페어노믹스가 제시하는 '복지적 경제'는 세계금융위기 이후 새로운 돌파구를 찾아야 하는 신자유주의 시장경제 모델에 대한 대안, 그리고 '경제적 복지'는 재정위기에 봉착한 복지국가 모델에 대한 대안이 될 수 있다.

특히 보수와 진보세력 간 복지와 경제문제 해결에 관한 시각과 해결방안에 대한 이견이 커지고 있는 현재의 상황에서 경제운용과 기업경영에 있어 사회적 가치를 중요시하는 시각과 복지시책의 추진과정에서 경제·경영적 시각의 적용은 정책현안에 관한 사회적 합의를 가능케 하고 사회적 갈등을 축소시키는 촉매 역할을 담당할 수 있을 것이다.

그리고 웰페어노믹스는 효율과 형평, 이기심과 이타심, 자유주의와 공동체주의, 시장과 정부, 더 나아가 창조적 파괴와 협력적 공존 등 서로 대립을 이루는 가치관들이 조화를 이루는 결과를 초래함으로써 갈등보다는 조화를 강조하는 동양적 가치관의 실현이기도 하다.

근대화 초기에는 학문의 여러 분야가 각기 분화되어 발전되었으나,

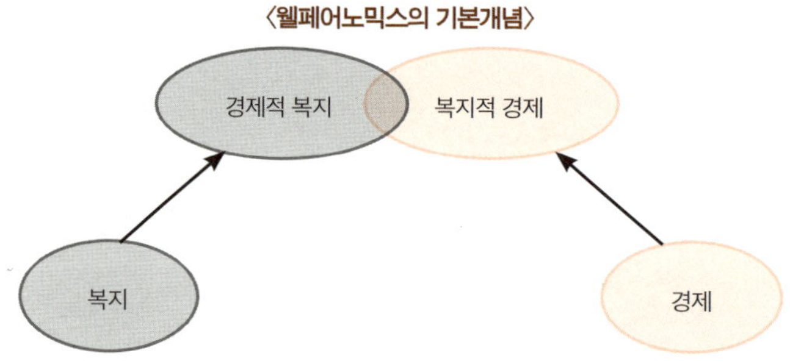

20세기 중반 이후 다시 수렴되어 융합의 시대를 형성하는 것과 같이 효율과 형평, 자유주의와 공동체주의 등의 가치관도 19세기 후반 이후 지속적으로 서로 대립을 이루어 정치·사회적 갈등의 원인이 되었다. 그러나 1980년 이후부터는 공산주의체제가 붕괴되고 신자유주의 정책이 양극화의 심화와 2008년 세계금융위기의 여파로 수정의 길로 접어들면서 20세기를 지배한 '이념적 갈등의 시대'가 21세기에는 서서히 '실용적 수렴의 시대'로 전환되고 있다.

이런 관점에서 웰페어노믹스는 새로운 시대의 가치관을 상징한다고 할 수 있다.

웰페어노믹스의 기본정신

자유주의와 민주주의는 시장자본주의의 근간을 이룸과 동시에 웰페어노믹스의 첫 번째 기본정신이라고 할 수 있다. 자유주의(liberalism)의 이론적 기반을 처음으로 만든 존 로크(John Locke)는 1689년 발표한 『정부에 관한 두 개의 논문(Two Treatises on Government)』에서 "모든 사람은 평등하고 독립적이며, 자신의 생명, 건강, 자유 그리고 재산을 보호할 자연적 권리를 갖고 있다."고 하면서 이기심을 바탕으로 자유로운 경제활동을 할 권리 역시 갖고 있다고 주장하였다. 존 로크의 사상은 1776년 발표된 애덤 스미스의 『국부론』은 물론, 같은 해 발생한 미국 독립선언의 이론적 기반을 이루고 있다. 애덤 스미스는 『국부론』에서 시장에서의 완전한 경쟁을 통해 경제활동의 자유가 보장될 뿐만 아니라 누구에게나 공정한 기회가 주어질 수 있음을 강조하고 있다.

오스트리아의 자유주의 경제학자인 하이에크는 1944년 출간된 『노예의 길』에서 "사회주의는 강압과 노예 상태에서 형평을 도모하지만, 민주주의는 자유스러운 상태에서 형평을 추구한다."고 기술하고 있다. 다시 말해, 형평의 구현을 존재이유로 하는 사회주의는 실제로 강압을 통해 인간을 노예로 전락하게 하지만, 인간의 자유가 보장되는 민주주의와 시장경제에서는 기회의 균등을 통한 사회적 형평이 추구될 수 있음을 지적하고 있다.

그러나 자유주의가 자신의 이익만을 추구하는 이기주의와는 확실히 구분되어야 한다. 진정한 자유주의는 자신의 자유는 물론 사회구성원 모두의 자유를 존중하는 것이기 때문에 자유주의는 자신의 자유를 아끼는 만큼 타인의 자유에 대한 배려와 존중이 있어야 실현될 수 있다.

시장경제의 사상적 바탕은 자유주의이기 때문에 시장경제가 뿌리를 내리기 위해서는 정치적으로 자유민주주의가 전제되어야 한다. 애덤 스미스가 『국부론』을 출간한 것은 1776년으로, 그때 영국은 이미 입헌군주제와 의회정치의 기반이 확고히 다져진 시대였다. 영국은 1215년 '대헌장(Magna Carta)'을 계기로 왕의 권한이 제한받기 시작하였고, 1628년 권리장전을 통해 대헌장의 내용이 다시 확인되었고, 1688년 제임스 2세를 추방한 '명예혁명(Glorious Revolution)'의 성공으로 의회의 입법권과 입헌군주제가 확립된 바 있다. 고전적 자유주의 경제학의 완성자라 할 수 있는 존 스튜어드 밀(John Stuart Mill)은 자유의 기본적 목표는 자아실현이며 자아의 핵심은 개성에 있다고 하면서 인간은 남에게 해를 끼치지 않는 한 최대한의 자유를 누려야 한다고 주장한 바 있다.

정치적 자유민주주의가 시장경제의 기본이라는 사실은 우리나라의 경험을 통해서도 확인될 수 있다. 해방 이후 우리나라는 자유시장경제를 바탕으로 한 자본주의를 국가운영의 기본으로 설정하였으나, 독재 권력에 의한 정치적 지배는 정부의 과다한 개입을 불가피하게 하였고, 이는 시장경제 발전에 저해요인으로 작용함은 물론 정경유착의 원인이 되기도 하였다. 박정희 정권의 대외지향적인 경제운용에도 불구하고 시장중심적 경제운용이 이루어지지 못한 것도 정권의 권위주의적 성격에 기인하였다고 할 수 있다. 전두환 정권의 시장지향적 정책 역시 정권의 비민주성으로 인해 결국 한계를 보였으며, 잦은 정경유착의 사례가 발생한 것도 이러한 이유에 기인하였다. 1987년 민주화 이후 한국에서 시장경제가 더 한층 활성화된 사실 역시 시장경제와 자유주의 긴밀한 관계를 실감케 하는 계기가 되었다고 할 수 있다.

웰페어노믹스의 두 번째 기본정신은 분업과 경쟁의 원리이다. 애덤 스미스(Adam Smith)의 『국부론』은 시장경제의 분업과 경쟁의 원리를 강조하고 있다. 우선, 그의 핀 공장 사례는 분업을 통해 생산성이 얼마나 많이 향상될 수 있는지를 보여주고 있다. 핀 공장에서 분업이 이루어지지 않으면 노동자 한 명의 사람이 하루에 20개의 핀도 만들기 어렵지만, 공정별 분업이 이루어지면 한 노동자가 하루에 4,800개의 핀을 만들 수 있다는 것이다. 분업의 결과 이 공장의 노동생산성은 240배나 증가하였다. 분업 외에도 시장이 경제효율을 향상시키는 이유는 여러 가지가 있다.

첫째, 사람은 자신을 위해 일할 때 가장 열심히 한다는 것을 우리는 경험을 통해 잘 알고 있다.

둘째, 시장에서 형성되는 가격은 사익과 공익을 조화시키는 기능을 하기 때문에 시장에서의 거래를 통해 경제 전체의 효율이 높아진다는 것이다. 다시 말해, 수요와 공급에 관한 모든 정보가 종합적으로 시장에서 가격으로 집약되기 때문에 이 정보를 보고 경제주체들이 합리적으로 행동한다는 것이다.

끝으로, 시장에서 다수의 공급자와 수요자 간의 경쟁은 거래비용을 최소화하고 공급자와 수요자 누구에게도 '부당한 이득'의 기회를 제거함으로써 거래의 효율이 극대화될 수 있다는 것이 애덤 스미스가 시장경제의 우월성을 강조한 근본적 이유이다.

시장경제에 대해서 많은 비판이 있는 것이 사실이나 이는 주로 시장경제에서 패자 또는 약자에 대한 보호 장치가 없다는 점에 집중되어 있으며, 시장경제의 효율성에 대해서는 큰 이론의 여지가 없다고 보아야 한다. 시장경제의 대안으로 시도된 사회주의나 공산주의 경제체제가 결국 경제 효율성의 문제를 해결하지 못해 실패의 길로 가게 되었다는 역사적 사실 역시 효율성 측면에서 시장경제의 우월성을 입증한다고 할 수 있다.

웰페어노믹스 정신의 세 번째 요소는 혁신과 창의력을 바탕으로 하는 기업가정신이다. 기업가는 시장경제의 주인공이다. 새로운 사업기회를 찾아내고 필요한 자금과 조직을 동원하여 소비자가 원하는 상품이나 서비스를 만들어내는 것이 바로 기업가이기 때문이다.

슘페터는 기업가의 본질적 특성을 창의와 혁신에 두고, 기업가를 혁신적인 변화를 끊임없이 추구하는 사람이라고 정의하고 있다. 그는 자본주의를 과거의 혁신과 기술개발의 결과로 탄생한 기업이 새로운 기업가들에 의한 혁신적 도전에 직면하여 자신의 현 위치를 유지하고 개선하려고 고군분투하는 장으로 인식하면서 이를 '창조적 파괴'의 과정으로 설명하고 있다.

최근 IT, BT 등 첨단기술의 발달속도가 가속화되면서 슘페터가 묘사한 '창조적 파괴'는 이들 첨단기업들이 당면한 현주소가 되고 있다. 특히, 세계화 추세의 가속화로 전 세계가 하나의 시장으로 통합되면서 경쟁의 정도가 더욱 거세어지는 상황에서 창조와 혁신을 바탕으로 한 기업가정신은 기업의 생존과 번영에 필수요건으로 인식되고 있는 것이 작금의 기업 현실이다.

웰페어노믹스의 네 번째 기본정신은 근검과 수련의 원리이다. 막스 베버(Max Weber)가 『개신교 윤리와 자본주의 정신(The Protestant Ethic and the Spirit of Capitalism)』을 출간한 것은 1905년이었다. 베버는 자본주의가 남미, 스페인, 이탈리아, 프랑스 등 가톨릭 국가에서보다 미국, 영국, 독일, 네덜란드, 스칸디나비아 국가 등 개신교 국가에서 번성하는 것을 지켜보면서 그 원인이 개신교의 근면과 절약정신에 바탕을 둔 노동윤리(work ethic)에 있다고 설명하고 있다. 개신교도들은 근면을 신앙의 일부로 생각하고 세속적 성공 역시 구원의 결과로 인지하였는데, 이러한 정신이 자본주의의 번영을 가져왔다는 것이 베버의 주장이다.

근면과 절약이 자본주의의 정신적 근간이라는 사실에는 이론의 여지가 없다고 생각된다. 동서양을 막론하고 자본주의적 경제발전을 성공적으로 이룬 나라들은 모두 근면과 절약의 노동윤리가 경제발전의 기반이 되었기 때문이다. 그래서 자본주의 신봉자들은 나태를 도덕적으로 잘못된 행위로 간주한다. 특히, 자신이 할 일을 하지 않고 남에게 의존해서 살려고 하는 것은 용납되어서는 안 된다는 것이 이들의 주장이다. 그래서 이들은 복지국가에서 발생하는 근로의욕 감퇴 상황을 걱정한다. 베버가 즐겨 인용한 벤저민 프랭클린(Benjamin Franklin)은 노동의 가치에 대해 다음과 같이 언급하고 있다.

"시간이 돈이라는 사실을 기억하라. 하루에 10실링을 버는 사람은 반나절을 쉼으로써 5실링을 소비하는 것이다. 돈은 열매를 맺는 식물과 같다는 사실을 기억하라. 5실링이 6, 7실링이 되고, 궁극적으로는 100파운드도 될 수 있다."

웰페어노믹스의 다섯 번째 기본정신은 네트워킹과 공생의 원리이다. 우선, 네트워킹은 디지털 시대의 핵심적 키워드이다. 네트워크 이론에서 네트워크의 힘은 네트워크 구성원 수의 제곱에 비례한다. 또한 디지털 시대의 조직구조는 기존의 경쟁사회가 갖고 있는 위계구조(hierarchy)가 아니라 네트워크를 중심으로 구성원 각자가 대등한 위치에 있는 다층질서의 특징을 갖고 있다.

이러한 정보화 시대의 특징은 정치·경제·사회 분야로도 확대 적용되고 있다. 다시 말해, 현대사회에서 국가통치는 네트워크 통치로, 그리고 경제는 네트워크 경제로 변하고 있다. 기존의 위계구조에서는 강자와 약자 사이에 비대칭적 상호의존 관계 때문에 이들 간 갈등구조가 형성되어 있으나, 다층질서의 네트워크에서는 강자와 약자 모두가 상대방에게 상호의존하기 때문에 공생의 협력체계가 성립될 수 있다.

공생발전은 약자의 소멸이 생태계의 파괴로 인해 강자의 공멸을 가져온다는 자연생태계적 인식을 바탕으로 하고 있다. 이는 1992년 브라질 리우에서 개최된 유엔환경회의에서 '지속 가능한 발전(sustainable development)'을 주제로 채택한 논리와 맥을 같이하고 있다. 환경이 파괴되면 지속 가능한 발전이 불가능하기 때문에 지속 가능한 발전을 위해 환경을 보호해야 한다는 논리이다.

생태학적 관점에서 살펴보면, 여러 개의 생물종이 관계를 맺으면서 서로 간의 이익을 얻는 상리공생(相利共生: mutualism)을 의미하며, 생태계는 상리공생을 통해 자연조화적 균형을 유지한다. 예를 들어, 호랑이와 사자는 배부를 만큼만 사냥을 할 뿐 평생 먹고 남을 정도로 많은 먹이를 축적해두지 않는다. 그러나 인간은 평생 쓰고도 남을 수준의 부를 축적하기 위해 끊임없이 고뇌하고 치열하게 경쟁한다.

웰페어노믹스의 여섯 번째 요소는 약자와 사회구성원에 대한 배려와 섬김의 원리이다. 이는 어찌 보면, 시장원리의 기본인 인간의 이기심과 배치된다고 볼 수 있다. 그러나 『국부론』에서 "인간의 이기심이 시장에서의 거래를 가능케 하고 이를 통해 사회 전체의 효율이 증대된다."고 주장한 애덤 스미스는 『도덕감정론(The Theory of Moral Sentiments)』에서는 "타인에 대한 동정(sympathy)은 인간의 이기심(self-interest)과 상충되는 것이 아니라 오히려 이기심의 일부"라는 색다른 주장을 하였다.

예를 들어, 길을 가다가 굶주린 사람을 보고 그냥 지나간다면 집에 가서도 계속 심적 부담으로 남아 있지만, 그를 돕는다면 자기 자신이 흐뭇해지기 때문에 어려움에 처한 사람을 돕는 것은 인간의 이기심과 상충되는 것이 아니라 오히려 상호보완적 관계에 있다는 것이 애덤 스미스의 주장이다.

이는 동정(同情)의 원형이라고 할 수 있는 자식에 대한 어머니의 마음 역시 자식을 보살펴줌으로써 어머니 자신이 마음의 안정과 더불어 행복을 느낄 수 있기 때문에 동정은 이기심의 일부라는 것이다. 그래서 애덤 스미스는 이기심, 판단력(reason) 그리고 동정(sympathy)을 인간의 도덕심을 자극하는 동기로 간주하였고, 예절(propriety), 절제(prudence) 그리고 자비심(benevolence)을 도덕의 본질이라고 주장하였다. 결국, 인간의 이기심이 시장에서 거래와 분업을 통해 경제효율을 극대화하는 것처럼 자신에 대한 배려가 인간의 사회문화적 관계를 통해 타인에 대한 배려로 연결되고, 이는 사회구성원 모두의 행복을 극대화하는 결과를 초래한다는 것이다.

　　이는 도산 안창호의 애기애타(愛己愛他) 정신과도 일치한다고 할 수 있다. 남을 사랑하는 것이 자신을 사랑하는 것이며, 자신을 사랑하는 사람만이 남도 사랑할 수 있다는 평범한 진리가 배려와 섬김의 원리이다. 도산 안창호의 애기애타 정신은 배려와 섬김을 두 가지 측면에서 접근하고 있다. 하나는 주인의식 개념이다. 주인은 자기 집에 찾아온 손님을 배려하고 섬긴다. 그러나 주인이 손님을 배려하고 섬기는 것은 손님이 자기보다 지위가 높기 때문이 아니라 자신이 주인이기 때문이다.

　　이는 그린리프의 서번트 리더십 개념과 맥을 같이한다. 그린리프는 서번트 리더십 개념을 헤르만 헤세(Herman Hesse)의 『동방순례』에서 원용하였는데, 이 소설의 주인공 리오는 여행단의 하인으로 낮에는 짐을 나르고 밤에는 단원들에게 노래를 불러준다. 그러던 어느 날 리오가 사라지면서 여행단은 혼란에 빠지게 되고 결국 해체되고 만다. 여행단의 하인인 리오가 여행단의 실질적 리더였기 때문이다. 리오는 실제로 하인이 아니라 여행단을 후원한 종교집단의 교주임이 밝혀진다. 결국 리오는 주인으로서 여행단원들에게 진정한 리더십이 무엇인가를 가르치려 하였다. 따라서 도산의 주인의식은 서번트 리더십을 발휘케 하는 원동력이라고 할 수 있다.

복지적 경제,
함께 성장하는 자본주의

위기에 처한 서구 복지국가 개혁의 논리적 기반이 된 신자유주의 철학이 양극화와 세계금융위기라는 부작용을 일으키면서 신자유주의 역시 보완되어야 한다는 인식이 높아지고 있다. 한국 역시 1997년 말 외환위기를 겪으면서 IMF가 처방해준 신자유주의적 개혁을 금융과 기업 부문에서 열정적으로 추진하여 위기로부터 조기에 벗어나는 성과를 경험하였으나, 양극화의 심화 측면에서는 OECD 국가 중 가장 나쁜 상태를 보이고 있다.

우선 정부가 가급적 최소한의 역할만 해야 한다는 신자유주의적 입장을 수정하여 고용창출, 양극화 해소 등 당면 현안 해결을 위해 정부의 전략수립 및 집행기능이 강화되어야 한다는 것이 웰페어노믹스의 첫 번째 요건이다. 특히 한국은 한강의 기적을 이루는 과정에서 정부가 전략 수립 및 집행 과정에서 매우 우수한 업적을 세운 경험을 갖고 있기 때문에 정부의 역할을 자유시장경제와 정부주도 시장경제의 혼합형으로 정립하는 것은 매우 자연스러운 정책방향이 될 수 있을 것이다.

웰페어노믹스의 두 번째 요건은 기업의 사회적 가치창출 기능을 강화하는 것이다. 이제 한국 기업들도 기업의 사회적 책임에 대한 인식이 높아지고 있으나, 이를 한 단계 승화시켜 기업이 사회적 책임을 다하면서 기업의 경제적 가치를 동시에 제고하는 경영전략을 채택하도록 유도하자는 것이다. 이러한 기업전략은 공유가치창출(CSV)이라는 개념으로 많은 세계적 기업들이 이미 실천에 옮기고 있다.

따라서 한국 기업들이 이들의 경험을 분석하여 자신들에게 적합한 새로운 사업모델을 개발하는 창의력을 발휘한다면 기업의 사회적 가치를 높이는 과업은 달성될 수 있을 것이다. 이와 아울러 규제 중심의 반시장적 기업정책 역시 더욱 시장친화적인 방향으로 전환되어야 한다. 이는 공동진화(co-evolution)와 공유가치창출을 촉진하는 생태계를 정부가 앞장서 만들어가는 것을 의미하기도 한다.

웰페어노믹스의 세 번째 요건은 공생발전의 생태계를 만들어가는 과업에 시민사회가 선도적 역할을 담당하는 것이다. 지금까지 한국의 시민사회단체들은 경직적 이데올로기에 근거한 정치적 성향의 활동에 주력하였으나, 민주화가 정착되어가고 세계적으로 공산주의가 소멸되고 있는 현 시점에서 시민사회가 갈 방향은 갈등과 대립을 조장하는 것이 아니라 대화와 협력을 통해 사회구성원들이 공생발전의 길을 갈 수 있도록 유도하는 것이다.

이를 위해서는 건전한 시민정신의 함양을 위한 교육이 체계적으로 이루어져야 하고, 시민단체의 운영이 더욱 민주적이고 투명해야 함은 물론, 시민사회에 대한 정부 및 기업 차원의 지원이 적극적으로 이루어져야 한다. 따라서 시민사회 기금의 설치, 이를 객관적으로 운영할 독립재단의 운영 등이 적극적으로 검토되어야 한다.

13장

정부의 국가전략 수립기능 강화

정부와 시장

경제운용에 있어 정부의 역할에 대한 인식의 차이는 경제철학의 방향을 결정하는 기본적 요인이라고 할 수 있다. 신자유주의로 대표되는 시장주의자들은 기본적으로 정부를 불신하면서 시장에서의 경쟁과 거래가 개개인의 이익 향상은 물론 경제 전체의 효율을 극대화한다고 믿고 있다. 반면, 복지국가 모델을 신봉하는 정부개입주의자들은 시장의 실패를 강조하면서 시장을 보완하기 위해 정부의 개입이 불가피하다는 점을 강조한다.

역사적으로 시장주의는 1776년 애덤 스미스의 『국부론』 출간을 계기로 이론화되었고, 이들의 고전적 자유주의 경제학은 산업혁명을 자유무역 확대를 통한 경제발전과 세계화로 연결시키는 밑거름이 되었다. 시장 경제철학은 자유주의에 근거를 두고 있다. 시장에서는 모든 사람의 자유로운 경제활동이 보장되기 때문에 시장경제는 가장 정의롭고 민주적이라는 것이 시장주의자들의 주장이다.

또한 시장경제에서는 참여자 모두가 자신의 이익을 추구하기 때문에 이기적 유전자로 구성된 인간의 본성에 가장 부합하는 자연친화적이고 자연조화적 경제체제라는 것이 이들의 주장이기도 하다.

끝으로, 시장에서의 경쟁과 분업은 최상의 경제효율을 보장한다는 것이 시장경제의 강점으로 지적되고 있다. 인간은 자신을 위해 일할 때 가장 열심히 노력하고, 시장에서는 모든 정보가 가격의 형태로 시장에서 작동되기 때문에 효율적이며, 시장에서의 자연스러운 분업은 작업의 효율성을 크게 높인다는 것이다.

시장에서의 주역은 기업가다. 기업가의 이윤추구 욕구는 기업활동에서의 모든 혁신적 행동의 원인이 되고, 이는 시장경제 자본주의를 내부로부터 끊임없이 뒤바꾸려는 '창조적 파괴'라는 프로세스에 의해 움직이게 하는 원동력으로 작용한다. 자본주의가 공산주의와 사회주의의 도전을 성공적으로 극복하고 지속적으로 진화의 길을 걷게 된 것도 이러한 시장경제의 효율성과 기업가가 중심인 자본주의 체제의 역동성에 기인한다고 할 수 있다.

그럼에도 시장경제 자본주의 모델은 그 진화 과정에서 많은 경제·사회적 문제를 야기하였고, 그때마다 정부 개입의 필요성이 강조되곤 했다. 그 첫 번째 사례가 사회복지를 위한 정부의 개입이다. 이미 앞에서 지적한 대로 산업화와 도시화는 빈부격차 심화, 환경 악화, 노동자 권리 침해 등의 문제를 야기하였다. 19세기 중반부터 정치적 민주화가 가속화되면서 노동자 계층의 권익을 보호하는 각종 조치가 취해졌으며, 질병, 고령, 실업 등의 위험으로부터 보호하는 사회보장제도가 도입되었다. 최근에는 지속 가능한 발전을 위해서는 환경 악화를 방지해야 한다는 인식이 확산되고 있다.

　사회복지 이외의 분야에서도 정부 개입의 필요성이 부각되고 있다. 20세기 초 미국을 중심으로 대기업이 급성장하면서 독과점에 대한 정부 차원의 규제가 필요하다는 인식을 바탕으로, 독과점과 불공정거래에 대한 규제는 이제 거의 모든 시장경제 국가에서 보편화되고 있다. 또한 1929년 대공황 이후 케인스 경제학이 부각되면서 경기조절 차원의 정부 개입 역시 당연한 것으로 인식되고 있다.

　이와 같이 시장의 실패가 나타나는 경우에는 정부 개입이 불가피하다는 인식이 보편화되고 있으나, 정부 개입의 정도에 대해서는 시장주의자와 정부개입주의자 또는 보수와 진보진영 간 큰 차이가 있는 것이 사실이다. 시장주의자는 시장 실패의 경우에도 정부 개입을 최소화해야 한다고 주장한다. 이는 정부 개입이 과도하면 정부 실패라는 더 큰 해악을 불러올 수 있다고 믿기 때문이다. 정부가 실패하는 이유는 여러 가지가 있겠으나, 그중 첫 번째는 정부 개입의 비효율성이다. 정부 개입이 비효율적일 가능성이 높은 이유는 무엇보다 공직자의 경우 자신의 행동이 자신보다는 공공의 이익을 위한 것이기 때문에 효율성을 높일 유인이 약하다는 점이다.

　또한 관료집단이 국가나 사회 전체의 이익보다는 자신이 속한 관료조직의 이익을 추구하는 집단이기주의에 빠질 가능성도 있다. 그리고 정치권이나 이익집단의 압력 때문에 공공 부문의 결정이 경제적 효율보다는 정치적 고려를 중요시하는 방향으로 이루어질 가능성이 높은 경우도 많다. 이에 더해, 공직자가 개인적 이익 추구를 위해 부정부패의 유혹에 빠질 수도 있다는 점 역시 정부의 실패가 발생하는 원인이 되고 있다.

　이러한 시장주의적 시각에 근거하여 1980년대 이후 영미 국가들을 중심으로 정부의 성과 향상과 관리의 효율성 제고를 위해 기업의 경영원리와 관리기법을 공공 부문에 도입해야 한다는 '신관리주의(New

Managerialism)'가 대두되었고, 이는 다시 '신공공관리론(New Public Management)'
으로 발전하게 된다. 뉴질랜드 사회당 정부와 영국의 보수당 정부가 주도
한 신공공관리론은 정부 기능의 축소와 공공서비스의 민간화와 동시에 기
업적 성과측정방식의 도입, 정부조직의 전문화, 의사결정 분산 등의 행정
개혁을 주된 내용으로 하고 있다. 이러한 행정개혁 노력은 미국은 물론 한
국으로도 확산되어 신공공관리론은 김영삼 정부와 김대중 정부가 추진한
공공 부문 개혁의 철학적 바탕이 되기도 하였다.

신공공관리론은 공공 부문의 효율성을 제고하는 차원에서 많은 성과
가 있었음에도 불구하고, 공공서비스의 질 저하 등의 문제가 야기되면서
공공 부문의 고유한 특성을 무시한다는 비판여론이 제기되기도 하였다.
사회주의 전통이 강한 유럽연합(EU) 국가들에서 제기된 이른바 '뉴거버넌
스론(New Governance)'은 국민은 고객이 아니라 주인이라는 인식을 바탕으로
경쟁보다는 협력, 결과보다는 과정, 효율보다는 신뢰, 민영화보다는 공동
공급을 강조하고 있다. 뉴거버넌스론에서 정부의 역할은 바람직한 목적을
달성하는 지휘자, 협동과 연계를 촉진하는 중재자, 문제해결과 정책결정
여건의 조성자 등으로 규정되고 있다.

한국에서는 뉴거버넌스론이 노무현 참여정부에서 행정은 물론 국정
운용의 기본철학으로 발전되기도 하였다. 그러나 효율보다는 참여와 분권
화를 강조하는 참여정부의 행정개혁은 정부조직과 예산의 팽창을 초래하
였고, 분권화를 강조하였지만 청와대 인사위원회 중심의 중앙집권적 인사
관리라는 새로운 관행이 정착되기도 하였다.

신공공관리론과 뉴거버넌스론의 공통점은 종래의 정부 기능에 대한
비판을 바탕으로 새로운 대안을 제시한다는 것이다. 신공공관리론은 정
부 기능의 비효율성을 지적하면서 공공 부문의 효율성 제고를 위해 경영

기법의 도입을 강조한 반면, 뉴거버넌스론은 정부의 중앙집권적 특성과 권력의 집중을 비판하면서 보다 민주화된 의사결정과 권한의 분권화를 강조한다.

19세기 후반부터 현재까지 정부 재정의 추이를 연구한 비토 탄지(Vito Tanzi)[1]는 선진국에서 정부 지출의 규모가 1930년대 이후 지속적으로 팽창하였고, 이러한 팽창은 기본적으로 정치적 이유로 이루어져 왔으며, 특별한 사태가 발생하지 않는 한 정부 지출의 증가를 막기 어렵다는 사실을 지적하고 있다.

정부 지출의 증가는 복지국가 건설에 필요한 재원 마련을 위한 것이었으며, 1960~1980년 기간 중 가장 급격한 증가가 이루어졌다가

〈정부지출의 GDP 추이〉

(단위: %)

국가	1870	1920	1937	1960	1980	1996	2007
평균	10.8	19.6	23.8	28.0	41.9	45.0	42.0
미국	7.3	12.1	19.7	27.0	31.4	32.4	36.6
영국	9.4	26.2	30.0	32.2	43.0	43.0	44.6
스웨덴	5.7	10.9	16.5	31.0	60.1	64.2	52.6
일본	8.8	14.8	25.4	17.5	32.0	35.9	36.0
이탈리아	13.7	30.1	31.1	30.1	42.1	52.7	48.5
독일	10.0	25.0	34.1	32.4	47.9	49.1	43.9
프랑스	12.6	27.6	29.0	34.6	46.1	55.0	52.6
오스트리아	10.5	14.7	20.6	35.7	48.1	51.6	48.0
호주	18.3	19.3	14.8	21.2	34.1	35.9	34.9

자료: Vito Tanzi(2011), 전게서

---

1) Vito Tanzi(2011), 『The Changing Economic Role of the State』, Cambridge University Press

1990년대 중반 이후부터는 서서히 감소하는 경향을 보이고 있다. 정부 지출 수준은 스웨덴 등 북유럽의 사회민주주의적 복지국가가 가장 높고, 그 다음은 유럽대륙의 보수주의적 복지국가이며, 미국, 일본, 호주 등 자유주의적 복지국가가 상대적으로 가장 낮다.

　　정부의 크기와 경제 및 복지 부문의 성과지표와의 상관관계를 살펴보면, 정부의 GDP 비율이 50% 이상인 '큰 정부' 국가에서 분배 상태는 상대적으로 양호하나 경제성장률이 낮은 반면, 정부의 GDP 비중이 40% 미만인 '작은 정부' 국가에서는 높은 경제성장률과 불균형적 분배 상태를 나타내고 있다. 특히 정부 규모가 클수록 보조 및 이전 지출이 증가하고, 정부 부채 비율 역시 높은 것으로 나타났다. 이는 소득이전적 지출의 증가가 큰 정부의 원인으로 작용할 뿐만 아니라 정부 재정구조의 악화로 이어지기 때문이다. 흥미로운 사실은 일반적 복지수준의 지표라고 할 수 있는 기대수명이나 영아사망률은 정부 규모와 별 관계가 없는 것으로 나타났다.

<정부의 크기와 성과지표>

성과지표	큰 정부 GDP 50% 이상	중간 정부 GDP 40~50%	작은 정부 GDP 40% 미만
정부의 GDP 비중	55.1	44.9	34.6
(보조 및 이전)	(30.6)	(21.5)	(14.0)
경제성장률	2.0	2.6	2.5
부채비율	79.0	59.9	53.3
기대수명	77	77	77
영아사망률	6.7	7.1	6.4
중등교육 등록률	92.8	99.1	89.0
하위 40% 소득비율	24.1	21.6	20.8

자료: Vito Tanzi(2011), 전게서

또한 비토 탄지는 대다수 선진국에서 증세에 대한 거부감이 확대하고 있기 때문에 복지지출의 추가적 확대는 매우 어려울 것이라고 전망하면서 향후 정부의 역할은 재정 확대보다는 금융시장 및 환경 분야에서의 개입과 위기관리 영역이 될 가능성이 높으며, 세계화 시대를 맞아 국가 간 정책적 협력 역시 활발히 전개될 것이라는 전망을 내놓고 있다.

정부개혁의 진화

한국에서는 새로운 정권이 들어설 때마다 정부개혁을 주요 정책목표로 설정하였고, 공공 부문의 효율성 제고는 물론 분권화를 위한 많은 개혁조치들이 취해졌다. 한국에서 행정개혁이 추진되기 시작한 것은 박정희 대통령의 제3공화국에서였다. 총리실에 행정개혁위원회가 설치되었고, 능률성과 효율성에 근거한 근대적 관료체계를 만드는 것이 당시 행정개혁의 목표였다. 그러나 군사정권에서의 행정개혁은 근대화와 효율성에 목표를 두는 전형적인 개발행정의 성격을 갖고 있었다고 할 수 있다.

1987년 이후 민주화가 진행되고 세계적으로 신자유주의가 확산되면서 한국에서도 신공공관리론에 근거한 행정개혁이 시도되었다. 김영삼 정부는 1993년 4월 행정쇄신위원회를 발족하여 '작으나 강한 정부'를 지향하는 개혁을 추진하였다. 민주적이며 효율적인 행정, 그리고 국민편의 위주의 제도 및 관행의 개선 등을 주요 목표로 행정절차법과 정보공개법이 새로 도입되었고, 부패척결 차원에서 금융실명제, 부동산실명제, 공직자 재산공개 등이 추진되었다. 행정개혁 부문에서 김영삼 정부의 성과는 공직자 재산공개 등의 조치를 통한 부정부패 척결과 작은 정부의 구현이라는 형태로 표출되었다. 김영삼 대통령 자신이 행정개혁 문제에 많은 관심을 갖고 금융실명제 등의 새로운 개혁적 정책을 직접 챙겼기 때문에 정치적으로 민감한 개혁조치들이 추진될 수 있었다.

김대중 정부에서의 정부혁신은 외환위기 이후 추진된 구조조정정책의 일환으로 진행되었다. '작지만 효율적으로 봉사하는 정부 구현'을 목표로 대대적인 조직개편이 두 차례나 추진되었고, 공기업의 민영화와 각종 행정규제의 완화가 우선적으로 이루어졌다. 또한, 정보화 혁명 시대에 부응하는 전자정부 구축 노력도 활발히 진행되었다. 노무현 정부 역시 취임 초부터 정부혁신을 최우선 과제로 선정하여 추진하였다. 대통령 직속의 정부혁신위원회를 구성하였고, 청와대에 혁신관리수석실 그리고 행정자치부에 정부혁신본부를 설치하여 운영하였다.

그러나 정부개혁의 중심철학이 효율성을 강조하는 신공공관리론에서 분권화를 강조하는 뉴거버넌스론으로 전환되면서 공공 부문의 규모가 증가하였고, 국가 재정상태도 악화되었다. 예를 들어, 노무현 정부에서 장·차관 수는 106명에서 131명으로 늘어났고, 공무원 수도 5만 8천 명이나 증가했다. 또한, 국가부채는 이 기간 중 133조 6천억 원에서 282조 8천억 원으로 급증하였다.

2008년 이명박 정부가 출범하면서 행정개혁은 범정부 차원의 국가적 과제에서 행정안전부 차원의 일상적 업무로 전화되었다. 이명박 정부는 '성과와 책임 중심의 정부조직 운영'이라는 목표를 설정함으로써 뉴거버넌스론보다는 신공공관리론에 가까운 행정개혁을 지향하였으나, 개혁의 강도는 김영삼 정부나 김대중 정부보다는 상대적으로 약했던 것이 사실이다. 그 결과 공공 부문의 규모는 대체로 현 상황을 유지하면서 유동정원제의 시행 등을 통해 인력운용의 탄력성을 제고하고 책임운영기관 제도의 확립, 조직 진단 및 컨설팅 활성화 등으로 경영의 효율화를 추진하였다.

특히 행정개혁 분야에서 민원서비스의 선진화는 온라인 민원서비스인 '민원24' 운영을 통해 국내외적으로 큰 호응을 얻고 있다. 예를 들어, 2012년 현재 1천만 명이 활용하는 '민원24'는 국민이 선정하는 규제개혁 1위를 기록하고 있고, UN공공행정 우수상을 수상하기도 하였다. 한국에서의 IT 기술의 발달과 역대 정부의 적극적 노력의 결과, 전자정부 부문은 한국이 세계 최고의 수준인 것으로 평가되고 있다. 2012년 현재 한국은 UN 전자정부 평가에서 2년 연속 1위를 유지하였고, 더 나아가 전자정부 부문은 수출산업으로도 발전되어 2012년 이 분야의 수출액이 3억 4,032만 달러에 달하기도 했다.

전자정부 다음으로 정부개혁 부문에서 성과가 있는 부문은 기업 관련 규제 부문이다. 기업 관련 규제완화는 김영삼 정부와 김대중 정부에서 추진한 행정개혁의 핵심적 목표였다. 김영삼 정부는 1993년 '기업활동 규제완화에 관한 특별조치법'을 제정하여 기업 관련 규제를 과감히 완화하였고, 김대중 정부는 임기 중 모든 규제의 수를 절반으로 줄이기도 했으며, 이러한 노력은 그 후에도 지속되고 있다.

그 결과 한국에서의 기업규제 정도는 특히 2008년 이후 크게 개선되고 있는 것으로 평가되고 있다. 세계은행이 매년 발표하는 기업규제의 국가순위는 2007년에는 한국이 세계 30위였으나, 그 후 지속적으로 개선되어 2012년에는 세계 8위로 나타났다. 2012년 현재 한국보다 순위가 낮은 나라로는 싱가포르(1위), 홍콩(2위), 뉴질랜드(3위), 미국(4위), 덴마크(5위), 노르웨이(6위), 영국(7위) 등 세계에서 가장 개방된 경제라는 점을 감안할 때 한국의 기업규제 정도는 매우 양호하다고 평가할 수 있을 것이다.

한국이 전반적 순위에서는 최상위권에 속하나, 아직도 문제가 있는 부문으로는 재산등록 부문이 75위, 투자자보호 부문이 49위, 건축허가 부문이 26위, 그리고 창업 부문이 24위로 평가되고 있는 바, 이 분야에서는 앞으로 개선의 여지가 매우 높다고 할 수 있다.

또한 1991년 기초의회선거 실시에 이어 1995년부터 모든 단계의 지방선거가 본격적으로 시행되면서 지방정부로의 분권화 역시 활발히 진행되고 있다고 할 수 있다. 그러나 이러한 정치적 부문에서의 분권화에도 불구하고 재정과 행정권한 측면에서의 분권화는 선진국에 비해 상대적으로 취약한 것이 사실이다. 예를 들어, 2012년 현재 지방자치단체의 재정자립도는 평균 52.3%에 불과하고, 특히 군 지역의 재정자립도는 16.4%로 극도로 취약하다.

2013년 2월 말 출범한 박근혜 정부는 '정부 3.0'을 정부행정 분야의 기본목표로 설정하였다.[2] 이를 구현하기 위한 전략으로 공공정보의 적극적 공개와 공공데이터의 민간 활용 활성화 등을 통해 소통하는 투명한 정부, 정부 내 칸막이 해소, 빅데이터를 활용한 과학적 행정 구현 등으로 일 잘하는 유능한 정부, 수혜자 중심의 맞춤형 통합서비스 제공, 정보 취약계층의 서비스 접근성 제고 등을 통한 국민 중심의 서비스 정부 구현 등을 제시하고 있다.

정부 1.0은 국민을 관리대상으로 상정하고 이들에게 일방향적 정보를 제공하였지만, 정부 2.0은 국민을 서비스 대상으로 보고 이들과 쌍방향적 소통을 전개하였다. 그리고 정부 3.0은 국민을 협업의 대상으로 생각하고 이들에게 맞춤형 서비스를 제공함은 물론, 원천자료를 공유하여 함께 새로운 가치를 창출한다. 민주화 이전의 정부가 정부 1.0에 해당하

---

2)   한국정보화진흥원(2013), 『정부 3.0: 새로운 대한민국을 꿈꾸다』

고, 민주화 이후 현재까지의 정부가 정부 2.0이라고 한다면, 정부 3.0은 앞으로 국민과 함께 만들어가야 할 과제이다.

'정부 3.0'의 개념은 지향하는 목표 측면에서 신공공관리론의 효율성과 뉴거버넌스론의 민주성을 결합하였다고 할 수 있으며, 이에 더해 공공부문을 '공공가치'를 만들어내는 창조적 주체로 인식한다는 것이다. 정부는 가치전달 매체인 공공서비스를 생산하고, 서비스의 실제 가치는 서비스 이용자인 국민이 결정하며, 서비스 시장은 정부와 국민의 거래공간이기도 하지만 정부와 국민의 협업공간이 된다는 것이 '정부 3.0'의 기본인식이다. 이 경우 국민은 협업을 통해 소비자와 생산자의 역할을 같이 수행하는 '프로슈머(prosumer)'가 된다.

따라서 정부 3.0 시대의 핵심과제는 정부와 민간 간 협업을 어떻게 효율적으로 추진하는가 하는 점이다. 이를 위해서는 정보의 공유가 기본적 필요조건이나, 이보다 더 중요한 것은 참여자들의 열린 사고이다. 한국은 오랜 기간의 권위주의적 행정체계에 익숙하기 때문에 수직적 소통은 일사불란하게 진행되지만, 관련 부서 간 수평적 소통은 매우 어려운 것이 사실이다. 이에 더해, 정부 부서의 경우 관료사회의 권력지향적 특성 때문에 부처이기주의가 상당히 심각한 수준에 이르고 있다. 이른바 '칸막이 행정'은 이러한 실태에 대한 대표적인 예라고 할 수 있으며, 이를 최우선적으로 개선하는 것이 정부 3.0의 시급한 과제이다.

또한, 한국의 관료사회는 유교전통은 물론 정부주도 경제운용의 오랜 관행으로 인해 민간을 협업의 대상이 아니라 명령과 지시의 대상으로 생각하는 경향이 강하기 때문에 이 역시 근본적으로 달라지지 않으면 협업을 통한 새로운 가치창출은 탁상공론이 되기 쉽다. 결국 관료사회의 인식 변화가 '정부 3.0' 목표 달성의 성패 여부를 쥐고 있다고 할 수 있다.

세계경제포럼은 최근 보고서[3]에서 미래정부의 모습을 다음의 네 가지로 요약하고 있다.

① 수평적(flat) : 수평적 의사결정 구조 및 조직뿐 아니라 정부 부처 간 및 민간과의 긴밀한 의사소통
② 신축적(agile) : 변화에 신속히 대응할 수 있는 신축적 조직 및 사고
③ 날씬한(slim & streamlined) : 비대하지 않으면서도 효율적 조직
④ 첨단기술적(tech-enavled & tech savvy) : 첨단기술을 최대한 활용하는 스마트 정부

이 보고서 역시 혁신을 통해 공공가치(public value) 창출의 필요성을 강조하면서 이를 위해서는 양질의 공공서비스가 공급되어야 하고, 공공서비스의 사회적 성과가 우수해야 하며, 시민이 서비스의 질과 사회적 성과에 대해 만족해야 하고, 정부에 대한 신뢰가 높은 수준에서 유지되어야 함을 강조하고 있다. 이는 박근혜 정부가 추진하고 있는 '정부 3.0'의 개념과 유사하다고 할 수 있다.

정부주도 시장경제와 자유시장경제의 혼합형 추구

자본주의는 나라마다 역사적·문화적 차이에 따라 조금씩 다른 형태로 발전되어왔고, 시대적 상황변화에 적응하는 과정에서 계속 진화하여왔

---

3) World Economic Forum(2011), 『The Future of Government: Lessons Learned from around the World』, Global Agenda Council on the Future of Government

기 때문에 다양한 형태를 갖고 있다. 홀(Hall)과 소스키스(Soskice)[4]는 기업의 생산성에 핵심적 영향을 미치는 분야에서 기업이 다른 경제주체들과 조정 문제를 해결하는 방식에 따라 자본주의를 크게 자유시장경제(liberal market economy)와 조정시장경제(coordinated market economy)로 구분하고 있다.

자유시장경제는 시장에서 분배가 결정되고 각 경제주체들이 그 결과에 승복하는 경우로, 자유주의 전통이 강한 미국과 영국이 대표적 사례로 지적되고 있다. 자유시장경제가 잘 작동되려면 제품시장에서 경쟁체제가 확립되고, 노동시장의 유연성이 확보되어야 함은 물론, 금융시장의 효율성이 확립되어야 한다. 자유시장경제의 강점은 경쟁을 통해 강한 생산성 증가 동인이 작동되어 체제의 효율성과 유연성이 동시에 높다는 것이나, 단점은 이 과정에서 분배구조가 악화될 수 있다는 것이다.

반면 조정시장경제는 기업과 근로자 대표기구의 활동이 활성화되어 임금수준과 분배가 대표기구 간의 협상에 의해 결정되는 특징을 갖고 있으며, 독일과 일본 등이 대표적 사례라고 할 수 있다. 조정시장경제에서 금융기관은 기업과 근로자 간의 이해조정은 물론 사회 전체의 이익을 대변하는 역할을 담당하는 선도적 역할을 수행한다. 조정시장경제가 제대로 작동되기 위해서는 기업과 근로자 대표가 서로 대화하고 타협하는 사회적 분위기와 전통이 확립되어야 하고, 금융기관도 더욱 장기적 안목에서 기업의 투자활동을 선도하는 능력을 갖추어야 한다.

조정시장경제의 강점은 대화와 타협으로 격차 완화가 가능하고 사회적 통합이 증진될 가능성이 높다는 사실이다. 그러나 생산성 증진을 유인하는 인센티브가 상대적으로 약해 세계화 시대를 맞아 자유시장경제와의

---

4)   Hall & Soskice(2001), 『Varieties of Capitalism: The Institutional Foundations of Comparative Advantage』, Oxford University Press

경쟁에서 밀릴 수 있다는 단점이 있다. 이는 1990년대 중반 이후 조정시장경제를 지향하는 EU와 일본이 자유시장경제의 대명사인 미국과의 경쟁에서 뒤처지고 있다는 사실로도 입증되고 있다.

그러나 한국 자본주의는 자유시장경제와 조정시장경제와는 전혀 다른 모습을 보이면서 정부가 강력한 조정자 역할을 담당하는 이른바 '정부주도 시장경제(government-led market economy)' 형태로 발전하여왔다. 1960년대 이후 한국 정부는 환율, 금리 등 거시정제정책을 대외 지향적으로 전환하여 수출활동을 장려하면서도 관치금융을 통해 자원배분 과정에서 주도적 역할을 담당하였고, 심지어 노동활동의 통제를 통해 갈등해소 과정에도 적극 개입하였다.

이러한 정부주도 시장경제는 신속한 의사결정과 강력한 집행능력을 통해 '한강의 기적'을 이루는 기반이 되었고, 정부주도 시장경제 모델은 1980년대 중국으로 수출되어 개방화 이후 중국의 경제가 급성장하는 데 밑바탕이 되었다. 그러나 정부주도 시장경제 모델은 권위주의적 정치체제에서나 가능한 것으로 경제가 선진단계에 진입하게 되면 지나친 정부 개입으로 비능률이 발생함은 물론, 민주화에 대한 욕구분출로 더 이상 유지하기가 어려운 정치사회적 상황이 전개된다는 문제가 있다.

한국의 경우, 1987년 정치민주화로 노동활동의 자유화가 이루어지면서 정부주도 시장경제 모델은 대대적 수정이 불가피하게 되었고, 1997년 외환위기는 금융과 기업 부문에서 개방화와 자유화 등 신자유주의적 구조조정정책의 추진을 불가피하게 함으로써 자유시장경제로의 전환이 시도되는 계기가 되었다. 중국 역시 경제발전 단계가 더욱 진화되고 정치민주화 바람이 거세지면서 현재의 정부주도 시장경제 모델에 대한 대대적 수정이 불가피할 것으로 전망된다.

　　1990년대 이후 세계 각국의 시장경제체제는 새로운 변신과 진화의 길을 걷고 있다. 자유시장경제는 분배문제 해소를 위해 적대적 M & A를 자제하고, 조정시장경제는 임금결정에 있어 개별기업의 자율성을 확대하는 등의 조치로 서로의 강점을 활용하는 이른바 '자본주의 수렴화' 현상이 진행되고 있다. 이 과정에서 아일랜드는 자유시장경제에 조정시장경제 요소를 가미한 혼합형 시장경제를, 덴마크와 네덜란드는 조정시장경제에 자유시장경제 요소를 가미한 혼합형 시장경제를 추구하고 있다.

　　또한, 2008년 세계금융위기 이후 자유시장경제 전통이 강한 미국과 영국에서도 위기의 조기수습 및 사전예방을 위해서는 시장기능과 정부기능이 조화를 이루는 혼합형 시장경제가 필요하다는 주장이 제기되고 있다. 예를 들어, 『자본주의 4.0』의 저자 칼레츠키[5]는 "유능하고 적극적인 정부가 있어야만 시장경제가 존립할 수 있다."고 주장하면서 자본주의 4.0 시대에는 정부와 비즈니스가 대립관계가 아니라 동반자 관계가 되어야 하며, 유연성이 높아 변화에 잘 적응하는 '적응성 혼합경제'가 될 것이라고 예측하고 있다.

　　자본주의의 수렴화가 세계적 현상임을 감안할 때, 한국 자본주의 역시 종래의 정부주도 시장경제에 영·미식의 자유시장경제 요소 또는 유럽식의 조정시장경제 요소를 가미하는 한국 고유의 혼합형 시장경제를 발전시켜나가야 하는 시대적 과제를 안고 있다. 1997년 말 발생한 외환위기는 경제정책의 주도권이 국제기구인 IMF로 넘어가는 계기가 되었고, IMF는 김대중 정부의 동의하에 신자유주의적 경제개혁조치를 추진하였다. 한국 자본주의의 자유시장경제로의 전환은 외환위기를 계기로 시작되었다.

　　그러나 자유시장경제의 효율적 작동에 필요한 노동시장의 유연성과

---

5)　　Kaletsky(2010), 전게서

자본시장의 발달이 미흡한 상태에서 정부 기능의 축소는 저성장과 양극화의 악순환을 초래하였다. 또한, 김대중 정부에서 노사정위원회를 구성하여 정리해고와 임금인상 등 주요 정책현안에 관한 노사 간 합의를 도출하려는 조정시장경제로의 부분적 전환 노력도 시도되었으나, 이 역시 큰 성과를 거두지 못했다. 그 이유는 노사가 자율적으로 타협을 통해 합의에 도출하는 관행이 정착되지 못했기 때문이다. 구조조정 과정에서 노사 간 합의의 실패는 기업의 신규인력 채용기피 현상과 비정규직 양산이라는 부작용을 가져왔고, 이는 고용부진과 임금격차 확대를 통한 양극화의 심화로 이어졌다.

한국 고유의 혼합형 시장경제는 정부의 국가전략 및 집행기능을 최대한 살리면서 자유시장경제의 효율적 작동에 필요한 경쟁적 제품시장, 효율적 금융시장, 그리고 유연한 노동시장을 만드는 노력을 경주함으로써 정부주도 시장경제에 자유시장경제 요소를 가미하는 것이어야 한다고 판단된다. 유럽식의 조정시장경제보다 영·미식의 자유시장경제를 가미하는 이유는 IT혁명과 세계화가 급속히 진행된 1990년대 중반 이후 조정시장경제를 추구한 국가들보다 자유시장경제를 추구한 국가들의 경제성적표가 상대적으로 우수하기 때문이다.

그 이유는 변화에 대한 유연성과 의사결정의 신속성 측면에서 전자보다는 후자가 상대적 우위를 갖고 있기 때문이다. 다시 말해, 혁신과 기업가정신이 강조되는 디지털 시대에는 이해관계의 조정이 인위적으로 만들어진 협의체보다는 시장에서 이루어지는 것이 더욱 효율적이다. 문제는 자유시장경제에서의 양극화 해소문제인데, 이 역시 노사 간 대화와 협의의 전통이 약한 한국에서는 정부 차원에서의 개입이 보다 효과적일 수 있다.

혼합형 시장경제로의 길

정부주도 시장경제와 자유시장경제의 혼합형을 추구하기 위해서는 각 모델의 장점은 최대한 살리고 단점은 최소화하는 노력이 필요하다. 한국은 이미 오랜 기간의 정부주도 시장경제의 전통을 갖고 있고, 한국 정부는 경제운용에 있어 중·장기적 전략을 제시하고 이를 실현시킬 수 있는 정책들을 효율적으로 추진해온 실적을 갖고 있다.

1960년대의 수출진흥 정책, 1970년대의 중화학공업 육성정책과 새마을사업, 1980년대의 안정화 정책, 1990년 이후의 정보화 정책 등이 정부주도 정책의 성공사례라고 할 수 있다. 또한, 한국 정부의 공무원 조직은 새로운 정책을 만들고 추진하는 능력 측면에서 매우 우수하다는 평가를 받아왔으며, 1990년대 이후 여러 차례의 공공 부문 개혁과정을 거치면서 조직이 개선되었고, 전문성이 향상되었으며, 전자정부 추진을 통해 대국민 서비스 기능도 크게 강화된 것이 사실이다.

그러나 외환위기 이후 신자유주의적 경제개혁이 추진되고 이의 일환으로 '작은 정부'가 공공 부문 개혁의 목표로 설정됨으로써 정부 역할에 대한 혼란이 존재하는 것이 사실이다. 신자유주의적 사고는 정부에 대한 불신에서 시작되었기 때문에 정부의 기능을 가급적 최소화하는 것을 미덕으로 생각하는 새로운 경향이 생겼다.

특히, 1990년대 중반부터 경제개발계획 수립 자체가 폐지되면서 정부는 국가전략의 수립 부문에서도 어정쩡한 입장을 취해왔다. 예를 들어, 사회복지에 대한 수요가 폭발적으로 증가하는 상황에서도 정부는 일관된 복지 청사진이나 계획을 내놓지 못하고 있다. 노무현 정부가 '비전2030'을 제시하였지만, 그 내용에 대한 국민적 합의를 도출하지 못하였고, 재원

조달 방안에 대해서도 애매모호한 입장만을 견지함으로써 복지는 선거과정에서 정치권이 표를 얻기 위한 수단이 되어버렸다.

무상급식, 무상보육, 반값 대학등록금 등이 그 대표적 사례로서 공약은 제시되었으나, 구체적 재원조달 방안이 마련되지 않아 큰 혼선이 일고 있다. 일자리에 관한 정책 역시 혼란스럽기는 마찬가지다. 일자리의 중요성이 강조되고 정부 차원의 많은 대책회의가 진행되고 있으나, 총체적 전략이 불분명하고 이를 구현시킬 구체적 정책과 추진체계가 확실히 정해지지 않아 일자리대책 역시 행동보다는 말의 성찬으로 끝나는 경우가 많다.

세계금융위기 이후 정부의 '현명한 개입'이 강조되는 시점에서 한국이 상대적 비교우위를 갖고 있는 국가전략 수립 및 집행 과정에서의 정부역할을 더욱 활성화할 필요가 있다. 이를 위해서는 무엇보다도 청와대의 국가전략 수립기능과 기획재정부의 정책조정 및 집행기능을 크게 보강해야 한다. 권위주의적 정권에서는 경제기획원과 한국개발연구원(KDI)이 국가전략 수립 기능을 수행하였으나, 정치민주화가 진행되면서 국민으로부터 국가운영권을 위임 받은 대통령이 국가전략 수립 과정을 총괄하는 것이 불가피해졌다.

이런 시각에서 민주화 이후 역대 대통령은 청와대에 국가전략 수립과 관련한 각종 위원회를 구성·운영하였다. 노태우 정권에서는 국가 장기 전략을 만드는 21세기국가발전위원회가 설치되었고, 그 후 동 위원회는 미래기획위원회로 개칭되어 이명박 정부까지 존속되었다. 김영삼 정부는 초기에는 금융실명제와 공직자 재산공개 등 부패척결에 역점을 두었으나, 후반에는 세계화위원회와 정보화추진위원회를 설치하고 세계화와 정보화에 주력하였다. 세계화는 OECD 가입이라는 성과를 가져왔으나, 무리한 자본시장의 개방화는 외환위기라는 부작용을 초래하기도 하였다.

노무현 정부는 '역사바로잡기'에 역점을 두어 각종 과거사위원회를 운영하였으나, 이념적으로 균형을 잃은 운영으로 보수세력으로부터 비난을 받기도 하였다. 이명박 정부는 정권 초기에는 관심을 정치에서 경제로 전환하여 국가브랜드위원회, 국가경쟁력강화위원회 등을 운영하였으나, 양극화 문제가 부각되면서 공정사회의 기치 하에 동반성장위원회와 사회통합위원회를 추가로 설치하였다. 대체로 민주화 이후 대통령이 주도하여 추진한 국가전략은 정치적 성격이 강하고, 그 내용도 일관성이 결여되어 실질적으로 큰 실효를 거두지 못하는 경우가 많았다.

따라서 정부의 국가전략 수립기능이 좀 더 체계적으로 추진되고 활성화되기 위해서는 정권이 임의로 만들고 폐지하는 위원회가 아니라 법적으로 신분이 보장된 기구에서 그 역할을 수행해야 한다. 이런 관점에서 헌법에 그 설립근거가 있고, 설치 및 운영에 관한 법까지 존재하는 '국민경제자문회의'를 활성화해야 할 것이다. 대한민국 헌법 93조는 제1항에서 "국민경제의 발전을 위한 중요정책의 수립에 관하여 대통령의 자문에 응하기 위하여 국민경제자문회의를 둘 수 있다"라고 하면서 제2조에서 "국민경제자문회의의 조직ㆍ직무범위 기타 필요한 사항은 법률로 정한다"라고 규정하고 있다.

또한, 이를 근거로 '국민경제자문회의법'이 제정되어 시행되고 있는데, 그 주요 내용은 다음과 같다.

① 국민경제자문회의의 기능은 국민경제의 발전을 위한 전략 및 주요 정책 방향의 수립, 국민복지의 증진과 균형발전을 위한 제도의 개선과 정책의 수립, 국민경제의 대내외 주요 현안 과제에 대한 정책 대응 방향의 수립 등 매우 광범위한 영역을 포함하고 있고,

② 대통령이 의장이 되며, 부의장은 의장이 지명하며, 5명 이내의 당
연직 위원과 30명 이내의 위촉위원으로 구성되며,
③ 거시경제, 산업·통상, 복지·노동·환경, 경제정책협의회 등 분
야별 회의를 운영할 수 있고,
④ 간사위원은 대통령 경제업무를 보좌하는 정무직이 하도록 되어
있다.

이와 같이 헌법에 근거하여 관련법까지 마련된 국민경제자문회의는 실제로 큰 기능을 수행하지 못하면서 정권이 바뀔 때마다 새로운 위원회가 만들어져 '위원회공화국'이라고 할 정도로 여러 위원회가 중복적으로 운영되었다. 그 결과 예산의 낭비는 물론 국가전략 수립의 실효성도 크게 떨어졌던 것이 사실이다. 이런 상황을 개선하기 위해서는 무엇보다도 기존의 국가경제자문회의가 경제 및 복지 부문에서 국가전략 수립 기능을 전담토록 하고, 유사한 기능을 수행하는 다른 위원회는 과감히 폐지되어야 한다.

또한 국가경제자문회의의 기능이 활성화되기 위해서는 위원회의 활동을 뒷받침해주는 전문가 조직이 사무국 역할을 담당해야 한다. 그러나 이런 기능을 수행할 전문가 조직이 하루아침에 만들어지기 어렵기 때문에 1971년 설립 이후 지속적으로 국가경제정책 수립기능을 성공적으로 수행해온 기존의 KDI를 사무국으로 활용하는 방안도 적극적으로 검토되어야 할 것이다.

이와 아울러 기획재정부의 정책조정 기능을 크게 확충해야 한다. 박근혜 정부출범과 함께 경제부총리제가 부활되면서 기획재정부 장관을 경제부총리로 보하는 조직개편을 단행하였는데, 이는 기획재정부의 정책조

정 기능을 강화하는 데 크게 기여할 것으로 기대된다. 또한 외환위기 이후 기획재정부의 수장으로 금융전문가가 임명되는 경우가 많아졌는데, 앞으로 경제정책의 초점이 금융위기 수습보다는 일자리 창출로 전환되고 있다는 점을 감안하여 좀 더 넓은 시각과 경륜은 물론 새로운 정책의 방향설정과 추진과정에서 국민적 합의를 도출할 수 있는 정치력과 리더십을 겸비한 인사를 경제부총리로 임명하는 관행의 정착이 필요하다.

정부 기능과 시장 기능이 조화되는 혼합형 시장경제를 만들어가기 위해서는 자유시장경제의 기반을 더욱 공고히 하는 노력이 동시에 전개되어야 할 것이다. 이를 위해서는 첫째, 공정거래질서의 확립을 통해 경쟁적 제품 및 서비스 시장구조가 유지되어야 하고 둘째, 금융산업의 현대화와 세계화를 통해 금융시장의 효율성이 제고되어야 하며 셋째, 법질서 확립과 노사 간 협력 분위기 조성을 통해 노동시장의 유연성이 크게 제고되어야 할 것이다.

한국의 재벌기업들은 1970년대 중화학공업 육성정책의 일환으로 정부로부터 많은 특혜를 받은 것이 사실이나, 기본적으로 수출시장에서 치열한 경쟁을 뚫고 성장하여왔기 때문에 수출신장을 통한 경제성장과 일자리 창출에 기여한 바가 크다고 할 수 있다. 그러나 경제력 집중 현상이 심화되면서 1980년대부터 재벌기업에 대한 정부 차원의 규제가 시작되었고, 최근에는 '동반성장' 또는 '경제민주화'라는 이름으로 대기업에 대한 각종 규제대책들이 추진되고 있다.

미국 등 선진국의 경우 대기업에 대한 정부의 규제는 독과점의 폐해를 막아 시장에서의 경쟁을 촉진한다는 측면에서 추진되고 있는 바, 한국 자본주의가 종래의 정부주도 시장경제에서 자유시장경제 요소를 가미하는 혼합형으로 발전하기 위해서는 재벌기업에 대한 정부 차원의 규제와 개입이 독과점의 횡포를 막아 궁극적으로 소비자의 효용을 증대시킨다는 인식에 기초해야 한다. 대기업의 독과점적 횡포가 심한 대표적 분야는 상대적으로 협상력이 취약한 중소기업과의 거래인바, 이 분야에서 대기업의 불공정 행위를 정부가 철저히 단속하는 것이 필요하다.

한국의 금융산업은 오랫동안 관치금융 관행으로 경쟁력이 크게 약화된 상태이며, 외환위기 이후의 구조조정으로 비록 관치금융의 관행은 해소되었지만 아직도 담보대출 중심의 안이한 경영에 치중하고 있다. 과거에는 정부가 전략산업을 선정하고 금융기관은 정부가 선정한 분야의 기업들에게 우선적으로 대출하는 관행이 유지되었으나, 금융구조조정 이후 한국의 금융기관은 성장잠재력이 높은 산업과 기업을 찾아 투자하기보다는 아파트 등 담보가 확실하고 안전한 투자를 선호하는 보수적 경영관행이 정착되어가고 있다.

또한 금융시장의 세계화가 시대적 대세인 상황에서 한국의 금융기관은 국내활동에 안주하면서 활동무대를 세계로 확대하는 일은 엄두도 내지 못하고 있다. 따라서 현 시점에서 가장 시급한 과제는 한국 금융산업의 경쟁력을 제고하여 국내에서 자원의 효율적 배분자 역할을 충실히 수행함은 물론, 한국의 제조업과 같이 세계를 무대로 활동할 수 있는 능력을 키우는 일이다. 이를 위해서는 무엇보다 세계무대에서 활동할 수 있는 전문인력을 양성해야 하고, 담보 위주의 대출을 신용 위주로 과감히 전환함은 물론, 국제금융 경험이 풍부한 외국계 금융기관의 인수·합병 등을 통해 국제금융 경험을 축적하는 노력을 경주해야 할 것이다. 이를 위해 공모를 통해 금융기관의 CEO 자리에 세계적 금융전문가를 영입하는 방안이 적극 검토되어야 할 것이다.

자유시장경제와의 혼합형 체제를 구축하는 데 있어 가장 큰 장애요인은 경직된 노동시장이다. 오랜 관치금융으로 금융기관의 경영능력이 약화된 것과 같이, 권위주의적 정권에서의 노조활동 탄압은 노사 간 대화와 협력을 통해 상생발전의 길을 모색하는 전통을 세우지 못했다. 1987년 민주화로 노조활동이 자유화되면서 극심한 노사분규로 인해 국가경쟁력이 크게 흔들리는 상황까지 이르렀던 사실이 이를 증명해준다고 할 수 있다.

유연한 노동시장을 만들어가는 데 있어 1차적 과제는 노사관계에서 법질서를 지켜나가는 전통을 확실히 정립하는 것이다. 노조활동이 정치적 탄압의 대상이 된 시대에는 불법적 노사분규가 정당화될 수 있을지 몰라도 노조에 대한 탄압이 불가능한 민주화 시대를 맞아 노사 모두 법질서를 지키는 범위에서 노사관계를 유지 · 발전시켜나가야 할 것이다.

이에 더해, 노사분규 발생 시 정치권의 간섭과 개입 역시 최소화되어야 한다. 세계화 시대에는 기업이 전 세계를 투자의 대상으로 삼을 수 있으며, 실제로 지구촌 시장에서 활동하고 있는 한국의 수출기업들은 국제경쟁력 유지를 위해 임금수준과 노사관계 등을 고려하여 투자 장소를 선정할 수밖에 없다. 지금까지는 임금이 낮고 내수시장 역시 방대한 중국이 이러한 수출기업들의 투자대상이 되었으나, 최근에는 인도, 브라질 등 다른 개발도상국으로 투자대상지역을 확대하고 있다. 이에 더해, 한 · 미 FTA, 한 · EU FTA 체결 이후에는 미국, EU 등 선진국 역시 투자대상으로 부상하고 있다. 이런 상황에서 불법적 노사분규와 이에 대한 외부 세력의 개입은 노동시장의 경직성을 심화시키고 일자리를 외국에게 빼앗기는 결과를 초래할 수도 있다.

14장

기업의 사회적 가치 제고

기업에 대한 인식

정부의 역할에 대해 인식의 차이가 있는 것과 마찬가지로 기업의 역할에 대한 시각도 다양하다. 신자유주의의 대표적 이론가인 프리드먼(Friedman)[6]은 "기업의 사회적 책임은 이윤을 높이는 것이다."라고 주장하였으며, 이러한 주장은 기업이 주주의 이익만을 대변하면 된다는 '주주자본주의(Shareholder Capitalism)' 입장을 대변한다고 할 수 있다. 이와 같이 기업을 주주의 입장에서만 바라보는 시각은 자유주의 전통이 강한 미국과 영국에서 두드러지게 나타나고 있다.

그러나 조합주의적 성격이 강한 독일과 일본에서는 회사를 주주는 물론 종업원, 하청업체, 지역사회 등 관련 이해당사자의 시각에서 바라보는 경향이 많다. 예를 들어, 미국과 영국에서는 '회사가 주주의 것'이라고 생각하는 경영자의 비율이 각각 76%, 71%로 매우 높게 나타나고 있으

---

6)   Milton Friedman(1970), "The Social Responsibility of Business is to Increase It's Profits", New York Times Magazine, Sep. 13

나, 일본과 독일에서는 '회사는 이해당사자 모두의 것'이라고 응답한 경영
자의 비율이 각각 97%와 83%로 나타남으로써[7] 미국과 영국과는 매우 대
조적인 결과를 보여주고 있다.

주주자본주의와는 달리 기업의 역할을 좀 더 넓은 관점에서 조명하
는 시각이 있는데, 이를 '이해당사자 이론(Stakeholder Theory)'이라고 한다. 앞
에서 지적한 대로 기업을 경영함에 있어 투자자, 근로자, 부품공급자 등
직접적 이해당사자는 물론 지역사회, 국가 등 간접적 이해당사자의 입장
도 함께 고려하는 것이 중·장기적 시각에서 더욱 현명한 기업경영전략이
라는 것이 이해당사자 이론의 핵심 내용이다. 이해당사자 이론이 지배하
는 경제를 이해당사자 자본주의라고 한다면, 일본과 독일은 이해당사자자
자본주의이고 미국과 영국은 주주자본주의인 것이다.

1600년 영국 황실이 동인도회사(East India Company)를 설립하는 권한과
함께 인도와의 무역에서 독점권을 부여하면서 처음으로 '회사'라는 조직
이 설립되었으나, 현대적 의미의 기업이 만들어진 것은 19세기 중엽이었
다. 1884년 '주식회사의 설립, 등록, 규제에 관한 법률'이 영국에서 처음
으로 마련되었고, 1897년 설립된 솔로몬 회사(Solomon Co. Ltd)는 세계 최초
의 주식회사로 기록되고 있다. 경제활동이 개인적 사업의 형태로 이루어
질 때에는 기업가가 기업활동에 따른 모든 위험부담을 감수하였고, 상거
래의 기본질서와 신용을 지키는 범위 내에서 기업가는 자신의 이익을 위
해서만 활동하는 것이 당연시되었다.

그러나 기업이 주식회사 형태로 발전되고, 기업활동의 확장을 위해
금융시장에서 막대한 규모의 자금을 조달함은 물론, 더 나아가 소유와 경

---

7)   Masaru Yoshimori(1995), "Whose Company Is It?: The Concept of the Corporation in Japan and the
     West", 『Long Range Planning』, Vol. 28, No. 4

영이 분리되면서 기업의 역할과 책임에 대한 사회적 인식이 점차 높아지게 되었다.

기업의 사회적 책임

기업의 사회적 책임(CSR: Corporate Social Responsibility)이라는 단어는 1953년 하워드 보웬(Howard Bowen)[8]에 의해 처음으로 사용되었으며, 1960년대에는 랠프 네이더(Ralph Nader)[9]가 자동차의 위험문제에 관한 저서 출간과 더불어 강력한 사회운동을 전개하면서 미국에서 사회적 관심사로 부각되었다. 그리고 1970년대에는 로마클럽[10]이 "환경문제로 세계경제의 성장이 한계에 이르게 되었다."는 주장을 하면서 CSR이 세계적 의제로 부각되었다. CSR은 기업이 경제적 책임이나 법적 책임 외에도 폭넓은 사회적 책임을 적극 수행해야 한다는 것을 의미하는데, 이를 'CSR 피라미드'라고 한다.

CSR을 실천한 대표적 기업으로 창업 초기인 1960년대 후반부터 지

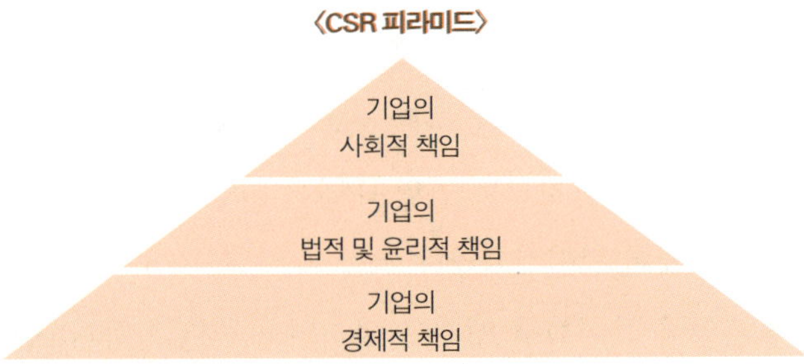

---

8)   Howard Bowen(1953), 『Social Responsibilities of the Businessmen』

9)   Ralph Nader(1965), 『Unsafe at Any Speed』

10)   The Club of Rome(1972), 『The Limits to Growth』

역사회와 상생하는 토착형 사회공헌사업을 추진해온 미국의 월마트가 널리 알려져 있다. 월마트는 대형점포 설치에 따른 교통체증, 범죄율 증가 등의 문제로 지역사회의 반발이 심해지면서 이의 해소대책으로 점포가 위치한 지역사회에서 발생되는 대표적 사회문제를 해결하기 위한 'Good Works Program'이라는 지역협력 프로그램을 추진하였다. 월마트는 지역주민이 당면한 사회문제와 욕구 파악에 주력하면서 환경, 어린이, 지역사회 협력, 교육 등의 분야에서 주민의 삶의 질 개선을 위한 구체적 사업을 개발하여 추진하였다. 이외에도 지역 내 비영리단체 후원 프로그램(Community Matching Grants Program), 환경문제의 심각성을 알리는 지구의 날 프로그램(Earth Day Program), 점포에서 발생하는 쓰레기를 최대한 감소시키고 신재생 에너지 사용을 증가시키는 프로그램(For the Greener Good Program) 등을 지금도 운영하고 있다.

일본에서는 1970년대 공해문제 확산을 막기 위해 CSR의 필요성에 대한 논의가 시작되었고, 1990년대부터는 CSR 활동에 대한 붐이 조성되었다. 한국에서는 삼성이 1994년 삼성사회봉사단을 창단해 사회공헌활동을 처음으로 전개하였고, 지금은 거의 모든 대기업들이 다양한 형태의 CSR 활동을 전개하고 있다. 지난 2000년에는 800개 기업이 CSR에 대한 활동보고서를 발간했으며, 그 숫자는 매년 급증하여 2010년에는 5,200개사에 이르고 있다. 또한, 2010년 11월 국제표준협회[11]는 사회공헌에 관한 규정인 ISO 26000을 발표함으로써 이제 CSR은 기업의 당연한 임무라는 인식이 보편화되어가고 있다.

---

11) 국제표준협회(International Organization for Standardization)는 163개 국가의 표준협회로 구성되어 있으며, 농업, 건설, 기계공학, 제조업, 유통, 운송, 의료기기, 정보통신기술, 환경, 에너지, 질 관리, 서비스 등의 분야에서 18만 4천여 개의 표준을 설정하고 있다.

ISO 26000은 기업의 사회적 책임과 관련하여 다음과 같은 일곱 가지 원칙을 제시하고 있다:[12] ① 책임성, ② 투명성, ③ 윤리적 행동, ④ 이해당사자 이해에 대한 배려, ⑤ 법규범의 준수, ⑥ 국제적 행동규범의 존중, ⑦ 인권 존중.

또한 ISO 26000은 다음의 여섯 분야를 핵심과제로 선정하고 있다: ① 인권, ② 노동관행, ③ 환경, ④ 공정한 집행관행, ⑤ 소비자 문제, ⑥ 지역사회의 참여와 개발.

기업의 사회적 책임과 관련한 ISO의 규범들은 인증을 받거나 제재를 가하기 위한 수단이 아니라 기업의 활동이 지속 가능한 발전에 기여함을 목적으로 설계된 권고사항이라는 특징을 갖고 있다. 그 이유는 CSR의 목적이 기업의 활동을 규제하기 위한 것이 아니라 기업 자신의 중·장기적 발전을 위해 자발적으로 해야 할 활동지침을 제시하는 것이기 때문이다.

기업들은 ISO 26000이 제시한 지침을 지킴으로써 다음과 같은 효과를 거둘 수 있다는 것이 국제표준협회의 주장이다: ① 기업의 경쟁력을 높인다, ② 기업의 명성을 키운다, ③ 종업원이나 고객을 유치할 수 있는 능력을 제고한다, ④ 종업원의 사기진작과 작업에 대한 열정을 향상시킨다, ⑤ 기업에 대한 투자자, 지원자 그리고 금융기관의 신뢰를 제고할 수 있다, ⑥ 정부, 언론, 지역사회 등과의 관계가 개선될 수 있다.

CSR은 '지속 가능 경영'이라는 형태로도 추진되고 있는데, UN은 지속 가능 경영의 원칙으로 기업의 경제적 성과, 사회적 성과, 그리고 환경적 성과 간 균형과 융합을 강조하는 지속 가능성의 3대 요소(TBL: Triple Bottom Line of Sustainability)를 제시하고 있다.[13] 경제적 성과의 상징인 이윤(profit), 사

---

12)　International Organization for Standardization(2010), 『ISO 26000: Social Responsibility』

13)　Wayne Visser(2012), 『Corporate Sustainability & Responsibility』, Kaleidoscope Futures Ltd

회적 성과의 상징인 사람(people), 그리고 환경의 상징인 지구(planet)를 합하여 'three pillars'라고도 하는 TBL은 도시개발 부문 등의 분야에서 공공사업의 성과를 측정하는 기준으로 사용되고 있다. 미국, 호주 등의 일부 지역에서는 모든 민간기업에 TBL의 활용을 권장하는 법제화를 추진하고 있다.

CSR 활동은 크게 두 가지 형태로 구분할 수 있다. 첫째는 기업이 자신의 영업활동 분야와는 전혀 다른 분야에서 자선사업을 지원하거나 직접 자선사업을 수행하는 형태이다. 현재 많은 기업들이 복지기관 또는 사회적 활동을 하는 비영리단체에 기부금을 제공한다. 또한 많은 대기업들이 자선재단을 직접 설립하여 운영하기도 하는데, 카네기재단, 록펠러재단, 게이츠재단 등이 대표적 외국 사례이며, 한국에서는 삼성, 현대 등 대기업들이 재단을 설립하여 장학사업 등 각종 CSR 사업을 전개하고 있다. 또한 삼성 등 일부 대기업은 봉사단을 만들어 각종 사회봉사활동을 직접 전개하고, SK 등 일부 대기업은 사회적 기업을 직접 설립하여 운영하기도 한다.

CSR의 두 번째 형태는 CSR을 기업전략의 일환으로 통합·운영하는 형태이다. 예를 들어 공정거래, 환경보전 등의 사회적 가치를 기업운영 전략에 반영하여 이를 기업활동에 직접 반영시킨다. 기업의 CSR 활동이 기업 고유의 경영전략과 별개로 추진되는 자선사업 형태보다는 기업경영 전략의 일부로 통합되어 운영되는 것이 CSR 활동의 경제적 효과는 물론 사회적 효과 역시 높인다는 것이 많은 전문가들의 공통된 견해이다. 그 이유는 전자의 활동은 기업이 비교우위가 없는 분야에서 전개되나, 후자는 기업이 비교우위가 있는 분야에서 전개되기 때문에 CSR 사업의 경제적 효과는 물론 사회적 효과가 클 가능성이 높기 때문이다.

또한 전자의 경우에는 기업의 경영전략과 별개로 전개되는 CSR 활동으로 제고된 기업 이미지가 기업의 고유 분야에서의 부정적 결과로 인해 손상될 수 있으나, 후자의 경우는 CSR에 대한 고려가 기업경영 전반에 적용되기 때문에 사회적 악영향을 미치는 사고가 발생할 가능성이 훨씬 낮다. 이는 국내 대기업들이 왕성한 CSR 활동에도 불구하고 예기치 않은 스캔들로 CSR로 축적해온 긍정적 대국민 이미지를 모두 상실하는 경우가 종종 발생하는 사례를 통해서도 잘 알 수 있다.

최혁준[14]은 CSR이 기업전략의 일환으로 일관성 있게 추진되면 '존경받는 사회공헌'이 될 가능성이 높으나, CSR이 기업전략과 무관하게 추진되면 '비난받는 사회공헌'으로 전락할 수도 있음을 지적하고 있다. 또한 포터(Porter)와 크레이머(Kramer)[15]는 전통적 자선사업의 한계를 지적하면서 CSR이 기업과 사회에 새로운 가치를 창출하는 방향으로 추진되어야 함을 강조하고 있다. 포터와 크레이머는 새로운 가치창출을 위해 자선기관은 다음의 네 가지 조치를 취할 것을 건의하고 있다:

① 선정기준의 과학화와 선정과정의 체계화를 통해 가장 능력 있는 지원대상을 선정한다.
② 매칭펀드 등의 활용을 통해 다른 지원자를 확보함으로써 지원효과를 극대화한다.
③ 경영지원 등의 추가적 활동을 통해 지원기관의 사업추진 능력 제고를 유도한다.

---

14) 최혁준(2010), 『존경받는 사회공헌, 비난받는 사회공헌』, 이안에

15) Michael Porter & Mark Kramer(1999), "Philanthropy's New Agenda: Creating Value", Harvard Business Review, Nov-Dec

④ 지원사업에 대한 사후평가제도의 도입과 연구사업의 확대를 통해 지원 분야의 지식수준 및 집행능력을 제고한다.

공유가치창출 경영

'제3의 길'이 정부의 역할을 강조하는 진보진영이 복지국가의 위기, 세계화의 급진전 등 시대적 과제에 대한 대응책으로 내놓은 것이라고 한다면, 이해당사자 이론이나 기업의 사회적 책임(CSR)은 기업의 역할을 강조하는 보수진영이 환경문제 악화, 양극화의 심화 등으로 기업의 활동과 시장경제의 부정적 시각이 확산되는 상황에 대한 대응책으로 제시하였다.

대다수의 CSR 활동이 기업의 이윤을 사회적 목적으로 재배분하는 제로-섬 성격이 강하고, 단순히 기업의 대외 이미지를 제고하려는 노력에 그치고 있기 때문에 실효성이 낮다는 인식을 바탕으로 포터와 크레이머[16]는 기업의 가치와 사회적 가치가 만나는 영역에서 기업활동이 적극적으로 전개된다면 기업의 경제적 가치와 함께 사회적 가치의 상승을 유도할 수 있다는 '공유가치창출(CSV: creating shared value)' 개념을 제안함으로써 기업의 사회적 책임론은 새로운 차원으로 진화하고 있다.

CSV는 최근 자본주의가 위기에 처해 있으며, 이를 극복하기 위해서는 공유가치창출 경영전략으로 기업의 경제적 가치와 사회적 가치를 동시에 제고해야 한다는 다음과 같은 현실인식에 기초하고 있다.

---

16) Michael Porter & Mark Cramer(2011), "Creating Shared Value: How to Reinvent a Wave of Innovation and Growth", Harvard Business Review, Jan-Feb

"자본주의가 공격받고 있다. 최근 기업은 환경 등 제반 정치·사회적 문제를 악화시키고, 기업의 번영이 사회 전체의 희생의 대가로 이루어지고 있다는 인식이 확산되고 있기 때문이다. 기업에 대한 신뢰 하락은 정치가들에게 기업발전과 경제성장을 저해하는 정책들을 만들게 함으로써 반(反)기업정서와 저(低)성장의 악순환이 반복되고 있다. 그러나 기업활동의 목적이 공유가치창출 개념을 중심으로 재정립된다면, 혁신과 성장의 새로운 물결이 일어나 위기에 처한 자본주의를 재창출할 수 있을 것이다."(Porter & Kramer, 2011)

CSV는 기업의 입장에서 시장은 의식주 등 일상적인 경제적 수요뿐만 아니라, 국민건강 증진, 환경문제 해결 등 사회적 수요에 의해 결정됨은 물론, 기업에 대한 사회적으로 부정적 인식은 기업에게 새로운 비용으로 작용할 수 있기 때문에 기업의 사회적 가치 제고에 역점을 두려는 시도라고 할 수 있다. 이런 관점에서 포터와 크레이머는 공유가치창출을 위해 다음의 세 가지 방법을 제안하고 있다.

첫째, 사회적 수요 충족을 위해 새로운 제품과 시장을 개발하는 것이다. 예를 들어, 맛뿐만 아니라 건강에도 좋은 식품을 개발함으로써 소비자의 건강이라는 사회적 가치와 회사수익이라는 경제적 가치를 동시에 제고할 수 있다. 실제로 많은 식품회사들이 건강식품을 개발하고 이를 마케팅해서 회사의 수익을 올림과 동시에 국민건강 향상에도 기여하고 있다.

둘째, 생산성을 사회적 가치 차원에서 재정의(再定義)하는 것이다. 예를 들어, 제품의 운송루트를 개선함으로써 운송비용 절감이라는 경제적 가치와 에너지 소비절약이라는 사회적 가치를 동시에 높이는 것이다. 실제로 월마트 등 많은 대형 유통업체들이 이를 실천하여 막대한 규모의 이익을 보면서 에너지 절약에도 기여하고 있다.

셋째, 연관 사업을 지원하고, 주변 환경을 개선하는 것이다. 예를 들어, 식품회사들이 원료 구매지역에서 농가를 지원하고 농업 인프라 구축에 참여함으로써 안정적 원료구입을 통해 회사의 이윤과 경제적 가치를 높임과 동시에 지역경제발전이라는 사회적 가치를 제고하는 것이다. 실제로 네슬레(Nestle) 같은 다국적 식품회사들이 이러한 활동을 통해 기업의 이윤과 지역개발을 동시에 이룩하는 노력을 성공적으로 경주하고 있다.

이러한 사례들을 통해서도 잘 알 수 있듯이, CSV는 기업경영의 시각을 공유가치창출이라는 관점에서 재조명함으로써 상대적으로 적은 투자로 큰 대내외적 효과를 얻는 경영방식이다. 또한 CSR은 기업의 이윤을 사회적 목적으로 사용하는 제로-섬 방식이었으나, CSV는 기업의 경제적 가치와 사회적 가치가 동시에 제고되는 플러스-섬 방식이라는 측면에

〈CSR와 CSV의 비교〉

	CSR	CSV
목표 가치	선행(先行), 좋은 시민, 자선, 지속 가능성 등	비용 대비 경제적 가치와 사회적 가치
성격	자유재량	경쟁력 유지의 필수적 요건
추진 방법	기업의 이윤극대화와 별개	기업의 이윤극대화 일환
이슈 결정 과정	기업 밖의 환경에 의해 결정됨	기업 자체의 고유 성격에 의해 결정됨
자원동원 방법	CSR 예산 범위 내에서 책정	필요하면 기업 전체 예산도 동원 가능
사례	공정무역에 의한 거래	질과 성과를 제고하기 위해 구매과정 자체를 혁신

자료: Porter & Kramer(2011), 전게서

서 효율성은 물론 지속 가능성이 매우 높다는 특징이 있다. CSR은 기업이 자유재량의 선행 차원에서 행하는 것이기 때문에 기업이윤의 극대화라는 기업 본연의 목표와는 별개로 이루어져 추진주체나 사업의 규모 면에서 한계가 있을 수밖에 없지만, CSV는 기업경쟁력 유지의 필수적 요건이라는 인식으로 추진되기 때문에 기업 전체 차원에서 진행될 수 있으며, 추진사업의 규모 역시 제한받을 필요가 없다. 결과적으로 CSV가 CSR보다 기업의 경제적 가치의 제고는 물론 사회적 가치 제고를 통한 기여도 측면에서도 훨씬 우월한 결과를 초래하게 된다.

GE, Google, IBM, Intel, Johnson & Johnson, Nestle, Unilever, Wal-Mart 등 다국적기업들이 이미 CSV를 다양한 형태로 실천하고 있는 이유가 바로 여기에 있다. 미국에서 시작된 CSV에 대한 관심은 한국으로도 확산되어 동아비즈니스포럼은 2011년 12월 포터와 크레이머를 한국에 초청하여 CSV에 관한 심포지엄을 개최한 바 있고, 많은 기업 관계자들이 참여하여 CSV에 관해 큰 관심을 보였다.

CSV는 기업과 정부 및 NGO의 전통적 역할을 재정립해야 함을 의미한다. 전통적으로 정부는 환경 등 사회적 문제해결을 위해 기업을 규제하려고 하였으나, 기업이 CSV 활동을 통해 환경문제 해결에 직접 참여한다면 정부와 기업은 규제 제공자와 규제 대상자의 갈등적 관계가 아니라 환경문제 해결을 위해 같이 노력하는 동반자적 관계가 되는 것이기 때문이다.

또한 전통적으로 NGO는 환경문제에 관해 기업의 활동을 감시하고 견제하는 역할을 담당했으나, 환경 분야에서 기업의 CSV 활동 강화를 통해 기업과 NGO가 새로운 파트너십을 형성할 수도 있을 것이다. 이 과정에서 자선재단은 기업과 정부 그리고 NGO를 엮어 새로운 동반자 관계를 형성하는 매개자 역할을 담당할 수도 있다.

CSV의 필요성에 대해서는 이견이 있을 수 없으나, 문제는 이를 실제로 어떻게 실현시킬 수 있는가 하는 것이다. 크레이머[17]는 기업이 CSV 경영전략을 구현시키는 데 필요한 원칙으로 다음의 여섯 가지를 지적하고 있다.

① 기업의 CEO와 최고경영층의 CSV에 관한 확고한 신념과 리더십
② 혁신과 새로운 학습을 위해 위험부담도 마다하지 않는 사고
③ CSV에 관한 의지를 구체화시킬 수 있는 재정 및 비재정적 인센티브와 지배구조의 확립
④ 사업현장에서의 열정적 집행
⑤ 전통적 지식체계와 관계를 보완할 수 있는 새로운 전문지식과 파트너십
⑥ 의도한 사회적 및 환경적 목적 달성의 사업적 이득을 측정하는 방법의 개발

CSV 경영전략이 이루어지기 위해서는 무엇보다 기업인들이 '기업에 좋은 것은 사회에도 좋다'는 종래의 인식에서 탈피하여 '사회에 좋은 것은 기업에도 좋다'는 새로운 사고를 가져야 한다. 이를 위해서는 CSV의 성공사례가 많이 만들어지고, 이러한 사례들이 기업인들에게 널리 알려져야 한다. 포터와 크레이머가 CSV 경영의 실천을 희망하는 기업들에게 실비로 컨설팅 서비스를 제공하는 사회적 기업인 FSG를 설립·운영하는 것

---

17) Mark Kramer(2011), "Creating Shared Value: Redefining the Role of Business in Society", Presentation on CSV Execution Methodology, 동아비즈니스포럼 2011

도 CSV 경영 전통의 확산을 위해서이다.

　FSG는 CSV 활동과 관련한 그간의 경험을 바탕으로 다음의 세 가지 교훈을 제시하고 있다: ① CSV는 기업 내부에서 시작되고, 위에서 아래로 내려와야 한다, ② CSV 접근방식을 기업조직에 정착시키는 데는 상당한 시간이 필요하다, ③ CSV 추진을 위해서는 프로그램 관리자보다는 변화 관리자가 필요하다.

　또한 FSG는 CSV 경영을 다음의 네 단계로 구분하고 있다: ① 비전 설정: 회사가 CSV를 추구하는 엔진이라는 확고한 의지를 이사회와 최고 경영층이 확인한다, ② 전략 수립: 비전 실현을 위한 전략 수립을 위해 주요 이슈들의 우선순위를 확실히 하고 구체적인 목표를 설정한다, ③ 집행 계획 추진: 예산 및 인적 자원 마련, 전사적 협조체제 구축, 정보와 행동 측면에서 협조와 협력을 위한 파트너십 구축 등의 세 가지 부문에서 집행 계획을 세우고 추진한다, ④ 실행: 의미 있는 결과를 측정하고, 그동안의 경험을 최대한 활용하며, 성공적 시도의 규모를 확대하고, 진행 상태에 대해 대내외적으로 의견을 교환한다.

　이러한 과정에서 중요한 것은 CSV와 관련된 전략과 행동이 기업의 거의 모든 부문과 관련이 있기 때문에 CSV 활동이 기업 내부 의사결정 과정에 내부화되어야 성공할 수 있다는 사실이다.

　지속 가능한 경영을 위해서는 기업이 사회적 문제해결에 나서야 한다는 시각은 이제 세계 전역으로 확산되고 있다. 매킨지사는 보고서[18]를 통해 최근 세계경제는 중국과 신흥개도국들의 부상으로 경제활동의 중심

---

18)　McKinsey & Company(2010), 『Shaping the Future: Solving Social Problems through Business Strategy, Pathways to Sustainable Value Creation in 2020』, Committee Encouraging Corporate Philanthropy(CECP)

구조가 재편성되고 있고, 선진국에서 경제활동인구의 감소로 생산성의 획기적 증가가 불가피함을 지적하고 있다.

또한 세계화의 가속화로 경제와 사회적 구조조정이 진행되고 있고, 주요 자원에 대한 수요가 공급을 초과하여 기업활동에 장애요인이 되고 있는 상황에서 많은 국가들이 일자리 확보를 위한 치열한 경쟁을 벌이고 있다는 사실을 강조한다. 따라서 2020년 세계경제가 지속 가능한 길을 가기 위해서는 기업이 경쟁력을 높이려는 노력과 함께 기업의 방법을 활용하여 사회적 문제를 해결하는 노력과 리더십을 보여야 한다고 주장한다.

매킨지 보고서는 기업의 자선활동에 관심이 많은 CECP(Committee Encouraging Corporate Philanthropy) 회원을 대상으로 실시한 여론조사에서 이미 대다수의 CEO들이 기업이 사회적 문제해결에 앞장서야 한다고 생각하고 있다는 사실을 확인하였다. 예를 들어, CEO의 절대 다수가 기업의 사회적 역할 제고에 찬동하면서 그 이유로 응답자의 60%가 기업이 사회적 문제를 좀 더 효율적으로 해결할 수 있기 때문이라는 적극적인 대답을 하고 있다.

그리고 이를 위한 구체적 방법에 대해서도 응답자의 77%가 사회적 문제 해결을 기업의 전략과 조직구조에 반영하겠다고 대답하고 있다. 응답자들이 기업의 자선활동에 관심이 많은 CECP 회원들이라는 점을 감안하더라도 기업의 사회적 가치 제고에 관한 재계의 호응도가 높아지고 있다는 사실을 확인할 수 있다. 이러한 추세는 이미 많은 세계적 기업들이 실제로 CSV 활동을 성공적으로 수행하고 있고, 한국에서도 최근 CSV에 관한 CEO 모임이 결성되었다는 사실로도 재확인할 수 있다.

공동진화(co-evolution)의 생태계 조성

"자연생태계에서의 먹이사슬은 먹이가 멸종하면 육식동물도 같이 멸종하기 때문에 여러 종류의 생물들이 경쟁하면서도 서로 공존관계를 유지한다."는 '공동진화론(co-evolution)'을 산업에 적용한 것이 제임스 무어(James Moore)[19]의 기업 및 산업의 생태계(ecosystem) 이론이다. 제임스 무어는 기업 생태계의 진화를 다음의 네 단계로 구분하고, 각 단계마다 경쟁과 협력의 필요성이 공존한다고 주장한다.

① 첫 번째 생성 단계에서는 자신의 고유한 아이디어를 개발하고 이를 경쟁자들로부터 보호하기 위해 힘쓰면서도 혁신의 씨앗이 될 수 있는 새로운 가치를 만들기 위해 고객은 물론 공급자들과 협력해야 한다.

② 두 번째 확장 단계에서는 자신의 아이디어를 동업종의 기준으로 만들기 위해 다른 기업들과 경쟁하면서도 자신의 아이디어와 제품을 더 큰 시장으로 영역을 확대하기 위해 공급자 및 파트너들과 협력해야 한다.

③ 세 번째 리더십 단계에서는 같은 생태계 안에 있는 다른 경쟁자들과의 관계에서 교섭력 증대를 위해 노력하면서도 미래에 대한 확고한 비전 제시를 통해 공급자와 파트너들과의 협조를 유도해야 한다.

④ 네 번째 자기재생의 단계에서는 다른 혁신가가 새로운 생태계를

---

19) James Moore(1996), 『The Death of Competition: A New Theory of Competition』, New York; Harper Business

만들지 못하도록 고객 충성도를 높이는 등의 노력을 전개하면서도 이들 혁신가와 협력하여 기존의 생태계가 가급적 오래 지속될 수 있도록 노력한다.

이와 같이 새로운 생태계를 조성하고, 이를 확장시키며, 지속적으로 자기재생을 하는 과정에서 경쟁과 협력을 잘 조화시킨 기업은 성공한 반면, 그렇지 못한 기업은 실패했다는 것이 생태계 이론의 핵심 내용이다.

1970년대 초 PC의 등장으로 새로운 생태계가 만들어졌을 때 애플(Apple)은 소프트웨어 개발, 마케팅 등의 분야에서 파트너들과의 협력관계를 잘 구축하여 성공한 반면, 모든 것을 독자적으로 하려고 한 탠디(Tandy)는 PC 생태계에서 살아남는 데 실패하였다. 최근에는 애플이 '앱(application)'이라는 새로운 플랫폼을 만들어 세계 전역의 수많은 혁신가에게 개방하여 자신의 발명품을 탑재하게 함으로써 스마트폰 시장에서 1인자로 부상하였다. 구글(Google) 역시 크롬(chrome)과 안드로이드(android)라는 플랫폼을 개설하여 많은 애플리케이션을 기업들에게 활용하게 하여 새롭게 형성된 생태계에서 리더의 자리를 공고히 하고 있다.

한국은 오랜 기간의 정부주도 경제운용의 전통을 갖고 있기 때문에 기업정책 역시 정부 개입적 성격이 매우 강한 것이 사실이다. 1960년대에는 수출산업을 육성하기 위해 세제 및 금융 등의 분야에서 강력한 지원책을 펼쳤고, 1970년대에는 정부가 유망업종을 선정하고 관련 기업에 대해 다양한 형태의 특혜를 주는 산업 및 기업정책을 구사하였다. 이 과정에서 대기업에 대한 집중적 지원으로 경제력 집중 현상이 심화되자, 1980년대부터 정부는 대기업에 대한 직접적 규제와 중소기업 보호라는 양날의 칼을 활용하기 시작하였다. 중소기업 고유업종이 지정되었고, 중소기업에 대한 다양한 형태의 정부지원책이 마련되어 추진되었으며, 대기업에 대해서는 총액출자 제한 등의 규제조치가 취해졌다.

정부가 나서서 중소기업을 보호해주고 대기업의 활동을 규제하는 전통은 지금까지도 계속되고 있다. 예를 들어, 정부는 2010년 9월 '대 · 중소기업 동반성장 추진대책'을 발표하였고, 같은 해 12월 동반성장위원회를 구성 · 운영하였다. 동반성장위원회는 2011년 82개 품목을 '중소기업 적합품목'으로 지정하였고, 이 분야에서 대기업의 철수, 사업 축소, 확장 자제, 진입 제한 등을 유도하고 있으며, 동반성장지수를 개발하여 2012년 5월에는 56개 대기업에 대한 결과를 발표하였다.

그러나 이러한 동반성장위원회의 활동은 그 범위가 대기업과 중소기업 간 관계에 국한되어 있고, 중소기업 적합품목의 지정 등 직접적이고 반시장적 조치에 의존하며, 대기업 견제와 중소기업 보호라는 제로-섬 성격이 강하다는 취약점을 갖고 있다.

또한 2012년 대선과정에서 핵심 쟁점으로 부각된 경제민주화 관련 대책 역시 반시장적이고 제로-섬 성격이 강하다는 점에서는 마찬가지라고 할 수 있다. 사실 경제민주화라는 단어는 대표적 자유주의자인 미제스(Mises)가 처음으로 사용하였고, 소비자들이 자유로운 구매를 통해 재화와 서비스에 대해 '투표'하는 시장경제야말로 진정한 경제민주주의(economic democracy)라고 주장하였다.

그러나 한국에서는 헌법 제119조 제1항에서 자유주의적 시장경제질서를 보장하면서 제2항에서는 시장기능의 부작용을 방지하기 위해 시장에 대한 정부 개입을 정당화하는 차원에서 경제민주화라는 표현이 사용되고 있다. 그리고 정치권과 언론에서 사용하고 있는 경제민주화는 재벌에 대한 규제정책으로 인식되고 있는 것이 사실이다.

　　현재 경제민주화와 관련하여 쟁점이 되고 있는 정책사항들은 총액출자 제한제도, 순환출자 금지, 산업자본과 금융자본의 분리, 기업인의 경제범죄에 대한 처벌 강화 등으로 요약될 수 있다. 그동안 두 차례나 도입되었다가 실효성이 없어 폐지된 총액출자 제한제도를 부활시키는 것은 문제가 많다고 하지 않을 수 없다. 경기불황을 타개하고 일자리를 만들기 위해 기업의 투자가 절대적으로 필요한 상황에서 대기업의 출자총액에 제한을 가하는 것은 있을 수 없는 일이기 때문이다. 또한 세계 각국이 기업의 투자 유치를 위해 경쟁적으로 노력하고 한국의 대기업들의 해외투자가 열려 있는 상태에서 국내투자를 억제하는 것 역시 상식에 반하는 조치임에 틀림없다.

　　순환출자 금지 문제는 재벌이 적은 투자로 기업경영에 막강한 영향력을 행사하는 것을 막아보려는 의도이다. 이는 어찌 보면 상당히 일리가 있다고 생각할 수 있으나, 이 역시 기업투자 활성화가 절대적으로 필요한 시점에서 새로운 규제조치를 취하는 문제에 대해서는 더욱 신중한 검토가 필요하다고 판단된다. 현재 국민연금의 보유지분율이 5%가 넘는 기업 수가 상당수에 이르고, 기금 규모가 계속 급팽창하여 국내 주식시장에서 국민연금기금의 영향력은 지속적으로 증가할 전망이기 때문에 대주주의 경영권 남용문제는 순환출자에 대한 새로운 규제를 가하는 것보다는 국민연금의 출자기업에 대한 주주권 행사의 방법으로 대처하는 것이 순리라고 판단된다.

　　경제 전체의 리스크 관리 차원에서 산업과 금융의 지배권은 분리되는 것이 바람직하나, 이 역시 투자활성화와 일자리 창출이 시급한 상황에서 산업자본의 은행 소유지분한도를 현행 9%에서 추가로 인하하는 문제 역시 좀 더 신중한 검토가 필요하다. 끝으로 기업인의 경제범죄에 대해 처벌을 강화하는 문제도 현행법의 엄중한 집행만으로도 소기의 목적을 달성할 수 있기 때문에 추가적인 조치로 기업인의 사기를 떨어뜨릴 필요는 없다고 판단된다.

이제 세계화 시대를 맞아 한국의 대표기업들은 세계를 상대로 치열한 국제경쟁 속에서 기업 활동을 하고 있으며, 세계 각국들은 기업들의 투자를 자국에 유치하기 위해 안간힘을 쓰고 있는 것이 작금의 세계경제 상황이다. 따라서 세계화 시대에는 한국 정부의 산업정책도 기업의 활동을 규제하거나 인위적으로 보호하는 것이 아니라, 경쟁과 협력을 통해 기업의 경쟁력을 높일 수 있는 새로운 생태계를 조성하는 방향으로 전환되어야 한다.

새로운 생태계의 특징은 기업들이 자유롭게 경쟁하면서도 서로 협력하는 '공동진화(co-evolution)'를 목표로 하는 것이어야 하고, 공유가치창출 경영은 이러한 생태계 조성의 핵심적 주제가 될 수 있을 것이다. 공동진화와 공유가치창출 개념은 제로-섬게임이 아니라 플러스-섬게임이며, 경쟁과 협력이 공존하는 협조적 경쟁(co-opetition) 개념과 맥을 같이함은 물론, 치열한 국제경쟁에서 살아남을 수 있는 견고하고 역동적 생태계를 만드는 것이기도 하다.

새로운 생태계의 조성을 위해서는 정부의 조치에 앞서 기업 스스로 새로운 각오로 기업경영 행태를 전환하려는 노력이 전개되어야 한다. 대기업들이 단순한 CSR 영역을 넘어 CSV를 기업 경영의 기본방향으로 설정하고, 이를 적극적으로 실천한다면 대기업에 대한 일반 국민의 부정적인 이미지 역시 크게 개선될 수 있을 것이다.

특히, 이 과정에서 대기업을 대표하는 전경련이 대기업의 CSR 활동을 활성화하고, 더 나아가 새로운 CSV 활동을 촉진하는 중심체 역할을 담당한다면, 대기업에 대한 국민적 인식을 긍정적 방향으로 전환시킴은 물론, 기업이 정부 및 NGO와 새로운 동반자 관계를 형성하는 계기를 만들어갈 수 있을 것이다.

이처럼 대기업들이 스스로 CSR과 CSV 활동을 적극적으로 전개하여 이들에 대한 사회 분위기가 호전된다면, 정부 역시 기존의 반시장적이며 규제 중심의 기업정책을 친(親)시장적이고 플러스-섬 성격의 방향으로 전환해나가야 할 것이다.

15장

공생발전의 생태계 조성

왜 공생발전인가?

　'공생발전'이라는 단어는 이명박 대통령이 2011년 8·15 경축사에서 공생발전을 국정목표로 제시함으로써 언론과 일반 국민의 관심을 받기 시작했다. 경축사는 "탐욕경영에서 윤리경영으로, 자본 자유에서 자본 책임으로, 빈익빈 부익부에서 상생번영으로 진화하는 시장경제 모델"을 공생발전이 지향하는 국가상으로 언급하고 있다.

　따라서 공생발전은 크게 양극화의 극복, 성장과 분배의 조화로운 발전, 그리고 경제주체들의 상호협력을 가능하게 하는 생태환경을 만드는 것으로 요약될 수 있다.[20] 그 후 이명박 정부는 공생발전의 실현을 위해 '친서민' 그리고 '공정사회'라는 슬로건 하에 각종 정책을 전개하였으나, 큰 성과를 거두지는 못한 것으로 평가되고 있다.

　공생발전이 국정목표로까지 제시된 배경은 1997년 외환위기 이후 한국사회의 양극화 심화와 더불어 이에 대한 국민적 인식이 악화되고 있

---

20)　경제·인문사회연구회(2012), 『공생발전 종합연구 요약보고서: 50대 핵심 정책과제』

다는 사실에 기인한다. 인문·사회연구회가 추진한 조사에 의하면 '그간 우리 사회가 이룬 성과가 서민들과 중소기업에게 적절히 배분된 정도'에 대한 질문에 대해 '잘 배분되지 않았다'라는 응답자가 76.4%로 대종을 이루었고, '잘 배분되었다'는 응답자는 22.2%에 불과하였다.

이는 한국인이 현재의 분배 상태에 대해 매우 불만족스럽게 생각하고 있다는 다른 여론조사 결과와도 맥을 같이한다. 또한 '성장과 분배의 조화로운 발전을 추구하는 방향에 공감'하는 응답자가 69.2%로 나타남으로써 국민 다수가 성장과 분배의 조화를 이루는 정책기조에 대해 동의하는 것으로 나타났다.

'공생발전 구현을 위한 시장경제의 나아가야 할 방향'에 대해 응답자의 대다수인 74.8%가 "국가와 개인의 이익이 조화롭게 조정되어야 한다"고 대답하였다. '공생발전 구현을 위해 가장 필요한 정책'에 대해서는 33.3%가 '임금격차 완화 등 양극화 극복'이라고 대답했고, 그 다음은 '일자리 확대'가 20.2%, '경제회복 및 성장'이 16.8%, '대기업 등 지도층의 사회적 책임 강화'가 15.3%, '사회복지제도 확대'가 9.6%, 그리고 '국민 홍보 및 의식교육 확대'가 4.5%로 나타났다. '부유세 도입과 일자리 창출 중 선택하라'는 질문에는 다수인 68.6%가 '일자리 창출'을 선택하였다는 사실로 미루어 국민 다수는 부유세 도입과 같은 제로-섬 성격의 직접적 재분배정책보다는 일자리 창출을 통한 플러스-섬 성격의 간접적 재분배정책을 선호하는 것으로 나타났다.

공생발전의 참여주체에 대해서는 "정부, 민간기업, 시민사회 모두가 참여해야 한다"는 의견이 62.0%로 대다수를 차지했다. 또한 "공생발전을 위해서는 정부 역할이 현재보다 더 강화되어야 한다"는 의견이 73.3%로 대다수를 차지했고, "경제사회 시스템의 전반적 발전을 위해 대기업이 중소기업과의 협력을 강화해야 한다"는 의견도 83.8%로 나타났다. 이러한 여론조사 결과로 미루어 공생발전은 대다수 국민이 상당히 공감하고 있는 정책목표임은 물론, 그 추진과정에 정부, 기업, 시민사회가 모두 동참해야 하며, 추진방법은 일자리 창출이 주를 이루어야 하나 분배개선 노력 역시 필요하다고 생각하고 있음을 알 수 있다.

상생(相生)발전이 강자가 관용의 차원에서 약자를 돕는 것이라면, 공생(共生)발전은 약자의 소멸로 생태계가 파괴되어 강자의 공멸을 가져올 수도 있기 때문에 서로 도움을 주고받으며 함께 더불어 발전을 도모하자는 것이라고 해석할 수 있을 것이다. 자연생태계적 차원에서 공생의 개념은 경쟁적 협력을 통해 이기적 유전자로 구성된 생물의 생존과 진화를 보장함은 물론 자연생태계의 균형과 발전을 동시에 유지하자는 원리인데, 이를 인간사회에 적용한 것이 공생발전 개념이다. 공생발전 개념은 앞장에서 언급한 공동진화의 개념과 같은 것이며, 이를 최근 IT 분야의 발전과정에 적용한 것이 경영생태계 이론이라고 볼 수 있다.

또한 공생발전 개념은 앞에서 지적한 네트워크 모델과도 맥을 같이 하고 있다. 네트워크가 제대로 작동되기 위해서는 네트워크의 다양한 구성원들이 각자의 경쟁력을 지키면서 협력관계를 형성해야 한다. 또한 네트워크 이론은 구성원 간의 협력이 시너지 효과를 발휘하여 플러스-섬 게임 상황을 만들어가고 있음을 강조하고 있다.

공생발전의 개념이 이념적으로 자유민주주의와 시장경제체제를 배제하고 사회주의 이념을 추구하는 것으로 오해되기도 하나 사실은 전혀 다르다. 시장경제에서의 참가자는 시장에서의 자유로운 경제행위를 통해 자신의 이익을 극대화함과 동시에 시장참가자 간 경쟁과 협력을 통해 참가자 모두의 이익이 증대되고 시장경제 전체의 효율이 극대화된다. 따라서 참여자의 활동이 통제된 사회주의경제보다는 참여자의 자유로운 활동과 접촉이 보장되는 시장경제가 네트워크 이론에 더 부합한다고 할 수 있다.

공생발전 개념은 공동체주의와도 상당 부분 맥을 같이한다고 할 수 있다. 공동체주의(communitarianism)는 역사적으로 1841년 이상주의적 사회주의자인 존 밤비(John Barmby)에 의해 처음으로 사용되었고, 1980년대 미국에서 개인의 자유를 중시하는 전통적 자유주의와 개인의 책임을 강조하는 보수주의에 대한 대안으로 제시되었다.

케인스 경제학이 정부의 역할을 강조하고 신자유주의가 시장의 역할을 중요시하는 반면, 공동체주의는 사회의 역할과 시민의 도덕성을 중시한다는 측면에서 중도주의를 표방한다고 할 수 있다. 공동체주의는 개인의 자유를 존중하면서도 공동체 건설을 위한 개인의 책임 있는 봉사정신을 주문한다. 또한 공동체주의는 국가, 시장, 사회공동체의 삼분법을 제시하면서 사회공동체는 국가나 시장으로부터 구분되는 정서적 유대와 공유된 도덕적 문화를 갖고 있다고 본다.

공동체주의의 대표적 주창자인 에치오니(Ezioni)[21]는 다음의 일곱 가지 과제를 제시하고 있다: ① 정부나 시장에만 의존하지 말고 가족 그리고 지역사회의 일원으로서 우리가 해야 할 일이 무엇인가? ② 개인으로서 그리고 공동체가 지켜야 할 도덕적 가치는 무엇인가? ③ 유권자보다는 정치인 자신들을 위한 정치를 어떻게 개혁할 것인가? ④ 우리 사회의 다양성 문제와 불균등 문제를 어떻게 해소할 것인가? ⑤ 바람직한 사회 건설을 위해서 필요한 정부의 역할은 무엇인가? ⑥ 공동체의 도덕성을 유지하면서 경제 활력도 아울러 높이는 방법은 무엇인가? ⑦ 물질적 풍요에 더해 추구해야 할 가치는 무엇인가?

---

21)   Amitai Etzioni(2001), 『Next: The Road to the Good Society』, Basic Books

　이러한 질문에 대한 답으로 공동체주의는 가정과 학교에서의 시민교육과 건전한 시민사회 육성, 그리고 투명하고 도덕적인 정치 구현 등을 제시하고 있다.[22] 가족과 사회적 조화를 강조하는 아시아적 가치가 공동체주의와 유사하다는 지적이 있다. 그러나 서구에서의 공동체주의는 자유민주주의와 시장경제라는 근대 서양의 기본적 가치관을 기본으로 하고 여기에 공동체의 일원으로서의 책임과 도덕성을 강조하는 것인 반면, 싱가포르의 리콴유 수상 등 아시아의 권위주의적 정치지도자들은 공동체의 발전을 위해서는 민주주의가 다소 희생될 수 있다는 취지로 아시아적 가치를 강조하였기 때문에 서구의 공동체주의와는 상당한 거리가 있다.

　그러나 현재의 한국과 같이 민주화가 거의 완성단계에 이른 시점에서 아시아적 가치를 강조한다면, 이는 서구의 공동체주의와 유사점이 많다고 할 수 있다. 예를 들어 박세일[23]은 공동체 자유주의를 향후 한국사회가 지향해야 할 방향으로 제시하면서 공동체 자유주의를 "경제적 효율성을 잘 달성할 수 있는 자유주의를 기반으로 하면서 자유주의가 필연적으로 초래하게 될 불평등과 소외계층의 문제를 우리 전통의 공동체주의를 통해 보완하려는 시도"로 정의하고 있다.

　서구의 공동체주의와 박세일의 공동체 자유주의 모두 자유주의적 정치체제와 시장경제를 전제로 하면서 그 과정에서 발생하는 이기주의와 경제적 불평등 문제를 사회일원으로서의 도덕성과 책임을 강조하는 공동체주의적 사고로 보완해보자는 시도라는 점에서 맥을 같이하고 있다고 할 수 있다.

---

22)　Amitai Etzioni(2013), 『The Spirit of Community: Rights, Responsibilities, and the Communitarian Agenda』, Crown Publishers

23)　박세일 외(2008), 『공동체 자유주의: 이념과 정책』, 나남

시민사회의 역할

소크라테스, 플라톤 등 고대 그리스 철학자들은 시민사회를 시민이 공동의 이익과 정의를 위해 협력하고 대화를 나누는 '좋은 사회'의 동의어로 인식하였다. 시민사회를 처음으로 정의한 것으로 알려진 고대 로마의 철학자이며 정치가인 키케로(Cicero) 역시 시민의 건전한 시민정신(civility)을 강조하면서 시민사회는 스스로 공동선(共同善)을 추구하고 평화를 유지할 수 있다고 믿었다.

중세 봉건사회가 시작되면서 시민사회는 역사에서 거의 사라졌으나, 르네상스 시대가 열리면서 시민사회와 시민정신은 다시 부활하기 시작했다. 18세기 후반 프랑스 혁명으로 민주주의가 새로운 정치체제로 부상하면서 시민사회는 개인의 자유를 침해하려는 국가 차원의 개입에 대한 시민의 저항 형태로 나타나기도 했다. 지금도 민주화가 이루어지지 않은 지역에서는 시민사회가 시민의 자유를 침해하는 독재정권에 대한 시민의 체계적 저항의 행태를 보이고 있다.

브루스 시버스(Bruce Sievers)[24]는 시민사회 개념의 핵심은 평민임을 강조하면서 시민사회의 구성요소로 다음의 일곱 가지를 지적하고 있다: ① 자선 및 박애, ② 공익 및 공동선, ③ 법치주의, ④ 비영리 및 자발적 조직, ⑤ 개인적 권리, ⑥ 자유로운 표현, ⑦ 관용.

또한 이러한 요소들은 상호의존적이고 보완적 성격을 갖고 있기 때문에 현대적 의미의 시민사회가 성공적으로 작동하는 필요 및 충분조건이 될 수 있다. 이런 관점에서 시버스는 시민사회를 "가정, 국가 그리고 시장

---

24)   Bruce Sievers(2010), 『Civil Society, Philanthropy, and the Fate of the Commons』, Tufts University Press

밖에 존재하면서 사람들이 건전한 시민정신을 바탕으로 자발적으로 공동의 이익을 추구하는 활동장소"로 정의하고 있다.

시민사회의 발전은 자유민주주의의 발전과 밀접한 관계가 있다. 그 이유는 다양한 이해관계가 조정되는 민주주의는 시민사회의 자유롭고 확고한 행동이 있어야 가능하기 때문이다. 또한 시민사회가 존재하고 발전하려면 다양한 의견을 존중하는 관용적 사회 분위기가 필요하고, 개인의 자유로운 활동을 보장해주는 재산과 계약을 보호해야 하며, 정부나 개인의 행동을 규제하는 법치주의가 확립되어야 한다. 더 나아가 개인의 이익 추구와 공공의 안녕 간 균형을 잡는 시민사회의 기능이 약화된다면 자유민주주의는 어려움에 처할 수밖에 없기 때문에 자유민주주의와 시민사회는 마치 동전의 양면과 같다고도 할 수 있다.

역사적으로 시민사회는 자유민주주의 발전과 밀접한 관계를 갖고 성장하였으나, 1980년대 이후 복지국가 모델이 경제적 어려움에 봉착하면서 복지국가에서 정부의 역할을 부분적으로 대체하는 세력으로서의 시민사회 역할이 새롭게 부각되고 있다. 예를 들어, 1997년 집권한 영국의 블레어(Blair) 사회당 정부는 '제3의 길'을 새로운 국정목표로 제시하면서 시민사회 활성화를 통한 상리공생 사회 분위기를 조성하는 데 주력하였다. 정부활동의 '제1섹터'와 기업활동의 '제2섹터'와 분리하여 시민사회의 활동영역을 '제3섹터'로 규정하면서 제3섹터의 경제활동 영역인 사회적 경제의 중요성을 강조하였다. 2007년에는 총리실 산하에 '제3섹터청'을 설치하고, 제3섹터의 활성화를 위한 각종 지원정책을 관장토록 하였다.

2000년 출범한 캐머런(Cameron) 보수당 정부는 '제3섹터청'의 명칭을 아예 '시민사회청'으로 바꾸고, 시민사회 육성을 위한 정부 차원의 대책을 더욱 강화하고 있다. 캐머런 정부는 국정목표를 사회당의 '큰 정부'에 대칭되는 개념으로 '큰 사회(Big Society)'로 정하고, 작은 정부와 동시에 시민사회의 역할을 강조하고 있다. 영국의 보수당 정권은 사회당 정권이 표방한 '제3의 길'이 제시한 계약주의(contractualism)의 한계를 비판하면서 시민사회의 도덕성과 시민정신 회복의 중요성을 강조하고 있다. 캐머런 정부는 '큰 사회' 어젠더로 ① 지역사회에 권한 이양, ② 시민의 적극적 공동체 참여, ③ 중앙정부 권한의 지방 이전, ④ 협동조합 · 상호회사 · 자선기관 · 사회적 기업에 대한 지원, 그리고 ⑤ 개방되고 투명한 정부 등을 설정하고 있다.

공리공생의 사회 분위기 조성을 위해서는 시민사회의 역할이 매우 중요하다. 시민사회는 대체로 가정, 국가, 기업 이외의 영역에서 활동하는 각종 단체들을 의미하는데, 세계은행[25]은 시민사회를 "윤리적, 문화적, 정치적, 과학적, 종교적 또는 자선적 고려에 의해 사회적 이해 또는 가치를 대변하는 공공적 역할을 담당하는 비정부 또는 비영리단체"로 정의하고 있다.

시민단체의 형태로는 비정부단체(NGO), 각종 온라인 단체, 단체행동을 유발하는 각종 운동, 종교적 단체, 노동 관련 단체, 지역의 자생조직, 그리고 협동조합 등이 있다. 최근 온라인 활동이 활성화되면서 시민단체의 영향력이 급증하고 있고, 시민단체의 수도 빠른 속도로 증가하고 있다. 예를 들어, 세계적으로 NGO의 수는 1990년 약 6천 개에서 2012년에는 6만 5천 개로 급증한 것으로 집계[26]되고 있다.

시민사회의 역할 역시 점차 확대되고 있는데, 대체로 다음의 열 가지

25) World Bank(2007), 『Civil Society and Peacebuilding: Potential ,Limitations and Critical Factors』

26) World Economic Forum(2013), 『The Future Role of Civil Society』

로 분류할 수 있다.[27]

　① 감시자(watchdog) : 사회적 기관들이 사회적 규범을 준수하는지 감시

　② 옹호자(advocate) : 사회적 문제를 제기하고 변화 촉구

　③ 서비스 제공자(service provider) : 교육, 보건 등의 분야에서 사회적 욕
　　구 충족을 위한 서비스 제공

　④ 전문가(expert) : 정책개발에 필요한 지식과 경험 제공

　⑤ 능력 배양자(capacity builder) : 교육, 훈련 등 능력 배양 기능 수행

　⑥ 보육자(incubator) : 장기적 보육이 필요한 분야에서 해결책 제시

　⑦ 대변자(representative) : 약자와 취약계층의 대변자 기능 수행

　⑧ 권리옹호자(citizenship champion) : 시민의 권리를 옹호하는 행동 권장

　⑨ 연대의식 지원자(solidarity supporter) : 기본적이고 보편적 가치의 촉진

　⑩ 기준 설정자(definer of standards) : 시장과 정부 행위의 기준 설정

세계 각국과 국제기구들은 각종 사회문제의 해결을 위해 영향력이 증가하고 있는 시민사회를 적극 활용하고 있다. 예를 들어, 세계은행은 2007~2009년 기간에 추진한 각종 프로젝트 중 70%에 시민사회를 참가시켰다. 한국에서도 시민사회에 대한 정부 차원의 재정적 지원이 이루어지고 있으나, 중간지원기구를 통하지 않고 정부가 직접 관장한다는 특징이 있다.

---

27)　World Economic Forum(2013), 전게서

시민정신의 함양

자유민주주의 발전의 필수요건인 시민사회의 발전을 위해서는 건전한 시민정신의 함양이 필요하다. 여러 형태로 표출되고 있는 시민정신(civility)은 측정이 가능하며, 다양한 방법을 통해 후천적으로 함양될 수 있다는 것이 전문가들의 공통된 견해이다. 영국의 영재단(Young Foundation)[28]은 시민정신을 다음의 네 가지 형태로 분류하고 있다.

① 피상적·내면적 행동: 이웃에게 인사 및 미소 짓기
② 피상적·외형적 행동: 비공개적 관계에서의 존경 표시, 가정에서의 친절
③ 본질적·내면적 행동: 공개적 자선활동, 자원봉사 활동, 박애적 행위
④ 본질적·외형적 행동: 사랑, 익명의 자선활동, 개인적 동경, 일상적 봉사활동

가장 기본적이고 가시적 차원에서 시민정신은 시민으로서의 기본적 규범을 준수하고, 잘 모르는 이웃에 대해서도 인사와 미소를 나누면서 우호적 관계를 유지하는 것으로 표현된다. 이러한 행동이 한 단계 더 발전하게 되면, 외부에 잘 나타나지 않는 상황에서도 잘 모르는 이웃에게 존경을 나타내고 가정에서의 일상적 생활에서 예의와 친절이 생활화된다. 이러한 시민정신의 특성은 근본적이고 내면적 측면에서 사랑과 박애정신 등으로

---

28) Griffith, Norman, O'Sullivan & Ali(2011), 『Charm Offensive: Cultivating Civility in 21st Century Britain』, The Young Foundation

표현할 수 있는데, 이러한 특성 역시 가시적으로 나타나는 경우와 그렇지 않은 경우로 구분할 수 있다. 전자는 공개적 기부행위나 자원봉사활동이고, 후자는 익명의 기부행위나 외부에 드러나지 않는 일상적 봉사활동의 형태로 표출된다.

사랑을 인간의 가장 기본적 본성으로 인식한 에리히 프롬(Eric Fromm)[29]은 "대다수의 사람들은 사랑을 단순히 즐거운 감정으로만 생각하여 사랑을 능력의 문제가 아니라 대상의 문제로 착각하고 있기 때문에 사랑에 대하여 배우려고 하지 않는다. 그러나 이는 잘못된 생각이며 사랑 역시 삶에서 다른 것과 마찬가지로 이론과 실천하는 방법을 배워야 한다."고 주장하였다. 사랑은 동료와 분리하는 벽을 허물어버리는 힘이기 때문에 시민정신의 가장 기본요소가 바로 사랑이다. 시민정신의 함양을 위해서는 시민 모두가 사랑하기를 부단히 노력해야 하는데, 이를 위한 필수요건으로 프롬(Fromm)은 훈련, 정신집중, 인내 등을 지적하고 있다.

도산(島山) 안창호[30] 역시 리더십의 가장 기본적 요소로 "자신을 사랑하고, 자신을 사랑하는 것과 같이 남을 사랑하라"는 의미의 애기애타(愛己愛他) 정신을 강조하였다. 안창호 역시 프롬과 마찬가지로 서로 사랑하기를 부단히 훈련함으로써 애기애타 정신을 키울 수 있음을 강조하면서 "서로 정(情)을 주고받기를 부단히 훈련하라"는 의미의 정의돈수(情誼敦修)를 강조하였다. "아니 솟던 샘도 파면 솟는 일이 많습니다. 조금 파면 아니 솟던 것이 깊이 파면 솟는 일도 있습니다. 그것이 사랑 공부요, 사랑을 공부함으로 사랑하는 마음을 기를 수 있습니다."라고 안창호는 홍사단 단원들에게 연설하였다.

---

29) Eric Fromm(1956), 『The Art of Loving』, HarperCollins Publishers

30) 서상목 · 안문혜(2010), 전게서

안창호를 가장 가까운 거리에서 모셨고 가장 존경한 춘원(春園) 이광수[31]는 "부부 간의 복락을 결정하는 것이 사랑인 것 같이, 한 단체나 한 민족의 번창을 초래하는 것이 사랑인 것과 같이, 세계 평화의 원인이요 유일한 원인은 오직 사랑이다."라고 도산 안창호 전기에서 기술하고 있다. 세상의 모든 진실에는 메아리가 있다. 마찬가지로 사랑에도 메아리가 있다. 우리가 남에게 사랑을 주면 그것은 다시 사랑이라는 메아리가 되어 우리에게 다시 돌아온다. 이것이 바로 사랑의 선순환(善循環)이며, 사랑이 시민정신의 가장 기본적 요소로 인식되는 이유이다.

시민정신의 기본인 사랑하는 능력을 키우기 위해서는 공감능력(empathy)을 개발해야 한다는 것이 심리학자들의 공통된 견해이다. 공감능력은 만 2세 유아기부터 개발되기 시작하여 7~12세에 이르러서는 타인의 고통을 느낄 수 있는 능력을 갖게 된다고 한다.[32] 또한 사람이 다른 사람의 고통을 인지한다는 사실은 신경의학적으로도 입증된 바 있다.[33]

이와 같이 공감능력이 인간 본성의 기본을 이루고 있다는 사실은 "이기적 유전자로 구성된 인간은 생존과 자신의 성공을 위해 이기적이고, 물질주의적이며, 공격적"이라는 기존의 생각[34]과 대조를 이룬다. 또한, 위대한 리더가 되려면 이기적이고 공격적인 자질을 넘어서 부하나 타인과의 공감능력이 뛰어나야 한다는 사실이 경영리더십 전문가들에 의해 지적되면서[35] 공감능력을 키우는 일은 '성공의 비결'로도 새롭게 인식되고 있다.

---

31) 이광수(1947), 『도산 안창호』, 도산안창호기념사업회

32) Decety, Michalska & Akitsuki(2008), "Who Caused the Pain: An fMRI Investigation of Empathy and Intentionality in Children", Neuropsychologia Vo. 46

33) Preston & Frans de Waal(2002), "Empathy: Its Ultimate and Proximate Bases", Behavioral and Brain Sciences, Vol. 25

34) Richard Dawkins(1989), 『The Selfish Gene』, Oxford University Press

35) Jim Collins(2001), 『Good to Great: Why Some Companies Make the Leap and Others Don't』,

팻나이크(Patnaik)[36]는 공감능력의 결여는 현대 기업경영의 가장 큰 문제라고 지적하고, 고객과의 공감능력을 키우는 것이 성공적 경영의 비결임을 강조하고 있다. 또한, 공감능력은 교육을 통해 개발할 수 있다는 인식을 바탕으로 감성지수(EQ: Emotional Quotient 또는 Empathy Quotient)를 높이는 다양한 교육방법이 개발되고 있다.[37]

더 나아가 리프킨(Rifkin)[38]은 "인간이 기본적으로 이기적 동물이 아니라 공감능력의 소유자"라는 사실을 바탕으로 21세기는 이성의 시대를 넘어 공감의 시대가 될 것이라고 주장하고, 공감의 문화를 통해 에너지 자원의 고갈을 극복하면서 지속 가능한 경제발전을 이루는 '제3의 산업혁명'이 일어날 것이라는 전망을 하고 있다.

이와 같이 시민정신의 기본이 사랑, 더 나아가 공감능력이라는 것과 공감능력은 후천적으로 교육과 훈련을 통해 제고될 수 있다는 사실을 감안할 때, 시민정신의 함양은 시민의 기본적 가치관 배양을 통해서만 이루어질 수 있다는 결론에 도달하게 된다. 시민정신과 국민의 기본적 가치관에 관한 각종 여론조사와 실증적 연구가 진행되고 있는데, 이들 결과는 건전한 시민정신이라는 측면에서 한국인의 가치관은 많은 문제가 있는 것으로 나타나고 있다.

우선, 한국인은 다른 사회구성원을 신뢰하지 않는다. 세계가치관조사에 의하면, 한국인 10명 중 3명만이 다른 사람을 믿을 수 있고, 나머지

Grimm-Young Publishers

36)   Dev Patnaik(2009), 『Wired to Care: How Companies Prosper When They Create Widespread Empathy』, FT Press

37)   Daniel Goleman(2002), 『The Primal Leadership』, Brockman Inc.

38)   Jeremy Rifkin(2009), 『The Empathic Civiligation: The Rae to Global Consciousness in a World in Crisis』, Penguin

는 조심해야 한다고 답했는데, 한국의 사회신뢰도 30%는 유럽 선진국의 사회신뢰도 70%에 절반도 안 되는 수준이다. 또한 외국인 노동자 또는 이민자를 이웃으로 삼고 싶다는 응답자 비율에서도 한국은 59%로 조사대상 33개국 중 31번째로 최하위이다. 타인을 신뢰하지 않고 자신과 문화가 다른 외국인을 수용하기 어렵다는 사실은 한국인의 시민의식이 아직 매우 후진적이라는 사실을 여실히 보여주고 있다고 할 수 있다.

더 나아가 한국인의 75%는 경제안정을 가장 중요한 가치관으로 인식하고 있고, 스스로 물질주의자라고 응답한 비율이 54%에 달해 한국인은 세계에서 가장 물질주의적 국민으로 조사되고 있다. 예를 들어, 영국은 경제안정을 중요시하는 비율이 30%, 그리고 물질주의자라고 응답한 경우가 25%에 불과하였다. 또한, 한국인의 행복도는 조사대상 34개국 중 28위로 매우 낮은 수준을 나타내고 있다. 한국인이 행복하지 않다는 것은 한국인의 자살률이 세계에서 가장 높다는 사실로도 확인할 수 있다. 한국인이 물질과 경제적 안정에 가장 높은 우선순위를 두고, 한국경제는 세계로부터 부러움의 대상이 되고 있음에도 삶에 대한 만족도가 낮고 자살률이 높다는 사실은 한국인의 가치관에 큰 문제가 있다고 할 수밖에 없다.

한국인의 가치관과 시민의식에 심각한 문제가 있는 것은 자유민주주의의 역사가 일천한 상황에서 짧은 기간에 급속한 경제발전을 이룩한 부작용이라고 할 수 있다. 서구 선진국들은 사랑을 강조하는 오랜 기간의 기독교 전통을 바탕으로 자유민주주의와 시장자본주의가 2~3세기에 걸쳐 점진적으로 발전하였으나, 한국은 계층의 차별과 예절과 법도를 강조하는 유교적 바탕에서 해방을 계기로 서구의 자유민주주의와 시장자본주의가 도입되었기 때문에 자유민주주의의 또 다른 측면인 시민정신 함양과 시민사회 발달의 역사 역시 짧을 수밖에 없다.

자본주의에 의한 경제발전 과정에서 경제적 능력이 사회적 계급형성의 새로운 기준으로 부상하게 되었고, 한국인의 가치관은 지나치게 물질적인 방향으로 흐르게 되었다. 이는 한국인의 삶에 대한 낮은 만족도, 높은 자살률, 세계 최저 수준의 출산율로 이어지고 있다. 또한 가치관의 혼란은 많은 한국인으로 하여금 타인을 신뢰하는 것은 자신에게 불이익을 초래할 수 있다는 불신풍조를 조성하였고, 외국인에 대한 포용의지도 낮은 결과를 가져오고 있다.

이러한 상황에서 건전한 시민의식의 함양이야말로 한국사회가 당면한 가장 시급한 현안이 아닐 수 없다. 그러나 건전한 시민의식과 가치관의 형성은 하루아침에 가능한 것이 아니고 장기간에 걸친 교육과 훈련을 통해서만 개선될 수 있는 일이다. 특히, 가치관에 대한 교육은 연령적으로 조기에 실시되어야 그 효과가 매우 크기 때문에 건전한 시민정신 함양을 위한 인성교육이 가정과 학교에서 좀 더 체계적으로 추진되어야 할 것이다. 이를 위해서는 현재 입시 위주의 학교 교과과정을 인성교육을 강화하는 방향으로 대폭 개선하고, 방과 후 교실, 지역아동센터 등에서 인성교육에 관한 프로그램을 활성화하는 방안 등이 적극적으로 마련되어야 한다.

시민사회의 육성

한국에서 시민사회의 시작은 근대사상이 태동한 구한말이라고 할 수 있으며, 일제 강점기 하에서도 독립운동의 형태로 시민사회가 발전하였다. 구한말의 근대화운동은 1876년 일본의 압력에 굴복하여 개항을 한 후 여러 형태로 진행되었다. 1884년 김옥균, 박영효 등의 개화당이 수구당을 몰아내고 개화정권을 수립하였으나 3일 만에 붕괴되었고, 1894년 6월 일본의 지원으로 시작된 김홍집 등에 의한 갑오개혁 역시 이듬해 민비가 일본에 의해 살해되는 을미사변이 일어나면서 국민의 저항에 부딪쳐 실패하고 만다.

대내적으로 개화파와 수구파 간의 갈등과 대외적으로 조선의 지배권을 둘러싼 일본과 청나라 간의 대립 등으로 어수선한 상황에서 1894년에는 전봉준의 동학교도와 농민들이 합세하여 일으킨 동학혁명이 발생하였고, 민비 살해와 단발령에 자극된 유생들이 중심이 된 의병활동도 시작되었다. 의병활동은 1905년 을사조약이 체결되는 것을 계기로 충청도 홍주성을 중심으로 다시 활성화되었고, 1907년 대한제국 정부군이 해산되면서 해산군인들이 대거 의병에 가담하여 그 규모가 1만 명까지 확대되기도 하였다.

비록 동학혁명과 의병활동 모두 당시 정부군과 일본군에 의해 진압되었으나, 일반 종교인, 농민, 유생들이 당시 사회적 현안에 대해 나름대로 확고한 신념을 갖고 조직적인 활동을 전개했다는 사실로 미루어 한국에서 시민사회는 조선말 개항과 개화시기에 태동되었다고 할 수 있다.

이 시기의 개혁활동 중 현대적 의미의 시민사회 활동과 가장 유사한 것은 1896년 설립된 독립협회를 중심으로 전개된 일련의 사회개혁활동이었다. 서재필, 이상재, 이승만 등이 중심이 된 독립협회는 토론회 개최 등을 통해 민중계몽 운동을 전개하였고, 정기적으로 독립신문을 발간하여 자신들의 생각과 활동을 국민 다수에게 알리는 노력도 전개하였다. 또한 독립문을 건립하여 민족계몽 운동의 상징으로 삼았고, 1898년에는 만민공동회를 개최하고 '시국에 대한 개혁안'을 고종에게 주청하여 긍정적 답을 얻어내기도 하였다.

이러한 독립협회의 활동은 결국 시대적 흐름을 바꾸지 못하고 실패하였지만, 시대적으로 앞서가는 생각을 대중에게 알리고 이를 국가정책에 반영시키려 했다는 점에서 독립협회는 한국에서 시민사회활동의 효시였다고 할 수 있다.

1910년 경술국치가 일어나 한국에서 일본의 탄압이 거세지면서 시민사회활동은 국내외로 분산되어 다양한 형태로 진행되었다. 의병활동과 계몽운동을 주도한 세력들은 국외에 독립운동 기지를 건설하면서 새로운 독립운동의 방안을 모색하였다. 이 중 가장 중요한 사건은 1919년 전국적으로 백만 명 이상이 일제 항의집회에 참여한 3·1운동이며, 이는 같은 해 6월 상해 임시정부의 출범과 만주지역에서 양성된 독립군들의 항일무장 투쟁으로 이어졌다. 국내에서는 노동운동, 농민운동, 학생운동 등이 조직적으로 일어났고, 사회주의, 공산주의, 무정부주의 등이 수용되면서 정치적 이념에 기초한 운동단체들도 결성되었다.

이는 독립운동을 주도하는 세력들이 다양해졌으며, 그만큼 독립운동의 기반이나 범위도 확대되었음을 의미한다. 독립운동이 시민의 자발적인 활동이라는 점에서 한국에서의 시민사회는 일제 강점기 하에서도 꾸준히 발전되어왔다고 할 수 있다.

독립운동을 시민사회활동 차원에서 가장 적극적으로 전개한 인물은 도산 안창호였다. 안창호는 조선이 일본에 나라를 빼앗긴 것은 조선이 힘이 없고 조선인의 주인의식 결여에 기인한다고 주장하고, 상해 임시정부 수립 등과 같은 정치활동과 동시에 각종 시민단체와 교육기관의 설립을 주도함으로써 인재양성과 민족계몽 활동을 활발히 전개하였다.

19세의 나이에 독립협회에 가입하여 만민공동회 관서지부를 발기하였고, 이듬해에는 쾌재정에서 만민공동회를 개최하고 연설하여 웅변가로서의 명성을 날리기도 하였다. 21세에는 평남 관서구에 점진학교를 설립하고 황무지 개간사업도 전개하였다. 24세에 도미하여 한인친목회를 결성하였고, 이는 1905년 공립협회, 1912년 대한인국민회로 발전하였다. 1907년에 귀국하여 비밀결사조직인 신민회를 창립하고, 그 산하에 청년학우회를 만들어 청년운동을 전개하였다. 1908년에는 윤치호와 함께 평양에 대성학교를 설립하여 독립에 대비한 인재양성을 본격적으로 시작하였다.

도산 안창호의 행보 중 시민사회와 관련하여 가장 의미 있는 활동은 1913년 인재양성기관이자 한국 최초의 NGO단체이며 지금까지도 활동하는 흥사단의 설립이었다. 안창호는 흥사단의 설립정신을 무실(務實), 역행(力行), 충의, 용감 등으로 정하고, 기러기와 선비정신을 흥사단이 지향하는 리더십의 표상으로 삼았다.

또한 안창호는 흥사단 간행물인 「동광」을 통해 무실, 역행, 주인의식, 정의돈수(情誼敦修) 등 자신의 리더십 사상을 정기적으로 기고하기도 하였다. 시민단체를 결성하고 이들이 추구해야 할 가치에 대해서도 지속적으로 새로운 아이디어를 제공한 안창호의 활동은 근대적 시민운동가의 표상이라고 할 수 있다.

1945년 해방과 더불어 북한은 소련군, 남한은 미군의 통치로 넘어가면서 한국에서의 시민사회는 좌우이념에 기초한 정치적 활동에 전념하게 된다. 북한에서는 김일성과 그의 동료들이 소련군의 적극적 지원으로 북조선임시인민위원회를 조직하여 공산주의적 개혁을 통한 통치기반을 공고히 한 반면, 남한에서는 미군정의 중립적 입장표명으로 인해 이승만, 김구, 여운형, 박헌영 등 정치명망가를 중심으로 한 정치활동이 산발적으로 이루어졌다.

미군정은 처음에는 중도파의 좌우합작 노선을 지지하였으나, 남한 정치의 주도권은 강력한 반공노선을 내세운 이승만 중심의 우파가 장악하였다. 남한에서 우익 정권의 수립이 확실시되자 좌파세력 중 박헌영 등 일부는 월북하였고, 나머지는 남한에 남아 1948년 4월 제주 4·3사건과 같은 해 10월 여수·순천사건 등을 주도하였다. 좌파의 노동운동과 농민운동 역시 불법화·지하조직화되었다.

이승만 정권이 확고한 반공정책 기조를 견지하였고, 이러한 정책기조가 4·19 직후 잠시 집권한 장면 정권은 물론 박정희 정권과 전두환 정권에서 그대로 유지됨으로써 진보성향의 시민사회 활동은 활성화되기 어려웠다. 특히 군사정부에서 정부에 대한 비판 자체가 허용되지 않는 분위기가 사회 전체로 확산되면서 시민사회의 활동은 크게 위축될 수밖에 없었다. 그러나 이러한 정치적 상황에서도 경제발전과 국민의식 수준의 향상으로 현대적 의미의 시민사회가 발전할 수 있는 토양은 지속적으로 개선되었다고 할 수 있다.

1987년 6·29 민주화 선언을 전환점으로 한국에서 민주화가 본격적으로 진행되면서 시민사회 역시 새로운 도약기를 맞게 되었다. 1987년 여성민우회, 1989년에는 경제정의실천협의회(경실련) 등의 NGO가 결성되었고, 1993년에 환경운동연합, 1994년에 참여연대와 녹색연합 등과 같은 시민단체가 만들어짐으로써 시민사회는 한국에서 정부와 기업에 이어 제3섹터로서의 큰 역할을 담당하게 되었다. 특히, 경실련은 많은 지식인들의 참여를 최대한 활용하여 사회적 의제를 개발하고 이에 대한 정책적 대안을 제시함으로써 NGO의 역할에 대해 국민적 인식을 새롭게 하는 계기를 마련해주었다.

민주화 이후 시민사회의 양적 성장에도 불구하고 전문가들은 한국의

시민사회가 다음과 같은 문제를 안고 있는 것으로 진단하고 있다.[39]

> ① 한국은 아직도 선진국에 비해 기부나 자선활동의 문화가 허약하기 때문에 한국 시민사회는 재정적으로는 물론 인적 자원 측면에서도 매우 취약하다.
> ② 한국의 시민사회는 시민의 참여가 매우 부족하여 소수의 전문가들이 주도하기 때문에 '시민 없는 시민사회'라는 비판을 받고 있다.
> ③ 한국의 시민사회는 중앙에 치중되어 있고 지방 기반이 매우 약하다.
> ④ 상당수의 시민단체는 조직운영이 민주적이지 않고 재정도 투명하게 공개되지 않아 민주성이 결여되어 있다.
> ⑤ 시민사회는 원래 다원적 가치를 지향하고 협력과 연대를 강조해야 하는데, 한국의 시민사회는 경직된 정치 이데올로기에 과도하게 집착하고 있다.

웰페어노믹스 관점에서 시민사회에 관심을 갖는 것은 시민사회가 공생발전의 생태계를 만드는 데 크게 기여할 수 있다고 믿기 때문이다. 이의 구현을 위한 첫 번째 과제는 많은 시민이 공생발전의 시민의식을 갖는 것이다. 그런데 우리 사회는 어려서부터 입시지옥이라는 치열한 경쟁을 치러야 하고, 졸업 후에는 직장과 사업장에서 치열한 국제경쟁을 겪는 과정에서 지나치게 이기적이고 물질적인 가치관을 가진 시민으로 구성되어가고 있다. 이를 개선하기 위해서는 가정과 학교는 물론 대중매체와 평생교육기관을 통한 새로운 시민교육이 체계적으로 전개되어야 한다.

공생발전 생태계 조성의 두 번째 과제는 시민단체가 보수와 진보의

---

39) 박상필 · 유용원(2012), 『한국 시민사회 프로젝트』, 한울

이데올로기 분쟁에서 벗어나 집단이기주의적 행동을 자제하는 전통을 새롭게 정착시키는 것이다. 이 역시 쉬운 일은 아니다. 민주화의 진전으로 독재와 민주세력 간의 갈등은 거의 사라졌으나, 대북 인식에 관한 차이는 아직도 보수와 진보의 골을 깊게 하는 원인으로 작용하고 있다. 세계적으로 공산주의가 거의 소멸되면서 이데올로기 갈등이 크게 약화되었으나, 한반도에는 아직도 도발적인 북한 정권의 존재로 냉전체제가 지속되고 있다. 그러나 이 문제 역시 북한의 실상을 정확히 파악하고 한국이 가야 할 방향에 대한 냉철한 분석이 이루어진다면 대북문제에 대한 남남갈등 역시 크게 해소될 수 있을 것이다.

셋째로, 시민사회가 주어진 시대적 과제를 제대로 감당하기 위해서는 시민사회 자체가 국민의 신뢰를 받아야 한다. 이를 위해서는 더욱 많은 지각 있는 시민이 시민사회 활동에 참여해야 하고, 시민단체의 운영 역시 보다 투명하고 민주적으로 이루어져야 할 것이다. 또한 시민사회의 구성원 모두가 사회의 다양성을 이해하고 차이에 대한 수용은 물론 사회적 약자에 대한 관용을 베푸는 자세를 가져야 한다. 이와 아울러 시민사회의 문호를 과감히 개방하여 젊은 세대를 포함한 새로운 참가자가 계속 유입되는 조직을 만들어가야 할 것이다.

넷째로, 이제까지 시민단체는 주로 정부나 기업의 잘못을 고발하는 감시자 역할을 담당하였으나, 이제는 시민사회가 정부는 물론 기업과 파트너십을 형성하여 환경, 빈곤 등 시대적 과제를 해결하는 과정에서 공동전선의 형성을 통해 공생발전 생태계를 구축하는 데 앞장서야 한다. 사회 각 분야에서 상당한 수준의 민주화가 이루어졌고, 정부행정 역시 과거 권위주의 시대에 비해서는 많이 개선되었기 때문에 정부와 시민사회가 서로 대립해야 할 이유가 별로 없다. 또한 기업 역시 사회적 책임을 의식하여 행동하는 것이 시대적 대세로 인식되고 있기 때문에 기업과 시민사회 역시 파트너십을 형성하여 공동의 관심사를 해결하는 새로운 전통을 만들어 갈 수 있을 것이다.

다섯째, 사회적 기업과 사회적 협동조합에 대한 지원을 강화함으로써 시민사회의 발전을 간접적으로 촉진할 수 있다. 민주화로 인해 한국에서 시민사회의 관심사가 점차 생활정치로 전환되고 있는 상황에서 사회적 기업과 사회적 협동조합의 육성은 시민사회의 발전으로 이어질 것이다. 실제로 과거에 민주화운동을 하던 활동가들이 1990년대 중반 이후 저소득층을 위한 자활사업이 활성화되면서 이 분야로 전환하였고, 이들의 상당수가 현재 사회적 기업이나 협동조합 활동을 전개하고 있다. 사회적 기업과 사회적 협동조합은 앞으로 생활정치의 중심적 역할을 담당할 것이고, 생활정치는 시민사회의 주된 임무가 될 가능성이 높다. 이를 위해서는 지역별로 사회적 기업과 사회적 협동조합 등 사회적 경제 부문을 지원하는 기관을 설치·운영하는 방안이 검토되어야 한다.

끝으로, 건전한 시민사회를 육성하기 위해 정부는 물론 기업 차원의 지원이 보다 강화되어야 할 것이다. 이를 위해서는 무엇보다 시민사회기금을 정부와 기업이 공동으로 출자하여 만들고, 이를 관리하는 독립재단을 운영하여 시민사회에 대한 지원이 정권의 정치적 성향과 관계없이 효율적으로 이루어지는 제도와 관행을 만들어가야 할 것이다. 또한 세계적으로 시민사회의 중요성이 부각되고 국제적 협력이 활성화되고 있는 상황에서 한국 시민사회의 국제적 활동 역시 크게 활성화되어야 한다.

경제적 복지,
지속 가능한 복지국가

1980년대 이후 선진국 경제가 대내외적으로 어려움에 처하게 되면서 종래의 서구 복지국가 모델은 이미 대대적인 수정의 길을 걷고 있다. 영국이 1990년대 중반부터 '제3의 길'과 '일하는 복지(welfare to work)'라는 정책노선을 채택하면서 선진국들은 앞 다투어 일자리복지 구현을 위한 정책적 노력을 경주하고 있다. 취약계층을 위한 맞춤형 일자리 사업들이 추진됨은 물론 이를 행정적으로 뒷받침할 수 있는 새로운 복지-고용 전달체계를 구축하는 작업에 많은 선진국들이 적극적으로 나서고 있다.

이에 더해, 사회혁신의 중요성이 부각되면서 혁신의 주체로서 사회적 기업가의 역할이 강조되고 있고, 이들의 활동을 뒷받침해주기 위한 사회금융시장의 육성·발전이 새로운 시대적 대세로 부상하고 있다. 영국은 2000년 사회금융시장 육성을 위한 특별위원회를 설치·운영하여 정부와 민간 부문이 공동의 노력을 경주하고 있고, 미국에서는 민간 차원의 사회적 벤처캐피털(Social Venture Capital) 활동이 활발히 전개되고 있다. 최근에는 공공사업의 사회적 성과를 제고하고 사회금융시장의 발전을 동시에 추구하는 차원에서 사회성과연동채권(SIB) 제도가 영국, 미국, 뉴질랜드 등에서 새롭게 추진되고 있다.

또한 사회복지 분야에서 기업경영의 원칙을 도입하려는 움직임이 가시화되고 있다. 복지사업과 여타 공공사업의 사회적 성과를 측정하고 이를 극대화하려는 노력이 경주되고 있으며, 이를 뒷받침하기 위해 신공공관리 이론이 공공행정의 중심으로 부상하고 있다. 경영평가제도가 도입되고, 서비스구매 계약제도가 활성화되고 있으며, 사회복지사업에서 재정, 고객관리, 내부관리 및 성장잠재력 등 여러 분야에서의 성과목표로 구성된 '균형성과표(Balanced Scorecard)'의 작성도 보편화되고 있다.

이와 같이 선진국들은 기존의 복지국가 모델을 단순한 합리화 또는 규모 축소 차원을 넘어 일자리복지, 혁신복지 그리고 복지경영 차원에서 근본적인 개혁을 추진하고 있는 데 반해, 최근 한국에서의 복지 논쟁은 무상급식, 무상보육, 반값 대학등록금 등 선거에서 유권자들의 표를 얻기 위한 수단으로 전개되고 있다. 대내외 경제여건이 어려운 상황에서 복지정책의 포퓰리즘적 접근은 한국 자본주의의 앞날을 매우 어둡게 하는 요인이 되고 있다.

따라서 이 책에서는 한국에서 일자리복지, 혁신복지 그리고 복지경영 개념을 어떻게 구현할 수 있을지에 대한 논의에 초점을 맞추고자 한다. 부자에게서 세금을 더 거두어 취약계층에게 나누어주는 것이 복지라는 전통적 사고에서 벗어나 복지가 취약계층의 고용활동을 통해 경제성장에 기여함은 물론, 사회적 기업가들의 활발한 활동을 통해 사회혁신의 원동력이 되며, 각종 경영기법을 활용하여 가장 효율적으로 사회적 성과를 만들어내는 창조적이고 지속 가능한 새로운 성장동력이라는 것과 이에 기반을 둔 복지국가의 청사진을 제시하고자 한다.

16장

일자리복지 기반 구축

일자리복지(workfare)와 제3의 길

빈곤층에게 최소 수준의 소득을 보장하는 공공부조, 일자리를 잃거나 고령으로 은퇴해도 평상시 소득의 70% 이상을 보전해주는 실업보험과 노령연금, 아플 때 의료비의 70% 이상을 부담해주는 의료보장 등을 골자로 하는 서구의 복지국가 모델이 재정적 위기에 처하면서 '일자리가 최상의 복지'라는 인식을 바탕으로 고용과 복지를 연계해보려는 시도가 1990년대 중반 영국과 미국에서 시작된 후, 지금은 거의 모든 복지선진국으로 확산되고 있다.

일자리복지(workfare)는 대다수 복지선진국에서 복지혜택이 너무 후하기 때문에 일을 하려고 하지 않고 실업수당 또는 공공부조만으로 생계를 유지하려고 한다는 비판에서 비롯되었다. 영국에서 1980년대 중반 실업자와 취업자의 실질소득을 분석한 연구결과에 의하면 실업수당과 각종 복지수당을 포함하는 경우 실질소득 측면에서 취업자가 실업자보다 더 나을 것이 없다는 연구결과가 발표됨으로써 사회적으로 큰 충격을

〈취업자와 실업자의 월평균 실질소득 비교〉

(영국의 경우)

구분	실업자 A	취업자 B	취업자 C
고용총소득	–	80.00	100.00
실업수당	46.00	–	–
보충수당	8.45	–	–
육아수당	13.70	13.70	13.70
주택수당	22.95	14.69	11.17
가족수당	–	10.00	–
무료학교급식비	2.60	2.60	–
무료우유제공	1.54	1.54	–
세금, 사회보험	–	−13.00	−20.80
기타	–	−5.65	−5.65
순소득	95.44파운드	103.88파운드	98.42파운드

자료: T. Buxton(1985), Work Traps and Poverty Traps

주었다. 이는 결국 영국 정부가 실업수당을 받으려면 일자리를 얻기 위한 노력을 의무적으로 해야 하는 방향으로 복지정책을 전환하는 계기가 되었다.

복지와 고용을 연계하려는 시도는 1997년 집권한 블레어 노동당 정부가 워크페어(workfare 또는 welfare to work) 프로그램을 추진하면서 세계적으로 관심의 대상이 되었고, 그 후 많은 선진국에서 복지국가 개혁의 기본수단으로 활용되고 있다.

신자유주의 경제관인 대처리즘(Thatcherism)을 내세운 보수당의 17년 장기집권 후 정권을 잡은 노동당 정부는 복지국가의 기본 틀은 유지하면서 경제성장을 동시에 촉진할 수 있는 대안을 마련해야 하는 정치적 상황에 직면하게 되었는데, 그 대안이 바로 워크페어였다. 워크페어는 일할 수 있는 사람에게는 일하게 하고, 일할 능력이 없는 사람에게는 사회보장을 통해 기본생계를 유지하게 하는 것으로, 블레어 정부는 이를 '복지를 위한 새로운 계약(A New Contract for Welfare)'이라고 불렀다.

워크페어는 다음과 같은 관점에서 기존의 복지 패러다임과 대비된다.[1]

① 수요 중심의 복지공여에서 공급 중심의 복지공여로 전환한다.
② 사후적 복지보다는 사전적 복지를 강조한다.
③ 수동적 복지를 적극적 복지로 전환한다.
④ 권리보다는 조건 부과를 통한 개인의 책임성을 강조한다.
⑤ 위계적 조직보다는 네트워크의 활용을 통한 효율성 제고를 강조한다.
⑥ 복지다원화와 동시에 실용주의를 추구한다.

블레어 정부는 워크페어의 일환으로 취약계층별 일자리 뉴딜사업[2]을 전개하였다. 이 중 핵심이 청년뉴딜사업으로, 18~24세 청년들 중 6개월 이상 구직자수당을 받은 청년실직자를 대상으로 대대적인 일자리 사업을 전개하였다. 실직자는 직업상담사의 도움으로 6개월간 새로운 직장을 구하거나 이에 필요한 교육훈련을 받아야 하며, 첫 단계에서 직장을 찾지 못한 경우에는 또 한 차례의 구직 및 교육훈련 과정을 거치게 된다. 청년뉴딜은 청년실직자의 개별상황 및 경험 등을 고려하여 맞춤형

---

1) Jane Lewis and Rebecca Surender, ed.(2004), 『Welfare State Change: Towards a Third Way』, Oxford University Press

2) 최영준 외(2012), 『주요국의 사회보장제도: 영국』, 한국보건사회연구원

구직서비스를 제공한다는 특징을 갖고 있다.

청년뉴딜사업 이외에도 한부모가정을 위한 한부모 뉴딜사업, 장애인을 위한 장애인 뉴딜사업, 그리고 장기실업자를 위한 장기실직자 뉴딜사업 등을 추진하였다. 일자리뉴딜의 또 하나의 특징은 전달체계가 지역별로 특화되어 있고, 민간 부문과의 협력체계가 구축되었다는 것이다. 이를 위해 전국에 직업센터플러스를 설치 · 운영하고 있다.

그 결과 일자리뉴딜은 많은 실업자들을 노동시장으로의 편입시킴으로써 실직자의 복지 의존을 완화하는 데 크게 기여하였다는 평가를 받고 있다. 예를 들어, 영국 정부는 2001년 말까지 다양한 뉴딜 프로그램을 통해 약 50만 명이 새로운 일자리를 얻었으며, 이 중 80% 이상이 13주 이상 근무한 것으로 집계되고 있다. 또한 뉴딜사업은 청년장기실업자 수를 40% 축소시키는 결과를 가져왔다.

블레어 정부는 취업자를 위한 각종 소득공제 프로그램을 강화하여 노동을 통한 급여가 실업수당보다 유리하도록 하였다. 이와 아울러 블레어 정부는 공적연금과 사연금 간 파트너십 형성을 위해 대대적인 연금개혁을 추진하였다. '저축하기 위해 일하고, 퇴직에 대비하기 위해 저축해야 한다.'는 원칙에 입각하여 공적연금을 60세 이상의 노인에게 최소 소득을 보장하는 기초연금과 퇴직에 대비하여 저축한 65세 노인에게 지급하는 비례연금으로 이원화하였다. 이에 더해, 기업연금과 개인연금제도를 강화하여 노후생계보장의 최후 보루로 발전시키고 있다.

이러한 블레어 정부의 복지개혁 시도는 앤서니 기든스(Anthony Giddens)[3]의 『제3의 길』에 이론적 기반을 두고 있다. '제3의 길'은 좌우 이념대립을 넘어 세계화, 생태주의, 시민사회의 변화 등에 적용할 수 있는

---

3) 　　Anthony Giddens(1998), 『The Third Way: The Renewal of Social Democracy』, Cambridge

새로운 이념을 구축한다는 차원에서 제시되었으며, 복지를 소비적 성격의 최소 소득 보장이라는 소극적 차원에서 벗어나 일자리를 통해 새로운 성장동력을 만들어내는 사회투자로 인식한다는 점에서 발상의 대전환이라고 할 수 있다.

제3의 길은 기본가치로 다음의 세 가지를 강조하고 있다:[4] ① 기회: 모든 사람에게 자기계발과 경제적 발전에 필요한 기회를 제공한다, ② 책임: 복지수혜자들은 자신이 할 수 있는 범위 내에서 책임을 다해야 한다, ③ 공동체: 기회균등과 시민으로서의 책임이 공존하는 사회로서 공동체는 기회와 책임의 결과이자 수단이 되기도 한다.

또한, '제3의 길'은 다음의 네 가지를 주요 정책수단으로 활용한다: ① 기회를 활용할 수 있는 능력향상을 위한 투자: 기회균등을 통한 형평성을 제고한다, ② 조건부 복지: 근로능력이 있는 복지수혜자는 반드시

〈제3의 길과 기존의 좌우 이념 비교〉

차원	구(舊)좌파	제3의 길	신(新)우파
접근방법	평등론자	투자자	탈규제자
결과	평등	포용(inclusion)	불평등
시민권	권리	권리와 책임	책임
복지의 주체	국가	공공/민간, 시민단체	민간
방식	명령과 통제	협력/파트너십	경쟁
책임주체	중앙정부/하향식/전국	혼합(중앙정부–시장)	시장/상향식/지방
사회지출	높음	실용적	낮음

자료: Powel(2000), "New Labor and the Third Way in the British Welfare State", Critical Social Policy

---

4)　　Jane Lewis & Rebecca Surrender(2004), 전게서

취업을 위한 교육 및 훈련을 받아야 한다, ③ 공공서비스의 재설계: 공공서비스의 효율성 제고를 위해 민간위탁을 포함한 다양한 방법을 모색한다, ④ 시민사회 활성화를 통한 상리공생(相利共生) 사회 분위기 조성: 제3섹터와 사회적 경제의 중요성을 부각시키고 이를 집중적으로 육성한다.

미국의 일자리복지 개혁

미국에서 일자리복지를 위한 개혁은 클린턴 정부에서 1996년 '개인책임 및 노동기회 조화법(Personal Responsibility and Work Opportunity Reconciliation Act)'의 제정을 통해 구현되었다. 1996년 복지개혁법은 법 명칭을 통해서도 분명히 알 수 있듯이 복지수혜자 개인의 책임과 일할 기회를 강조하고 있으며, 개혁의 핵심대상은 저소득층을 위한 공공부조사업이었다.

역대 정부에서 공공부조사업을 개혁하려는 시도가 여러 번 있었으나 모두 실패하였는데, 그 이유는 개혁 내용에 대해 진보성향의 민주당과 보수성향의 공화당이 합의하지 못했기 때문이다. 그러나 1996년 미국의 복지개혁은 클린턴 행정부가 당시 의회의 다수당인 공화당 안을 약간 수정하여 받아들임으로써 성사되었다. 영국의 워크페어 사업은 보수당이 아닌 사회당이 추진하였다는 점이 특징인 반면, 미국의 1996년 복지개혁은 보수와 진보세력의 합작품이었다는 점에서 나름대로 큰 의의가 있다고 할 수 있다.

미국에서 근로가 가능한 빈곤층에 대한 구제는 언제나 정치사회적 갈등을 야기하는 정책과제이다. 빈곤구제는 대공황을 전환점으로 민간책임에서 지방정부 책임으로 옮겨졌고, 1960년대 이후에는 중앙정부 책임으로 확대되었다. 그러나 1980년 레이건 정부가 출범하면서 빈곤구제 부문에서 주정부의 역할을 강화한 바 있다.

1996년 복지개혁에서는 빈곤가구를 위한 핵심적 구호사업인 AFDC(Aid to Family with Dependent Children)를 TANF(Temporary Assistance for Needy Families)로 전환하면서 다음과 같은 개혁조치가 취해졌다: ① 개인에게 제공되었던 현금급여 수급권 폐지, ② 연방정부가 주정부에 포괄보조금(Block Grant)을 제공함으로써 지방정부의 재량권과 책임의무 강화, ③ 수급기간을 최대 60개월로 제한, ④ 근로요건 부과, ⑤ 근로 의무를 이행하지 않는 경우 제재조항 부과.

1996년 복지개혁의 결과에 대해서는 아직도 많은 논란이 있는 것이 사실이다. 긍정적 측면에서는 제도의 남용사례가 많이 줄었고, 수급자들의 노동시장 참여가 확대되었으며, 상당한 예산 절감이 이루어졌다는 것이다. 예를 들어, 1996~1999년 기간 중 편모가정의 빈곤율은 36.5%에서 30.4%로 감소하였고, 아동빈곤율 역시 20%에서 17%로 감소하였는데, 이는 수혜자의 상당수가 일자리를 얻었기 때문이다.

반면, 권한이 확대된 지방정부가 예산을 절감하기 위해 효과적인 취업 프로그램을 운영하기보다 취약계층에 대한 지원만 축소함으로써 이들의 복지문제가 심각해졌다는 비판이 있는 것도 사실이다. 1996년 TANF를 도입한 후 2008년까지 현금보조를 받는 집단의 비율이 62%에서 27%로 급락하였으며, 33%의 빈곤가정이 직업도 없으면서 현금보조도 받지 못하는 것으로 나타났다.[5]

일자리복지 분야에서 미국 정책의 특징은 조세제도를 활용하고 있

---

5) John Handler(2004), 『Social Citizenship and Workfare in the United States and Western Europe: The Paradox of Inclusion』, Cambridge University Press

다는 것이다. 우선 근로기회세액공제(WOTC: Work Opportunity Tax Credit) 프로그램은 법에서 정해놓은 9개의 취약계층을 새로 고용한 경우 사용자에게 보조금을 지원해주는 고용보조금 제도이다. 이 제도의 시행 첫 해인 1996년에는 12만 6천 건의 세액공제가 있었으나, 그 후 계속 증가하여 2010년에는 85만 건에 이르고 있다. 보조금 수준은 최대 연 6천 달러 임금 한도 내에서 근로 시간에 따라 25~40%를 지원하고 있다.

일정 수준 이하의 근로빈곤층을 대상으로 소득세 공제 혜택을 제공하는 근로장려세제(EITC: Earned Income Tax Credit)는 1975년에 입법화된 후 1990년대 클린턴 행정부에서 그 적용대상과 지급기준이 크게 확대되었다. 근로장려세제는 일을 통해 소득을 올리는 사람에게만 지원되기 때문에 소득재분배의 역할과 동시에 취업에 따른 인센티브를 강조한다는 점에서 일자리복지 정책의 취지에 충실한 사업이라고 할 수 있다.

이 제도가 처음 도입된 1975년에는 620만 명에게 125억 달러

〈GDP 대비 적극적 노동시장정책 지출 비교〉

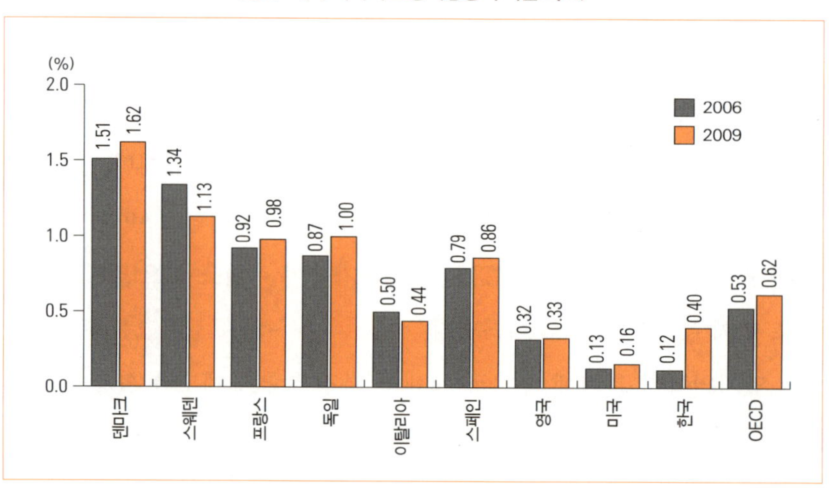

자료: OECD, OECD Employment Outlook, 2011

의 세금을 감면해주었으나, 1999년에는 1,900만 명에게 310억 달러, 2004년에는 440억 달러로 그 규모가 확대되었다. 공제액의 산출방법은 하위소득 구간에서는 감면액의 크기가 소득 증가에 따라 커지다가 상위소득 구간에서는 감면액이 감소되는 특징을 갖고 있어 저소득층일수록 취업에 대한 인센티브가 상대적으로 크도록 설계되었다.

근로장려세제(EITC)가 근로빈곤층에 대한 소득지원을 통해 이들의 근로를 유도하는 반면, 근로기회세액공제(WOTC)는 사업자가 취약계층을 보다 많이 고용하도록 지원하는 제도이기 때문에 두 제도는 상호보완적 역할을 수행한다고 할 수 있다. 그러나 미국의 적극적 노동시장 정책의 비중은 다른 선진국들에 비해 상대적으로 낮은 편이다. 이는 미국이 노동시장 분야에서도 정부 개입보다는 시장자율에 맡기는 전통을 갖고 있기 때문이다.

네덜란드의 유연안전성(flexicurity) 정책

네덜란드는 고용과 복지의 연계를 통한 일자리복지를 가장 잘하고 있는 나라로 평가되고 있다. 유연안전성 정책은 노동시장의 유연성은 높이되 그로 인해 발생하는 소득의 감소나 실업 등에 대해서는 사회안전망과 근로복귀 지원제도 등으로 보완하는 것을 의미하는데, 네덜란드는 덴마크와 함께 고용 분야에서 유연안전성(flexicurity) 정책을 펼치는 대표적인 국가로 알려져 있다.

네덜란드에서는 고용과 복지의 연계를 위해 사회고용부가 고용업무와 복지업무를 통합적으로 관리하고 있다. 사회보장체계의 영역별로 관

〈네덜란드의 고용 및 복지 관리체계〉

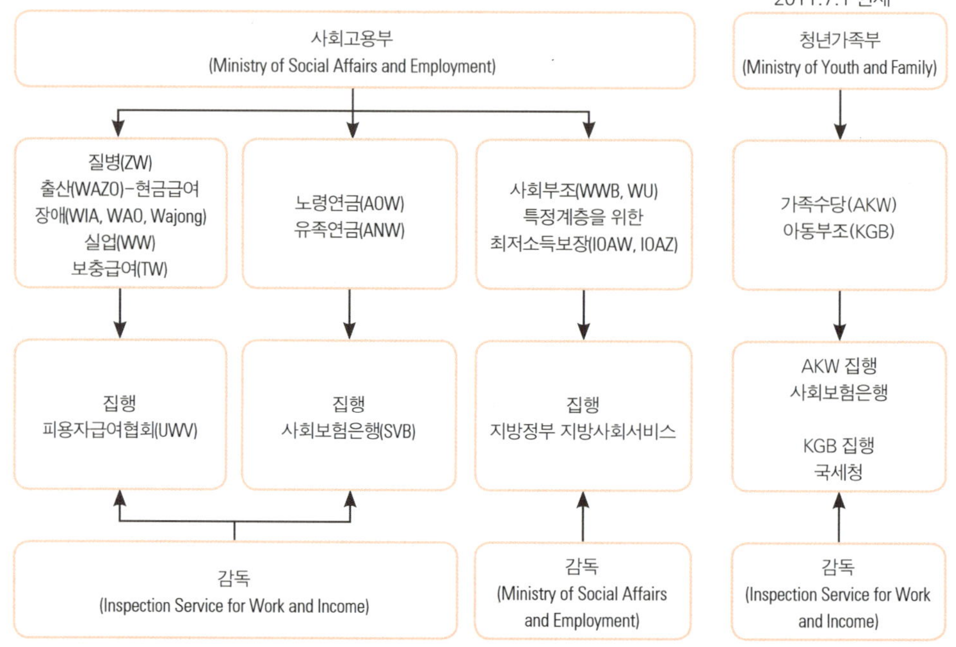

자료: 정홍원 외(2012), 「주요국의 사회보장제도: 네덜란드」, 한국보건사회연구원

리체계가 단순화된 구조로 이루어져 있고 역할분담 역시 명확하다. 사회보장급여와 고용지원서비스가 통합적으로 이루어지며, 관련기관 간 긴밀한 업무연계도 구축되어 있다. 또한 2012년 1월 이후 기존의 노동감독기관, 공공부조 관리감독기구 그리고 사회고용부 관리감독 부서도 통합하여 운영하고 있다.

네덜란드 고용정책의 핵심은 일할 능력이 있는 사람은 최대한 일할 수 있는 여건을 마련하여 복지급여에 대한 의존성을 최소화하는 것으로,

이는 취약계층에게도 그대로 적용된다. 취약계층별로 특성화된 고용연계 교육프로그램을 개발하여 제공하고, 그래도 취업이 안 되는 경우에는 실업부조급여를 지급한다. 일반근로자에 대한 고용정책은 고용보험의 틀 내에서 수급요건이 크게 강화되어 있다. 개인별 맞춤형 취업지원서비스가 제공되는 반면, 성실 구직의무 조건도 크게 강화되고 있다. 또한, 근로능력이 있는 공공부조 대상자를 위해서는 구직등록, 직업훈련 등 정부가 제공하는 고용지원서비스에 적극적으로 참여해야 하는 근로연계 프로그램을 운영하고 있다.

일자리 창출 대책

한강의 기적을 이룬 한국경제가 고도성장과 더불어 비교적 양호한 소득분배구조를 유지할 수 있었던 것은 당시 성장의 엔진 역할을 담당했던 수출 부문의 획기적 신장이 고용증가로 이어졌기 때문이다. 그러나 한국에서 산업구조의 고도화가 급속히 진행되면서 수출산업의 자본 및 기술 집약도는 높아지고 고용창출 능력은 상대적으로 약화되면서 수출 신장이 고용증가로 이어지지 않고 있다. 이런 상황에서 고용기회의 확대는 경제성장과 사회복지 증진을 동시에 추구할 수 있는 유일한 방법이기 때문에 일자리복지는 웰페어노믹스의 가장 핵심적 정책과제라고 하지 않을 수 없다.

일자리복지는 크게 다음의 두 가지 요건이 동시에 충족되어야 성공할 수 있다: 첫째는 충분한 일자리가 만들어질 수 있는 수준의 경제성장이 이루어져야 하는 것이고, 둘째는 이러한 경제성장을 뒷받침해줄 수 있는 자질을 갖춘 노동인력이 공급되어야 한다. 전자는 경제성장의 수요 측면이고, 후자는 경제성장의 공급 측면이다. 영국 블레어 정부의 일자리복지 뉴딜은 취약계층의 근로능력을 향상시켜 일할 수 있게 도와주는 것으로 후자에 해당한다고 할 수 있으나, 이들을 위한 일자리가 존재하지 않으면 일자리복지 뉴딜은 성공할 수 없다.

앞에서도 여러 차례 지적한 대로 1997년 이후 한국에서 경제성장세가 둔화됨과 동시에 양극화가 심화된 근본적 원인은 수출 부문과 내수 부문 간 성장률 격차에 기인한다. 1999년 말 외환위기와 2008년 세계 금융위기를 겪으면서 수출 부문은 한국 원화의 약세와 일본 엔화의 강세에 힘입어 꾸준한 신장세를 유지하였으나, 내수 부문은 소비와 투자심리의 위축, 그리고 건설경기의 침체로 인해 부진상태에서 벗어나지 못했기 때문이다. 따라서 현 시점에서 정부정책의 최우선순위는 당연히 일자리 창출에 두어져야 할 것이다.

일자리를 만드는 일은 수출과 내수 부문 모두에서 일어나야 하나, 수출 부문의 고용 창출효과가 낮다는 점을 감안하면 내수 부문이 일자리 창출과정에서 상대적으로 큰 역할을 담당해야 한다. 또한 수출 부문의 성장은 기본적으로 수출기업들이 선도적 역할을 해야 하지만, 내수 부문에서의 일자리 창출은 정부와 민간 부문의 공동노력이 필요하다. 예를 들어, 상당 기간 바닥을 헤매고 있는 건설경기는 노무현 정부에서의 과도한 부동산 규제정책에 기인하는 바 크기 때문에 부동산 부문에서 정부 규제의 족쇄를 정책적으로 풀어주지 않는 한 건설경기의 정상화는 기대하기 어렵다.

또한 일자리의 보고(寶庫)라 할 수 있는 서비스산업 역시 각종 규제와 낮은 생산성으로 양질의 일자리를 만들어내지 못하고 있는 바, 정부 차원의 과감한 규제완화와 동시에 개방화의 추진과 생산성 향상을 위한 인프라 투자의 확대가 수반되어야 한다. 결국 현 시점에서 내수경기의 활성화를 위해서는 정부 차원의 적극적 정책 추진이 우선되어야 하는 이유가 바로 여기에 있다.

따라서 정부는 거시적으로 충분한 일자리를 만들고 취약계층별 취업능력 제고를 위한 맞춤형 정책을 개발하기 위한 종합적 전략 수립과 동시에 구체적 정책과 사업을 개발하는 노력을 적극적으로 전개해야 한다. 이를 '한국형 일자리복지 뉴딜'이라고 부를 수 있을 것이다. 종합적 계획수립의 주체는 헌법기구이며 박근혜 정부 출범 이후 그 위상이 강화된 국민경제자문회의가 되어야 하고, 국민경제자문회의의 활동을 체계적으로 뒷받침하기 위해서 한국개발연구원(KDI)을 국민경제자문회의 사무국으로 활용하는 방안이 검토될 수 있을 것이다.

일자리복지 뉴딜 프로그램은 크게 다음의 네 가지 분야로 구성될 수 있을 것이다.

① 고용창출을 촉진하는 분위기 조성을 위한 거시적 차원의 정책개발
② 건설경기의 조기 정상화를 위한 단기 및 중·장기 대책 수립
③ 서비스산업의 생산성 향상과 성장을 위한 종합적 대책 마련
④ 장기실업자, 빈곤층, 노인, 장애인 등 취약계층을 위한 맞춤형 일자리 사업의 개발

일자리는 기본적으로 민간 부문에서 만들어져야 하지만, 경제성장을 뒷받침해주는 인프라 구축을 위한 정부 차원의 대규모 투자도 필요하다. 최근 경기부진으로 세수실적이 매우 부진한 점을 감안할 때 이에 필

요한 재원으로 2012년 말 현재 400조 원에 이르고 2040년대 중반에는 2,500조 원에 달할 것으로 전망되는 국민연금기금을 활용하는 방안이 적극적으로 검토되어야 한다.

1988년 국민연금 설계 당시 상당한 규모의 기금이 적립되는 적립방식을 택한 것은 연금재정의 건전성을 최대한 유지하면서 적립금을 경제성장 잠재력 제고를 위한 국책사업에 사용하기 위함이었다. 그러나 지금까지의 기금운용실태를 보면 뚜렷한 원칙과 철학이 없이 상황논리에 의해 막대한 규모의 자금이 운용되고 있음을 알 수 있다.

예를 들어, 기금의 국내투자가 한계에 이르자 해외의 주식 또는 부동산 매입에 사용하고 있는데, 이는 국민저축을 외국에서의 일자리 창출에 사용하는 것으로 문제가 있다고 하지 않을 수 없다. 그러나 국민연금기금을 국내에서 일자리를 새로 만드는 데 필요한 투자재원으로 사용한다면 경제성장과 양극화 해소에 기여함은 물론, 고용 창출을 통한 수입 증가로 인해 연금재정의 장기적 안정에도 큰 도움이 될 것이다. 국민연금기금이 일자리복지 뉴딜사업에 활용될 경우, 국가는 국채수익률을 보장하는 일자리복지 채권을 발행하고 이를 국민연금이 인수하는 형태를 취함으로써 국민연금기금의 일자리복지 뉴딜사업 투자에 대한 최소한의 수익률이 보장될 수 있을 것이다.

고용유인제도의 활성화

내수 진작을 통한 경제성장세의 제고에 추가하여 취약계층의 고용 촉진을 위한 정부 차원의 각종 유인책이 마련되어야 한다. 이를 위한 첫 번째 정책수단은 고용보험제도의 고용창출 효과를 극대화하는 것이다.

1993년 도입된 고용보험제도는 1997년 말 외환위기 과정을 거치면서 그 내용이 크게 확충되어 이제는 거의 복지선진국 수준에 와 있다고 할 수 있다. 적용대상도 전 사업장으로 확대되었고, 비정규직에게도 적용범위가 확대되고 있다. 고용보험사업의 내용도 매우 다양하여 실직자에게 제공되는 실업급여 외에도 고용조정 및 창출을 위한 고용안정사업, 근로자의 근로능력 제고를 위한 직업능력개발사업, 1세 미만 영아를 가진 근로자를 위한 모성보호사업 등이 있다. 이 중 고용안정사업과 직업능력사업은 일자리복지의 핵심적 사업이라고 할 수 있는 바, 이 부문에서의 더욱 창의적인 정책개발과 추진이 필요하다. 또한 고용보험기금의 운영실태도 비교적 양호하여 2010년 말 현재 5조 277억 원이 적립되어 있기 때문에 기금 활용을 위한 좀 더 적극적인 접근이 필요하다.

현재 고용안정사업으로는 ① 일자리순환제 등을 지원하는 '일자리 함께하기 지원사업', ② 환경개선투자금의 일부를 직접 지원하는 '고용환경개선 지원사업', ③ 신규 시간제 근로자 고용비용의 일부를 직접 지원하는 '시간제 일자리 창출 지원사업', ④ 창업기업이 고용하는 실업자 임금의 일부를 직접 지원하는 '유망창업기업 고용 지원사업', ⑤ 고용된 실업자 전문인력 임금의 일부를 직접 지원하는 '전문인력 채용 지원사업' 등이 있다. 이외에도 경기변동 및 구조조정에 따른 고용변화를 지원하는 '고용조정 지원사업'과 고령자의 고용비용의 일부를 직접 지원하는 '고령자 등 고용촉진 및 안정 지원사업' 등이 있다.

또한 직업능력개발사업은 크게 다음의 두 가지로 나누어져 있다: ① 사업주를 지원하는 사업으로는 직업훈련비의 일부를 지원하는 사업, 직업훈련시설비의 일부를 지원하는 사업 등으로 구성되어 있고, ② 근로자를 직접 지원하는 사업으로는 훈련 수강비의 일부를 지원하는 사업, 학자금 및 훈련비의 일부를 대부해주는 사업, 실업 및 비진학 청소년의 훈련비용의 일부를 지원하는 사업, 전직사업자의 취업훈련비의 일부를 지원해주는 사업 등이 있다.

2010년 현재 고용안정사업과 직업능력개발사업으로 약 2조 원을 사용하고 있고, 그 규모는 앞으로 계속 증가할 전망이기 때문에 고용보험기금의 일자리 창출능력은 효율적 운영 여하에 따라 상당한 수준에 이를 수 있을 것이다. 이를 위해서는 기존 사업의 사회적 성과에 대한 좀 더 면밀한 분석이 선행되어야 할 것이다. 또한 현재 사회문제로 부각되고 있는 청년 실업자에 대한 특별대책이 강구되어야 하고, 고령자와 저소득층 등 고용취약계층을 위한 별도의 대책 마련이 필요하며, 경력단절 여성을 위한 프로그램 개발도 적극 추진되어야 할 것이다.

고용보험급여의 2/3를 차지하고 있는 실업급여 사업 역시 운영의 효율성을 제고하고 실업자의 재취업을 적극적으로 도모해야 할 것이다. 실업급여사업은 현재 크게 다음의 세 가지로 구성되어 있다: ① 이직 전 평균임금의 50%를 90~240일간 지급하는 구직급여, ② 취업을 장려하기 위한 인센티브인 취업촉진수당, ③ 육아 여성근로자를 지원하는 육아휴직급여 등 모성보호급여. 특히 실업급여의 경우 제도를 악용하는 사례를 최소화하는 노력이 필요하고, 실업자 개개인의 특성을 감안한 맞춤형 서비스가 이루어질 수 있는 전달체계를 구축하는 노력이 전개되어야 할 것이다.

빈곤층의 근로의욕을 촉진하기 위해 2009년에 도입된 근로장려세제(EITC)는 시행 4년이라는 짧은 기간에 양적으로는 큰 발전을 이루었다. 특히 2012년부터 적용대상에 무자녀가구가 포함되면서 수급가구 수는 2011년 52만 2천 가구에서 2012년에는 73만 5천 가구로 확대되었고,

지급액도 4,020억 원에서 5,971억 원으로 크게 증가하였다.

우리나라는 미국식의 근로장려세제를 임금근로자를 대상으로 도입하였는데, 2015년부터는 자영업자에게도 확대할 예정[6]이다. 근로장려금은 2012년 현재 부부합산 연간 근로소득이 최대 2,500만 원 미만인 가구를 대상으로 최대 200만 원이 지급되는데, 지원금은 소득수준에 따라 처음에는 증가하고, 중간단계에서는 잠시 정체되었다가 다시 점진적으로 감소하는 구조를 갖고 있다.

대다수 OECD 국가에서 근로장려세제와 유사한 제도가 시행되고 있는데, 이 제도의 근로유인 효과에 대해서는 임금격차가 크고 저임금근로자의 비중이 높은 미국, 영국 등의 국가에서는 상당히 긍정적이지만, 저임금근로자 비중이 낮은 유럽 국가에서는 상대적으로 효과가 낮은 것으로 평가되고 있다. 한국은 전자에 해당하기 때문에 근로장려세제의 근

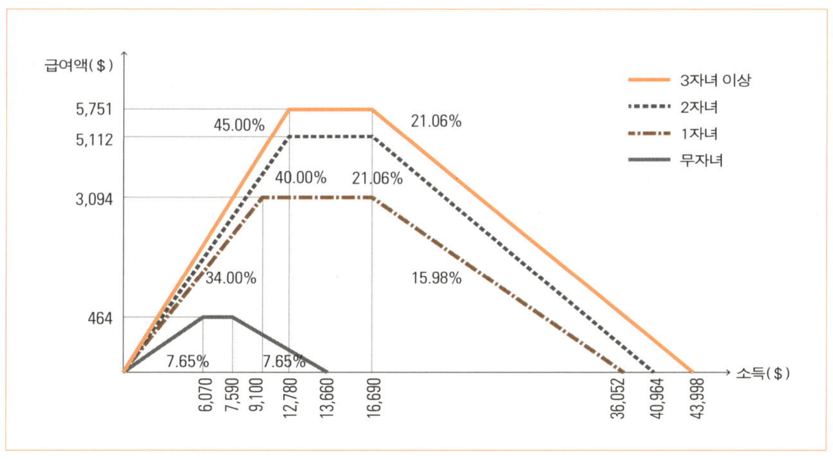

〈근로장려세제의 급여구조〉

자료: 윤희숙(2012), 전게서

---

6)　윤희숙(2012), "근로장려세제로 본 복지정책 결정과정의 문제점", KDI Focus 통권 제24호

로유인 효과는 잠재적으로 높아질 것으로 기대할 수 있을 것이다.

그러나 이에 대한 KDI의 분석 결과는 우호적이지 않다. 근로장려세제 수혜자의 70%가 실제소득이 상한을 넘는 가구이며, 근로장려세제의 수급요건 충족가구의 30%만이 이 제도의 혜택을 받고 있는 것으로 나타났다. 이는 저소득층의 소득 파악이 어렵고 근로장려세제가 아직도 저소득가구에게 잘 알려지지 않은 데 기인한다고 판단된다. 따라서 근로장려세제가 정착되기 위해서는 이에 대한 홍보활동과 더불어 저소득층의 소득을 보다 정확히 파악하려는 노력이 동시에 전개되어야 할 것이다.

맞춤형 복지-고용 전달체계 구축

일자리복지의 효율적인 추진을 위해서는 복지행정과 고용행정의 통합이 절대적으로 필요하다. 일자리복지가 새로운 시대적 과제로 부각되면서 일본, 네덜란드 등 여러 선진국들은 복지행정과 고용행정의 통합을 추진하였다. 그러나 한국의 경우 복지행정과 고용행정의 이원화는 일자리복지의 실현을 어렵게 하는 장애요인이 되고 있다.

예를 들어, 기초생활보장사업에서 고용능력이 있는 수급자의 경우 취업 노력이 의무화되어 있으나, 고용 전달체계와 연결되어 있지 않아 취업을 통한 탈빈곤율은 10% 수준에 그치고 있다. 또한, 전달체계가 중앙집권화되어 있는 고용행정의 경우 복지행정은 물론 지방행정과의 분리운영으로 행정의 효율성이 크게 낮은 것이 사실이다.

일자리복지와 관련하여 기존 전달체계의 문제점은 보건복지부, 고용노동부, 여성부 등 관련 행정부서가 각기 별도의 서비스 전달체계를 구축하고 있기 때문에 공공서비스 간의 단절 현상을 초래하고 있다는 사실이다. 또한 복지서비스 분야에서 실질적 공급자 역할을 담당하는 민간 복지기관들 역시 공공기관과 마찬가지로 상호간 협력이 이루어지지 않고 있다. 이에 더해, 공공기관과 민간기관 간의 서비스가 서로 공유되지 못하고 있다.

그동안 정부는 전달체계 개선을 위해 여러 차례의 노력을 경주하였으나, 실질적인 개선이 이루어지지 않고 있다. 특히 1980년대 초 이후 '작은 정부'에 대한 정치권과 일반 국민의 편견은 전국 단위의 복지행정 체계의 구축을 정치적으로 어렵게 한 원인으로 작용하였다. 예를 들어, 1980년대 초 KDI가 전국단위의 사회복지전달체계 구축을 위해 사회복지사무소 설치를 건의하였으나, '작은 정부 구현'이라는 국정목표에 상반된다는 이유로 채택되지 않았다. 절충안으로 1988년 전국 읍·면·동 사무소에 사회복지전문요원을 배치하는 안이 채택되었으나, 제대로 된 전달체계 역할을 하기에는 역부족이다.

숫자적으로도 부족하고 체계적·전문적 뒷받침이 없는 사회복지전문요원 제도는 복지수혜자에 대한 사례관리를 통한 맞춤형 서비스의 제공은 생각도 하지 못하고 국민기초생활보장, 기초노령연금 등 소득 및 자산조사가 필요한 사업을 집행하는 역할만 담당하고 있다.

또한 1990년대 중반에 보건복지부가 보건복지사무소 시범사업을, 그리고 2000년대 초에는 복지사무소 시범사업을 추진하였으나, 부처 간 이견으로 정부 차원의 사업으로 채택되지 않았다. 2010년 경기도가 사례관리를 통해 맞춤형 통합복지서비스를 실시하는 '무한돌봄센터' 체계를 구축하였으나, 그 범위에 고용서비스가 제외되어 있을 뿐 아니라 보건복지부의 핵심복지사업인 기초생활보장사업이나 기초노령연금사업 등을 포함하지 않고 있기 때문에 맞춤형 복지-고용 통합서비스를 제공하기에는 역부족이다.

따라서 제대로 된 복지-고용 전달체계를 구축하기 위해서는 발상의 전환 차원에서 새로운 행정체계를 구축하려는 시도가 있어야 한다. 그 첫 번째 단계는 중앙정부 차원에서 보건복지부의 복지기능과 고용노동부를 하나의 부처로 통합하는 것이다. 같은 부서인데 관련 과만 달라도 협조가 잘 안 되는 한국적 실정에서 부처가 다르다면 실질적 업무협조는 사실상 불가능하기 때문이다. 복지행정과 고용행정이 통합되는 경우, 통합부서의 과다한 비대화를 막기 위해 보건복지부의 보건기능은 환경부와 통합하는 방안이 검토될 수 있을 것이다.

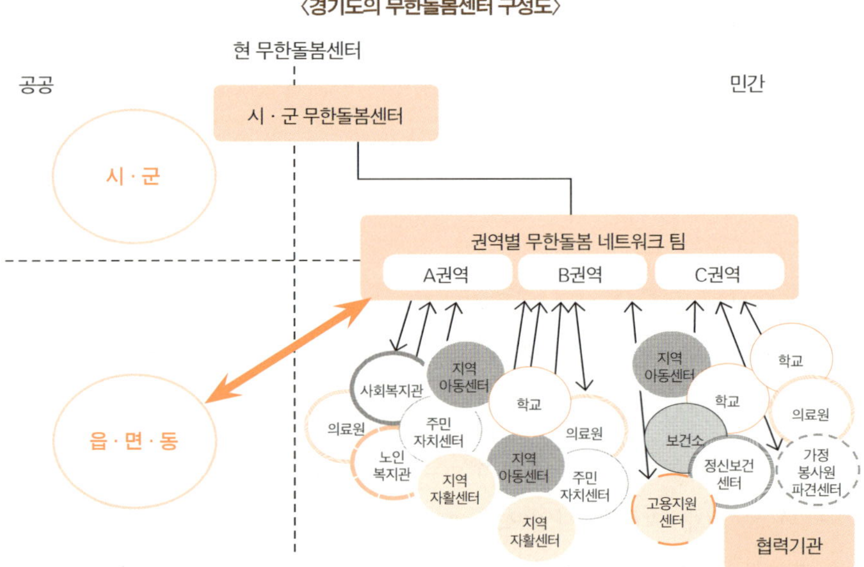

〈경기도의 무한돌봄센터 구성도〉

자료: 성은미(2012), 「사회복지 전달체계 개선방안 연구: 경기도 무한돌봄센터를 중심으로」, 경기복지재단 연구보고서, 2012. 1

　　행정개편의 두 번째 단계는 전국단위의 복지-고용 전달체계를 구축하는 것이다. 이와 관련하여 호주의 센터링크(Centerlink) 제도[7]를 롤-모델로 삼을 수 있을 것이다. 1997년 노동당 정부가 행정개혁의 핵심으로 추진한 센터링크 제도는 센터링크가 복지 및 고용과 관련한 중앙부서와 서비스 전달에 관한 계약을 체결하고, 이를 근거로 전국에 설치된 센터링크 지역사무소를 통해 사회보장급여, 실업급여 그리고 출산장려금 등 각종 가족서비스를 통합적으로 수혜자에게 제공하는 모델이다. 센터링크는 고객을 위한 최고의 서비스를 강조하는 고객주의를 채택하고 있음과 동시에 최소의 비용으로 최선의 서비스를 제공한다는 경영원칙을 확고히 하고 있다.

　　센터링크의 강점은 수혜자에게 맞춤형 통합서비스를 제공함으로써 서비스의 효율과 고객 편의를 동시에 제고한다는 점이다. 또한, 센터링크는 공공적 기능을 수행하나, 민간조직의 성격을 갖고 있기 때문에 조직운영의 신축성과 아울러 균형성과기록표(balanced scorecard)의 활용 등으로 경영효율성이 높아질 수 있다는 강점을 갖고 있다. 특히 복지와 고용 관련 부서의 통합이 정치적으로 어려운 경우, 기존의 조직을 그대로 두고 센터링크와의 개별적 계약을 통해 부서통합의 효과를 달성할 수 있다는 점도 센터링크 모델의 강점이라고 할 수 있다.

　　전달체계 개편의 또 하나의 대안은 경기도의 무한돌봄센터 모델을 확대·개편하여 전국 단위의 복지-고용 전달체계를 구축하는 것이다. 최근 경기복지재단 보고서의 건의사항은 다음과 같다: ① 접근성을 고려하여 도시지역은 3~5개로 동당 1개, 그리고 농어촌 지역은 1개로 읍·면

---

7)　　성은미 외(2012), 『공공복지전달체계 개편 연구: 무한돌봄종합복지센터 시범사업모형개발』, 경기복지재단 정책연구보고 2012-13

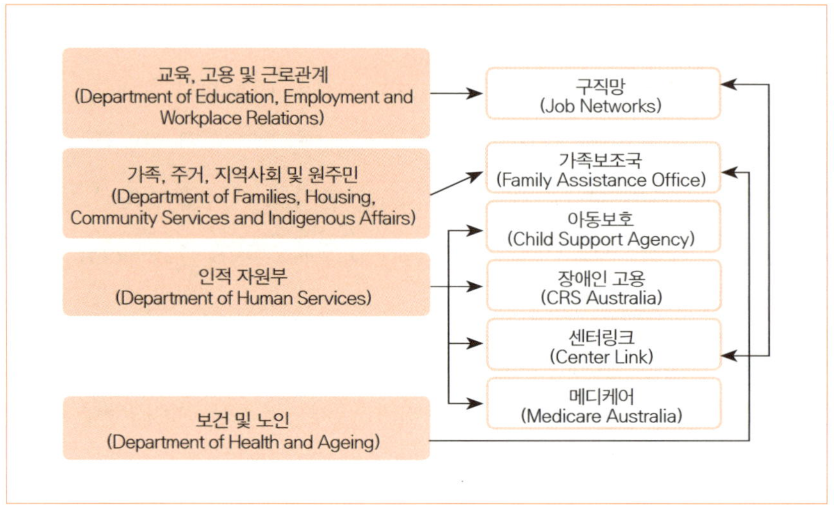

자료: 여유진 외(2012), 「주요국의 사회보장제도: 호주」, 한국보건사회연구원

당 1개의 종합복지센터를 설치한다, ② 현재 종합복지센터에서 분산되어 있는 사례관리 및 복지 관련 급여지급 업무를 통합적으로 수행한다, ③ 고용서비스와의 연계를 강화하고 중장기적으로는 통합·운영을 추진한다.

2013년 2월 말 출범한 박근혜 정부는 선거기간 중에 '생애주기별 맞춤복지'를 복지 분야의 핵심공약으로 제시한 바 있고, 이를 위한 전달체계 구축을 약속하였다. 그리고 인수위 운영과정에서 복지와 고용을 통합하여 일자리복지를 구현하겠다고 약속하였기 때문에 맞춤형 고용-복지서비스를 제공할 수 있는 전달체계의 구축은 가장 시급하고 우선순위가 높은 현안이라고 하지 않을 수 없다.

박근혜 정부는 출범 초에 3~4개의 읍·면·동을 통합하고 여기에 통합적 복지서비스를 제공할 수 있는 행정체계를 구축하려 했으나 안전행정부의 반대로 실현시키지 못하였다. 그 이유는 기존의 읍·면·동을

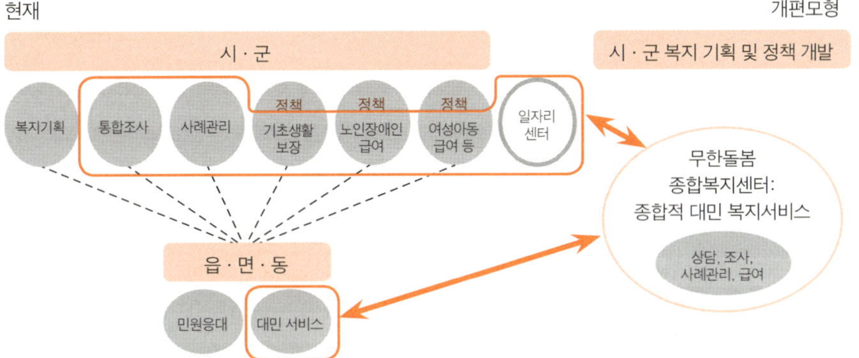

자료: 성은미 외(2012), 전게서

폐지하기가 현실적으로 매우 어렵기 때문이다. 따라서 기존의 읍·면·동을 그대로 두고, 도시지역에서는 접근성을 고려하여 3~4개 동을 하나로 묶어 새로운 종합복지센터를 설치하여 이곳에서 복지 관련 업무를 통합적으로 전개함은 물론 고용서비스 기능도 추가하여 수행하자는 것이 경기복지재단 보고서의 핵심건의이다.

고용노동부의 고용업무가 종합복지센터로 이관되는 것이 가장 바람직하나, 이 역시 고용노동부의 반대로 실현시키기 어려우면 종합복지센터의 고용서비스 부서가 기존의 고용노동부의 하부조직과 연계 역할을 담당할 수 있을 것이다. 여하튼 이 문제는 일자리복지의 구현을 위해 반드시 실현되어야 할 정책과제인 바, 정권 차원의 결단이 필요한 사안이라고 할 수 있다. 참고로 전달체계와 관련하여 세계적 모범사례가 되고 있는 호주의 센터링크 역시 당시 존 하워드(John Howard) 총리가 이끄는 자유당 정권의 가장 핵심적 행정개혁 과제로 추진되었다. 새로운 조직의 전문성과 효율성을 확보하기 위해서 종합복지센터는 운영의 독자성을 가진 준공공기관 형태로 설립·운영되는 것이 바람직하다.

17장

혁신복지 생태계 조성

왜 사회혁신인가?

산업혁명 이후 기술과 지식의 혁신이 경제발전을 주도했듯이, 사회혁신 역시 21세기 사회복지발전의 원동력이 될 수 있다. 사회복지의 역사를 되돌아보면, 사회혁신은 지속적으로 진행되어왔고, 이는 인류의 복지증진에 크게 기여하였음을 알 수 있다.

예를 들어, 19세기 말 독일에서 처음으로 도입된 사회보험제도는 노령, 질병, 재해 등으로부터 많은 사람들을 보호하여 안락한 삶을 영위할 수 있는 제도적 장치로 발전하였고, 1990년대 후반 도입된 워크페어 사업 역시 당시 이른바 '영국병'으로 인해 위기에 처한 복지국가를 구하고 일자리를 통해 취약계층의 복지를 실질적으로 개선하면서 경제발전에도 기여하는 활력소 역할을 담당했다.

또한 최근 사회적 기업과 사회적 기업가의 부상 역시 사회복지 부문에 기업가정신과 경영기법을 활용하여 새로운 활력을 불어넣는 계기를 마련하고 있다. 이에 더해, 사회금융시장의 발전은 금융을 통해 사회적 기업가와 사회적 투자가 또는 기부자를 연결시킴으로써 사회혁신을 촉진시키는 새로운 촉매 역할을 담당하고 있다.

멀간(Mulgan)[8]은 사회혁신의 특징을 ① 혁신은 대체로 기존의 것과 새로운 것의 혼합 형태로 나타나고, ② 혁신을 실천하려면 여러 분야에서의 협력 또는 통합이 필요하며, ③ 혁신은 여러 그룹 간 긴밀한 협력을 필요로 하고, 이러한 협력과정을 통해 또다시 새로운 혁신이 만들어진다고 지적하면서 이 과정에서 무엇보다 중요한 것이 연결자의 역할임을 강조했다. 다시 말해, 사회혁신은 여러 분야의 융합은 물론 그룹 간 협력과정을 통해 발생하며, 이 과정에서 여러 분야를 섭렵할 수 있는 지적 능력과 아울러 그룹들을 연결하여 하나로 이끌어갈 수 있는 리더십을 갖춘 연결자 또는 지도자가 필요하다는 것이다.

일찍이 슘페터(Schumpeter)는 혁신의 주체를 기업가로 지목하였는데, 사회혁신과정에서도 사회적 기업가 또는 혁신가가 필요하다. 그라민(Gramin) 은행을 창설하여 가난한 사람들의 손으로 빈곤을 극복하는 방법을 제시한 무하마드 유누스(Muhammad Yunus), 사회적 기업가를 육성하는 아쇼카(Ashoka)재단을 만든 빌 드레이튼(Bill Drayton), 사회적 벤처캐피털인 뉴 프로핏(New Profit)을 창업한 베네사 커쉬(Venessa Kirsch) 등은 이 시대의 사회혁신을 주도하는 대표적 사회혁신가들이다.

한국에서도 동네사랑방 같은 병원을 운영하는 '안성의료생협', 재사용문화를 만들어가는 '아름다운 가게', 새로운 생활문화를 만들어가는 '노리단', 중증장애인 아동들에게 새로운 희망을 키워주는 '위캔', 최초의 오리농법으로 환경농업을 가꾸어가는 '홍동문당마을' 등의 사회적 기업 또

---

8)   Geoff Mulgan(2007), 『Social Innovation: What It Is, Why It Matters and How It Can Be Accelerated』, The Young Foundation

는 기관들이 사회혁신을 선도하고 있다.

니콜즈(Nicholls)와 머독(Murdock)[9]은 인류 역사가 지난 2세기 반 동안 다섯 차례의 기술혁명(① 산업혁명: 1771~1829, ② 증기엔진과 철도의 시대: 1829~75, ③ 철강, 전기 및 중공업의 시대: 1875~1908, ④ 석유, 자동차 및 대량생산의 시대: 1908~71, ⑤ 정보 및 통신의 시대: 1971년 이후)에 의해 눈부신 경제발전을 이룩하여왔는데, 이제는 사회혁신의 역할을 주목해야 한다고 주장하고 있다.

사회혁신은 기존 시스템의 내적 변화를 넘어 내적 규범과 가치의 변화를 통해 시스템 자체를 근본적으로 재설계하는 결과를 초래하며, 기술혁신 역시 사회혁신을 동반하지 않으면 큰 성과를 거둘 수 없다는 것이 이들의 주장이다. 또한 사회혁신을 크게 세 가지로 분류할 수 있는데, 첫째는 사회문제의 효율적 해결을 위한 점진적 혁신이고, 둘째는 새로운 사회적 가치 창출을 위한 제도적 혁신이며, 셋째는 시스템의 근본적 변화를 시도하는 파괴적 혁신이다. 점진적 혁신은 주로 새로운 제품이나 서비스 개발 형태로 이루어지고, 제도적 혁신은 시장구조의 변화를 시도하지만, 파괴적 혁신은 정치사회적 운동의 형태로 진행된다는 것이다.

IT 기술혁신과 벤처기업의 산실인 미국 캘리포니아의 실리콘밸리(Silicon Valley)의 성공요인을 분석한 스탠퍼드 대학교 연구진[10]은 실리콘밸리가 탄생하기까지 다음의 세 가지 조건을 갖춘 혁신생태계가 존재하였다고 분석하고 있다. 첫째, 실패를 두려워하지 않으면서 새로운 기술과 아이디어로 무장한 벤처기업가, 둘째, 이를 재정적·경영적으로 뒷받침해주는 벤처캐피털, 셋째, 실패를 자산으로 인정하고 동업자 간 교류와 협력이 활

---

9) Alex Nicholls & Alex Murdock ed.(2012), 『Social Innovation: Blurring Boundaries to Reconfigure Markets』, Palgrave Macmillan

10) Lee, Miller, Hancock & Rowen(2000), 『The Silicon Edge: A Habitat for Innovation and Entrepreneurship』, Stanford University Press

발한 열린 기업문화이다.

이러한 조건은 사회혁신의 경우에도 거의 그대로 적용된다고 할 수 있다. 다시 말해, 사회혁신을 촉진하기 위해서는 첫째, 관련자들을 격려하는 리더십과 여러 분야를 섭렵하는 지식을 갖춘 리더가 있어야 하고, 둘째, 사회혁신 과정을 재정적·경영적으로 지원하는 공공 또는 자선기관이 필요하며, 셋째, 사회혁신이 장려되고 사회혁신의 기회가 모두에게 주어지는 열린 사회 분위기가 만들어진다면 '사회혁신의 실리콘밸리'를 조성할 수 있을 것이다.

멀간(Mulgan)[11]은 사회혁신을 촉진하는 정책과제로 ① 사회혁신과 혁신가를 존중하고 보상해주는 리더, ② 혁신을 중시하고, 조직원 모두에게 자유로운 의사표시를 허용하는 열린 조직문화, ③ 혁신에 필요한 자금을 공급해주는 공공 및 민간기관의 존재, ④ 혁신을 장려하는 공공정책, ⑤ 특수한 목적의 사회혁신을 위한 프로젝트의 개발·운영, ⑥ 사회혁신을 위한 국가적 그리고 국제적 협력체제 구축, ⑦ 사회혁신에 관한 연구 활동 및 그 결과의 보급이라는 일곱 가지를 제시하고 있다. 21세기에는 기술혁신 못지않게 사회혁신을 할 수 있는 능력이 조직이나 국가의 성공 여부를 결정하는 중요한 변수가 될 것이라는 것이 전문가들의 공통된 견해이다.

복지와 기술의 만남

한국의 사회복지는 그간 획기적으로 발전한 것이 사실이나, 복지 체감도 및 만족도에 대한 국민적 인식은 그리 높지 않다. 예를 들어, 중앙

---

11) Geoff Mulgan(2007), 전게서

정부 차원의 복지사업이 260여 가지에 이르고 있지만 복지사각지대가 존재함은 물론 중복지원 또는 제도의 악용 사례도 빈번히 나타나고 있다. 또한 사회복지 지출 역시 정부 예산 증가율을 크게 상회하고 있으나, 경제성장세의 둔화 등으로 인해 새로운 세원의 발굴 없이는 복지예산의 지속적 팽창이 어려운 상황에 처해 있다. 선진국의 복지제도를 이식하는 형태의 사회복지 발전이 한계에 이름에 따라 이제는 새로운 복지기술의 개발·적용을 통해 사회복지 부문에서도 혁신이 지속적으로 이루어지는 생태계를 만들어가야 한다.

복지기술(WT: Welfare Tdchnology)은 "사회복지 문제를 해결함에 있어 IT와 지식재산권이나 특허제도에 기반을 둔 지식, 기술, 관련 법 및 행정 제도, 시설 및 장비 등을 집대성한 패키지 또는 시스템"이라고 정의[12]할 수 있다. 복지기술은 복지수요를 효과적으로 충족시키기 위한 혁신이며, 제도적 측면과 과학기술적 측면으로 구분[13]할 수 있다. 제도적 측면의 복지기술은 새로운 제도를 도입하는 것뿐만 아니라 기존 제도를 보완 및 발전시켜 복지 재정과 전달체계의 효율성을 높이는 것을 포함한다. 예를 들어, 1900년 전후에 도입된 사회보험제도는 많은 사람들을 질병, 실업, 고령 등의 사회적 위험으로부터 보호해주는 '신비로운' 사회제도로 발전되었고, 고용과 복지를 연계하는 일자리복지 역시 위기에 처한 복지국가 모델의 새로운 탈출구 역할을 담당하고 있다.

과학기술적 측면의 복지기술은 의료서비스나 사회서비스 영역에서 IT 기술을 활용하여 서비스의 효과를 높이는 역할을 수행하고 있다. 예

---

12) 김상균·안서영(2011), "한국 사회복지 패러다임의 변경: 제도 우선에서 테크놀로지 중시로", 『그들이 아닌 우리를 위한 복지: 21세기 한국사회의 새로운 복지 패러다임』 (서상목·양옥경 편, 학지사)

13) 김희연·서상목(2013), "복지와 기술의 만남: 복지혁신의 신전략", 경개개발연구원, 이슈&진단, No.93, 2013.5.2

를 들어, 급증하는 노인 의료비의 효율적 관리를 위해 도입된 U-헬스케어시스템은 병원에서만 행해졌던 노인의 건강관리를 주거공간으로 옮겨 매일 건강수준을 체크함은 물론, 의료관계자를 간접 대면할 수 있게 함으로써 수요자에 맞춤형 의료서비스가 제공되어 만족도를 제고할 수 있을 뿐만 아니라 간접진료로 의료비를 절감하는 효과를 거둘 수 있다. 또한 2007년 덴마크에서 시작된 간호와 헬스케어 영역에서 로봇 기술을 활용하는 '복지 로봇' 역시 새로운 복지기술 분야로 각광받고 있다.

　　복지기술은 사회문제 해결에 과학기술을 적용한다는 측면에서 이른바 사회기술 또는 적정기술과도 유사하다고 할 수 있으나, 강조되는 가치나 적용 분야가 조금씩 다르다는 특징이 있다. 예를 들어, 적정기술은 적용대상보다는 기술의 수준에 따른 분류이며, 반드시 첨단기술보다는 기존의 기술을 일반생활에 적용하여 지역사회 개발에 크게 기여할 수 있다는 개념이다. 특히 개발도상국의 경우 적정기술을 에너지, 물, 의료, 농업 등 일상생활 분야에 적용하여 비용 대비 효과 측면에서 획기적 성과를 거두

〈복지기술, 사회기술, 적정기술의 비교〉

구분	복지기술	사회기술	적정기술
목표	삶의 질 향상, 효율	인간 중심	환경의 지속 가능성, 삶의 질 향상
적용범위	보건·복지 분야	보건·복지, 교육, 위생·환경 등	에너지, 물, 의료, 농업 등 환경 및 일반생활 분야
강조점	기술의 재조합은 물론 제도의 개선 등 사회혁신을 통한 복지대상자의 욕구 충족	사용자 친화적, 혁신을 통한 비용 절감	지역사회 전체의 생활 및 삶의 질 개선
활용수단	과학기술 및 법·제도	과학기술	과학기술

자료: 김희연·서상목(2013), 전게서

는 사례가 크게 늘어나고 있다. 사회기술은 과학기술을 보건복지, 교육, 위생 등 일상생활에 사용자 친화적으로 적용하여 인간의 삶의 질을 향상시키려는 시도이다. 복지기술은 사회기술의 한 분야라고 할 수 있으며, 그 적용범위가 보건 및 복지 분야에 한정되는 특징이 있다.

복지기술의 발전을 위해서는 기본적으로 지속 가능한 혁신의 선순환이 이루어질 수 있는 혁신 생태계(innovation ecosystem)를 만드는 것이 중요하다. 이를 위해서는 복지기술을 하나의 영역으로 인정하고, 이의 발전이 혁신생태계 내에서 자생적으로 발생하는 체계를 만들어나가야 한다.

이러한 노력의 일환으로 복지기술(WT)학회를 설립하고, WT 체계도를 작성하며, WT 등록제를 실시하여 이를 지식산업화할 필요가 있다.[14] 이에 더해, 복지기술을 포함한 사회기술의 더욱 체계적인 개발과 확산을 기본 기능으로 하는 사회기술센터를 설립하는 방안 역시 검토되어야 한다. 일본과 EU 등 선진국에서는 사회기술의 중요성을 인지하고, 이를 개발하고 확산시키기 위한 사회기술연구센터를 운영하고 있다.

사회혁신의 주체로서 사회적 기업가 양성

사회적 벤처 또는 사회적 기업은 지속 가능한 비즈니스 모델을 활용하여 사회적 목적사업을 수행하는 행위로서, 이러한 행동을 선도하는 사람을 사회적 기업가 또는 혁신가라고 한다. 사회적 벤처는 크게 다음의 네 가지 형태를 취하고 있다.

---

14) 김상균 · 안시현(2011), 전게서

① 지역개발 등 사회적 목적을 수행하는 지역조직(community organization)
② 기부금에 의해 사회복지 등의 분야에서 다양한 활동을 전개하는
　 자선단체(charities)
③ 사회적 목적의 사업을 수행하고 수익을 사회적 목적에 재투자하
　 는 사회적 기업(social enterprises)
④ 사회적 가치 창출을 위해 각종 사업을 수행하는 일반기업

　　이러한 사회적 벤처들은 시민사회를 활성화하고, 사회혁신을 촉진하며, 공공적 성격의 사업효율성을 제고하는 등의 사회적 목표를 이룸과 동시에 경제성장에도 기여한다. 이 중에서 가장 관심과 지원의 대상이 되는 사회적 벤처는 사회적 기업인데, 그 이유는 시장경제의 핵심인 기업가정신과 혁신의 개념을 가장 잘 활용하면서 사회적 목적을 실현시키는 것이 사회적 기업의 목적이기 때문이다.

　　유럽 15개국 사회적 기업 연구자네트워크인 EMES는 사회적 기업을 "사회적 목적을 갖는 영리적 비즈니스 단위"라고 매우 포괄적으로 정의하고 있으나, 한국에서는 2007년 제정된 '사회적 기업육성법'에 의해 "사회적 기업이라 함은 취약계층에게 사회서비스 또는 일자리를 제공하여 지역주민의 삶의 질을 높이는 등의 사회적 목적을 추구하면서 재화 및 서비스의 생산 판매 등 영업활동을 수행하는 기업으로서 제7조의 규정에 따라 인정을 받은 자"로 매우 제한적인 개념으로 규정하고 있다.

　　사회적 기업의 정의에 대한 국제적 관행은 매우 포괄적인 반면, 한국에서는 정부가 취약계층에게 사회서비스 또는 일자리를 제공하면서 정부로부터 인정받은 기업으로 한정하고 있는 것이 큰 차이점이다.

　　특히 정부의 사회적 기업에 대한 지원이 주로 인건비 보조를 중심으

로 이루어져 정부가 일자리 창출을 지원하는 형태를 보이고 있는데, 이는 사회적 기업의 주관부서가 고용노동부라는 사실과도 무관치 않은 것으로 판단된다. 또한 중앙정부가 지정하는 사회적 기업에 더하여 지방정부는 예비 사회적 기업을 지정하여 인건비 등을 지원하고 있다. 이에 더해 한국 정부는 '사회적 기업 5개년계획'을 수립하여 추진하고 있다.

이러한 정부의 적극적 지원정책에 힘입어 한국에서 사회적 기업은 많은 양적 성장을 이룩하였다. 예를 들어, 2012년 현재 사회적 기업과 예비 사회적 기업의 수는 각각 699개와 2,080개에 이르고, 이들이 고용하고 있는 종업원 수 역시 각각 17,410명과 10,640명에 이르고 있다. 이러한 양적 성장에도 불구하고 한국의 사회적 기업은 많은 문제점이 있는 것으로 지적되고 있다.

우선, 인건비 중심의 개별기업에 대한 현행 지원방식은 사회적 기업의 정부 의존성을 높이고, 사회혁신을 선도하는 창조적 활동을 창출해내지 못하는 부작용을 유발하고 있다. 이 문제에 대한 근본적 개선을 위해서는 정부의 지원방식이 기존의 인건비 중심의 개별기업 지원에서 사회혁신과 사회적 기업가 육성에 필요한 생태계를 조성하는 방향으로 전면적으로 개편되어야 할 것이다.

사회적 기업의 성패 여부는 사회적 기업가의 역량에 달려 있다는 인식을 바탕으로 생태계 조성대책의 첫 번째 구성요소는 유능한 사회적 기업가의 발굴 및 육성이다. 이를 위해서는 미국의 아쇼카재단과 같이 창조적 사회적 기업가 양성만을 목표로 하는 전문기관을 설립하고, 지역별로 주요 경영대학원에 사회적 기업가 양성과정을 설치·운영해야 한다.

생태계 조성의 두 번째 구성요소는 사회금융시장을 육성하여 시장 기능에 의해 능력 있는 사회적 기업가와 지속적 성장이 가능한 사회적 기업에 대한 자금 및 경영지원이 이루어지게 한다. 현재는 고용노동부가 지역별로 사회적 기업 지원기관을 지정하여 운영하고 있으나, 사회적 기업에 대한 기존의 정부 지원방식이 유지되는 한 기존의 인건비 중심의 직접적 지원방식에서 생태계 조성을 목표로 하는 간접적 지원방식으로의 전환은 이루어지기 어려울 것이다.

생태계 조성의 세 번째 요소는 사회연동채권(SIB) 제도의 도입이다. 현재 사회적 기업은 영업이익을 창출해야만 그 기능을 제대로 수행한 것으로 인식되고 있으나, SIB가 도입되고 SIB사업의 시행주체로서 사회적 기업이 선정된다면 사회적 성과가 사회적 기업의 경영목표가 될 수 있기 때문에 사회적 기업의 활동범위가 크게 확대되는 결과를 초래할 것이다.

사회금융시장 육성

금융시장은 여유자금을 가진 공급자와 사업투자자금이 필요한 수요자를 연결시키는 역할을 담당함으로써 현대경제가 발전하는 과정에서 핵심적 역할을 담당하였다. 특히, 1980년대 이후 금융시장의 세계화가 급속히 진행되면서 금융산업은 국가경제의 경쟁력을 좌우하는 요인으로 부상하고 있다.

이 과정에서 금융산업은 매우 다양한 형태로 분화되어 단기적 수익의 극대화를 위해 전 세계를 휘젓고 다니는 헤지펀드(hedge fund)가 있는가 하면, 새로운 사업 아이디어와 열정만 있는 젊은 벤처기업가에게 대출(loan)이 아니라 주식투자(equity)의 형태로 자금지원을 해주고, 필요한 경우 경영자문도 마다하지 않는 벤처캐피털도 있다. 특히 후자는 기술혁신을 통한 새로운 사업개발을 가능케 하여 IT 혁명의 산실인 실리콘밸리의 성공요인으로도 지적되고 있는 바, 이러한 IT 분야의 경험은 사회혁신과 사회적 기업 분야에도 그대로 적용될 수 있을 것이다.

사회금융(social finance)은 사회문제를 해결하기 위해 활동하고 있는 제 3섹터나 사회적 기업에 필요한 재원을 투·융자 및 가용한 금융서비스를 통해 자본을 조성하고 기업, 프로젝트, 연구, 교육 등을 지원하는 복합적인 금융이라고 할 수 있다. 사회금융시장은 자금공급자, 자금수요자 그리고 중간기구로 구성되는데, 자금공급자는 ① 자선가, ② 납세자, ③ 재단, ④ 윤리적 투자가, ⑤ 자선적 벤처펀드, ⑥ 상업적 투자가 등으로 구성되고, 자금수요자는 ① 자선단체, ② 마을기업, ③ 협동조합, ④ 마이크로-기업가, ⑤ 비영리 사회적 기업 등으로 구성되어 있다.

자금공급자와 자금수요자를 연결시켜주는 중간기구로는 ① 신용조합, ② 마이크로 금융기관, ③ 주식시장, ④ 지역개발금융기관, ⑤ 투자은행, ⑥ 민간 중개인, ⑦ 정부 중개인 등이다. 이러한 사회금융시장의 구조는 오른쪽 그림과 같이 정리할 수 있을 것이다.[15]

사회금융은 금융산업의 전통이 강한 영국과 미국에서 가장 발달하고 있다. 그러나 사회금융의 발전과정을 살펴보면, 영국은 정부의 강한 정책의지에 힘입어 2000년 이후 사회금융시장이 급속도로 발전하였으나, 미국에서는 정부의 역할은 미미한 수준에 그치는 반면, 월가의 투자은행과 실리콘밸리의 벤처캐피털의 전통을 기반으로 순수 민간 차원의 활동이 주류를 이루고 있다는 차이점이 있다.

제3의 길의 실천방안으로 일자리 뉴딜사업을 추진한 영국의 블레어

---

15) Alex Nichols(2008), 『The Landscape of Social Investment: A Holistic Topology of Opportunities and Challenges』, Skoll Center for Social Entrepreneurship

자료: Alex Nichols(2008), 전게서

정부는 사회혁신을 주도할 사회적 기업과 혁신가를 육성하려면 사회금융시장의 발전이 필요하다는 인식을 기반으로, 2000년 각계 전문가들로 구성된 사회투자특별위원회(SITF: Social Investment Task Force)[16]를 설치·운영하였다. 그리고 정부와 주요 은행은 물론 민간 자선기관들이 SITF의 건의사항을 실천에 옮김으로써 10여 년이라는 비교적 짧은 기간에 사회금융시장이 크게 육성되는 결과를 초래하였다.

SITF의 제1차 건의안을 받아들여 2001년에는 지역투자에 대한 세금감면(CITR: Community Investment Tax Relief) 조치가 취해졌고, 이를 지원하기 위한 지역개발벤처기금이 마련되었으며, 사회적 기업에 보조금을 주는 UnLtd, 그리고 자선기관과 사회적 기업에게 시장보다 유리한 조건으로 자금을 빌려주는 '인내대출(patient loan)'을 제공하는 CAF Venturesome 등이 설립되었다.

---

16)   Social Investment Task Force(2010), 『Social Investment Ten Years On: Final Report of the SITF』

2002년에는 지역개발금융협회(CDFA: Community Development Finance Association)가 구성되면서 사회적 기업 등 제3섹터 기관들에게 저리의 대출과 자문을 수행하는 Charity Bank, 사회적 기업을 위한 Bridges CDV Fund와 마을기업을 위한 Adventure Capital Fund 등이 정부주도로 설립되었다. 그리고 2003년에는 지역별로 지역개발금융기관(CDFIs: Community Development Finance Institutions)이 CITF 세금감면혜택을 받기 시작했고, 이들을 지원할 Phoenix Fund가 통상산업부 주도로 설립되었다. 2004년에는 낙후지역 지원을 위한 Financial Inclusion Fund와 제3섹터 지원을 위한 Futurebuilders Fund가 정부주도로 설립되기도 하였다.

또한 2007년에는 사회적 기업을 위한 Social Enterprise Fund가 보건부 주도로 설립되었고, 사회금융시장의 발전과 성과연동채권 발행을 준비할 Social Finance도 출범하였다. 2008년에는 사회적 기업에 벤처캐피털을 제공하는 Tridos Social Enterprise Fund가 설립되었고, 2009년에는 낙후지역 개발을 위한 Communitybuilders Fund가 정부주도로 출범하였다. 그리고 2010년에는 최초의 사회성과채권(SIB)이 Social Finance에 의해 발행되었고, 각종 사회금융기관들을 재정적으로 지원하기 위한 Big Society Capital이 정부와 민간은행의 공동출자로 출범하였다.

이와 같은 사회금융시장의 급속한 발전에 힘입어 사회책임투자(socially responsible investment)의 누적 총액은 2010년 현재 7,640억 파운드에 이르고 있으며, 서민을 위한 마이크로금융도 크게 신장하여 2008년 말 현재 대출잔고가 390억 파운드에 달하고 있다. 이 과정에서 사회금융의 지원방법은 보조금 중심에서 인내대출(patient debt), 일반대출, 준주식투자(quisi-equity) 그리고 주식투자 등으로 확대되고 있다. 사회금융자금의 제공자 역시 정부와 자선기관에서 시작하여 일반투자자로까지 확대되고 있고, 사회투자기관협회와 사회증권거래소(Social Stock Exchange)도 구성되었다. 그 결과 영국은 사회금융 분야에서 세계를 선도하는 역할을 담당하고 있다.

미국은 정부 차원보다는 민간 차원에서 자선재단이나 사회적 벤처 투자가들에 의한 활동이 사회금융의 주류를 이루고 있다. 미국에서 사회금융은 크게 두 가지 형태로 구성되어 있다. 첫째는 정부기관이나 민간재단에 의한 보조금 지급이고, 둘째는 창업단계의 사회적 기업에 투자하는 자선벤처투자(venture philanthropy)인데, 최근에는 자선보다는 투자의 성격을 강조하기 위해 사회벤처캐피털(social venture capital)이라는 용어를 더 많이 사용하고 있다.

사회적 기업을 집중적으로 지원하는 재단으로는 아쇼카재단(Ashoka Foundation)과 스콜재단(Skoll Foundation)이 있다. 1980년 빌 드레이튼(Bill Dryton)에 의해 워싱턴에 설립된 아쇼카재단은 유능한 사회적 기업가 발굴에 역점을 두고 있으며, 사업을 미국에 국한하지 않고 전 세계를 대상으로 하고 있다. 여러 단계의 심사를 거쳐 선발된 아쇼카 펠로(Ashoka Fellow)들은 사회적 기업의 설립 및 운영에 필요한 자금 및 경영지원을 재단으로 받음은 물론, 전 세계적으로 구축된 아쇼카 네트워크의 일원으로 참여하여 교류를 통해 정보와 경험을 나누기도 한다.

세계적 전자상거래 전문회사인 eBay의 창업멤버인 제프 스콜(Jeff Skoll)에 의해 1999년에 설립된 스콜재단은 개인보다는 사회적 기업이나 비영리조직의 지원에 역점을 두고 있다. 스콜재단은 사회적 기업가를 발굴하여 창업을 지원하기보다는 사회적으로 인정을 받고 있는 사회적 기업가나 기업에 투자하는 형태로 재정지원을 하고 이다. 또한, 스콜재단

은 영국 옥스퍼드 대학교에 Skoll Center for Social Entrepreneurship
을 설립하여 사회적 기업과 기업가에 대한 연구 및 정보교류 활동을 선
도해나가고 있다.

미국의 대표적 사회벤처캐피털로는 Acumen Fund, New Profit,
Robin Hood Foundation 등이 있다. 록펠러재단 등의 출자금으로
2001년 설립된 Acumen Fund는 세계 빈곤퇴치를 목표로 관련 사회적
기업과 기업가를 발굴하여 재정 및 경영지원을 한다. 사업대상 지역은
가나, 나이지리아, 인도, 파키스탄 등 저개발국가들이고, 사업 분야는 농
업, 교육, 보건, 주택 등 매우 다양하다.

사회적 기업과 기업가를 재정 및 경영 측면에서 지원하기 위해
1998년에 설립된 New Profit은 주로 교육, 보건, 빈곤퇴치 등의 분야에
서 활동하고 있고, 실리콘밸리의 벤처캐피털의 경영기법을 활용하여 지
원사업의 사회적 성과를 제고하려는 노력을 경주하고 있다. 뉴욕 시의
빈곤퇴치를 위해 1988년 설립된 Robin Hood Foundation은 뉴욕 금융
가들의 경험과 재정지원을 바탕으로 각종 빈곤퇴치 사업을 전개하고 있
으며, 과학적 사업평가 기법을 활용하여 사업의 성과를 제고함은 물론
투자자들의 신뢰를 확보하려고 노력하고 있다.

2006년 노벨평화상을 수상한 무하마드 유누스(Muhammad Yunus)[17]에
의해 1983년 방글라데시에 설립된 그라민 은행(Gramin Bank)은 전 세계적
으로 서민을 위한 마이크로크레딧(microcredit)의 선구자 역할을 담당하고
있다. 1974년 대기근으로 고통을 받고 있는 42명의 농민에게 27달러씩
대여해준 경험을 바탕으로 유누스가 설립한 그라민 은행은 융자대상을

---

17) Muhammad Yunus(2003), 『Bankers to the Poor: Micro-lending and the Battle against World Poverty』,
Public Affairs

주로 여성에게 집중하고 연대보증제도를 활용함으로써 99%의 높은 대출상환율을 기록하고 있다.

그라민 은행의 소유구조는 저소득층 여성이 대종을 이루는 대출자들이 94%의 지분을 갖고 있고, 나머지는 정부 소유이다. 그라민 은행의 대출자는 2012년 현재 7백만 명이 넘고, 이 중 97%가 여성이며, 2천 5백여 개의 지점을 통해 2만 5천여 명의 직원을 고용하고 있다. 그라민 은행은 마을전화사업(village phone program)을 통해 많은 여성들에게 소득 기회를 제공하였고, 농촌지역의 정보체계 구축에도 크게 기여하고 있다. 또한 그라민 은행은 Yunus Center를 설립하여 Intel, BASF, Adidas 등 외국의 다국적 기업과 합작으로 사회적 기업을 설립하여 빈곤층의 생활개선에도 크게 기여하고 있다.[18]

한국에서는 사회적 기업 등에 대한 지원은 주로 정부예산이나 자선기금에 의존하고 있기 때문에 사회금융시장의 발달은 극히 초보적 상태에 머물러 있는 실정이다. 고용노동부가 25억 원의 자금으로 사회적 기업 투자펀드를 조성하여 미래에셋이 운영하고 있으나, 지원대상 기업의 수는 물론 자금 규모 역시 매우 열악한 수준에 머물고 있다. 지방정부로는 서울시가 1천억 원 규모의 사회투자기금을 추진하고 있으며, 아직은 사업초기단계로 평가가 어려우나 계획대로 추진된다면 공공 부문에서는 한국 최대 규모의 사회투자기금이 될 것이다.

한국 사회금융 분야에서 가장 큰 비중을 차지하고 있는 미소금융재단은 2008년 설립 이후 10년간 2조 원을 조성하여 매년 2천억 원을 서민들에게 대출할 계획을 갖고 있다. 2010년 현재 연간 대출규모는

---

18) Muhammad Yunus(2010), 『Building Social Business: The New Kind of Capitalism that Serves Humanity's Most Pressing Needs』, Public Affairs

1,150억 원이 이르고 있는데, 지원대상은 주로 개인이며, 사회적 기업이나 단체는 지원대상이 아니다. 한국의 대표적 기부금 모금기관인 사회복지공동모금회는 2011년 현재 3천 7백억 원을 모금하여 이 중 3천 2백억 원을 사회복지기관 및 소외계층을 위한 사업에 배분하였으며, 전적으로 사회복지적 시각에서 운영되고 있다는 특징을 갖고 있다.

2003년에 설립된 사회연대은행은 창업 및 사회적 기업 지원사업을 전개하고 있으나, 지원규모가 2011년 현재 25억 원 수준에 그치고 있다. 또한, SK, 삼성, 교보문고, 현대자동차 등 대기업들이 사회적 기업에 대한 선별적 지원을 하고 있으나, 이 역시 사회금융기관을 설립하여 많은 사회적 기업에게 혜택을 주는 방법보다는 직접 사회적 기업을 설립하거나 임의로 선택된 소수의 사회적 기업을 지원하는 형태로 운영되고 있다.

한국에서 사회금융시장이 발전되기 위해서는 영국과 같이 공공 부문의 적극적 관심과 개입이 불가피하다고 판단된다. 그 시발점으로 영국의 SITF와 같은 전문가 중심의 T/F를 구성·운영하고, 사회금융 분야에 대한 연구와 교류 확대를 도모할 영국의 Social Finance 같은 전문기관의 설립도 이루어져야 할 것이다. 아울러 정부 중앙부처와 지방정부가 주도하는 특수목적의 사회투자기금의 조성을 활성화하는 것도 필요하다. 또한 대기업들도 현재와 같은 사회적 기업이나 비영리단체에 대한 산발적 지원방식에서 탈피하여 사회금융기금과 기관을 설치하여 더욱 체계적인 지원방식을 채택해야 한다.

이러한 첫 단계 조치들이 이루어지면 중앙정부와 대기업, 금융기관들이 모두 참여하여 각종 사회금융기관을 지원하는 영국의 Big Society Capital 같은 대형 사회금융기관을 설립하는 방안도 적극 검토될 수 있을 것이다. 이 과정에서 사회연동채권(SIB)의 도입은 사회적 기업과 최근 새로이 부각되고 있는 협동조합의 활동영역을 넓히고, 각종 사회적 공공사업의 평가기준을 과학화하는 계기가 될 수 있다.

성과연동채권(Social Impact Bond) 제도의 도입

성과연동채권(SIB: Social Impact Bond)의 최초 제안자는 경제학자 로니 호레시(Ronnie Horesh)[19]이다. 호레시는 정부 지출을 좀 더 비용 절감적이고 목표지향적으로 만들기 위해 사회정책채권(SPB: Social Policy Bond)이라는 새로운 금융수단을 도입할 것을 제안하였다. 호레시의 SPB 제안은 날로 증가추세에 있는 정부 지출의 효율성이 낮기 때문에 좀 더 나은 효율성을 담보할 수 있는 새로운 제도의 도입이 필요하다는 인식에 기초하고 있다. 호레시는 주요 선진국에서의 정부 지출은 1960~1996년 기간 중 GDP 대비 평균 27.9%에서 45.9%로 증가하였고, 이 중 보조금 지급이 GDP의 22%, 그리고 정부소비지출이 17%로 대종을 이루고 있는데, 이 부문의 효율성이 매우 낮음은 물론 소득재분배 측면에서도 별다른 역할을 하지 못하고 있다고 주장하고 있다.

공공지출의 효율성이 낮은 가장 큰 이유는 공공지출의 기준이 성과(outcome)가 아니라 산출량(output) 또는 투입량(input)을 중심으로 이루어지고 있기 때문이다. 예를 들어, 교육의 경우 성과는 학생들의 학업성취도인 반면, 산출량은 졸업생 수이고, 투입량은 학교시설 투자와 교사 수이

---

19) Ronnie Horesh(2000), 『Social Policy Bond: Injecting Incentives into the Solution of Social and Environmental Problems』, iUniversity Press

다. 그러나 대부분의 경우 교육예산의 지원기준은 산출량에 해당하는 학생 수 또는 이들의 교육에 필요한 시설투자와 선생 수로 대표되는 투입량이다. 이 과정에서 성과에 해당하는 학생들의 학업성취도가 교육예산 책정의 기준이 되는 경우는 극히 드물다. 공공지출의 효율성이 낮은 이유가 바로 여기에 있다.

호레시가 제안한 SPB는 다음과 같은 구조를 갖고 있다. 우선, 지방 또는 중앙정부가 특정 목적의 SPB를 발행하여 이를 경매과정을 통해 최고 가격을 지불하겠다는 입찰자에게 판매한다. 그리고 정부는 소정의 목표가 달성되는 경우, 정해진 금액을 지불한다는 약속을 한다. SPB는 발행 후 자유롭게 거래될 수 있고, SPB의 시장 가격은 상승할 수도 있고 하락할 수도 있다. SPB의 구매자는 정부가 설정한 목표를 조기에 달성하면 할수록 수익률이 높아지기 때문에 목표의 조기 달성을 위해 적극적으로 노력하게 된다. 또한, 정부는 조세수입에 의한 일반재정을 통해 SPB 사업에 필요한 재원을 조달한다.

호레시가 2000년에 제안한 사회정책채권(SPB: Social Policy Bond)은 학계와 정책전문가들에 의해 토론과 관심의 대상이 되었으나, 실제로 추진되기까지는 10년이라는 시간이 걸렸다. 영국의 블레어 노동당 정부가 사회투자시장의 중요성을 인식하면서 2000년에 사회투자T/F(SITF: Social Investment Task Force)를 발족시켰고, SITF의 강력한 건의에 따라 영국 정부는 사회투자시장의 발전과 사회투자은행의 설립 준비를 위해 2007년 복권기금(Lottery Fund)을 활용하여 Social Finance를 설립하게 되었다. 금융계와 사회 부문을 대표하는 인사들로 구성된 이사회와 20여 명의 금융 또는 사회 부문 전문가들로 이루어진 경영진을 갖춘 Social Finance는 영국의 금융서비스청(Financial Services Authority)에 등록되어 감독을 받는 금융기관이다.

Social Finance는 호레시의 SPB 개념을 수정하여 사회연동채권(SIB: Social Impact Bond) 제도를 고안하였고, 2010년 9월에는 영국 법무부와 최초의 SIB 계약을 체결하여 시행함으로써 이 분야에서 선도적 역할을 담당하고 있다. 최초의 SIB[20]는 영국 피터버러(Peterborough)에 소재한 교도소 출소자들의 재범률을 낮추는 사업으로, Social Finance가 중간관리 기구 역할을 담당하고, 사업운영에 필요한 자금은 사회금융시장을 통해 17개의 사회투자가들로부터 5백만 파운드를 모집하였다. 그리고 Social Finance는 이 사업의 추진을 위해 'The One Service'라는 별도의 조직을 구성하였고, 4개의 사회적 기업 및 NGO를 서비스제공기관으로 선정하여 사업을 추진하고 있다.

Social Finance는 Peterborough SIB 외에도 질병예방, 취약아동복지, 범죄예방, 노숙자 돌봄, 청년실업 등의 분야에서 각종 SIB사업을 개발·추진 중에 있다. 또한 Social Finance는 SIB 개념을 개발도상국 지원사업에 확대하는 개발성과채권(DIB: Development Impact Bond)을 발행하는 방안을 영국의 개발지원기관인 Center for Global Development와 공동개발 중이다.

Social Finance는 공공기관이 관장하는 각종 사회혁신기금의 지원을 원하는 서비스공급기관과 파트너십을 형성하고 있고, 지역개발금융기관 등 취약지역 및 계층을 위한 금융지원기관과도 긴밀한 연대를 유지하고 있다. 이에 더해, Social Finance는 사회금융 및 SIB 관련 분야에 대한 연구 및 네트워크 구축 사업도 전개하고 있으며, 미국에 지사를 설립하여 활동의 국제화를 도모하고 있다.

---

20)   Social Finance(2011), 『Peterborough Social Impact Bond』

Social Finance가 발행한 최초의 SIB는 호레시가 제안한 SPB와는 달리 ① 채권발행과 사업추진의 핵심적 역할을 담당할 중간관리기구가 있고, ② SIB의 투자자는 록펠러재단 등 적극적 투자자들로만 구성되어 있으며, ③ SIB가 금융시장에서 거래되지 않았다는 특징이 있다. 호레시의 SPB 제안이 제도의 신축성을 극대화하려는 이론적 접근이라고 한다면, Social Finance의 SIB 모델은 제도 도입 초기에 신축성보다는 안정성을 강조하는 현실적 접근이라고 할 수 있다.

최초로 발행된 SIB의 구조는 다음과 같다.

① 공공기관은 중간관리기구(Social Finance)와 사업성과가 일정 수준 이상인 경우에만 비용을 지불한다는 계약을 체결한다.
② 이를 근거로 중간관리기구는 SIB를 발행하여 사회투자가로부터 사업 추진에 필요한 자금을 조달한다.
③ 중간관리기구는 사업에 필요한 제반 서비스를 제공할 단수 또는 복수의 사회적 기업 또는 기관을 선정하여 사업을 추진한다.
④ 사업추진 후 공공기관은 성과기준에 따라 중간관리기구에게 계약에 따른 보상을 한다.
⑤ 중간관리기구는 민간투자가에게 성과기준 보상에 따른 자금상환을 한다.

사업 실패의 경우 위험부담은 사회투자가의 몫이고, 사업의 성공을 위해서는 중간관리기구의 역할이 매우 중요하다. 최초의 SIB를 발행한 Social Finance는 SIB의 발행 배경으로 공공 부문의 혁신과 사회적 경제의 활성화를 지적하고 있다.[21] 우선, 사전 예방적 사업이 사후 치료적 사업보다 적은 비용으로 더욱 큰 효과를 거둘 수 있음에도 이에 관한 공공지출의 비율은 매우 낮다. 그 이유는 대부분의 공공지출이 상대적으로 비용이 많이 드는 사후 치료적 사업에 묶여 있기 때문에 효율성이 큰 사전 예방적 사업에는 충분한 자금배분이 되지 못하기 때문이다.

SIB 제도 도입의 장점은 다음의 네 가지 측면에서 지적될 수 있다.

첫째, SIB은 공공 부문의 개혁을 수반할 수 있다. SIB의 도입으로 공공 부문에서 사회적 효과를 중시하는 방향으로 인센티브 구조가 개선됨으로써 공공사업의 사회적 효과성이 제고된다. 또한, 사전 예방적이고 투자의 효과성은 높으나 위험부담이 있는 분야에 대한 공공투자를 가능케 함으로써 공공사업 추진과정에서 혁신을 촉진하는 결과를 초래한다. 아울러 SIB의 도입으로 인한 예방적 사업의 추진은 공공 부문의 예산을 절감시키는 효과가 있다.

둘째, SIB의 도입을 통해 사회금융시장이 발전되어 새로운 민간 및

---

21) Social Finance(2010), "Toward a New Social Economy: Blended Value Creatoon through Social Impact Bond", March

공공자금의 유입이 가능해짐에 따라 사회서비스 부문으로의 자금 유입 규모가 확대되는 결과를 초래한다.

셋째, SIB의 도입으로 혁신을 필요로 하는 공공적 사업의 양적 확대를 통해 사회적 기업의 영역이 확대되고 협동조합 활동이 활성화될 수 있다. 기존의 사회적 기업에 대한 정부의 지원은 모두 한시적인 것으로 일정 기간이 지나면 정부 지원 없이 재정적으로 자립해야 하는데, 현재 이러한 능력이 있는 사회적 기업은 극히 소수에 불과하다. 그 이유는 사회적 성과를 핵심목표로 하면서 이윤을 올린다는 것이 쉽지 않기 때문이다. 그러나 SIB 제도에서 사업집행기관으로 선정된 사회적 기업이나 협동조합은 사회적 성과만 내면 중간관리기구로부터 재정적 지원을 받을 수 있기 때문에 사회적 기업 또는 사회적 협동조합의 활동범위가 넓어지게 된다.

넷째, SIB 제도의 도입은 사회 부문 업무추진에 있어 과학적 경영전통을 확립하는 계기가 될 수 있다. SIB 도입을 통해 사회적 성과를 계량화하고 이를 측정하여 업무성과에 반영시키는 과학적 경영전통이 새롭게 정착될 수 있기 때문이다. 결과적으로 SIB의 도입은 공공사업의 사회적 효과성을 극대화하고, 사회적 금융시장을 발전시키는 계기가 되며, 사회적 기업 등 제3섹터의 획기적 발전을 유도하는 촉매역할을 담당하게 될 것이다.

2009년 12월 영국의 브라운(Brown) 총리는 정부 업무 효율화를 위한 'Smarter Government' 프로그램을 발표하면서 사회성과연동채권(SIB)을 시범 운영할 것을 제안하였다. 비록 SIB는 브라운 노동당 정부가 제안한 것이지만, 2012년 집권한 캐머런(Cameron) 보수당 정부 역시 SIB

추진을 적극적으로 지원하고 있다. 그 결과, 세계 최초의 SIB 사업이 2010년 9월 영국에서 시작될 수 있었다.

Social Finance는 미국에 지사를 설치하고, SIB 사업을 미국으로 확산시키려는 노력도 아울러 경주하고 있다. Social Finance 설립 및 운영에 필요한 예산은 복권기금(Lottery Fund)에 의해 지원되고 있고, Peterborough SIB 역시 복권기금이 법무부를 대신하여 자금지원을 하고 있다. 복권기금은 사회혁신 분야에서 활발한 연구활동을 전개하고 있는 NESTA를 설립하여 사회혁신과 SIB에 대한 연구도 후원하고 있다.

2012년 11월에는 Essex County가 지방정부로는 처음으로 아동보건 분야에서 SIB를 개발하여 추진하고 있다. 이의 추진을 위해 2013년 2월 민간자선기관인 Allia가 Future for Children Fund를 설립하여 투자가들을 모집하고 있고, Lottery Fund가 성과보상금 지급을 보증하고 있다. 런던 시는 2012년 12월 노숙자의 재활과 주거환경개선을 위한 SIB를 발행하여 운영하고 있다. 또한 맨체스터 시는 2012년 3월 고아들에 대한 복합적 사회서비스 제공을 위한 SIB의 개발·운영 계획을 발표하였다.

이제 영국에서 SIB는 보편적 사회프로그램으로 자리 잡아가고 있다. 복권기금 이외에도 Young Foundation 등 각종 재단들이 SIB에 대한 연구 활동을 지원하고, SIB 발행 시 사회적 투자가 역할을 기꺼이 담당하고 있다. 또한 영국의 주요 민간은행들도 사회적 금융과 SIB 사업에 많은 관심을 갖고 있다. 예를 들어, 영국의 4대 민간은행은 각종 사회금융기관과 지원기구를 재정적으로 지원할 Big Society Capital 설립에 주도적 역할을 담당하였다. Tridos Bank는 Merseyside 지역의 취약계층의 청소년들에게 3년간 교육 및 고용지원 서비스를 제공하는 SIB 사업을 개발하여 투자를 유치하고 있다.

미국에서도 SIB에 대한 관심은 매우 높다. 오바마(Obama) 정부는 2012년 SIB 사업을 위해 1억 달러를 책정하여 인력개발, 교육, 소년사법제도, 장애아동복지 등을 위한 7개의 시범사업을 추진하고 있다. 미국에서는 SIB을 Pay-for-Success Bond라고 지칭하고 있다. 미국 재무부 역시 SIB 사업의 긍정적 효과를 인지하고, 이를 정부 모든 부처 사업에 확대하는 방안을 강구하고 있다.

지방정부 차원에서는 2012년 8월 매사추세츠 주가 미국에서는 처음으로 비행청소년 분야에서 사업이 성공하는 경우에만 정부가 예산을 지원하는 '사회성과조건부 사업'을 실시하였다. Social Innovation Financing이라고 불리는 이 사업은 750명의 소년범과 수천 명에 달하는 문제소년을 대상으로 하고 있으며, 7년간 이들에 대한 훈련과 교육을 통해 재범률을 낮추고 취업을 촉진하는 사업을 추진한다. 이 사업에는 Third Sector Capital Partners, New Profit Inc 등의 기관들이 참여하고 있다.

또한 2012년 뉴욕 주는 교도소 재소자를 대상으로 960만 달러 규모의 성과연동계약을 Osborne Association과 체결하였다. 골드만삭스(Goldman Sachs)가 채권 전액을 인수하는 사회적 투자가 역할을 담당하고 있다. 이외에도 매사추세츠 주는 노숙자의 주거환경 개선을 위한 성과연동계약을 추진하고 있는데, Third Sector Capital Partners와 Massachusetts Housing & Shelter Alliance가 중간기관 역할을 담당하고 있다. SIB 사업은 다른 지방정부로 빠르게 확산되고 있는데, 예를 들어, 브래드포드(Bradford) 시는 아동복지 분야에서 SIB 사업을 개발하고 있다.

이 외에도 록펠러재단 등 주요 재단들이 SIB 사업 추진에 관심을 갖고 사회적 투자가 역할을 자임하고 있으며, Center for American Progress 등의 민간연구소 등도 SIB에 관한 연구 활동을 활발히 전개하고 있다. 또한 Harvard Kennedy School 등 주요 대학들이 SIB에 관한 기술적 지원을 하는 프로-보노(pro bono) 활동을 전개하고 있고, 매킨지 컨설팅(McKinsey & Co) 등 민간 경영자문회사도 SIB 추진에 관한 연구와 경영자문을 실시하고 있다.

호주의 New South Wales 주는 세계에서 두 번째로 SIB 사업을 개발하였다. 호주에서는 SIB를 Social Benefit Bond(SBB)라고 부르는데, 2011년 9월 청소년 보호 분야에서 서비스공급자 모집 작업이 시작되어 현재 사업이 진행 중이다. 이 사업은 Social Finance와 Mission America의 공동사업으로 추진되고 있으며, Benevolent Society, Westpac Bank, UnitingCare Australia 등의 기관들이 참여하고 있다. 이외에도 캐나다, 이스라엘 등 세계 여러 나라에서 SIB의 도입을 검토하고 있다.

한국에서는 서울시가 노인자살 분야에서 SIB의 도입을 추진하고 있고, 경기도는 탈북자를 대상으로 SIB의 도입을 검토하고 있다.

18장

복지경영 전통 확립

복지와 경영의 만남

복지와 경영의 융합인 '복지경영'은 경영과 복지의 두 가지 측면으로 나누어 살펴볼 수 있다. 경영 측면에서 '복지적 경영'은 기업이 중·장기적 시각에서 기업경영의 이해당사자라고 할 수 있는 사회 전체의 가치를 제고하는 방향으로 경영활동을 전개하는 것이다. 이를 위해 기업들은 1970년대 이후 기업의 사회적 책임(CSR)을 다하려는 노력을 전개하였고, 최근에는 기업이 경제적 가치와 동시에 사회적 가치를 창출(CSV)할 수 있는 프로젝트를 개발하기 위해 창의력은 물론 인적 및 물적 자원을 동원하고 있다.

이러한 기업의 CSR 및 CSV 활동 모두 1980년대 중반 이후 새로운 기업전략으로 부상한 이해당사자 기업전략의 일환이라고 할 수 있을 것이다. 결국 기업경영 자체가 기업의 사회적 가치창출을 도모하는 '복지적 경영'의 방향으로 가고 있는 것이 작금의 추세이다.

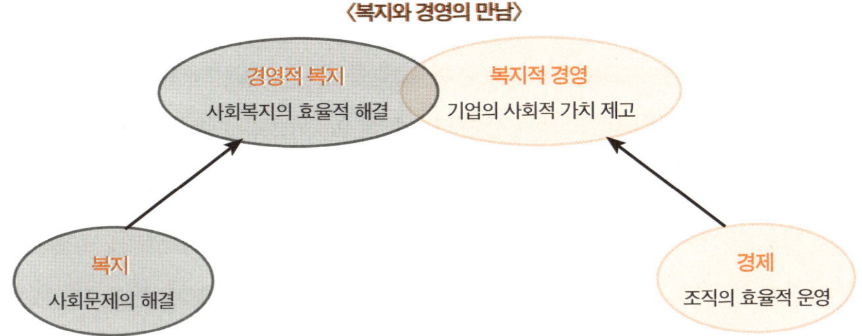

1970년대 이후 복지국가 모델이 위기에 처하면서 경영적 시각을 복지에 적용하는 '경영적 복지' 활동 역시 다양한 형태로 진행되고 있다. 우선, 각종 사회복지사업의 사회적 성과를 측정하고 그 결과에 따라 사회복지 부문에 대한 공공 부문의 지원을 연동시키려는 시도가 있는가 하면, 공공 부문이 직접 운영하던 사업을 민간에게 위탁하는 사례가 증가하고 있으며, 사회복지 등 공공적 성격의 사업을 기업가정신으로 무장된 사회적 기업가에게 맡기고 이를 사회금융 등의 간접적 방법으로 지원하는 방법도 모색되고 있다. 다시 말해, 사회복지 분야에 경영원리를 적용하는 의미의 '경영적 복지' 역시 새로운 시대적 대세로 정착되어가고 있는 것이 최근의 추세이다.

사회복지 분야는 기본적으로 자본주의의 진화과정에서 발생한 사회문제의 해결 또는 사회적 욕구의 충족기능을 수행하는 사회제도로 발전하여왔다. 17세기 초 구빈법에서 시작하여 19세기 말 인보관 운동과 사회보험제도의 도입을 계기로 사회복지 분야는 영국을 중심으로 근대적 모습을 갖추게 되었고, 1945년 이후 지속된 경제호황에 힘입어 다시 복지국가의 모습으로 진화하였다.

반면, 경영 분야는 20세기 초 미국을 중심으로 대량생산체계가 도입되고 생산의 과학적 관리가 시도되면서 조직의 목표를 달성하기 위해 조직원들로 하여금 효율적이고 효과적으로 맡은 일을 수행하도록 하는 체계적 활동으로 발전되어왔다. 1945년 이후 경영의 과학화가 진전되고 인간관계론과 행동과학이 발전되면서 경영 분야는 경영전략, 조직관리, 인적자원관리, 생산·재무·마케팅 관리 등으로 세분화됨과 동시에 적용대상도 기업은 물론 정부, 의료 및 사회복지 기관, 교육 등으로 확산되고 있다.

역사적으로 복지 분야는 과학화보다는 이념적 특성을 갖고 유럽 국가들을 중심으로 나라마다 조금씩 다른 형태로 발전되어왔으나, 경영 분

<복지와 경영의 비교>

	복지	경영
목표	사회문제의 해결 또는 사회적 욕구 충족 기능을 수행하는 사회제도	조직의 목표 달성을 위해 사람들에게 효율적이고 효과적으로 맡은 일을 수행하도록 하는 체계적 활동
주요 분야	사회복지정책: 사회보험, 공공부조, 사회서비스 등 사회복지실천: 사회복지행정, 전달체계, 사례관리 등	경영전략, 경영조직, 인적자원관리, 기능관리(생산관리, 마케팅관리, 재무관리, 정보시스템관리 등)
접근방법	이념적 접근: 자유주의, 조합주의, 사회주의 등 대상별 접근: 노인, 장애인, 빈곤층, 아동·가정 등	과제 중심적 접근 / 관리과정적 접근: 계획, 조직, 충원, 지휘, 통제 등 기업 기능적 접근: 생산, 재무, 정보시스템, 인사, 마케팅 등
발전과정	구빈법(19세기 초) ⇒ 인보관 운동(19세기 후반) ⇒ 사회보험(2000년 전후) ⇒ 베버리지 보고서(1942년) ⇒ 복지국가(1945년 이후) ⇒ 복지국가 수정(1980년 이후) ⇒ 사회적 기업과 사회혁신(2000년 이후)	과학적 관리론(Taylor 1911, Fayol 1916) ⇒ 인간관계론 및 행동과학(Mayo, 1932) ⇒ 경영과학(OR, 게임이론, IS 등) ⇒ 연구 관점의 확장(조직이론, 전략적 경영, 지식경영 등)

야는 이념보다는 과학화에 역점을 두면서 미국을 중심으로 발전되어 다른 나라들로 확산되고 있다는 차이점이 있다. 따라서 복지와 경영의 융합은 이념과 과학과의 만남이라는 차원에서도 새로운 지평을 여는 효과가 있을 것이다. 또한 복지는 형평과 분배에 역점을 두는 반면 경영은 효율성과 효과성을 강조하기 때문에 이와 같이 서로 다른 두 분야의 접목은 이념적으로 진보와 보수를 아우르는 정치·사회적 기능도 수행할 수도 있을 것이다.

경영적 복지

경영 관점에서의 사회적 경영은 14장에서 이미 다루었기 때문에 여기서는 복지의 관점에서 경영적 복지에 관해 언급하고자 한다. 사회복지 분야에서 경영적 복지는 원래 '사회복지행정학'이라는 이름으로 도입되었다. 사회복지행정에 관한 최초의 논문[22]이 1933년에 발표되었고, 1944년에는 미국 사회사업대학연합이 채택한 8가지 과목에 사회복지행정이 포함됨으로써 사회복지행정은 사회복지의 주요 분야로 자리 잡게 되었다. 그 후 사회복지행정은 사회복지의 핵심 분야로 계속 발전하였고, 그 범위도 인사, 조직 및 재무관리, 기획 및 의사결정과정, 리더십과 지역사회와의 관계 등 일반 행정학과 경영학의 거의 모든 분야를 망라하게 되었다.[23]

---

22)   Elwood Street(1933), "Social Work Administration", Social Work Yearbook 1933.

23)   Rex Skidmore(1995), 『Social Work Administration: Dynamic Management and Human Relationships』, Needham Heights

사회복지행정 분야가 더욱 체계화된 것은 1950년대 말이며, 이는 사회복지행정과 기업경영의 공통점과 차이점에 대한 분석[24]에서 시작되었다. 사회복지행정과 기업경영의 공통점은 무엇보다 문제를 인식하고, 이를 분석하며, 문제해결을 위한 실현 가능한 계획을 수립하고, 이를 집행하는 것이다. 또한 최대의 효율성과 효과성 달성을 위한 노력을 경주하고, 이를 위해 관례화된 지식의 활용을 넘어 창조성을 발휘한다는 특징이 있다. 이와 아울러 과학적 경영원리와 인간관계의 활용 간 균형을 유지하고, 조직원과의 의사소통은 물론 조직원의 발전에 관심을 갖는 것도 경영과 사회복지행정의 공통점이라고 할 수 있다.

그러나 차이점은 기업경영이 조직 자체의 생존에 최우선 순위를 두는 반면, 사회복지행정은 조직의 생존 자체가 목적이 아니라 사회 전체의 목적 달성을 위한 수단에 불과하다는 것이다. 그럼에도 최근 기업경영 자체가 이해당사자 입장에서 기업의 경제적 가치뿐만 아니라 사회적 가치를 창출하려고 노력하고 있고, 사회복지행정도 사회적 목적 달성의 효과성을 극대화하기 위해 경영적 기법을 활용하려는 노력을 전개하면서 두 분야 간 경계 역시 점차 허물어지면서 공통분모가 더욱 커지는 상황이 전개되고 있다.

사회복지행정과 복지경영의 차이는 전자의 범위가 주로 사회복지기관의 효율적 운영과 각종 사회복지사업의 사회적 효과성 제고에 국한되어 있는 반면, 후자의 범위는 사회복지 분야는 물론 정부 및 기업 분야를 모두 포함한다는 차이점이 있다. 따라서 복지경영은 국가 차원에서 복지정책을 수립하고 이를 집행하기 위한 전달체계를 구축하는 과제를

---

24) Sue Spencer(1959), 『The Administration Method in Social Work Education』, New York: Council on
     Social Work Education

포함함은 물론 기업 차원에서 진행되는 CSR 또는 CSV 활동을 포괄하는 개념으로 이해되어야 할 것이다. 또한 행정(administration) 대신에 경영(management)이라는 단어를 사용함으로써 관리적 차원의 경영보다는 혁신과 기업가정신 등 '창조적 파괴' 차원의 경영 개념이 더욱 강조되고 있다고 할 수 있다.

한국에서 복지경영이라는 단어는 2009년 11월 경기복지재단과 서울대학교 사회복지학과, 경영학과가 공동으로 "복지경영: 복지와 경영의 만남"이라는 주제로 심포지엄을 개최하면서 처음으로 사용되었다. 그 후 두 기관은 공동으로 '복지경영 최고지도자과정'을 개발·운영하고 있고, 경기복지재단과 한국보건사회연구원은 복지경영에 관한 보

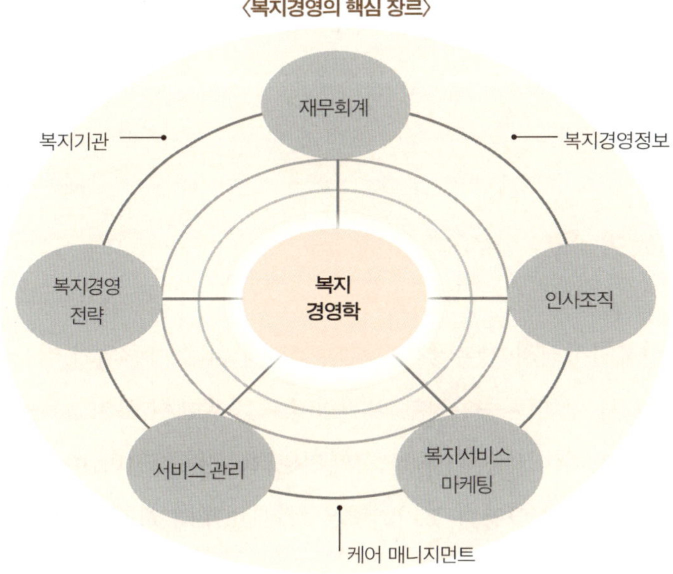

〈복지경영의 핵심 장르〉

고서[25]를 발간한 바 있으며, 2011년 5월에는 한국복지경영학회가 발족되기도 하였다. 미국에서는 '복지경영'보다는 '사회사업행정'(Social Work Administration)이라는 이름으로 사회사업 및 복지시설 운영의 효율성과 효과성을 제고하려는 노력이 경주되고 있다. 일본에서는 2000년에 일본복지대학이 복지경영학부를 처음으로 신설하였고, 경영, 복지, 의료 등의 분야에 관한 과목을 통합적으로 운영하고 있다.

기업경영과 마찬가지로 복지경영의 과정 역시 다음의 다섯 단계로 요약할 수 있을 것이다: ① 사업의 장기적 비전을 토대로 경영의 목표를 설정하고, ② 사업운영체의 조직구조와 문화 등을 고려하여 목표 달성을 위한 전략을 수립하며, ③ 전략의 집행을 위한 프로젝트와 프로그램을 만들어 추진하고, ④ 운영성과가 나오면 이를 측정하여 객관적 평가를 실시하며, ⑤ 성과에 대한 평가결과를 다시 경영전략 수립에 반영하는 것이다.

복지전략의 수립

사회복지정책의 기본골격은 중앙정부에 의해 마련되기 때문에 경영적 복지의 첫 단계는 중앙정부와 지방정부 차원에서 복지정책의 목표와 전략, 그리고 이의 추진을 위한 구체적 정책들을 적절히 마련하는 것이다. 한국에서 국가 차원의 복지전략은 1981년부터 시작된 제4차 경제사

---

25) 고영환 · 김보영 · 강지원(2010), 『복지경영의 이론적 논의와 과제』, 한국보건사회연구원, 연구보고서 2010-31-5, 노인성(2012), 『복지경영연구: 가치창출형 신복지 패러다임을 중심으로』, 경기복지재단, 정책연구보고 2012-09

회발전계획에서 비롯되었다고 할 수 있다. 종래의 '경제개발 5개년계획'이 '경제사회발전 5개년계획'으로 변경되면서 경제기획원과 한국개발연구원에 사회개발 전담부서가 설치되었고, 사회복지 부문에 대한 국가 차원의 중기계획이 처음으로 만들어지게 되었다. 그러나 1990년대 초 경제사회발전계획의 수립이 중단되면서 정부 차원의 복지 청사진은 별도로 마련되어야 했다.

김영삼 정부는 1995년 5월 성장과 분배를 동시에 추구하면서 선진국 수준의 삶의 질 확보를 목표로 하는 '삶의 질 세계화를 위한 국민복지 기본구상'을 발표하였고, 김대중 정부는 1999년 11월 생산적이고 지속 가능한 복지를 강조하는 '새천년을 향한 생산적 복지의 길'을 제시하였으며, 노무현 정부는 2006년 8월 2030년까지 선진국의 복지수준을 따라가겠다는 의지의 '비전2030'을 발표하였다. 이명박 정부도 '능동적 복지'를 국정목표로 제시하였으나 정부 차원의 종합적 청사진보다는 미래기획위원회 차원의 '휴먼뉴딜'을 발표하는 데 그쳤다. 박근혜 정부는 역시 '생애주기별 맞춤복지'라는 정책목표가 선거과정에서 제시되었으나, 이의 추진을 위한 정부 차원의 종합적 구상은 아직까지 제시되지 않고 있다.

2013년 3월부터 개정된 사회보장법이 시행되면서 정부의 사회보장기본계획의 수립이 의무화되었다. 이에 따라 제4차 사회보장기본계획(2012~2018년)은 복지부장관이 중심이 되어 수립하도록 되어 있다. 박근혜 정부는 '생애주기별 맞춤복지'의 구현을 위한 종합적 비전과 구체적 정책방안을 2013년 11월까지 사회보장 기본계획의 형태로 확정 · 발표할 예정이다. 이를 위해 각 부처 및 지자체는 복지사업의 타당성을 사전 검토하고 사회보장위원회의 심의과정을 통해 그 내용을 조정할 예정이다.

　　그러나 현재 중앙정부 차원에서 16개 부처의 292개 복지사업이 난립해 있고, 지방정부 차원에서도 1만 9천여 개의 복지사업이 추진되고 있는 바, 유사하거나 중복된 사업을 통합하고 타당성이 없는 사업을 폐기하는 것은 결코 쉬운 일이 아닐 것이다. 또한 상당수의 복지사업이 선거과정에서 공약의 형태로 제시되었기 때문에 타당성이 부족하다고 해서 이를 축소 또는 폐기하는 것은 정치적으로 매우 어려운 일이 될 수도 있다. 그러나 대내외 경제여건이 어려운 현 상황에서 복지사업에 대한 전면적 재검토는 불가피하기 때문에 사회보장기본계획을 수립하는 과정에서 정부 차원에서 필요한 정비작업이 잘 진행되기를 기대해본다.

　　'사회복지사업법' 제15조는 4년 주기의 지역복지계획의 수립을 의무화하고 있다. 지역복지계획의 수립 주체는 광역 및 기초지방자치단체이고, 보건복지부는 광역단체의 지역복지계획을, 그리고 광역자치단체는 기초광역자치단체의 지역복지계획의 수립 및 집행과정을 점검하고 이에 대한 평가 업무를 담당하고 있다. '사회보장기본법' 제19조에도 사회보장에 관한 지역계획의 수립 및 집행을 의무화하고 있는데, 사회보장기본계획은 5년 주기이고 지역계획은 4년 주기이기 때문에 혼선이 야기될 수 있다. 이미 두 차례의 지역계획의 수립이 이루어졌으나, 실제로는 중앙정부의 사회보장 기본계획과 연계되어 있지 못한 경우가 많을 뿐 아니라 지역계획에 대한 중앙정부 차원의 평가 역시 형식에 그치고 있다.

　　이를 근본적으로 개선하기 위해서는 두 계획의 수립 주기가 같아야 하는데, 대통령 임기와 지방정부 장의 임기가 각각 5년과 4년으로 다르기 때문에 이 문제에 대한 근본적 수정이 있기 전에는 사실상 개선이 불가능하다. 또한 중앙정부의 지역복지계획에 대한 조정권한을 강화하기 위해서는 복지예산에 대한 중앙정부의 보조금 지원 규모가 지역복지계획의 추진실적과 연계되어야 하는데, 이를 실현시키기 위해서는 지방보조금 배분방식의 근본적 개혁이 이루어져야 할 것이다.

참고로 영국의 경우 중앙정부의 지방정부에 대한 보조금은 중앙정부와 지방정부가 합의한 지역계획 목표치의 달성 여부와 직결되어 있기 때문에 지방정부는 지역계획의 성공적 추진을 위해 각고의 노력을 경주하게 된다.

경영평가제도의 개선 · 발전

경영적 복지의 실현을 목적으로 한국에서 1998년에 도입된 정책이 사회복지시설에 대한 경영평가제도이다. 1998년 개정된 사회복지사업법의 시행규칙 제27조에 의해 도입된 사회복지시설 평가제도에 의해 한국의 모든 사회복지시설은 3년마다 최소 1회의 평가를 받고 있다. 1999년 정신요양시설과 장애인시설 평가를 시작으로 사회복지관, 아동복지시설, 노인생활시설 등에 대해 정기적 평가가 실시되고 있고, 이 과정에서 다양한 복지시설에 적합한 평가지표 개발이 이루어지는 등 평가기법의 개선과 동시에 평가대상 기관운영의 투명성과 책임성 강화에 크게 기여하였다.

그럼에도 현행 경영평가제도는 다음과 같은 한계점이 있는 것으로 지적되고 있다.[26]

첫째, 사회복지시설 평가의 방향성에 대한 혼란이 존재한다. 왜냐

---

26) 이봉주 · 황경란(2011), "복지와 경영의 융합: 공급자 중심 복지에서 수요자 중심 복지로", 『그들이 아닌 우리를 위한 복지』(서상목 · 양옥경 편, 학지사)

하면 기존의 평가가 투입 중심으로 이루어지기 때문에 수요자의 만족도 제고보다는 단순히 서비스의 양적 확대에 경영의 우선순위가 두어질 가능성이 높기 때문이다.

둘째, 사회복지서비스의 표준이 설정되지 않은 상태에서 사회복지시설 평가기준의 적절성에 대한 문제가 제기되고 있다. 이는 평가의 신뢰성은 낮추고 평가결과에 대한 부정적 반응을 야기하는 원인으로 작용하고 있다.

셋째, 평가기준 설정이 당해 연도 6월에 확정되고 7~10월에 실사가 이루지기 때문에 실사에 대한 평가대상기관의 준비가 어렵다는 지적이 많다. 또한 평가팀 간 평가결과의 차이 역시 논란의 대상이 되고 있다.

넷째, 평가결과의 활용체계가 미흡하다는 점이다. 평가결과가 보건복지부에 보고되나, 실제 사회복지시설을 지도·감독하는 기초자치단체는 평가결과에 대한 정보도 얻지 못하는 경우가 많기 때문에 평가결과의 활용도가 낮다.

다섯째, 평가기구가 상설화되어 있지 않아 평가의 책임성, 연속성 및 전문성의 문제가 발생하고 있다.

이러한 한계점들을 개선하기 위해서는 무엇보다 서울복지재단, 경기복지재단 등 지역단위의 경영평가 전문기관을 집중적으로 육성할 필요가 있다. 또한 평가결과를 지방정부에도 전달하는 것을 의무화함으로써 문제 시설에 대한 지방정부의 경영개선 또는 폐쇄 등의 후속조치를 강화해야 할 것이다. 지역단위의 경영평가 전문기관에 의한 경영컨설팅 서비스의 강화 역시 사회복지시설의 경영개선에 큰 도움이 될 수 있을 것이다. 중·장기적으로는 경영평가를 인증제도로 전환하여 경영평가의 경직성을 줄이고 수요자 중심의 경영이 이루어지도록 유도해나가야 할 것이다.

사회적 성과의 측정

경영기법을 사회복지 부문에 적용함에 있어 가장 어려운 대목은 사회적 성과를 측정하는 일이다. 기업의 경우 경영성과는 수익성이라는 매우 분명한 지표가 존재하지만, 사회복지사업의 경우 다양하고 때로는 추상적 목표를 추구하기 때문에 그 성과를 측정하기가 매우 어렵다. 사회적 성과가 측정 가능한 경우에도 사업과 성과 간의 인과관계가 분명치 않은 경우가 많다. 예를 들어, 자살예방사업의 경우 자살률이라는 객관적 지표가 존재하지만, 자살예방사업과 자살률을 직접적으로 연결하기

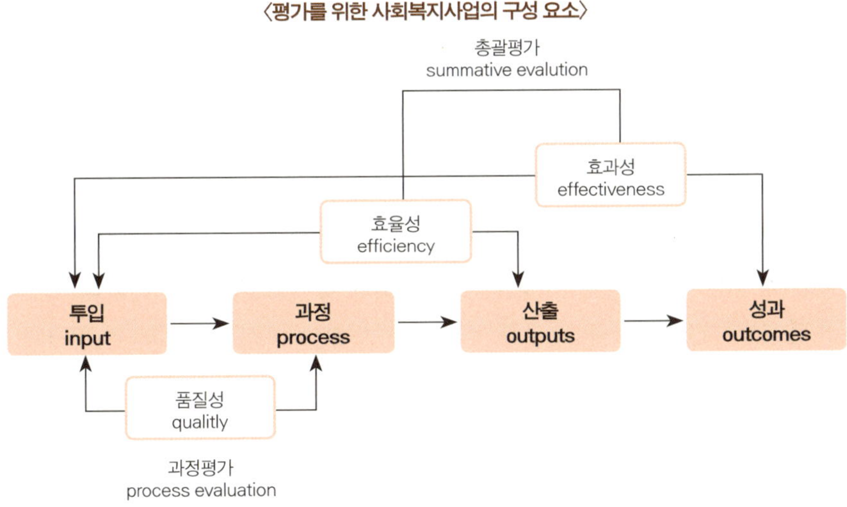

자료: 조성우 · 노재현(2009), 『사회복지 성과측정 자료집』, 사랑의 열매, 조사연구 2009-01

는 쉽지 않다.

비록 사회적 성과를 정확히 측정하는 것이 쉽지 않지만, 세계 각국의 사회복지 전문기관들은 나름대로의 합리적 방법을 만들려고 최선의 노력을 다하고 있다. 2008년 이탈리아 벨라지오(Bellagio)에서 개최된 자선기관 및 투자자 회의에서 사회적 성과가 큰 사업에 대한 집중적 투자의 필요성에 의견을 같이하고, 사회적 성과의 측정을 위해 ① 표준화된 기준 설정, ② 평가시스템 구축, 그리고 ③ 성과관리를 위한 경영도구 개발 등에 합의한 바 있다. 그 결과 2012년 현재 사회적 성과 중심 투자(impact investing)는 2,200건에 이르고 총투자금액이 44억 달러에 이른 것으로 조사되고 있다.[27]

벨라지오 회의 후속조치의 일환으로 설립된 조직인 Global Impact Investment Network는 록펠러재단의 재정후원으로 운영되면서 IRIS라는 분야별·대상별 기준을 마련하여 관심 있는 모든 사람들에게 공개하고 있다. 또한 IRIS가 제공한 기준을 활용하는 포트폴리오 관리 프로그램인 PULSE가 개발되어 사용 중이고, 각종 사업의 사회적 성과를 비교분석하는 프로그램인 GIRS도 개발되어 사회적 투자가들이 투자대상 사업을 비교·분석하는 수단으로 활용되고 있다. 사회적 성과분석이 새로운 성장산업으로 부각되면서 많은 전문기업들이 이 분야에 관심을 갖고 있기 때문에 앞으로 새로운 기법의 개발 전망은 매우 밝다고 할 수 있다.

한국에서는 사회복지공동모금회 연구센터가 기업 사회공헌 프로그램 평가지표에 관한 연구를 수행하고 있으며, 그 결과[28]를 2000년과

---

27) Margot Brandenburg(2012), "Impact Investing's Three Measurement Tools", Stanford Social Innovation, Oct. 3, 2012

28) 사회복지공동모금회 연구센터(2000), 『기업 사회공헌 프로그램 성과지표 개발 및 평가연구』, 사회복지공동모금회, 조사연구 2010-06, 사회복지공동모금회 연구센터(2012), 『기업 사회공헌 프로그

2012년에 발표한 바 있다. 사회복지공동모금회는 외국의 사례분석과 국내 사회공헌 관련기관 담당자들과의 심층인터뷰를 통해 기업 사회공헌, 사회적 성과, 기업 경영적 성과 등의 세 분야에서 59개 지표를 개발하였다.

이들 지표를 분야별로 살펴보면, 기획 분야가 17개 지표, 실행 분야가 14개 지표, 기업적 가치 분야가 14개 지표, 그리고 사회적 가치 분야가 14개 지표로 되어 있다. 이와 같이 기업의 사회공헌활동에 대한 평가지표가 개발됨으로써 기업의 기부활동이 더욱 활성화됨은 물론 사회적 성과가 높은 활동에 자원배분이 이루어지는 긍정적 효과가 있을 것으로 기대된다.

보조금 지원 방식에서 서비스 구매계약 방식으로 전환

사회적 성과를 측정하는 일이 어렵기 때문에 사회복지사업에 대한 보상은 성과(outcome)보다는 산출량(output), 때로는 투입량(input)을 기준으로 이루어지는 경우가 많다. 예를 들어, 한국에서는 사회복지시설의 대다수가 정부의 보조금에 의존하여 운영되고 있는데, 정부 보조금은 생활시설의 경우 입소생활 인원당 정액을 지원하고 있고, 이용시설은 시설규모에 따라 지원하고 있다. 이러한 정부 보조금의 획일적 지원방식은 서비스 공급자로 하여금 서비스 개선을 위한 인센티브 부족, 그리고 이용자의 선택권 보장 미흡 등으로 이어져 결국 서비스의 질 저하라는 결과를 초래할 가능성이 높다.

현행 보조금 지원방식에서 탈피하여 성과 중심 재정지원 방식으로의

램 평가지표 2차 개발 사업』, 사회복지공동모금회, 조사연구 2012-01

전환을 위해서는 서비스 구매계약 제도의 도입이 우선적으로 검토되어야
한다. 현재 주로 민간에 의해 운영되고 있는 각종 사회복지시설에 대한 정
부 차원의 지원은 보조금 지원방식에 의존하고 있고, 보조금 지원의 기준
은 사회적 성과보다는 투입량 또는 산출량에 비례하는 경우가 대다수이다.

그래서 미국, 영국, 호주는 물론 스웨덴에서는 지난 20년간 서비
스 구매계약 제도를 도입하여 이를 활용하고 있다. 특히 미국의 경우
1993년 정부성과관리법(GPRA: Government Performance and Results Act)이 의회를
통과하여 사회복지 분야를 포함한 모든 공공사업의 성과평가가 의무화
되고, 자선기관과 민간투자가들도 사회복지사업의 지원기준으로 성과평
가를 우선시하는 경향이 확산되면서 공공기관이 원하는 서비스에 대해
구체적으로 명시하고, 이에 적합한 민간서비스 공급자를 선정하여 서비
스 비용을 지불하는 서비스 구매계약제도가 점차 보편화되고 있다.

한국의 경우, 서비스 구매계약제도의 도입으로 큰 성과를 거둔 경
우는 '희망리본' 프로젝트이다. 보조금 방식으로 운영되는 지역자활센
터와 별도로 사업 착수에 앞서 성과계약을 체결하고 취업률 등 실적
에 따라 수행기관에 예산을 지원하는 제도를 도입한 결과 취·창업률
52.7%, 탈수급률 15%, 6개월 이상 취업유지율 78.9% 등의 성과를 거
둔 것으로 나타났다. 이는 기존 자활사업의 탈빈곤율이 10% 수준이라
는 점을 감안할 때 매우 놀라운 성과가 아닐 수 없다.

성과관리 서비스계약제도는 사회복지기관에 대한 정부 지원방식을
기존의 일괄적 지원방식에서 서비스 이용자의 복지상태 변화의 결과와
연동시켜 인센티브를 제공하는 것으로, 복지정책의 패러다임 전환을 의
미한다. 기존의 보조금 지원방식과는 달리 성과관리 서비스 계약방식은
구체적으로 제공되어야 할 서비스의 종류와 형태를 명시하고, 이러한 서

비스가 이용자에게 미치는 영향에 대한 좀 더 정확한 분석을 수행해야 하며, 이의 달성 여부를 판단할 수 있는 모니터링과 평가시스템이 갖추어져야 한다.

또한 서비스 계약제도가 정착되기 위해서는 첫째, 전국적 적용이 가능한 사회복지서비스의 표준이 만들어져야 하고 둘째, 자격 있는 서비스공급자를 인증하고 정기적으로 그 서비스를 평가하는 기구가 설립되어야 하며 셋째, 서비스의 단위비용과 이용자의 비용부담 등에 대한 명확한 규정이 확보되어야 한다.[29] 이와 같이 복잡한 절차에도 불구하고 서비스 구매제도로의 정책전환이 필요한 이유는 국가재정이 어려워지는 상황에서 재정지출의 효율성과 효과성을 제고하는 노력이 절대적으로 필요하기 때문이다.

공급자 중심에서 수요자 중심으로

사회복지서비스 부문은 수요자에게 맞춤형 서비스를 제공함으로써 복지지출의 수요자 만족도를 극대화할 수 있음은 물론, 서비스 제공과정에서 많은 일자리를 창출하기 때문에 지속 가능한 복지전략의 핵심과제로 부각되고 있다.

지난 2007~2012년 기간 중 보건복지서비스업 취업자는 약 57만 명이 증가하였는데, 이는 이 기간 중 전체 취업자 증가의 50.5%를 차지하고 있다. 사회복지서비스업은 고용유발효과가 제조업 등 다른 산업에 비해 상대적으로 크고, 성장 가능성 또한 매우 높다는 특징을 갖고 있다.

---

29) 이봉주·황경란(2011), "복지와 경영의 융합: 공급자 중심 복지에서 수요자 중심 복지로", 전게서

예를 들어, 10억 원의 생산에 필요한 취업자 수를 나타내는 취업유발계수는 2010년 현재 제조업이 9.3명인 반면, 사회복지서비스는 41.2명으로 네 배 이상 높은 것으로 나타났다.

또한 2012년 현재 전체 일자리 중 보건 및 사회복지업 비중은 한국이 5.7%로 고복지국가인 스웨덴, 노르웨이의 20% 수준은 물론 중복지국가인 미국, 일본의 12% 수준보다도 훨씬 낮기 때문에 앞으로 성장 가능성은 매우 높다고 할 수 있다. 이에 더해, 소득 이전적 복지지출보다는 사회복지서비스 중심의 복지지출이 고용창출과 경제성장 측면에서 효율성이 상대적으로 높다는 것이 복지전문가들의 공통된 의견이기도 하다.

따라서 향후 성장잠재력이 매우 큰 사회복지서비스 분야에 '경영적 복지' 개념을 적용하는 것은 매우 중요한 일이 아닐 수 없다. 사회서비스 바우처제도는 기존의 공급자 중심의 사회서비스 공급체계를 수요자 중심으로 전환하여 공급체계의 효율성과 소비자 만족도를 동시에 제고하려는 시도라는 측면에서 큰 의미가 있다.

한국에서 전자바우처사업은 사회복지서비스 부문에서 경쟁체제 도입을 위해 2007년에 도입되었다. 2007년 4월 노인돌보미사업, 중증장애인 활동보조사업을 시작으로 같은 해 7월부터는 지역맞춤형 바우처사업으로 발전되었고, 2008년부터 전자바우처제도를 통해 산모신생아도우미사업, 보편형 아동투자사업, 가사간병방문서비스사업이 실시되었다. 또한 2009년에는 장애아동 재활치료사업 그리고 2010년에는 언어치료서비스사업이 추가로 시행되었다.

2011년 현재 아동, 노인, 장애인, 산모 등에 대한 돌봄, 재활치료, 독서지도 등 6개 사업에 연간 65만 명의 이용자를 대상으로 6천 9백억 원 규모의 바우처가 제공되고 있다. 전자바우처사업의 도입으로 인해 복지수혜자의 선택권이 크게 확대되었고, 공급자가 다양해졌으며, 비용지불 절차도 자체결제시스템의 도입 등으로 크게 개선되었다. 그 결과 바우처사업에 대한 고객만족도는 비교적 높은 것으로 조사되고 있다. 2012년 한국복지패널조사에 의하면 각종 바우처사업의 수혜자 대다수가 제공된 서비스에 대해 대체로 만족하고 있는 것으로 나타났다.

사회서비스 바우처사업의 문제점으로는 우선 낮은 서비스 단가로 인해 종사자의 급여 수준이 낮고, 이는 서비스의 질 저하로 연결될 수밖에 없다는 점이다. 2011년 현재 사회서비스 종사자의 주 평균 근로시간은 31시간이며, 월 평균급여는 77만 원에 불과한 것으로 나타났다.[30] 이들 대다수가 시간제 근로자인 바, 사회서비스 바우처사업이 주로 낮은 수준의 일자리를 창출하고 있음을 알 수 있다. 낮은 서비스 단가는 이 분

〈사회복지 바우처서비스에 대한 만족도〉

사업종류	매우 만족	대체로 만족	보통	대체로 불만족	매우 불만족
노인돌봄	14.9	72.9	12.2	–	–
장애인보조	24.9	66.5	–	2.2	6.4
산모도우미	4.0	79.4	2.1	14.5	–
가사간병	19.8	80.2	–	–	–
아동인지 능력향상	22.1	66.6	11.3	–	–
임신출산 지원	22.0	68.7	8.4	1.0	–
장애아동 재활치료	10.1	73.6	15.5	–	–
i사랑보육	33.7	57.8	3.6	4.9	–

자료: 한국보건사회연구원(2012), 「2012년 한국복지패널 기초분석 보고서」

---

30) 강혜규 외(2012), 『사회서비스 바우처사업의 정책 효과분석 연구』, 한국보건사회연구원, 연구보고서 2012-38

야에 영리기관의 진입을 불가능하게 하는 요인으로 작용하고 있다.

　이를 개선하기 위해서는 바우처사업의 서비스 단가를 현실화하고, 이용자가 총액한도 범위에서 다양한 가격의 서비스를 선택할 수 있는 융통성을 부여하는 등의 개선책이 마련되어야 할 것이다. 물론 이에 따른 예산 증가는 사업의 중요성을 감안할 때 충분히 정당화될 수 있다고 판단된다. 또한 농촌지역의 경우 서비스 공급기관의 부족현상이 나타나고 있는데, 이의 개선을 위해 경쟁력 있는 비영리기관을 지원·육성하는 방안도 강구되어야 한다.